Das Buch

Tja, meine Herren, freunden Sie sich mit dem Gedanken an: Es sind die Frauen respektive die Weibchen, die sich den (Geschlechts-)Partner und somit den künftigen Vater ihrer Kinder aussuchen. Revolutionär ist diese Erkenntnis, neuer Zündstoff im Kampf der Geschlechter, allerdings nicht: Seit Darwin ist die weibliche Partnerwahl kein Geheimnis mehr, doch sie entsprach eben nicht der so liebgewordenen traditionellen Vorstellung vom passiven und schwachen Weib(chen). Korrekturbedürftig erscheint dieses Bild nun endgültig nach den neueren Ergebnissen der Evolutionsbiologie und Verhaltensforschung, die die Wissenschaftsjournalistin Mary Batten aus purer Neugier zusammengetragen hat und die in dem übereinstimmen, was frau schon lange intuitiv weiß: Alle Verführungs- und Verkleidungskünste, alles Herumstolzieren, Kreischen, Tanzen, Kämpfen, Balzen der Männchen geschieht im Wettstreit um die Gunst der Weibchen, die ihre Entscheidungen mit Klugheit und Sachverstand treffen. Übrigens: Rückschlüsse auf den homo sapiens sind erlaubt, gewollt und in diesem Buch zahlreich dokumentiert. Das ewige Spiel der Paarung – so facettenreich und raffiniert es auch inszeniert wird und so merkwürdige Blüten es auch treiben mag – läuft immer auf das eine hinaus: Es herrscht natürlich Damenwahl.

Die Autorin

Mary Batten ist Wissenschaftsjournalistin, sie schrieb Drehbücher für Film- und Fernsehdokumentationen und verfaßte zahlreiche Sachbücher für Kinder. Außerdem ist sie Herausgeberin von ›Calypso Log‹, der Zeitschrift der Cousteau Society. Mary Batten, die mit mehreren Preisen ausgezeichnet wurde, lebt in Los Angeles.

Mary Batten:
Natürlich Damenwahl
Die Paarungsstrategien in der Natur

Aus dem Amerikanischen von
Hannelore Mittl-Hopfinger und Christina Vogel

Deutscher
Taschenbuch
Verlag

dtv

Deutsche Erstausgabe
Mai 1994
Deutscher Taschenbuch Verlag GmbH & Co. KG, München

Titel der amerikanischen Originalausgabe:
Sexual Strategies. How Females Choose Their Mates
The Putnam Publishing Group Inc., New York 1992
ISBN 0-87477-705-4

Umschlaggestaltung: Simone Fischer
Umschlagfoto: Hans Reinhard/Okapia
Umschlagfoto Rückseite: Elliott Cowand
Satz: IBV Satz- und Datentechnik, Berlin
Druck und Bindung: C. H. Beck'sche Buchdruckerei, Nördlingen
Printed in Germany · ISBN 3-423-30409-X

Inhalt

Meiner Mutter
für ihre grenzenlose Liebe
und in Erinnerung an meinen Vater
für seine Charakterstärke
und an meine Großmutter Emma Maud Scott Jones,
die mich stets zur Selbständigkeit ermutigte

Die Ausübung einer gewissen Wahl seitens des Weibchens
scheint ein fast ebenso allgemeines Gesetz zu sein,
als die Begierde des Männchens...
Wir werden ferner sehen, daß die Fähigkeit, das Weibchen
durch Reize zu fesseln, oft von viel größerer Wichtigkeit
gewesen ist, als das Vermögen, andere Männchen im Kampfe
zu besiegen.

Charles Darwin:
Die Abstammung des Menschen und
die geschlechtliche Zuchtwahl[1]

Jedes soziale Gefüge ist im Grunde das Ergebnis
der Strategien der Geschlechter, mit Hilfe derer
die Tiere nach Fortpflanzungserfolg streben.

Martin Daly und Margo Wilson:
Sex, Evolution and Behavior[2]

Vorwort: Eine Reise in die Welt der Evolution

Tief in ihrem Inneren scheinen alle Frauen zu wissen, daß es zu den wichtigsten Aufgaben in ihrem Leben gehört, sich einen Partner auszuwählen, zu entscheiden, wer von all den Männern, die sie umwerben, der Vater ihrer Kinder werden soll. Und sie treffen ihre Wahl mit bemerkenswerter Sicherheit. Auch ohne biologische Spezialkenntnisse scheinen Frauen – und auch Männer – zu wissen, daß es bei der Partnerwahl die Frauen sind, die entscheiden. Wir Menschen handeln so, als ob uns viele biologische Zusammenhänge, die die Wissenschaftler erst in letzter Zeit entdeckt haben, schon immer bewußt gewesen wären.

Kinder sind meist sehr bald neugierig auf alles, was mit Schwangerschaft und Geburt zu tun hat. Sexualität finden sie hochinteressant, und lange bevor sie die Grundlagen der Fortpflanzung verstehen lernen, möchten sie bestimmte Details ganz genau wissen. Manchmal wird die Neugier der Kinder durch die Geburt von jungen Kätzchen oder Meerschweinchen geweckt. Oft ist es die Ankündigung der Eltern, daß ein kleiner Bruder oder eine kleine Schwester unterwegs ist. Kleine Kinder verfolgen mit großem Interesse, wie der Bauch der Mutter zu wachsen beginnt. Sie sind voller Ehrfurcht und glauben an ein Wunder, wenn die Mutter beschreibt, wie das Baby in ihrem schwellenden Leib größer wird.

Drei- und Vierjährige überschütten die Eltern mit Fragen, wenn sie das Entstehen des neuen Lebens zu begreifen versuchen. Wie haben Mutter und Vater das Baby gemacht? Wie ist das Baby in Mutters Bauch gekommen? Wie wird es wieder herauskommen? Wenn die Eltern sich die Zeit nehmen, solche Fragen zu beantworten, lernen die Kinder bereits sehr früh ihre erste Lektion über die Fortpflanzung und den Unterschied zwischen weiblicher und männlicher Anatomie.

Ich war noch nicht ganz drei Jahre alt, als mein kleiner Bruder geboren wurde, und ich kann mich noch gut an die Aufregung, die Faszination und die unersättliche Neugierde erinnern, die dieses scheinbare Wunder in mir auslöste. Da ich auf einem Bauernhof aufwuchs, wußte ich bereits mehr über Paarung und Geburt als die meisten anderen Kinder. Unsere Kühe, Schweine, Hunde und Katzen bekamen regelmäßig Nachwuchs. Es gab auf unserem Hof immer irgendwelche Tierkinder, und ich fand die Neugeborenen faszinierend – nicht nur wegen ihrer geheimnisvollen Herkunft, sondern weil sie von Weibchen geboren wurden. Ich verstand zwar nicht, wie eine Frau Mutter wurde oder wie weibliche Hunde und Katzen zu ihren Babys kamen, aber die Tatsache, daß nur weibliche Lebewesen Mütter werden konnten, beeindruckte mich tief, weil ich fühlte, daß ich das eines Tages auch können würde.

Ein paar Jahre nach meinem Bruder kam meine Schwester zur Welt, und ich begann mich zu fragen, wie meine Mutter und mein Vater uns gemacht hatten. Ich wollte wissen, wie sich meine Eltern kennengelernt hatten, warum sie sich zueinander hingezogen fühlten, wie lange sie befreundet gewesen waren und warum sie beschlossen hatten zu heiraten. Wann hatte mein Vater meiner Mutter einen Heiratsantrag gemacht? Warum hatte meine Mutter eingewilligt? Ohne genau zu wissen warum, nahm ich an, daß es meine Mutter war, die letztlich die Entscheidung getroffen hatte, ob meine Eltern heiraten würden oder nicht.

Später hörte ich meine Tanten und älteren Kusinen darüber reden, wie sie sich ihre Ehemänner ausgesucht hatten. »Ich wußte schon, bevor er mich fragte, daß wir heiraten würden«, war eine häufige Bemerkung. Die Frauen in meiner Familie schienen es für selbstverständlich zu halten, daß eine wesentliche Aufgabe in ihrem Leben als Frau darin bestand, den Mann auszuwählen, den sie heiraten würden – den Mann, der der Vater ihrer Kinder werden sollte. Es schien mir, als wäre dies die wichtigste Entscheidung, die ein Mädchen in ihrem Leben zu treffen hatte.

Als ich in die Pubertät kam und mit Jungen auszugehen begann, interessierten mich derartige Gespräche noch viel mehr. Meine Freundinnen und ich unterhielten uns darüber, wie wir unsere Freunde auswählten und wie die Männer aussehen sollten, mit denen wir einmal unser Leben verbringen wollten. Wir hatten aber keine Ahnung davon, daß die Vorgänge, über die wir sprachen und die uns beschäftigten, nur einen kleinen Baustein in einem großen Gefüge ausmachten: daß die Auswahl des Partners durch die Frau ein grundlegendes Prinzip in der Evolution darstellte.

Ich dachte lange nicht mehr an diese »Mädchengespräche«; erst als ich Jahre später als Wissenschaftsjournalistin das Paarungsverhalten von Tieren beschrieb, kamen sie mir wieder in den Sinn. In der Bibliothek des American Museum of Natural History in New York stieß ich zufällig auf einen Artikel über weibliche Partnerwahl. Dieser Begriff fesselte sofort meine Aufmerksamkeit. Erstaunt stellte ich fest, daß sich gerade sehr viele Wissenschaftler mit der weiblichen Partnerwahl beschäftigten. Der Artikel führte aus, daß es die Weibchen sind, die ihre Partner auswählen, und daß die Art und Weise, wie sie das tun, eine wesentliche Rolle in der Evolution der Tierarten und des Menschen gespielt haben könnte.

Nachdem ich in der wissenschaftlichen Literatur immer häufiger auf das Thema der weiblichen Partnerwahl gestoßen war, begann ich, gezielt Material zu sammeln. Das Thema fesselte und irritierte mich gleichermaßen – einmal, weil Frauen bei ihrer Partnerwahl anscheinend über ein intuitives Wissen verfügen, zum anderen, weil ich in keinem meiner Biologie- oder Psychologiekurse im College oder an der Universität jemals etwas über weibliche Partnerwahl gehört hatte. Wenn dort weibliches Verhalten zur Sprache gekommen war, dann nur im Zusammenhang mit Schwangerschaft und Mutter-Kind-Beziehungen. Daß das weibliche Verhalten bei der Partnerwahl jedoch eine bedeutende Rolle in der Evolution gespielt haben sollte, davon hatte ich während meines Studiums nie etwas gehört.

Charles Darwin, der Vater der Evolutionstheorie, hatte seine Beobachtungen über die weibliche Partnerwahl schon vor mehr als hundert Jahren veröffentlicht, aber erst in den späten siebziger und frühen achtziger Jahren unseres Jahrhunderts wurde dieses Thema in die Lehrpläne der Schulen und Universitäten aufgenommen. Leider waren weder die Theorie der Evolution durch natürliche Auslese noch Darwin selbst in meinem Biologieunterricht an der High School im ländlichen Virginia je vorgekommen; meine naturwissenschaftliche Ausbildung ließ also viel zu wünschen übrig. Erst im Laufe meiner beruflichen Tätigkeit eignete ich mir tiefere naturwissenschaftliche Kenntnisse an.

Sowohl die lange zurückliegenden Frauengespräche im Kreis meiner Familie als auch aktuellere Diskussionen mit meinen Freundinnen legten den Schluß nahe, daß Frauen sich unbewußt darüber im klaren waren, welch ausschlaggebende Rolle sie bei der Partnerwahl spielten. Doch ich hatte keine Ahnung, ob und wie dieses intuitive Wissen auch wissenschaftlich bewiesen werden konnte. Waren auch im Tierreich die Weibchen diejenigen, die sich den Paarungspartner aussuchten? Gab es Beweise für Darwins Theorie der weiblichen Partnerwahl? Lag es in der weiblichen Natur, den Partner auszuwählen? Und wenn ja, was hatte dies alles für uns Menschen zu bedeuten?

In der Zeit von 1980 bis 1982 begab ich mich auf eine intellektuelle Reise durch ein Gebiet, das mir gleichzeitig fremd und vertraut vorkam: fremd deshalb, weil ich mich nie zuvor speziell mit dem Sexualverhalten von Tieren beschäftigt hatte, vertraut, weil ich auf einem Bauernhof aufgewachsen war und mich bei einigen Tieren sehr gut auskannte. Wenn ich an meine Jugend zurückdenke, fällt mir auf, daß unser Hof meine erste biologische Forschungsstation war und daß viele meiner damals unbeantwortet gebliebenen Fragen über das Paarungsverhalten der Tiere in meinen späteren Untersuchungen über weibliche Partnerwahl wieder auftauchten.

Eine Reise in den tropischen Regenwald Panamas schließlich verstärkte meine Beziehung zur Natur, erneuerte mein Interesse an der Evolutionsbiologie und befähigte mich letztlich dazu, vorliegendes Buch zu schreiben. Recherchen für eine naturwissenschaftliche Fernsehserie hatten mich in dieses Land geführt, in das ich mit einem Rucksack voller Vorurteile gereist war. Den Regenwald hatte ich mir als einen dämpfig-feuchten, krankheitsträchtigen, furchterregenden Ort vorgestellt, an dem schrecklich giftige Spinnen und Schlangen nur darauf warteten, einen ahnungslosen Menschen – nämlich mich – anzugreifen. Aber meine Furcht erwies sich als gänzlich unbegründet: Der Dschungel war alles andere als lebensbedrohend und ganz und gar nicht alptraumhaft, vielmehr berauschte er meine Sinne durch seine atemberaubende Schönheit und Vielfalt. Alles, was ich auf unserem Bauernhof so geliebt hatte, gab es hier tausendfach vervielfältigt.

Im Urwald stellt sich die Evolution als ein verwirrendes Spiel von Formen und Farben dar: Tausende von Tier- und Pflanzenarten gedeihen und vergehen, verbünden und bekämpfen sich, sie fressen, paaren sich und pflanzen sich ständig weiter fort. Der Regenwald ist die größte biologische »Experimentierstation« der Natur, die Quelle, aus der sie schöpfen kann, das umfangreichste Genreservoir für das Leben auf unserer Erde. Hier dreht sich – wie überall sonst auch – unermüdlich das Karussell erfolgreicher Paarung und Fortpflanzung.

Als ich eines Nachmittags auf einem Berggipfel der Insel Barro Colorado saß, wo das Smithsonian Tropical Research Institute eine Forschungsstation unterhält, fühlte ich mich seltsam geborgen und frei zugleich im tiefsten Sinne des Wortes. An diesem Ort inmitten des brodelnden Lebens spürte ich, daß die Grenzen der menschlichen Welt und die intellektuellen Schranken, die wir zwischen uns und der übrigen Natur errichten, sehr niedrig, ja sogar bedeutungslos sind – eine ernüchternde und zugleich erfreuliche Erkenntnis. In diesem Augenblick hatte ich das Gefühl, daß mein Ich die Bindungen an Familie, Freunde, Nation, Geschlecht und die menschliche Spezies hinter sich ließ und eintauchte in die unaufhörlich sprudelnde Ouelle des Lebens.

Diese Erfahrung bewegte mich tief und gab mir einen weiteren Anstoß, das Phänomen der weiblichen Partnerwahl genauer zu untersuchen. Der Regenwald mit seiner Fülle hatte mir vor Augen geführt, daß weibliche und männliche Lebewesen das Geschäft der Paarung und Fortpflanzung mit großer Intensität betreiben. Ich wollte nun herausfinden, wie die weibliche Partnerwahl nicht nur beim Menschen, sondern auch bei anderen Lebewesen funktionierte, wollte erforschen, ob es bei den weiblichen Tieren Verhaltensmuster gab, die uns helfen könnten, unser menschliches Verhalten besser zu verstehen.

Ich hatte mir viel vorgenommen – und ich wurde nicht enttäuscht. Je intensiver ich mich in das Thema einarbeitete, um so deutlicher hatte ich das Gefühl, als ob meine Seele heimkehrte. Durch meine Lektüre und viele Gespräche mit Biologen wurde mir ein Aspekt des Weiblichseins enthüllt, der lange im Verborgenen geschlummert hatte, der aber völlig meinen eigenen Erfahrungen und Beobachtungen entsprach. In den wissenschaftlichen Artikeln, die ich las, wurde beschrieben, wie die

Weibchen vieler Tierarten ihre Paarungspartner auswählen und wie sie dadurch bestimmen, welche männlichen Gene an künftige Generationen weitervererbt werden beziehungsweise welche Männchen überhaupt keine Nachkommen hinterlassen. Ich erfuhr, wie das Wahlverhalten der Weibchen die zukünftigen Generationen formt und nicht nur das Aussehen, sondern auch das Verhalten der Tiere beeinflußt.

Und die Männchen? Sie tanzen, stolzieren herum, kämpfen und kreischen und tun alles, um die Weibchen dazu zu bringen, sie zu erwählen. Die Ähnlichkeiten mit den menschlichen Verhaltensweisen waren unübersehbar. Ich dachte an Bars für Singles, an Gepflogenheiten beim Rendezvous, an Herzen und Blumen und Einladungen zum Essen, also an die ganze Palette von Manövern, die Männer und Frauen veranstalten, um einander anzulocken, zu überlisten und zu verführen. Mir schienen da sehr deutliche Parallelen zwischen menschlichen und tierischen Verhaltensmustern zu bestehen.

Im Laufe der Zeit erfuhr ich auch immer mehr über die Evolutionsbiologie, ein Fachgebiet, das alle Teildisziplinen der Biologie heranzieht, um die Entwicklung von Menschen, Tieren und Pflanzen sowie deren Eigenschaften zu erforschen. Für mich war die Entdeckung der Evolutionsbiologie wie eine Befreiung, weil sie eine erweiterte Sicht dessen bot, was es bedeutet, Mensch zu sein.

Die Tatsache, daß es zwei Geschlechter gibt – das männliche und das weibliche – verlor seine Bedeutung angesichts dessen, daß der Mensch überhaupt entstanden war, daß wir uns bei den vielen Millionen Kombinationsmöglichkeiten der Moleküle als Menschen entwickelt haben. Die Evolutionsbiologie beschäftigt sich mit dem gesamten Spektrum der Natur, mit Vogelschwärmen und Ameisenvölkern genauso wie mit menschlichen Kulturgesellschaften; sie untersucht, wie das Leben von Mensch und Tier früher aussah und wie es heute ist, und will Ausblicke auf die Zukunft geben.

Parallel zu meiner intensiven Beschäftigung mit weiblicher Partnerwahl wurde dieses Thema auch in wissenschaftlichen Kreisen immer stärker diskutiert. In zahlreichen wissenschaftlichen Zeitschriften erschienen Aufsätze dazu. Anfänglich konzentrierte sich die Forschung auf das Verhalten der Tiere, doch bald schon begannen die Anthropologen die weibliche Partnerwahl auch beim Menschen näher zu untersuchen, was lauten Protest hervorrief. Viele konnten nur schwer akzeptieren, daß der Mensch zum Tierreich gehört und daß auch das menschliche Verhalten den allgemein gültigen Gesetzmäßigkeiten der Natur unterworfen ist. Natürlich besteht kein Zweifel daran, daß wir Menschen uns von anderen Lebewesen unterscheiden, aber wir können diese Unterschiede erst dann richtig beurteilen und eindeutig definieren, wenn wir verstanden und akzeptiert haben, daß wir mit den Tieren verwandt sind.

Durch die Erforschung der weiblichen Partnerwahl wurde ein Fenster geöffnet und der Blick freigegeben auf bisher verborgenes Wissen. Das Bild der Frau, das die neue Evolutionsbiologie enthüllte, sah ganz anders aus als das Bild, das sich Männer – und auch Frauen – bislang gemacht hatten und das jahrhundertelang als das einzig richtige angesehen worden war.

Seit alters her wurden Frauen für schwach und kindlich gehalten, dem Mann körperlich und geistig unterlegen und von Natur aus ungeeignet für jede andere Art der Beschäftigung als Kinder zu gebären und großzuziehen. Diese traditionelle Einstellung den Frauen gegenüber prägte ebenfalls die Forschungsergebnisse der Wissenschaftler, die das Verhalten weiblicher Tiere untersuchten. Die Weibchen galten, von den Ratten bis zu den Schimpansen, generell als passive Lebewesen. Neuesten Veröffentlichungen von Biologen und anderen Wissenschaftlern zufolge ist jedoch genau das Gegenteil der Fall. Weibchen sind in Wirklichkeit strategisch handelnde, konkurrierende und freie Lebewesen, die ihre Entscheidungen klug und mit Sachverstand zu treffen pflegen.

Wenn wir verstanden haben, wie Weibchen im gesamten Tierreich ihre Paarungspartner auswählen, dann sind wir auch in der Lage, das vielschichtige und komplizierte Verhalten des Menschen besser zu verstehen. Dann können wir mehr Verständnis dafür aufbringen, warum Männchen und Weibchen, respektive Männer und Frauen, sich so verhalten, wie sie es tun: warum Männer sich gerne nach jungen, sinnlichen Frauen umdrehen, warum sich so viele Frauen von reichen, mächtigen Männern angezogen fühlen, warum so viele Männer versuchen, Frauen zu beherrschen, warum Männer und Frauen sich belügen, warum Männer und Frauen verschiedene sexuelle Phantasien haben und warum einige Männer heftige Konkurrenzkämpfe austragen.

Einblick in die Ursachen und Zusammenhänge weiblicher Partnerwahl bringt uns nicht zuletzt auf die Spur unseres eigenen Menschseins.

Mary Batten — April 1992

Das ewige Spiel der Paarung

> Bei jeder Betrachtung der Natur müssen wir die vorstehenden Bemerkungen im Auge behalten; nie dürfen wir vergessen, daß jedes organische Wesen sozusagen die äußerste Vermehrung seiner Kopfzahl erstrebt.
>
> Charles Darwin
> Die Entstehung der Arten durch natürliche Zuchtwahl[3]

Beziehungen zwischen Frauen und Männern sind spannungsgeladen. Im Grunde genommen befürchtet jede Frau irgendwann einmal, daß ihr Partner sie nur zur Befriedigung seiner sexuellen Bedürfnisse benutzt oder daß er sie wegen einer anderen Frau verläßt. Männer hingegen fürchten, daß die Frauen es darauf anlegen, sie zu manipulieren und zu kontrollieren. Wenn die romantische Zeit des Umwerbens und der erste Rausch der Liebe vorbei sind und sich Nachwuchs eingestellt hat, wenn sich Frauen und Männer, all ihrer Illusionen beraubt, einander im Alltag gegenüberstehen, dann fallen sie häufig in jahrhundertealte weibliche beziehungsweise männliche Stereotypien zurück: Das kämpferische, dominierende Männchen und das passive, unterwürfige Weibchen kommen zum Vorschein. Ohne es zu merken, geraten selbst intelligente und feinfühlige Menschen in dieses Fahrwasser hinein. Woher kommen jedoch die typisch männlichen beziehungsweise typisch weiblichen Verhaltensweisen? Ist Dominanz von Natur aus männlich? Ist Passivität von Natur aus weiblich? Warum haben wir ganz bestimmte Vorstellungen davon, was männlich und was weiblich ist? Warum gehen viele Männer und Frauen so gefühllos, ungerecht, ja sogar brutal miteinander um?

Wenn wir uns in der Biologie umsehen und den Menschen als Teil des Tierreichs verstehen würden, dann könnten wir erkennen, daß Unterschiede im Geschlecht auch zu unterschiedlichen Verhaltensmustern führen, die wir mit vielen anderen Lebewesen gemeinsam haben, und daß der Unterschied zwischen männlichem und weiblichem Geschlecht rein biologischer Art ist: Männchen produzieren Sperma, Weibchen Eier. Problematisch wurde es erst, als wir Menschen diese biologischen Tatsachen mit Werten in Verbindung brachten. Diese Werte sind Bestandteil unserer jeweiligen Kultur geworden und beeinflussen Liebeswerben und Hochzeitsbräuche, Gesetze, Politik und die Einstellung dazu, was es bedeutet, männlich oder weiblich zu sein.

Aber auch die Erkenntnisse vieler Biologen müssen hinterfragt werden, denn bis vor kurzem gingen auch sie von ganz bestimmten, geschlechtsspezifischen Rollen aus. Bis zur Mitte des 20. Jahrhunderts konzentrierten sich die Wissenschaftler auf die Erforschung des männlichen Verhaltens, das als die treibende Kraft in Evolution und Gesellschaft galt. Ihre Untersuchungen ergaben, daß Männer, ebenso wie die männlichen Vertreter anderer Arten, um die Gunst ihrer Paarungspartnerinnen wetteifern, wenn nötig sogar um sie kämpfen. Man ging davon aus, daß die Sieger dieser Kraftproben den Paarungsprozeß maßgeblich beeinflussen. Das weibliche Geschlecht wurde nur im Zusammenhang mit der Fortpflanzung ernstgenommen, Wissenschaftler und Künstler priesen das Idealbild der Mutter. Aber so gut wie niemand sah in Frauen beziehungsweise Weibchen Lebewesen, die ebenfalls strategisch vorgehen und konkurrieren. Niemand zog in Betracht, daß die Art, wie Weibchen ihre Paarungspartner auswählen, wesentlichen Einfluß auf männliches Verhalten, soziale Gesellschaftsformen und auf die Entwicklung der Arten haben könnte. Der Gedanke, daß das weibliche Geschlecht eine bedeutende Rolle in der Evolution spielen könnte, wurde nicht einmal diskutiert. Rückblickend sind die Gründe hierfür leicht verständlich.

Die Vorstellung einer von Männern dominierten Welt war zuerst in der Theologie und später auch in der Wissenschaft fest verwurzelt. Nicht, weil böser Wille oder eine verschwörerische Absicht der Männer dahinterstand, sondern schlicht und einfach, weil fast ausschließlich Männer Verantwortung trugen und weil diese dazu neigten, die Welt allein von ihrem Standpunkt aus zu betrachten. Die meisten Biologen – bis zu den sechziger Jahren fast ausschließlich Männer – kamen gar nicht auf die Idee, daß das Verhalten der Weibchen bei der Partnerwahl ausschlaggebend sein könnte. Die Vorstellung, daß es die Weibchen sind, die bei der Wahl des Partners die Entscheidung treffen, hätte – und hat in der Tat – ein Weltbild ins Wanken gebracht, in welchem dem weiblichen Geschlecht eine vorwiegend untergeordnete Rolle zukam.

Erst in den letzten zehn Jahren fanden neue Erkenntnisse über die Rolle des weiblichen Geschlechts verstärkt Eingang in die biologische Fachliteratur. Biologen gehen heute davon aus, daß quer durch alle Arten Weibchen die Paarungsauswahl treffen, ja daß es in der weiblichen Natur liegt, den Partner auszuwählen. Was bedeutet dies für unser tägliches Leben, für die Art, wie wir Menschen miteinander umgehen, für unser soziales Gefüge?

Wäre es denkbar, daß Weibchen eine viel dominantere soziale Rolle spielen, als man ihnen zugetraut hätte, daß Männchen viel abhängiger von Weibchen sind als umgekehrt? Könnte es sein, daß sexuelle Strategien, Liebeswerben und Partnerwahl – das heißt das grundlegende Fortpflanzungsverhalten – nicht nur die intimen Beziehungen zwischen männlichem und weiblichem Partner beeinflussen, sondern sich auch auf soziale, politische und wirtschaftliche Verhältnisse auswirken?

Um enträtseln zu können, warum wir uns so und nicht anders verhalten, warum es zwischen den Geschlechtern immer wieder zu Spannungen kommt, müssen wir die sexuellen Strategien im Tierreich kennen: Wie buhlen die Männchen um die Weibchen, wie wählen die Weibchen ihre Paarungspartner aus? Wenn wir uns dann darüber klar sind, was wir mit anderen Lebewesen gemeinsam haben und was uns von ihnen unterscheidet, könnten wir mit Klugheit statt mit Gewalt unsere Probleme mit dem anderen Geschlecht lösen und einen Schritt weiterkommen in unserer Entwicklung als Spezies Mensch. Zunächst einmal müssen wir jedoch bereit sein, das zur Kenntnis zu nehmen, was sich in der Natur tatsächlich ereignet.

Vor dem Eingang eines Hummelnestes reißen sich die im Sturzflug ankommenden Drohnen beim Kampf um die jungfräulichen Königinnen gegenseitig die Flügel ab. Die jungen Königinnen im Inneren des Nests haben es jedoch keineswegs eilig. Sie warten oft drei oder vier Tage, bis sie herauskommen, um sich ihre Paarungspartner auszusuchen.

Die Bullen der See-Elefanten werfen ihre massigen, zwei Tonnen schweren Körper aufeinander und beißen sich gegenseitig in Nacken, Nasen und Flossen. Oft fügen sie sich bei diesem Kampf um den Strand, den die Weibchen zur Paarung aufsuchen, ernsthafte Verletzungen zu. Durch lautes Brüllen und die entschlossenen Versuche, der Leidenschaft der kopulationsbereiten Bullen zu entrinnen, stacheln die Weibchen sie zu weiteren Kraftproben an. Normalerweise paaren sich die Weibchen dann mit dem Sieger.[4] Hieraus entsteht ein polygynes Paarungssystem, in dem nur ein kleiner Teil der Männchen mit jeweils mehreren Weibchen Nachkommen zeugt.

Alle Formen des Lebens streben mit Macht danach, sich fortzupflanzen, doch Männchen und Weibchen verfolgen dabei unterschiedliche Strategien. Weibchen sind äußerst wählerisch. Männchen hingegen rivalisieren und kämpfen häufig miteinander, um ein Weibchen für sich zu gewinnen. Fast alle Weibchen, aber längst nicht alle Männchen paaren sich und pflanzen sich fort, wobei der Prozentsatz je nach Art der Lebewesen schwankt. Warum paaren sich nicht mehr Männchen? Nicht etwa aus mangelndem Interesse, sondern weil sie im Kampf von ihren Rivalen getötet beziehungsweise an der Paarung gehindert oder von den Weibchen abgewiesen werden.

Auch für manche Männer ist das Leben gewalttätig. »Bei primitiven Völkern ist der Konkurrenzkampf um die Frauen wahrscheinlich der einzige und wichtigste Grund für Gewalt«, sagt der Anthropologe Donald Symons.[5] Selbst bei bekanntermaßen friedfertigen Stämmen wie den Buschmännern der Kalahari-Wüste haben die meisten von

Männern begangenen Morde Streitigkeiten um Frauen zum Anlaß. Der Anthropologe Napoleon Chagnon weist darauf hin, daß lange bevor in der industrialisierten Welt der Kampf um die Produktion begann, die menschlichen Gesellschaften bereits durch den Kampf um die Reproduktion geprägt waren.[6]

Die Yanomamö-Indianer Venezuelas und Brasiliens sind ein treffendes Beispiel dafür, wie gewalttätig der Streit um das weibliche Geschlecht bei Menschen werden kann. Die Yanomamö-Männer führen blutige Kriege, die gewöhnlich ihre Ursache haben in Untreue oder Verdacht auf Untreue, Eifersucht, Versuche, die Frau eines anderen zu erobern, Entführung einer verheirateten Frau oder der eines Gastes und Mißachtung eines gegebenen Eheversprechens.[7] Diese Auseinandersetzungen können so weit gehen, daß ganze Dorfgemeinschaften zerbrechen, die Kontrahenten neue Dörfer gründen und für immer Feinde bleiben.[7a]

Chagnon, der die Indianer des Amazonasregenwaldes seit 1965 beobachtet hat, berichtet, daß ungefähr dreißig Prozent der Todesfälle bei erwachsenen Männern auf Gewaltanwendung zurückzuführen sind.[7b] Chagnon interpretiert Mord, Blutrache und Kriege der Yanomamö-Indianer als »Zeichen individueller Interessenskonflikte um materielle Güter und Fortpflanzungsmöglichkeiten«.[7c]

Derartige Auseinandersetzungen sind jedoch nicht nur auf primitive Gesellschaften beschränkt. In allen Kulturen der Welt, das heißt auch in nordamerikanischen Städten – meilenweit entfernt von den Eingeborenendörfern – kann sich ähnliches ereignen.

Die Soziobiologen Martin Daly und Margo Wilson stellten in einer internationalen Untersuchung fest, daß die meisten Morde von Männern an Männern begangen werden, während es weitaus seltener vorkommt, daß Männer Frauen oder Frauen Männer ermorden. In einigen nordamerikanischen Städten bringen zwischen dreiundneunzig und neunundneunzig Prozent der männlichen Mörder Geschlechtsgenossen um. Hierbei handelt es sich vielfach um junge Männer zwischen spätem Jugend- und frühem Erwachsenenalter – in einer Phase ihres Lebens also, in der sie größtenteils nach Ansehen und Besitz streben, um auf Frauen attraktiv zu wirken. Nach Daly und Wilson »gibt es weder Anzeichen dafür, daß die Frauen im modernen Amerika ihre Konflikte jemals genauso gewaltsam lösen werden, noch gibt es Hinweise darauf, daß sie sie in irgendeiner Gesellschaft je so gewaltsam gelöst hätten wie die Männer«.[8]

Um zu verstehen, warum Männer mehr Gewalt anwenden als Frauen, müssen wir die Unterschiede zwischen den männlichen und den weiblichen Fortpflanzungsstrategien kennen. Ein kleiner Exkurs in die Grundlagen der Evolutionsbiologie offenbart, warum Weibchen so wählerisch und Männchen so kämpferisch, manchmal sogar gewalttätig sind.

Natürliche und sexuelle Auslese

Im Jahre 1859 begründete der britische Naturforscher Charles Darwin mit der Veröffentlichung seines umfangreichen Werkes ›Die Entstehung der Arten‹ die Theorie der biologischen Evolution durch natürliche Auslese und damit die moderne Evolutionsbiologie.

Der Begriff der Evolution war schon vor Darwin bekannt. Im 17. Jahrhundert hatten Naturforscher und Philosophen Fossilien untersucht und erkannt, daß diese Relikte vorzeitlicher Pflanzen und Tiere ein Bild vom Leben auf der Erde vermittelten, das ganz anders aussah, als es die Professoren bis dahin beschrieben hatten. Die Fossilien waren der Beweis dafür, daß ungeheure Veränderungen stattgefunden haben mußten. Sie widerlegten den allgemein verbreiteten, religiös untermauerten Glauben an ein statisches Universum, in dem durch einen einmaligen Schöpfungsakt alle Lebewesen ihre heutige Form erhalten hätten. Die Fossilien legten Zeugnis ab von großen geologischen Umwälzungen: vom Entstehen der Gebirge, vom Verschwinden der Meere und von der Auslöschung ganzer Arten. Die Evolutionstheorie hatte fast zweihundert Jahre vor Darwin bereits Gestalt angenommen, aber es gab noch keinerlei befriedigende Erklärung dafür, wie die Evolution eigentlich vor sich ging. Darwins große Leistung bestand darin, daß er eine Erklärung dafür fand, wie die Arten sich entwickelten und veränderten. Er nannte diesen Prozeß »natürliche Auslese«.

Auf den Vorgang der natürlichen Auslese stieß Darwin durch die Beobachtung, daß sich die Individuen innerhalb einer Art in Größe, Fruchtbarkeit, Stärke, Gesundheit, Lebensdauer, Verhalten und anderen Eigenschaften voneinander unterschieden. In seinen Untersuchungen über Haustiere und Pflanzen stellte er fest, daß Züchter die zufällig vorhandenen Unterschiede ausnutzen und diejenigen Individuen miteinander verpaaren beziehungsweise kreuzen, die die gewünschten Eigenschaften besitzen. Darwin folgerte daraus, daß ein ähnlicher Prozeß auch in der Natur ablaufen müsse. Aber auch er tat sich anfänglich schwer, zu erklären, wie die natürliche Auslese genau vor sich ging.

Einen Anhaltspunkt fand er in dem 1789 von dem Geistlichen T. R. Malthus veröffentlichten Werk ›An Essay on the Principle of Population‹. In diesem Essay behauptet Malthus, daß Menschen sich in viel größerer Anzahl fortpflanzen können, als ihre Umwelt es verkraftet. Er betonte, daß die Bevölkerung in geometrischer Progression anwachse, während die Nahrungsmittelmenge nur in arithmetischer Reihe zunehme. Malthus sagte schon damals, daß das Bevölkerungswachstum durch die »Schwierigkeit zu überleben«, wie er es nannte, oder, wie wir heute sagen, durch die »Aufnahmekapazität der Umwelt« kontrolliert wird – das heißt durch die Anzahl von Menschen oder Tieren, die eine bestimmte Umwelt am Leben erhalten kann. Wenn eine Population über die Aufnahmekapazität ihrer Umwelt hinauswächst, wird das ökologische Gleichgewicht durch Nahrungsknappheit, Hungersnöte und Krankheiten wiederhergestellt: Heute können wir dies in den riesigen Slums der Dritten Welt wie Mexiko City, Kalkutta, São Paulo beobachten, wo die ständig wachsende Bevölkerung nicht mehr ausreichend mit Nahrung und sauberem Wasser versorgt werden kann. In den Entwicklungsländern sterben jedes Jahr etwa vierzehn Millionen Kinder unter fünf Jahren aufgrund von verseuchtem Trinkwasser, schlechten sanitären Verhältnissen, Unterernährung, Krankheit und Umweltverschmutzung.

Darwin wurde klar, daß Malthus' Essay einen Schlüssel für das Verständnis der natürlichen Auslese beim Menschen, bei Pflanzen und Tieren lieferte. Ausgehend von Malthus' Prinzip ging Darwin noch einen Schritt weiter. Er stellte fest, daß es in jeder Population einige Individuen mit ganz bestimmten Eigenschaften gibt, die besser an ihre spezielle Umwelt angepaßt und eher in der Lage sind zu überleben als andere Individuen ohne diese Eigenschaften. Durch »Selektion« wählt die Natur jene Individuen aus, die eine bestimmte Eigenschaft aufweisen, die im Kampf ums Überleben und um die Fortpflanzung vorteilhaft ist.

Jede Umwelt, sagt Darwin, stellt die Lebewesen vor besondere Bedingungen: extreme Kälte oder Hitze, Überschwemmungen oder Dürre, Nahrungsmangel, Gefährdung durch Räuber oder Begrenzung des Lebensraums. Diejenigen, die sich diesen Bedingungen gut anpassen können, überleben, pflanzen sich fort und geben ihre Gene an künftige Generationen weiter. Da die Nachkommen die Gene ihrer Eltern in sich tragen, übernehmen die folgenden Generationen deren Anpassungsfähigkeit.

Die Verlierer in diesem Überlebenskampf hinterlassen wenige oder keine Nachkommen und sterben schließlich sogar aus. Der englische Philosoph Herbert Spencer führte hierfür den etwas unglücklich gewählten und oft mißbrauchten Ausdruck »das Überleben der Geeignetsten« (survival of the fittest) ein, den auch Darwin benutzte. Heutzutage verwenden die Biologen einen besseren Ausdruck für das entscheidende Kriterium des Evolutionserfolges: »die Fortpflanzung der Geeignetsten« (reproduction of the fittest).[9]

Neben der natürlichen Auslese, so Darwin, werde die Evolution auch noch durch einen Prozeß, den er »sexuelle Auslese« nannte, beeinflußt. In seinem 1871 erschienenen Buch ›Die Abstammung des Menschen und die geschlechtliche Zuchtwahl‹ erläutert er dies genauer. Hier führt er aus, daß das Entstehen gewisser körperlicher Merkmale bei den Männchen, die teilweise wie schmückendes Beiwerk aussehen, nicht durch natürliche Auslese zu erklären sei. Man denke zum Beispiel an das kunstvolle Rad beim männlichen Pfau, bei anderen Vögeln an

»Kämme, Bärte, Auswüchse, Hörner, mit Luft gefüllte Hautsäcke, Federschöpfe, nackte Federkiele, Federbüschel und verlängerte Federn, welche aus allen Teilen des Körpers graziös hervorragen«.[10] Einige dieser schmückenden Anhängsel, die Darwin »sekundäre Geschlechtsmerkmale« nannte, könnten das Überleben sogar gefährden, indem sie die Männchen auffälliger für Feinde machten oder sie so unbeholfen werden ließen, daß sie bei Gefahr nicht fliehen können. Den Gesetzen der natürlichen Auslese schien dieser Zierat also entgegenzustehen. Nach Darwin spielten derart auffällige sekundäre Geschlechtsmerkmale jedoch in einem anderen Teilbereich der Evolution eine Rolle: beim Werbeverhalten.

Die sexuelle Auslese, so schrieb Darwin, »ist an sich ein äußerst komplizierter Vorgang, da sie von dem Liebesdrange, dem Mut und der Nebenbuhlerschaft der Männchen ebensowohl abhängt wie von dem Wahrnehmungsvermögen, dem Geschmack und dem Willen der Weibchen«.[11]

Darwin nahm an, daß die sekundären Geschlechtsmerkmale sich deshalb bei den Männchen entwickelten, weil die Weibchen sie attraktiv fanden und immer wieder diejenigen Männchen, die sie besaßen, bevorzugten. Sexuelle Auslese umfaßte seiner Meinung nach zum einen die Konkurrenz zwischen den Männchen oder die *intra*sexuelle Selektion, die »das Vermögen begünstigte, andere Männchen im Kampf zu besiegen«; und zum anderen das weibliche Wahlverhalten oder die *inter*sexuelle Selektion, die »die Fähigkeit des Männchens begünstigte, die Weibchen durch Reize zu fesseln«.

Darwin stellte die Theorie auf, daß der männliche Schmuck nur dazu da ist, Weibchen anzulocken. In seinem Buch ›Die Abstammung des Menschen und die geschlechtliche Zuchtwahl‹ schrieb er: »So scheint es, daß im Naturzustande die weiblichen Vögel, indem sie lange Jahre hindurch immer die anziehenderen Männchen gewählt haben, dadurch deren Schönheit oder anziehendere Eigenschaften vermehrt haben.«[12]

Trotz seiner Erkenntnis, daß es die Weibchen sind, die ihre Paarungspartner auswählen, blieb Darwin doch ein Kind seiner Zeit: »Ohne Zweifel setzt dies Unterscheidungsvermögen und einen gewissen Geschmack seitens der Weibchen voraus; und obgleich uns dies zuerst außerordentlich unwahrscheinlich vorkommen wird«, schrieb er, »so hoffe ich dennoch durch die Thatsachen, die ich später anführen werde, beweisen zu können, daß die Weibchen tatsächlich diese Fähigkeiten besitzen.«[13] Darwin hielt trotz allem die Männchen für den Motor des Lebens und erkannte den Weibchen die Fähigkeit zur Auswahl nur unter folgendem Vorbehalt zu: »Unter der Voraussetzung, daß ihr geistiges Begriffsvermögen dazu ausreicht, haben die Weibchen Gelegenheit, eines aus mehreren Männchen auszuwählen.«[14]

Um zu verstehen, warum Darwin zögerte, den Weibchen die Fähigkeit zur Wahl zuzugestehen, braucht man nur einige Zeilen des Essays ›Über die Weiber‹ von Darwins Zeitgenossen, dem deutschen Philosophen Arthur Schopenhauer, zu lesen:

»Weil im Grunde die Weiber ganz allein zur Propagation des Geschlechts da sind und ihre Bestimmung hierin aufgeht... Schon der Anblick der weiblichen Gestalt lehrt, daß das Weib weder zu großen geistigen, noch körperlichen Arbeiten bestimmt ist. Es trägt die Schuld des Lebens nicht durch Tun, sondern durch Leiden ab, durch die Wehen der Geburt, die Sorgfalt für das Kind, die Unterwürfigkeit unter den Mann, dem es eine geduldige und aufheiternde Gefährtin sein soll. Die heftigsten Leiden, Freuden und Kraftäußerungen sind ihm nicht beschieden, sondern sein Leben soll stiller, unbedeutsamer und gelinder dahinfließen, als das des Mannes, ohne wesentlich glücklicher, oder unglücklicher zu sein.«[15]

Angesichts der damals vorherrschenden Einstellung Frauen gegenüber war die Ansicht Darwins, daß Weibchen ihre Paarungspartner auswählen, äußerst umstritten. Seine Annahme, daß weibliches Wahlverhalten die treibende Kraft der Evolution sei, trug ihm Hohn und Spott ein. Trotz seiner bahnbrechenden Theorie wich Darwin jedoch niemals von der viktorianischen Haltung seiner Zeit ab: Frauen sind, ebenso wie die Weibchen der Tierwelt, passive Wesen, die darauf warten, dem besten Mann zu begegnen. Das Weibchen »verlangt im allgemeinen umworben zu werden«, schrieb er über das Verhalten bei den Tieren. »Es ist zurückhaltend, und man kann sehen, wie es sich lange Zeit hindurch bemüht, dem Männchen zu entfliehen... Verschiedene Tatsachen... beweisen, daß, obgleich in verhältnismäßig passiver Weise, das Weibchen im allgemeinen eine Wahl ausübt und dem einen Männchen vor dem anderen den Vorzug gibt. Oder, wie wir dem Anschein nach manchmal glauben möchten, nimmt das Weibchen nicht das für sie anziehendste Männchen, sondern dasjenige an, das ihm am wenigsten Widerwillen einflößt.«[16]

Heute ist klar, daß die Vorstellung von der unterwürfigen, fügsamen Frau der Phantasie der Männer entsprungen ist und das Wunschbild darstellt, das die Männer von den Frauen hatten: die willige Sklavin zu sein, die geduldig die männlichen Bedürfnisse befriedigt. Bevor die ganze Wahrheit des weiblichen Wahlverhaltens ans Licht gelangen konnte, mußte die Elite der Biologen erst von einem ihrer vielgepriesenen Mythen Abschied nehmen.

Der Mythos vom passiven Weibchen bestand in der Biologie bis weit in die Mitte des 20. Jahrhunderts hinein und verleitete viele Forscher dazu, das zu leugnen, was sich vor ihren eigenen Augen abspielte. Obwohl zahlreiche Beobachtungen in der freien Natur genau das Gegenteil bewiesen, behielten die Wissenschaftler ihren Glauben an die Passivität der Weibchen bei.

Bei vielen Primatenarten wie den Berggorillas, den Dschelada-Pavianen und den braunen Kapuzineraffen sind es die Weibchen, die die Kopulation einleiten. Manchmal geschehen die Begattungsaufforderungen der Weibchen eher unauffällig – ein Schnalzen mit der Zunge, ein Kopfschütteln oder eine einfache Annäherung. Andere Weibchen sind kühner in ihrer Kontaktaufnahme. Das Schimpansenweibchen streckt ihr geschwollenes rotes Hinterteil dem Männchen ins Gesicht, um ihm zu zeigen, daß es paarungsbereit ist – ein Verhalten, das man nicht gerade passiv nennen kann. Außerdem ist das Schimpansenweibchen nicht nur einem einzigen Männchen treu. Zwar kann es längere Zeit mit nur einem Männchen verkehren, es kommt aber auch vor, daß es sich wahllos mit allen anderen Männchen in seiner Nähe paart.

Feldforschungen bei vielen Primatenarten wie den Dschelada-Pavianen, Makaken, Schimpansen und Brüllaffen zeigten, daß Weibchen vor allem dann sehr stark miteinander konkurrieren, wenn die Ressourcen oder die Männchen, die diese Ressourcen beschaffen, knapp sind. »Das wesentliche Organisationsprinzip im Sozialleben der Primaten ist der Konkurrenzkampf zwischen den Weibchen und vor allem zwischen den weiblichen Abkömmlingen«, schreibt die Soziobiologin Sarah Blaffer Hrdy. »Während die Männchen um vorübergehendes Ansehen und kurzfristigen Erfolg bei den Weibchen wetteifern, geht es bei den Weibchen um einen längerfristigen Einsatz.«[17]

Obwohl der Mythos von der weiblichen Passivität immer stärker ins Wanken geriet, hielten viele männliche Biologen an dem herkömmlichen Bild der Frau fest, das ihnen so lange gute Dienste geleistet hatte. Selbst aufgeschlossene Wissenschaftler, die Fragen stellten und Theorien bereitwillig änderten, um Wissen zu vermehren, blieben bezüglich der weiblichen Passivität hartnäckig bei ihrer althergebrachten Meinung. Ihre Haltung zu dieser Frage schien in der menschlichen Psyche ebenso tief verwurzelt zu sein wie der Glaube an die Erde als Mittelpunkt des Universums im Mittelalter.

»Das Vorurteil vom passiven Weibchen war so fest verankert, daß die Forscher blind dafür waren, was sich vor ihren eigenen Augen abspielte«, sagt der Biologe Frederick vom Saal. »Sie sahen nur, wie Frauen ihrer Meinung nach sein sollten, nicht wie sie wirklich waren.«

Mitte der siebziger Jahre hatte vom Saal noch als Student seinem Dozenten von seinen Experimenten mit Mäusen berichtet. Als er darauf hinwies, daß einige Mäuseweibchen aggressiver waren als andere, erhielt er zur Antwort: »Was die Weibchen tun, ist nicht von Bedeutung.«[18]

Vom Saal war anderer Meinung. Er warf die konventionellen Vorstellungen über Bord und fuhr fort, die Aggressivität der Mäuseweibchen zu untersuchen. Bald entdeckte er, daß die spätere Aggressivität einer Maus davon abhing, ob sie sich im Uterus ihrer Mutter zwischen zwei männlichen, zwei weiblichen oder einem männlichen und einem weiblichen Geschwister entwickelte. Männliche oder weibliche Föten, die zwischen zwei männlichen heranwachsen, sind später am aggressivsten. Am wenigsten aggressiv sind diejenigen, die sich zwischen zwei weiblichen entwickeln.[19]

Der Mythos vom passiven Weibchen beeinflußte sogar die Zucht von Mäusen für Tierversuche. »Für Versuchszwecke wurden nur passive Weibchen ausgewählt, da aggressive Weibchen als abnormal galten«, sagt vom Saal. Als er freilebende Mäuse fing und sie unter Laborbedingungen untersuchte, stellte er fest, daß sich Weibchen genauso aggressiv verhielten wie Männchen. Einige verteidigten ihr Revier, während die Männchen im Nest blieben und sich um die Jungen kümmerten; er beobachtete sogar weibliche Geschwister, die gegenseitig ihre Jungen töteten. Damit war nicht nur belegt, daß weibliche Aggressivität normal war, sondern daß sie die Population beeinflußte und auch selbst durch sie beeinflußt wurde.

Als nächstes wurde untersucht, ob der Prozentsatz der aggressiven Weibchen bei Nagetieren steigt, wenn die Population dichter wird, und ob die Aggressivität der Weibchen innerhalb einer sehr dichten Population zum Zusammenbruch oder zum Rückgang derselben führen könnte. Man stellte die These auf, daß die Anwesenheit von aggressiven, dominanten Weibchen unter beengten Verhältnissen den Eisprung bei den anderen Weibchen verhindert. Vom Saal gelang durch seine Experimente mit wilden Mäusen der Nachweis, daß, sobald zwei aggressive Weibchen in einer Gruppe zusammenleben, keines von beiden in der Lage ist, sich erfolgreich zu vermehren. In Anwesenheit von dominanten, aggressiven Weibchen werden auch untergeordnete Weibchen nicht trächtig.[20]

Das Fortpflanzungssystem der weiblichen Nagetiere ist äußerst anfällig für Streß. »Tatsächlich bestimmt das Weibchen die Sozialstruktur einer Population«, sagt vom Saal und fügt hinzu, daß solche Untersuchungen »vor zwanzig Jahren nicht ernst genommen worden wären«.[21]

Hartnäckig hält sich bei den Wissenschaftlern immer noch das Vorurteil von der Passivität der Weibchen. »Die Anthropologen haben sich nie viel darum gekümmert, was Frauen tun«, sagt der Anthropologe

Henry Harpending und bedauert, daß ethnologische Untersuchungen so wenig Information über das Verhalten der Frauen liefern. Harpending machte sich seine Erfahrungen aus der Tierforschung auch zunutze, um Menschen zu beobachten: Er studierte das Verhalten beider Geschlechter. Als er die afrikanischen Herero erforschte, stellte er fest, wie wenig die Männer über Geburten und Todesfälle innerhalb ihres Stammes und über ihre eigene Familiengeschichte wußten. »Ich fragte Männer, wie viele Kinder sie hätten, und sie konnten es mir nicht sagen. Die Männer sind ihren Ritualen und ihrem Rollenverhalten innerhalb des Stammes verhaftet«, sagt er, »während die Frauen Geburten und andere wichtige Ereignisse des Lebens in ihrem Gedächtnis festhalten. In allen Schriften über die Menschen Afrikas geht es nur um die Welt der Männer.«[22]

Der Gedanke, daß Frauen bei der Fortpflanzung eine aktive Rolle spielen könnten, war revolutionär: Die Ansichten über das Sozialverhalten der Tiere, einschließlich des »menschlichen Tiers«, mußten revidiert werden. Weibchen konnten nicht mehr nur als Sexobjekte oder Mütter betrachtet werden. Wenn also die Rolle der Weibchen bedeutender war, als man bisher angenommen hatte, dann mußte demnach auch das Bild von den Männchen korrigiert werden. Die Konkurrenz unter den Männchen konnte nicht länger als die treibende Kraft angesehen werden, die das Universum in Gang hielt. Die Biologen waren aufgefordert, ihre Ansichten über die Frauen in einen höheren, mehrdimensionalen Zusammenhang zu stellen; sie mußten anerkennen, daß soziale Organisationen aus viel komplexeren, feiner aufeinander abgestimmten Interaktionen zwischen einzelnen Individuen bestehen, als viele wahrhaben wollten.

Wissenschaftlerinnen, vor allem Primatologinnen hatten großen Anteil daran, die männlichen Vorurteile, die die Biologie mehr als ein Jahrhundert lang beherrscht hatten, abzubauen. Als Frauen waren sie eher in der Lage, sich in Weibchen hineinzuversetzen und ihr Verhalten genauer zu beobachten.

Sarah Blaffer Hrdy erinnert sich daran, wie sie als Studentin das Verhalten der Languren in Indien erforschte und wie gut sie sich mit den Langurenweibchen identifizieren konnte, deren Nachkommen ständig davon bedroht waren, von den Männchen getötet zu werden. Aus dieser Erfahrung heraus ging sie das Problem des weiblichen Verhaltens anders an, als sie es als Harvard-Studentin gelernt hatte:

»Wenn es wirklich stimmte, daß Weibchen aus mehrmaligen Paarungen keinen Vorteil zogen, warum nahmen dann weibliche Languren große Risiken auf sich und boten sich Männchen außerhalb ihrer Gruppe zur Paarung an? Warum sollten bereits trächtige Weibchen um Männchen werben und sich mit ihnen paaren? Welchen Einfluß könnte dieses Verhalten auf das Schicksal ihrer Nachkommen haben? Welches waren die Hauptursachen für die unterschiedlichen Fortpflanzungserfolge der Weibchen, und welche Rolle spielte dabei die nicht auf Fortpflanzung ausgerichtete Sexualität?... Wo stammte die Vorstellung vom scheuen Weibchen überhaupt her? Diese Fragen beschäftigten mich seit 1977, und sie gingen alle von meiner Überzeugung aus, daß die Weibchen sehr wohl strategisch handeln können.«[23]

Durch zahlreiche Untersuchungen wurde auch bei anderen Tierarten das Bild vom passiven Weibchen widerlegt – dieses Phantasiegebilde der Männer, das ihren Wunsch widerspiegelt, die Frau als untergeordnetes Wesen zu betrachten. Leider akzeptierten die meisten Frauen jahrhundertelang die ihnen zugedachte Rolle, viele waren sogar der Meinung, daß weibliche Passivität von Vorteil sei.

Dank der immer größeren Zahl von Untersuchungen zu diesem Thema ist dieser Mythos nun endlich tot – aber nur in der Biologie, nicht im Liebesroman. Heutzutage sehen die Biologen die sexuelle Auslese mit anderen Augen und haben uns neue Erkenntnisse über die Rolle der Weibchen in der Evolution verschafft.

Fruchtfliege auf Männerfang

Das Problem des weiblichen Wahlverhaltens wurde erstmals ernsthaft angegangen, als der britische Genetiker A. J. Bateman 1948 die Fruchtfliegenart Drosophila melanogaster zu untersuchen begann. Es ist Batemans Verdienst, daß sich die Wissenschaftler wieder dem Thema der sexuellen Selektion zuwandten. Seine Untersuchungen belegten, daß weibliche Fruchtfliegen, wenn sie die Wahl hatten, tatsächlich bestimmte Männchen anderen vorzogen. Durch genetische Markierungen fand Bateman heraus, daß sich die meisten Weibchen nur mit einem oder zwei der verfügbaren Männchen paarten. Obwohl alle Männchen zur Paarung bereit waren, gelang es vielen nicht, sich auch nur ein einziges Mal zu paaren.

Batemans Untersuchung war deshalb so wichtig, weil sie aufzeigte, daß der Fortpflanzungserfolg bei Männchen und Weibchen unterschiedlich aussah. In seinem Experiment mit den Fruchtfliegen beobachtete Bateman, daß aufgrund des Auswahlverhaltens der Weibchen nur einige wenige Männchen den Großteil der Nachkommen zeugten. Er beschrieb drei wichtige Unterschiede zwischen den Geschlechtern:

Erstens: Der Fortpflanzungserfolg der Männchen variierte weit mehr als der der Weibchen; einige Männchen produzierten fast dreimal so viele Nachkommen wie das erfolgreichste Weibchen.

Zweitens: Der Fortpflanzungserfolg der Weibchen wurde nicht durch ihre Fähigkeit, Männchen anzulocken, begrenzt, sondern durch ihre Fähigkeit, Eier zu produzieren. Die Anzahl der Nachkommen jedoch, die ein Männchen zeugen konnte, war nicht durch seine körperlichen Möglichkeiten, sondern durch seine Fähigkeit, Weibchen anzulocken, begrenzt.

Drittens: Der Fortpflanzungserfolg der Weibchen erhöhte sich nach der ersten Kopulation nur minimal und nach der zweiten überhaupt nicht mehr.

Bateman beobachtete, daß die weiblichen Fruchtfliegen nicht daran interessiert schienen, mehr als ein- oder zweimal zu kopulieren, während die Männchen dazu tendierten, sich mit demselben Weibchen nicht mehrmals zu paaren.[24] Viele Forscher kamen bei Untersuchungen anderer Tierarten zu ähnlichen Ergebnissen.

Batemans Nachweis, daß es einen wesentlichen Unterschied zwischen dem Fortpflanzungserfolg der Männchen und dem der Weibchen gibt, war in den siebziger Jahren ein wichtiger Schritt vorwärts auf dem Gebiet der Evolutionsbiologie.

Darwins Erben

Darwin hatte sich in seinem Werk auf das Verhalten von bestimmten Individuen konzentriert; er hatte entdeckt, daß das am besten angepaßte Lebewesen, das heißt das Lebewesen, das überlebensfähig ist und sich erfolgreich fortpflanzen kann, durch Individualselektion bevorzugt wird. Aber wie stand es mit der Gruppenselektion? Wie wirkte sich die Evolution durch natürliche Auslese auf das Sozialverhalten der Tiere aus?

In den sechziger und siebziger Jahren begannen Wissenschaftler, die sich Soziobiologen nannten, Darwins Theorie der natürlichen Auslese auf das Sozialverhalten von Mensch und Tier anzuwenden. Das heißt, sie suchten nach den dynamischen Kräften der Fortpflanzung, die das Verhalten der Individuen in der Gesellschaft steuerten.

Der britische Evolutionsbiologe W. D. Hamilton prägte einen der wichtigsten Begriffe der Soziobiologie, die »Gesamteignung« oder »Gesamtfitneß«. Hamilton stellte 1964 fest, daß natürliche oder Individualauslese sich mehr im Bereich der Gene auswirkte als auf der Ebene der Individuen, Gruppen oder Arten. Er legte dar, daß Eltern ihre Jungen deshalb beschützen, weil sie als ihre Nachkommen die elterlichen Gene in sich tragen. Andere Verwandte besitzen ebenfalls gleiche gemeinsame Gene. Uneigennütziges Verhalten zwischen zwei genetisch verwandten Individuen erklärt Hamilton durch seine Theorie der Sippenselektion oder Gesamteignung.

Warum beschützen zum Beispiel in manchen Gesellschaften Männer die Kinder ihrer Schwestern? Ob die Kinder seiner Frau von ihm stammen, kann ein Mann nie genau sagen; doch er kann ganz sicher sein, daß die Nachkommen seiner Schwester, mit der er Gene gemeinsam hat, auch einige von seinen Genen in sich tragen. Überall auf der Welt beruht das soziale Leben der Völker auf Verwandtschaftsbeziehungen, und dies ist durch die Sippenselektion erklärbar. Seine Verwandten zu beschützen sichert das langfristige Überleben der eigenen Gene,[25] und die Menschen tun dies, auch ohne sich der Hintergründe der Vererbungslehre bewußt zu sein.

Der Soziobiologe Richard Alexander faßte diesen Gedanken wie folgt zusammen: »Wir... lernen, unsere Nachkommen zu lieben und zu unterstützen, und oft helfen wir anderen Verwandten, selbst wenn es für uns starke Widerstände zu überwinden gilt und mit hohem Risiko für unser eigenes Ansehen oder für unser Wohlergehen verbunden ist. Mit anderen Worten, wir handeln so, als ob wir über die biologischen Zusammenhänge der Gesamteignung Bescheid wüßten.«[26]

Für die Soziobiologen lautet die entscheidende Frage: Wie kann ein Lebewesen durch sein Verhalten seine Fitneß erhöhen, das heißt seine Chancen verbessern, Nachkommen zu zeugen, die in der Lage sind, zu überleben und sich weiter fortzupflanzen? Im großen Lotteriespiel der Evolution gehen diejenigen Individùen, die die meisten überlebensfähigen Nachkommen produzieren, als Sieger hervor. Sie geben durch ihre zahlreiche Nachkommenschaft mehr von ihren Genen an künftige Generationen weiter; ihr genetisches Erbe beeinflußt somit alles – von der Form der Nase und der Farbe der Augen bis hin zum Verhalten bei der Partnerwahl.

Die Soziobiologie sagt, daß natürliche Auslese jedes Verhalten bevorzugt, das die individuelle Fitneß, das heißt den Fortpflanzungserfolg des einzelnen, erhöht. Der männliche Laubenvogel, der das schönste Nest baut, der See-Elefantenbulle, der seine Rivalen besiegt, und der Mann, der einen Porsche fährt: Sie alle erhöhen ihre Chancen, Partnerinnen anzulocken und Nachkommen zu zeugen. Die Entscheidung der Weibchen ist dann dafür verantwortlich, welche Männchen sich überhaupt fortpflanzen.

Zuerst bedienten sich die Evolutionsbiologen der Erkenntnisse der Soziobiologie, um das Verhalten der Tiere zu erklären; aber nach und nach sprangen auch die Anthropologen auf diesen Zug auf. In den späten achtziger Jahren wandten viele Biologen, Psychologen und Anthropologen die Theorien der Evolutionsbiologie auch auf menschliches Werbeverhalten, auf Heiratsbräuche, auf das unterschiedliche Verhalten der Geschlechter bei der Partnerwahl und auf die Unterschiede im Seelenleben von Männern und Frauen an.

Die Soziobiologie richtet ihr Augenmerk auf die kleinste Einheit der Fortpflanzung: das Gen. So wird der berühmte Aphorismus Samuel Butlers, eines britischen Romanschriftstellers und Essayisten des 19. Jahrhunderts, wieder aktuell: »Eine Henne ist nur die Art und Weise, wie ein Ei ein anderes Ei hervorbringt.« Oder mit den Worten des Soziobiologen Edward O. Wilson: »Der Organismus ist nur die Art und Weise, wie die DNS (Desoxyribonukleinsäure) mehr DNS erzeugt.«[27]

Wir alle wissen, daß mit Genen viel Negatives assoziiert wird. Genetische Theorien wurden dazu mißbraucht, die Schrecken des Rassismus und der Naziherrschaft zu rechtfertigen und die Unterdrückung der Frau festzuschreiben. Doch Gene existieren – das läßt sich nicht hinwegdiskutieren –, sie bestimmen unser Aussehen, sie beeinflussen unser Handeln und vielleicht sogar unsere Gefühle. Der Grund, warum wir mit den Genen Probleme haben, liegt nicht an den Genen selbst, sondern daran, daß die Eugenik oft fehlinterpretiert und dazu mißbraucht wurde, um einzelne Bevölkerungsgruppen abzuwerten beziehungsweise zu unterdrücken. Wir müssen uns stets darüber im klaren sein, daß Gentheorien mißdeutet werden können, aber wenn wir leugnen, daß unser Leben durch Gene beeinflußt wird, wird es uns nie gelingen, die Geheimnisse der Evolution des Lebens zu lüften.

Von Wissenschaftlern und Laien wurde die Soziobiologie, ebenso wie die Evolutionstheorie selbst, oft gründlich mißverstanden. Vor allem Feministinnen warfen der Soziobiologie vor, eine Art genetischen Determinismus zu verfechten, der die Diskriminierung der Frau legitimiere. In Wirklichkeit ist es jedoch so, daß Wissenschaftler niemals Werturteile abgeben: Die Soziobiologie versucht, Verhaltensmuster zu *erklären*, und nicht, sie zu *rechtfertigen*.

Wenn Soziobiologen zum Beispiel erklären, warum Weibchen wählerischer sind und warum Männchen sich manchmal so heftig bekämpfen, dann sagen sie damit nicht, daß es besser ist, wählerisch zu sein als kämpferisch oder umgekehrt. Problematisch wird es erst, wenn Unterschiede zwischen den Geschlechtern als Rechtfertigung dienen, um die freie Entfaltung des Menschen einzuschränken. Genau auf dieser Art von Meinungsmanipulation basiert aber der Sexismus.

Die biologische Tatsache, daß Frauen Kinder gebären und für ihre Ernährung sorgen, wurde dazu benutzt, Frauen die untergeordnete, dienende Rolle zuzuweisen und Mutterschaft als die einzig wahre Aufgabe der Frau zu propagieren. Aber Frauen haben offensichtlich noch viele andere Fähigkeiten. Desgleichen diente die biologische Tatsache, daß Männer größer und stärker sind als Frauen, dazu, männliche Dominanz und Aggressivität zu rechtfertigen und das Klischee des Jägers, Kriegers und Soldaten zu pflegen. Aber auch Männer sind zu weit mehr fähig als zum Kampf. Beide Geschlechter leiden unter der restriktiven Definition dessen, was »männlich« und was »weiblich« zu sein hat. Leider gibt es immer noch Menschen, die aus den biologischen Unterschieden der Geschlechter allzu schnell den Schluß ziehen, daß ein Geschlecht oder eine Rasse der anderen überlegen sei. Solche Schlußfolgerungen sind jedoch völlig unlogisch; trotzdem versuchen gewisse Gruppen auf diese Art, ihre Wertvorstellungen anderen aufzuzwingen, und viele unkritische Menschen fallen auf deren Propaganda herein.

Die wichtigste intellektuelle Fähigkeit des Menschen ist seine Kritikfähigkeit. Mit ihrer Hilfe können wir den Unterschied zwischen Fakten und Werturteilen erkennen und uns unsere sexuelle und geistige Freiheit bewahren. Wir sollten immerzu nachfragen, zweifeln und kritisieren: Gerade heute, im Zeitalter der weltweiten Kommunikation, ist das wichtiger denn je.

Einige Wissenschaftler verwenden den Begriff »Soziobiologie« nur sehr ungern, weil er umstritten ist, und viele Biologen ziehen den älteren Ausdruck »Verhaltensforschung« oder »Ethologie« vor. Diejenigen, die bei ihrer Arbeit den Umweltaspekt betonen möchten, verwenden den Begriff »Öko-Ethologie«. Anthropologen, die die Kulturgesellschaft des Menschen aus der Sicht der Soziobiologie betrachten, nennen sich auch »Humanethologen« oder »Evolutionsethologen«.

Welche Bezeichnung man auch wählen mag – in jedem Fall konzentriert sich die Verhaltensforschung im Zusammenhang mit der Evolutionsbiologie auf die Fortpflanzung. Auch wenn gewöhnlich der Sexualität die meiste Aufmerksamkeit gewidmet wird, so ist es doch der weniger spektakuläre, viel mühsamere Prozeß der Fortpflanzung, der jedem sexuellen Akt, jedem Werbeverhalten und Heiratsritual zugrundeliegt und sogar an der Herausbildung vieler politischer, gesetzlicher, erzieherischer, religiöser und wirtschaftlicher Systeme beteiligt ist.

Die Anthropologin Mildred Dickemann schrieb: »Die Kulturgeschichte des Menschen ist keineswegs unabhängig von der Entwicklung der menschlichen Fortpflanzung, sondern im Gegenteil ganz eng mit ihr verbunden.«[28]

Viele scheinbar unerklärliche Unterschiede im Verhalten der Geschlechter, einschließlich der Sprödheit der Weibchen bei der Partnerwahl und der Konkurrenz der Männchen untereinander, ergeben erst dann einen Sinn, wenn man sie im Hinblick auf die Fortpflanzung betrachtet.

Im Jahre 1972 veröffentlichte der amerikanische Soziobiologe Robert Trivers sein Werk über das elterliche Investment und seine Auswirkungen auf die sexuelle Auslese. Seine Theorie gilt als wichtigste Weiterentwicklung der Evolutionstheorie seit Darwin.

Unter »elterlichem Investment«, heute ein grundlegender Begriff in der Evolutionsbiologie, versteht man die gesamten Aufwendungen, die jedes Geschlecht seinen Nachkommen zuteil werden läßt. Die biologische Seite des Beitrags besteht aus Sperma, Eiern und bei den Säugetieren aus Schwangerschaft und Stillzeit. Elterliches Investment umfaßt jedoch auch den Nestbau, das Ausbrüten der Eier und das Füttern und Beschützen des Nachwuchses. Bei den meisten Tierarten ist der Aufwand, den Männchen und Weibchen hierbei betreiben, unterschiedlich groß. Von der Stärke des Engagements hängt es ab, welches der beiden Geschlechter wählerischer ist.

Trivers stellte die Hypothese auf, daß »das jeweilige Investment der Geschlechter in die Nachkommen« den Vorgang der sexuellen Auslese bestimmt:[29] »Das Geschlecht, dessen Beitrag gewöhnlich größer ist, wird zu einem begrenzenden Faktor für das andere Geschlecht. Individuen desjenigen Geschlechts, das weniger investiert, konkurrieren miteinander, um sich mit Vertretern des Geschlechts, das mehr investiert, zu paaren; denn sie können ihren Fortpflanzungserfolg dadurch erhöhen, indem sie ständig in die Nachkommen vieler verschiedener Vertreter des begrenzenden Geschlechts investieren.«[30]

Das bedeutet, daß das Geschlecht, das am meisten in den Nachwuchs investiert – normalerweise das weibliche – den Fortpflanzungserfolg des Geschlechts, das weniger investiert – gewöhnlich das männliche – kontrolliert. Die Gründe hierfür sind in dem Unterschied zwischen den Geschlechtszellen selbst, dem Ei und dem Sperma, zu suchen.

Die biologische Definition von »männlich« und »weiblich« beruht auf den Geschlechtszellen oder Gameten. Das Männchen produziert die kleineren Gameten, die Spermatozoen oder Spermien. Bei allen Tieren ist das Ei vieltausendmal größer als das winzige, bewegliche Spermium. Schon vor der Empfängnis investiert das Weibchen viel Energie allein in die Produktion seiner Eier.

Trivers stellte fest, daß die Weibchen bereits durch die Produktion der Eier viel mehr von sich selbst in die Elternschaft einbringen als die Männchen, die das Sperma liefern, das leicht herzustellen ist. Bei den Menschen enthält ein Ejakulat zwischen dreihundert und vierhundert Millionen Spermien, und ein Mann ist in der Lage, sein ganzes Leben lang Sperma zu produzieren. Theoretisch könnte ein Mann Tausende von Nachkommen zeugen. Seine Fähigkeit wird nicht durch sein

Sperma, sondern durch die Anzahl der Eier, die er befruchten kann, eingeschränkt. Sein Fortpflanzungserfolg hängt also davon ab, wie viele Frauen er besamen kann.

Ganz anders beim Weibchen. Der weibliche Fortpflanzungserfolg ist bei den meisten Arten unabhängig von der Anzahl der Männchen, mit denen sich das Weibchen paart. Beim Weibchen begrenzen die körperlichen Voraussetzungen die Anzahl seiner Nachkommen. Ein weibliches Säugetier zum Beispiel wird mit einem Vorrat an Eiern geboren, der aus mehr Eiern besteht, als es jemals ausstoßen wird – bei einer Frau ungefähr vierhundert. Der weibliche Fortpflanzungserfolg wird also nicht nur durch die Zahl der Eier eingeschränkt, sondern auch – wie bei den Säugetieren – durch den Aufwand an Zeit und Energie, den das Weibchen für Austragung, Geburt, Ernährung und Aufzucht der Jungen aufwenden muß.

Welchen Paarungspartner ein weibliches Säugetier, und speziell eine Frau, auch auswählt, immer wird sie es sein, die den Großteil der Fortpflanzungslast trägt. Das weibliche Investment bei den Säugetieren ist so groß, daß man fast sagen kann, daß die Männchen einen Freifahrschein besitzen. Die Weibchen tragen die Last der Schwangerschaft, in der der Fötus durch die Plazenta vom mütterlichen Körper ernährt wird, und produzieren die Milch, mit der sie das Junge ernähren. Die Dauer der Trächtigkeit ist je nach Art verschieden: sechzehn Tage bei Hamstern, neun Monate bei Menschen und Gorillas, elf Monate bei Delphinen und zweiundzwanzig Monate bei Elefanten. Je älter die Jungen werden, um so größer wird der Unterschied zwischen männlichem und weiblichem Engagement. Auf den Menschen bezogen heißt das, daß das kurze nächtliche Abenteuer eines Mannes für die Frau zwanzig Jahre Fürsorge für ein Kind bedeuten kann. Weder romantische Verklärung oder scharfsinniges Abwägen noch das raffinierteste Vermarkten von niedlichen und reizenden Babyartikeln können diese Tatsache verleugnen.

Die Ansprüche, die die Fortpflanzung an ein weibliches Säugetier stellt, sind so groß, daß es sich möglicherweise dazu entschließt, allein zu leben, oder, wenn es eine lange Lebenserwartung hat, die Abstände zwischen den Geburten zu vergrößern sucht und so seinem erschöpften Körper Zeit gibt, sich zu erholen. Das Weibchen des Grönlandwals, das ungefähr fünfzig Jahre alt wird, ist durch Schwangerschaft und Stillen so erschöpft, daß es sich zwei Jahre lang nicht mehr paart. Weibchen mit kürzerer Lebenserwartung, wie zum Beispiel Nagetiere, haben gewöhnlich viele Schwangerschaften und sind sofort nach der Geburt wieder empfängnisbereit.

Weibliche Säugetiere brauchen während Schwangerschaft und Stillzeit zusätzliche Kraftreserven. In Erwartung der Anforderungen durch die Fortpflanzung speichert ein Weibchen in dieser Zeit mehr Kalzium und Eisen in seinem Körper, als ein Männchen jemals in seinem ganzen Leben braucht. Nieren, Herz, Eingeweide und Leber des Weibchens vergrößern sich während Schwangerschaft und Stillzeit. Diese körperlichen Veränderungen helfen ihm, die Nahrung besser zu verwerten und den erhöhten Energiebedarf zu decken.

»Bei weiblichen Primaten wird die Körpergröße von der Tatsache bestimmt, daß sie ihre Jungen stillen müssen«, schreibt die Anthropologin Jane Lancaster.[31] »In der Stillperiode werden so hohe Anforderungen an die Weibchen gestellt, daß sie, selbst wenn sie nur halb so groß sind wie die Männchen, ebensoviel Zeit für die Futtersuche aufwenden müssen und genausoviel Kalorien verbrauchen wie ein viel größeres Männchen.«

Trivers' Theorie des elterlichen Investments liefert eine Erklärung dafür, warum Männchen und Weibchen verschiedene Fortpflanzungsstrategien verfolgen müssen: Während sich der männliche Fortpflanzungserfolg auf das Besamen von möglichst vielen Weibchen gründet, hängt der weibliche Fortpflanzungserfolg von der klugen Auswahl des Paarungspartners ab.

Indem Weibchen durch ihr Wahlverhalten bestimmen, welche Männchen zur Paarung gelangen, üben sie, wie Edward O. Wilson es ausdrückte, einen »direktiven und korrektiven Einfluß« auf den Verlauf der Evolution aus.[32] Dank der Erkenntnisse der Soziobiologie konnte die Vorstellung der vom männlichen Geschlecht gesteuerten Evolution, wie sie von den Biologen jahrzehntelang vertreten wurde, um einen neuen und wesentlichen Aspekt erweitert werden: Auch die Frau spielt in der Evolution eine wichtige strategische Rolle.

»Wie bei allen Säugetieren hängt der Fortpflanzungserfolg aller männlichen Primaten von der ausdauernden und langfristigen Fürsorge der Weibchen für die Nachkommen ab«, schreibt Hrdy. »Die Vorlieben des Geschlechts, das mehr investiert – nämlich des weiblichen – bestimmen außerdem im wesentlichen die Richtung, in die sich eine Art entwickelt. Denn das Weibchen ist die letzte Instanz, die entscheidet, wann, wie oft und mit wem es sich paart. Dies trifft vor allem auf die Primaten zu... Weibchen sind also, und waren schon immer, die wichtigsten Hüter des Fortpflanzungspotentials einer Art.«[33] Wie die Weibchen diese Rolle ausfüllen und nach welchen Kriterien sie ihre Partner auswählen, ist Thema des nächsten Kapitels.

Was Weibchen wollen

> Einen Partner zu akzeptieren bedeutet mehr als Geschlechtsverkehr zuzulassen.
>
> Robert Trivers
> Social Evolution[34]

Wenn ein Weibchen ein Männchen aussucht, geht es um mehr als Vorlieben, um mehr als sexuelle Anziehungskraft, um mehr als die Bereitschaft zur Paarung. Eine im Sinne der Evolution richtige Entscheidung muß auch adaptiv sein, das heißt, auch die Fitneß eines potentiellen Partners berücksichtigen: Weibchen müssen sorgfältig prüfen, ob das Männchen am besten geeignet ist, eine zahlreiche und überlebenstüchtige Nachkommenschaft zu zeugen. Sie können es sich nicht leisten, sich auf irgendein Männchen einzulassen.

Bei den Menschen nicht anders als im Tierreich sind nicht alle männlichen Geschlechtsgenossen gleich gute Zeuger. Einige haben den Weibchen und ihrer Nachkommenschaft bessere Ressourcen anzubieten, andere sind kräftiger und gesünder. Manche können besser beschützen, wiederum andere sich besser um Nachkommen kümmern. Weibchen prüfen die in Frage kommenden Männchen sehr genau und wählen dann dasjenige aus, das am besten geeignet erscheint.[35] Und Weibchen lassen sich gewöhnlich Zeit bei der Wahl, denn von ihrer Umsicht hängt schließlich ihr Fortpflanzungserfolg ab.

In der Zeit der Partnerwerbung hat das weibliche Geschlecht – egal ob Mensch oder Tier – Gelegenheit, die männlichen Kandidaten zu beobachten, zu vergleichen und zu testen. Da eine erfolgreiche Brautwerbung allein dafür maßgeblich ist, ob Männer beziehungsweise Männchen sich fortpflanzen oder nicht, stellen sie sich in ihrem Werbungsverhalten auf die weiblichen Bedürfnisse so gut wie irgend möglich ein. Manche Männer geben dies zwar nicht gerne zu, doch das männliche Geschlecht bemüht sich allem Anschein nach sehr darum, sich so zu verhalten, wie die Weiblichkeit es sich wünscht. Dies bedeutet, daß das weibliche Geschlecht ziemlich viel Macht ausübt und gleichzeitig große Verantwortung trägt. Wie groß sein Einfluß jedoch tatsächlich ist, wird immer wieder unermüdlich und heftig diskutiert.

Manche Wissenschaftler sind davon überzeugt, daß sich Männchen in ihrem Verhalten nach den Auswahlkriterien der Weibchen richten. Der Evolutionsanthropologe John Hartung behauptet sogar, daß »das weibliche Geschlecht mit dem männlichen Geschlecht einen Züchtungsversuch durchführt, indem es die Gene herausfiltert, die gewinnen sollen«.[36] Ganz so weit gehen jedoch nicht alle Biologen, doch die meisten erkennen an, daß die Auswahl durch das weibliche Geschlecht männliches Verhalten zumindest stark beeinflußt.

Alles, was ein männlicher Geschlechtsgenosse tut – ganz egal, ob er es mit Vertretern des eigenen oder des anderen Geschlechts zu tun hat –, kann Aufschluß darüber geben, welches Potential er als Paarungspartner zu bieten hat. Und die Weiblichkeit hat höchst feine Antennen dafür entwickelt, auch die leisesten Signale bezüglich Gesundheit und Status eines in Frage kommenden Partners zu empfangen und zu beurteilen.

Während der Werbungszeit bedienen sich die männlichen Artgenossen sowohl bei den Menschen als auch im Tierreich unterschiedlicher, meist ziemlich auffälliger Verhaltensweisen, um die Aufmerksamkeit des anderen Geschlechts auf sich zu ziehen. Männliche Leuchtkäfer, die am Ufer von Flüssen in Südostasien leben, versammeln sich zum Beispiel auf Bäumen und signalisieren den Weibchen durch ein prächtiges Leuchtfeuer ihre Anwesenheit. Auf den Blättern der zehn bis zwölf Meter hohen Bäume ballen sich Tausende von Insekten zusammen und inszenieren ein perfekt synchronisiertes Feuerwerk. Oft tauchen sie mehr als hundert Meter Flußufer in gleißendes Licht. Dieses Leuchten ist so intensiv, daß es Seeleuten als Orientierungshilfe dient.

Ob es sich nun um männliche Leuchtkäfer mit ihrer natürlichen Lumineszenz handelt oder um Männer, die mit ihren Kreditkarten wedeln, fast immer konkurrieren die Männer untereinander, wenn sie ihre Vorzüge als Paarungspartner anpreisen. Sie können sich nur fortpflanzen, wenn sie von einem Weibchen dafür ausgewählt werden. Abgewiesene Freier stehen auf der Verliererseite der großen Evolutionslotterie: ohne Frauen keine Nachkommen.

Die Evolutionstheorie sagt, daß erstens Weibchen Männchen aussuchen, die den eigenen Fortpflanzungserfolg sicherstellen; und zweitens, daß die natürliche Selektion das spröde, wählerische Weibchen bevorzugt, das überdies die Gene für dieses Auswahlverhalten an die nachfolgenden weiblichen Generationen vererbt. Obwohl diese Vorgänge bei Mensch und Tier gleich ablaufen, sind doch die Beispiele aus dem Tierreich klarer, unzweideutiger und zahlreicher. Somit bezieht sich dieses Kapitel – falls nicht ausdrücklich anders vermerkt – auf weibliches Auswahlverhalten bei Tieren.

Männchen auf dem Prüfstand

Für ein Weibchen ist es natürlich entscheidend, daß es einen Partner seiner eigenen Art wählt; ein Irrtum kann sein ganzes Fortpflanzungsbemühen zum Scheitern verurteilen und hybride, sterile Nachkommen zur Folge haben. Daneben sind jedoch noch viele weitere Auswahlkriterien zu beachten.

Im evolutionären Sinn dient die Zeit der Partnerwerbung dem Weibchen dazu, sich über die Eignung der zur Auswahl stehenden Männchen klarzuwerden. Wahrscheinlich wurden zahlreiche Balzrituale, derer sich Männchen bedienen, über Generationen hinweg durch Weibchen selektiert, weil diese besonders gute Gene oder Ressourcen signalisieren, die den Weibchen Fortpflanzungserfolg garantieren.

Andere von Weibchen bevorzugte Eigenschaften wiederum scheinen von rein ästhetischem Wert zu sein. In diesen Fällen wählt das Weibchen ein Männchen nur wegen seiner Schönheit oder weil es seine Sinne anregt – ein Lockruf, der die Ohren umschmeichelt, eine Flut von Farben, die das Auge betören, oder ein besonders schönes Geschlechtsorgan, das exquisite sexuelle Freuden verspricht.

»Irgendein besonders stark hervortretendes Element im männlichen Balzverhalten kann den Ausschlag für die Wahl des Weibchens geben«,[37] schreiben die Biologen Randy Thornhill und John Alcock, die die Paarungssysteme von Insekten gründlich untersucht haben. Sie weisen auf die Lautstärke und Dauer des Zirpens von Grillen hin, auf die Geschicklichkeit und Kraft beim Flug der Schmetterlinge und auf die Vibrationen der Flügel bei den Fliegen.

Bei vielen Balzritualen beeinflussen Unterschiede in Lautstärke und Heftigkeit die Wahl der Weibchen; man denke nur an das Quaken der Frösche, den Gesang der Vögel und das Dominanzgebaren der Silberrückengorillas.

Wenn weibliches Auswahlverhalten Einfluß auf Form und Größe des Penis hatte, laufen Balzhandlungen manchmal aber auch viel unauffälliger beziehungsweise eher innerhalb des Körpers ab. Mancher Leser mag sich hier wohl fragen, wie weibliches Auswahlverhalten die Beschaffenheit eines Penis beeinflussen kann. Man denke jedoch nur einmal darüber nach, warum es Penisse gibt: Sie entstanden, um in den weiblichen Fortpflanzungstrakt einzudringen und um Sperma dort abzulagern, wo die Befruchtung der Eier am sichersten gelingt.

Bei Tieren, bei denen die Befruchtung außerhalb des Körpers stattfindet, wie zum Beispiel bei Fröschen, Würmern und den meisten Fischen, sind die männlichen und weiblichen Geschlechtsorgane kaum mehr als einfache Öffnungen. Bei Tieren mit innerer Befruchtung dagegen, wie etwa bei den Insekten, sind die Wege zum Ei mitunter sehr kompliziert; für solche Fälle herrscht in der Männerwelt der Tiere eine außerordentliche Vielfalt an Geschlechtsteilen. Mancher Fadenwurm hat einen längeren Penis, als sein gesamter Körper mißt!

Die ausgeprägtesten Penisformen sind bei Arten zu finden, bei denen sich die Weibchen mit mehr als einem Männchen paaren – im Tierreich keine Seltenheit. Wenn die Weibchen entscheiden können, wessen

Samen die Eier befruchtet, dann müssen Männchen darum kämpfen, daß ihr Samen zum Zuge kommt. Nicht selten sind bizarr geformte männliche Geschlechtsteile eine Folge dieses Konkurrenzkampfes.

Ein erstaunliches Sortiment von winzigen Federn, Bärten, Schuppen, Stacheln, Widerhaken und gedrehten Röhren schmücken das Geschlechtsorgan einiger der winzigsten männlichen Tiere. Der Entomologe James Lloyd beschrieb, daß männliche Insekten über »kleine Öffner, Scheren, Hebel und Spritzen, kurz gesagt, über so etwas wie ein ›Schweizer Taschenmesser‹ mit den raffiniertesten Vorrichtungen verfügen, um Sperma an die bei den Weibchen vorgesehene Stelle zu befördern«.[38]

Wieso braucht ein Männchen eine solch raffinierte Ausstattung an seinen Geschlechtsorganen? Während der letzten hundertfünfzig Jahre wurden immer wieder Erklärungen gesucht und gefunden, doch die von dem Biologen William Eberhard erst jüngst formulierte These ist die schlüssigste von allen: Er geht davon aus, daß die männlichen Geschlechtsorgane, da sie so kompliziert angelegt sind, die Funktion von »internen Balzwerkzeugen« haben. Seiner Meinung nach entwikkelten sie sich im Laufe der Evolution aufgrund des Auswahlverhaltens der Weibchen und dienen nicht nur dazu, das Weibchen zur Kopulation mit einem bestimmten Männchen zu verführen, sondern auch dazu, daß es seinen Samen demjenigen anderer Konkurrenten vorzieht. »Es wäre doch viel zu naiv, zu glauben, daß solch raffinierte Körperteile lediglich dazu da sind, eine einfache mechanische Funktion zu erfüllen.«[39]

Kopulation ergibt für ein Männchen keinen Sinn, wenn es ihm nicht gelingt, die Eier eines Weibchens zu befruchten. Geschlechtsverkehr muß nicht zwangsläufig zur Befruchtung aller Eier führen. Ob ein Männchen tatsächlich Nachkommenschaft zeugt, hängt oft davon ab, wie sich das Weibchen während oder nach der Kopulation verhält. Befruchtung setzt voraus, daß das während der Kopulation eingebrachte Sperma im Weibchen eine Wanderung antritt. »Fast bei allen Tieren ist weniger der Samen, sondern vielmehr das Weibchen für diese Reise verantwortlich«, bemerkt Eberhard.[40]

Bei Kaninchen, Kühen, Schafen, Schimpansen und beim Menschen wird das Sperma in die Vagina eingebracht, die Befruchtung vollzieht sich jedoch in den Eileitern. Kontraktionen und Bewegungen der weiblichen Fortpflanzungsorgane tragen dazu bei, daß das Sperma an den richtigen Ort gelangt. Auch nimmt man an, daß der Orgasmus der Frau dazu dient, die Reise der Spermien in Richtung Eileiter zu beschleunigen.

Falls ein Penis nicht nur dazu da ist, Sperma zu übertragen, sondern auch dazu, das Weibchen zu veranlassen, einen bestimmten Samen vorzuziehen, dann wäre es denkbar, daß sich manche Weibchen allein durch die Beschaffenheit des Penis für ein bestimmtes Männchen entscheiden. Dies würde bedeuten, daß das Männchen mit dem beliebtesten Penis mehr Nachkommen zeugt als ein anderes.[41]

Eberhard argumentiert, daß die attraktiven männlichen Fortpflanzungsorgane – Körperteile, die niemals im Kampf zwischen Männchen eingesetzt werden – »ungewöhnlich deutliche Ergebnisse sexueller Selektion durch weibliches Auswahlverhalten« darstellen.[42] Falls seine Hypothese stimmt, dann wählen Weibchen vieler Arten ihre Männchen danach aus, ob diese sie sexuell gut stimulieren können. Diese Männchen wiederum geben durch natürliche Selektion ihre Gene für die Anlage ausgefeilter Geschlechtsorgane an ihre Söhne weiter.

Neben Eberhard gehen auch noch andere Biologen davon aus, daß die Töchter dieser Männchen genetisch darauf festgelegt sind, Männchen vorzuziehen, die besagte attraktive Merkmale aufweisen. Bei den Menschen könnte das Auswahlverhalten der Frauen den ausgesprochen großen Penis der Männer – der relativ zum Körper längste unter den Primaten – erklären.[43] Neben der Größe des Penis spielen aber auch noch andere Kriterien bei der Entscheidung der Weibchen für oder gegen einen Paarungspartner eine wichtige Rolle.

Wie Weibchen auswählen

Weibchen scheinen ihre Partner anhand einer ganzen Reihe von Bewertungskriterien auszusuchen, die über die Fitneß der zur Auswahl stehenden Männchen Auskunft geben. Manche liegen auf der Hand, andere hingegen sind äußerst subtil. Sie treffen ihre Wahl durch:

1. Auswahl von Männchen, die genügend Ressourcen oder Leistungen zu bieten haben, wie zum Beispiel Futter oder Schutz
2. Auswahl von Männchen mit besonders guten Genen
3. Ablehnung von Männchen der falschen Art oder von unerwünschten Individuen derselben Art
4. Auswahl von Männchen aufgrund ästhetischer Gesichtspunkte.

Auswahl nach Ressourcen

Die deutlichste und am besten bewiesene Form weiblicher Auswahl ist die Selektion nach Ressourcen: Materielle Werte drängen das rein biologische Faktum des Samenspendens in den Hintergrund. Das weibliche Geschlecht investiert am meisten in die Nachkommen, es braucht also Hilfe bei der Beschaffung von Ressourcen. Je besser ein Weibchen versorgt ist, um so mehr Eier kann es legen beziehungsweise Junge zur

Welt bringen, ernähren und großziehen, bis diese wiederum sich selbst paaren und fortpflanzen können.

Wie die Ressourcen im Einzelfall beschaffen sind, hängt von der jeweiligen Art ab: Die proteinreiche Sekretion eines männlichen Insekts, das nahrungsreiche Revier einer Hummel, der Schutz durch einen dominanten Pavian, Unterstützung bei der Brutpflege oder auch eine Kombination verschiedener Arten von Ressourcen seien hier angeführt.

Grundsätzlich gilt, daß Weibchen Männchen mit guten Ressourcen vorziehen und solche auswählen, wann immer sich die Gelegenheit dazu bietet. Durch weibliche Vorlieben wird die sexuelle Selektion in Gang gesetzt, die jene Männchen bevorzugt, die mit guten Ressourcen ausgestattet sind. Höchstwahrscheinlich ist das Wahlverhalten der Weibchen dafür verantwortlich, daß die Evolution Männchen hervorbrachte, die Geschenke anbieten, ob es sich dabei nun um ein Insekt handelt, das ein appetitliches Beutetier, oder um einen Adelie-Pinguin, der einen Stein zum Nestbau offeriert.

Hiermit kommen wir zu der uralten Frage, ob Weibchen Männchen um ihrer selbst oder um ihrer Ressourcen willen wählen. Für viele Arten gibt es hierauf noch keine klare Antwort. Bei den Savannen-Pavianen hingegen läßt sich deutlich beobachten, daß sich die Weibchen vorzugsweise mit ihren männlichen »Freunden« paaren. Die Primatologin Barbara Smuts beschreibt das besondere Verhältnis zwischen Pavianweibchen und bestimmten Männchen, mit denen sie die meiste Zeit verbringen.[44] »Diese Freundschaften vergrößern den Fortpflanzungserfolg sowohl der Weibchen als auch der Männchen und erweisen sich für beide Teile als nützlich«, schreibt Smuts.[45] Ein großer Vorteil liegt im Schutz. Ein männlicher Freund beschützt seine Freundin und ihre Nachkommen vor aggressiven Übergriffen anderer Männchen und vor fremden Räubern.

Fett ist schön

Ressourcen, die den Weibchen beim Überlebenskampf in ihrem jeweiligen Umfeld helfen, stehen meist sehr hoch im Kurs. Weibliche Adelie-Pinguine beispielsweise bevorzugen fette Partner. Ein fettes Männchen kann länger fasten und die Eier auf dem Nest so lange bebrüten, bis das Weibchen von der Nahrungssuche im Meer zurückkehrt und das Männchen ablöst. Wenn ein männlicher Pinguin über keine Fettreserven mehr verfügt und das Gelege verläßt, bevor das Weibchen zurückkommt, sterben die Embryonen in der Eiseskälte der Antarktis. Der Nachwuchs der Adelie-Pinguine ist völlig auf die Brutpflege beider Elternteile angewiesen. Männchen und Weibchen müssen genug Fett eingelagert haben, um so lange fasten zu können, bis der jeweils nahrungssuchende Partner wieder zurückkommt.

Während ihrer zwölftägigen Balzzeit fasten beide Tiere gemeinsam.

Danach legt das Weibchen zwei Eier. Erschöpft und aller Energiereserven beraubt, begibt es sich dann auf Nahrungssuche ins Meer und läßt das Männchen zum Bebrüten der Eier zurück. Ihre Nahrungsaufnahme dauert ungefähr zwei Wochen. Das bedeutet, daß das Männchen nicht nur während der Balzzeit, sondern auch noch während der gesamten Abwesenheit des Weibchens fasten muß und so beinahe einen ganzen Monat ohne Nahrung auszukommen hat.

Sobald das Weibchen zurückkommt, eilt das abgemagerte und erschöpfte Männchen zum Meer und baut seine Energie- und Fettreserven wieder auf. Auch das Männchen bleibt etwa zwei Wochen lang weg und kehrt, kurz bevor die Jungen ausschlüpfen, wieder zurück. So hat das Weibchen noch genug Zeit, Nahrung aufzunehmen und Futter zu sammeln, um es später für die Jungen auszuwürgen. Die Brutzeit beträgt vierunddreißig Tage, und die Pinguinmännchen verfügen anscheinend über eine Art innere Uhr, die ihnen anzeigt, wann sie zum Nest zurückkehren müssen, damit sie rechtzeitig vor dem Schlüpftermin da sind. Beide Elternteile versorgen ihre heißhungrigen Jungtiere abwechselnd mit Futter und lassen sie wegen der Kälte und der Gefahr durch Raubmöwen niemals aus den Augen.

Der Biologe Lloyd Spencer Davis hat erforscht, daß Weibchen fette Männchen auf zweierlei Art erkennen: »Entweder paaren sie sich mit solchen Männchen, die ihre Fähigkeit zum Fasten schon bewiesen haben. Das heißt, Männchen, die im Vorjahr während der Abwesenheit des Weibchens verläßlich gebrütet haben, werden wiedergewählt, während Männchen, die das Nest verlassen haben, keine zweite Chance mehr bekommen. Oder Männchen werden aufgrund ihrer Stimmen ausgewählt: Je tiefer die Stimmlage, desto besser, da große, wohlgenährte Tiere über tiefe Stimmen verfügen.«[46] Adelie-Pinguinweibchen wählen ihre Partner eindeutig danach aus, wie verläßlich sie sind und wie gut sie fasten können. Bei anderen Arten wiederum scheinen die Weibchen die Ressourcen höher einzuschätzen als die Männchen, die sie anbieten.

Standortvorteile

Bei vielen Arten haben die Weibchen mehr Interesse am Nistplatz als an dem dazugehörigen Männchen. Spatzen und Spechte zum Beispiel gehören zu der Sorte Vögel, die mehr vom Nistplatz als vom männlichen Vogel angezogen werden.

Zu den am besten belegten Beispielen dafür, daß nach Ressourcen und nicht nach männlichen Individuen ausgewählt wird, gehören die Blaukopflippfische (Thalassoma bifasciatum), die in den Riffgebieten der Karibik anzutreffen sind. Bei dieser Art leben die Männchen in bestimmten Revieren, und die Weibchen wählen nicht nach Männchen, sondern nach Laichplätzen aus. Der Meeresbiologe Robert Warner entfernte in zahlreichen Versuchen die Männchen aus ihren angestammten Revieren. Die Weibchen dachten aber nicht daran, ihnen zu folgen. Sobald neue Männchen in das bevorzugte Gebiet eingesetzt wurden, paarten sich die Weibchen mit diesen. Ihre Treue galt dem Ort, nicht dem Partner.

Unterschiede in der Qualität der Ressourcen können zu Polygynie – zum Zusammenleben von mehreren Weibchen mit einem Männchen – führen. Wenn ein Männchen über ein nahrungsreiches Gebiet, geschützte Nistplätze oder andere für Weibchen attraktive Ressourcen verfügt, kann es mehrere Paarungspartner an sich binden. Weibchen, die in diese Reviere kommen, um Nahrung aufzunehmen oder Eier abzulegen, unterliegen dann der Kontrolle des Ressourceneigentümers.

Ähnlich verhält es sich auch in polygyn strukturierten Gesellschaften beim Menschen. Genauso wie sich im Tierreich dominierende Männchen einen guten Platz in der Hierarchie erkämpfen, müssen auch Männer in primitiven Stammesgesellschaften eine wirtschaftliche Hackordnung auskämpfen. Die dominierenden Männchen verfügen demnach über die besten Reviere, die wiederum die meisten Weibchen anlocken. Manche Weibchen ziehen es vor, in einem Harem statt monogam zu leben. Sie haben mit einem bereits verpaarten Männchen, das jedoch über reiche Ressourcen verfügt, mehr Erfolg in der Fortpflanzung, als wenn sie sich mit einem mittellosen Kandidaten und der Monogamie begnügen.

Biologen bezeichnen als Schwelle zur Polygynie jenen Punkt, an dem ein paarungswilliges Weibchen erkennt, daß es mit einem polygynen, aber erfolgreichen Männchen bessere Aussichten bei der Fortpflanzung hat als mit einem x-beliebigen, unerprobten Männchen.[47] Es gibt zahlreiche Beispiele von polygynen Strukturen, die sich aus der unterschiedlichen Qualität der Ressourcen ableiten lassen, wobei es sich dabei meist um Nahrungsressourcen handelt.

Sex gegen Nahrung

Den Tausch von Sex gegen Nahrung gibt es überall auf der Welt, und er taucht im Liebesleben der Menschen ebenso auf wie bei Vögeln, Insekten oder Fischen. Bei den Menschen spielt das Essen bei beiden Geschlechtern eine große Rolle, und das alte Sprichwort »Liebe geht durch den Magen« spricht Bände. Eine Frau, die gut kocht, übt eine große Anziehungskraft auf Männer aus. Aber ebenso vertrauen Männer auf die verlockende Wirkung von Essen und Trinken und benutzen ihre Kochkünste, um Frauen zu verführen. Heutzutage gehen viele Männer sogar davon aus, daß sie das Recht haben, mit einer Frau zu schlafen, wenn sie sie zum Essen und Trinken eingeladen haben; nicht selten werden sie sehr ärgerlich, wenn ihre Wünsche zum »Nachtisch« nicht erfüllt werden.

Bei den Balzritualen im Tierreich werden Weibchen mit Futter angelockt. Weibchen werden von Futter anbietenden Männchen geradezu magisch angezogen, da ausreichend Nahrung zum Eierlegen und zur Aufzucht der Jungen nötig ist. Männchen kämpfen daher heftig um die Kontrolle über ein nahrungsreiches Gebiet.

Die Raubwürger, die in der Wüste Negev in Israel leben, sind ein ausgezeichnetes Beispiel dafür, wie eng Ernährung und Fortpflanzungserfolg miteinander verknüpft sind. Vögel dieser Familie, die den abfälligen Namen »Würger« tragen, spießen ihre Beute auf Dornen oder auf andere spitze Gegenstände auf. Drei oder vier Monate vor Ankunft der Weibchen, deren Brutzeit dort im Januar beginnt, fangen männliche Würger an, ihre Speisekammern zu füllen. Solange die Männchen allein in ihren zirka sechzig Hektar großen Revieren leben, bewahren sie nicht mehr als fünfzehn bis zwanzig Futterstücke in jedem Versteck auf. Ab Anfang September jedoch horten sie neunzig bis hundertzwanzig Teile, die oft nicht einmal genießbar sind, wie zum Beispiel Federn, Schneckenhäuser oder Stoffstückchen.

Die Männchen sammeln solche Vorräte also nicht nur, um ihren Hunger zu stillen. Der Wissenschaftler Reuven Yosef kam auf die Idee, daß sie mit ihren wohlgefüllten Speisekammern möglicherweise Weibchen anlocken, und führte folgenden Versuch durch: Er entfernte Vorräte aus den Revieren einiger Männchen und vermehrte den Futtervorrat in den Verstecken anderer Tiere. Außerdem überwachte er eine dritte Gruppe mit normalem Futtervorrat. Die Männchen mit den beeindruckendsten Speisekammern lockten Weibchen einen ganzen Monat eher an als die anderen. Männchen ohne Vorratslager fanden gar keine Partnerin und blieben Junggesellen. Weibchen, die bei Männchen mit überdurchschnittlich guten Futterressourcen nisteten, konnten dreimal pro Brutzeit Junge aufziehen, während in der Kontrollgruppe nur ein- oder zweimal gebrütet wurde. Die guten Ergebnisse bei der Fortpflanzung gaben den Weibchen recht, die gut ausgestattete Männchen ausgewählt hatten: Je mehr Futter, desto mehr Junge und desto größer der Fortpflanzungserfolg für Männchen und Weibchen.[48]

Ähnliche Vorgänge sind auch in der Welt der Insekten zu beobachten. In der Wüste Sonora in Arizona kämpfen die Bockkäfer Trachyderes (Dendrobias) mandibularis mit ihren riesigen Kiefern um Reviere, in denen der große Saguaro-Kaktus wächst. Die fleischigen, roten Früchte dieser Kakteen gehören zu den Lieblingsspeisen der Weibchen, die sich als Gegenleistung für den Leckerbissen mit den Männchen paaren. Da Saguaro-Kaktusfrüchte rar sind, gelingt es nur großen Männchen mit gut entwickelten, zangenförmigen Kiefern, die Oberhand in solch wertvollen Revieren zu erringen. Manche erfolgreichen Männchen haben oft sechsmal so lange Kiefer wie ihre kleinsten Konkurrenten.

Der aggressive Wettstreit zwischen Männchen um Ressourcen, die für Weibchen wichtig sind, hat dazu geführt, daß sich die Geschlechter in Form, Größe und Verhalten unterschiedlich entwickelt haben. Bei manchen Arten haben die Männchen ganze Arsenale von Waffen hervorgebracht, wie beispielsweise Hörner oder Geweihe. Das Männchen der afrikanischen Impalaantilope benutzt seine ausgeprägten Hörner dazu, reiches, für Weibchen attraktives Weideland zu verteidigen. Ein Revierbesitzer bewacht seine Grenzen ohne Unterlaß und verteidigt sein Weibchen gegen männliche Eindringlinge, die sich eine Paarung erschleichen wollen.

Die Männchen der asiatischen Honiganzeiger bemühen sich um Reviere, in denen sich Nester der Riesenhonigbiene Apis dorsata befinden. Diese Bienenart stellt das Bienenwachs her, das Honiganzeiger so gerne fressen. In einer faszinierenden Koevolution, die in der Natur so häufig zu beobachten ist, sind diese Vögel immun gegen Bienenstiche geworden und können in aller Ruhe das Bienenwachs verzehren. Die männlichen Honiganzeiger bewachen ihr Revier das ganze Jahr über und erlauben nur Weibchen den Zutritt. Manche Besucherinnen paaren sich dann mit dem Revierbesitzer – Nahrung gegen Sex.

Auch die Rotschulterstärlinge wählen die Männchen nach ihren Revieren aus. Zu Beginn der Brutsaison, ungefähr einen Monat bevor die Weibchen ankommen, fechten die Männchen ihre Kämpfe um die besten Reviere im Sumpfland aus. Weibchen sind an futterreichen Gebieten mit dichter Vegetation interessiert. Ein Männchen schart in seinem Revier meist fünf oder sechs Weibchen um sich, die es verläßlich vor Eindringlingen schützt. Die Biologin Sarah Lennington berichtete, daß sie bei Wanderungen durch die Sumpfgebiete immer einen Regenschirm dabei hat, um sich gegen die sie im Sturzflug angreifenden Männchen zu wehren.[49]

Die in Nordamerika weitverbreiteten Rotschulterstärlinge zeigen sehr deutlich, welche Rolle Weibchen in polygynen Systemen spielen. Durch zahlreiche Untersuchungen wurde belegt, daß Weibchen Ressourcen optimal ausnutzen und sich in einem Harem genauso erfolgreich fortpflanzen können wie ihre monogam lebenden Geschlechtsgenossinnen.

Der »älteste Beruf«

Frauen haben zu allen Zeiten Sex gegen Nahrung eingetauscht, und auch heute noch ist dieser Handel auf unseren Großstadtstraßen zu beobachten. Im Tierreich gibt es dieses Phänomen ebenso. Das Weibchen des karibischen Granatkolibris beispielsweise bietet außerhalb der Brutzeit Sex gegen Futter an, und der Forscher Larry Wolf führte für diesen Sachverhalt auch bei Tieren den Begriff »Prostitution« ein.[50]

Die meisten Kolibriarten ernähren sich von Nektar, und die Männchen verteidigen ihre Reviere mit dichtem Blütenbestand gegen weibliche und männliche Eindringlinge. Sobald sich ein Weibchen nicht mehr mit dem spärlichen Nahrungsangebot noch freier Plätze zufriedengeben will, muß es in ein von einem Männchen dominiertes Revier eindringen. Die Weibchen des karibischen Granatkolibris simulieren zu diesem Zweck Empfängnisbereitschaft. Da die Männchen ihre Futterplätze aggressiv verteidigen, sind die Weibchen gezwungen, genauso wie in der Paarungszeit immer wieder neue Versuche zu wagen, in das Revier des Männchens einzudringen. Dieses Spiel des Eindringens und Abweisens wiederholt sich unzählige Male, bis das Weibchen schließlich bleiben und sich unbehelligt Nektar holen darf.

Warum duldet ein Männchen in seinem Revier ein Weibchen, das gerade keine Eier legt und ihm keinen unmittelbaren Fortpflanzungserfolg bietet? Vielleicht möchte das Männchen nur einen Vorsprung gegenüber seinen Rivalen erlangen? Möglicherweise ist es für das Männchen von Vorteil, sich bei herannahender Brutzeit mit vielen Weibchen zu paaren? Vielleicht ist aber auch das eine oder andere Weibchen bereits empfängnisbereit?

Weibliche Megachile-Bienen legen dasselbe Verhalten an den Tag. Die Männchen dieser Art kontrollieren diejenigen Blütengruppen, die den Pollen und Nektar bieten, den die Weibchen gerne fressen. Auf der Futtersuche besuchen die Weibchen innerhalb von fünfzehn bis dreißig Minuten mehrere Reviere und kopulieren bei Bedarf mit jedem Revierbesitzer. Falls das Weibchen sich weigert, wird es vom Männchen genauso angegriffen wie jeder andere Wilderer, der nicht zu seinem Fortpflanzungserfolg beiträgt.[51]

Die Hochzeitsgabe

Bei einer Mückenhaftart wurde das Verhaltensmuster Futter gegen Sex bis ins kleinste Detail untersucht. Diese Insekten, die auch unter der Bezeichnung Schnabelfliegen bekannt sind, werden nur zwei Zentimeter groß, gehören aber zu den besterforschten Beispielen für adaptives weibliches Auswahlverhalten. Die Biologin Randy Thornhill[52] hat diese »Dinner for two«-Variante für Insekten entdeckt. Ein Männchen des Mückenhafts Hylobittacus apicalis muß ein Weibchen mit einem Geschenk umwerben, wenn es erhört werden möchte. Es darf aber nicht irgendeine wertlose Gabe sein: Weibchen sind sehr wählerisch und weisen zu kleine Geschenke zurück.

Um eine Hochzeitsgabe – ein leckeres Insekt – zu erwischen, muß das Mückenhaftmännchen auf die Jagd gehen und sich dem Risiko aussetzen, im Netz einer Spinne gefangen zu werden. Das Männchen jagt nicht, um sich selbst zu ernähren, sondern wählt die Beute, die ihm als Hochzeitsgabe dienen soll, sehr sorgfältig und ausschließlich unter diesem Gesichtspunkt aus. Kleine Beutetiere mißachtet es. Wenn es endlich ein passendes Opfer gefunden hat, tötet es dieses, indem es seinen scharfen Rüssel in den Körper des Beutetieres stößt. Danach setzt es Enzyme frei, die die Inhaltsstoffe des Körpers des erbeuteten Tieres verflüssigen, so daß sie ausgesaugt werden können. Gleichzeitig setzt es eine Pheromonmarkierung, die Weibchen im Umkreis von dreizehn Metern anlockt.

Nach diesen Vorbereitungen hängt sich das Männchen mit seiner Hochzeitsgabe in den Hinterbeinen an einen Zweig und wartet darauf, daß ein Weibchen aufmerksam wird, das Geschenk untersucht und probiert. Dabei versucht das Männchen, das Weibchen zu begatten; doch das Weibchen verhindert dies so lange, bis es das Hochzeitsgeschenk genau inspiziert und für wert befunden hat. Manche Beutetiere, wie beispielsweise die Marienkäfer, sind zwar groß genug, enthalten aber widerliche chemische Stoffe und werden deshalb nicht angenommen. Zu kleine Gaben werden ebenfalls zusammen mit dem Männchen abgewiesen: Das Weibchen fliegt davon und sucht eine neue Pheromonquelle. Ausschließlich Männchen mit großen Beutetieren haben Aussicht auf Erfolg. Die Größe der Männchen selbst spielt keine Rolle, lediglich ihr Geschick als guter Jäger ist gefragt.

Thornhill hat herausgefunden, daß die Hochzeitsgabe größer als sechzehn Quadratmillimeter sein muß, damit sie von einem Weibchen angenommen wird. Genau so lange, wie das Weibchen frißt, kann sich das Männchen mit ihm verpaaren. »Fast food« gereicht dem Männchen also nicht zum Vorteil. Männchen mit kleinen Opfern haben kaum fünf Minuten Zeit zur Begattung, und das reicht nicht aus, um eine große Menge Samen zu übertragen. Je näher der Begattungsakt an die optimale Dauer von zwanzig Minuten herankommt, um so mehr Sperma wird vom Weibchen aufgenommen. Es kommt jedoch nicht nur darauf an, wie lange der Begattungsakt dauert und wieviel Samenflüssigkeit ins Weibchen gelangt. Ausschlaggebend ist letztendlich, ob der Samen die weiblichen Eier befruchtet oder nicht. Wenn das Weibchen zum Beispiel ein Hochzeitsmahl von nur zwölf Minuten bekommt, fliegt es weg und paart sich mit einem anderen Männchen. Wenn es aber satt ist, wird das Weibchen unempfänglich und beginnt mit der Eiablage.

Bekommt das Weibchen eine sehr große Hochzeitsgabe angeboten, erlaubt es dem Männchen sogar, sich mit ihm länger als zwanzig Minuten zu paaren. Am Ende dieses Aktes streiten die beiden um die Reste des Hochzeitsmahles. Meist gewinnt das Männchen. Die Restbeute kann ihm, wenn sie vom ersten Weibchen noch nicht allzusehr dezimiert wurde, dazu dienen, ein weiteres Weibchen anzulocken. Bestenfalls sind mit einem Beutestück drei Kopulationen zu erzielen.

An diesen Werbungs- und Paarungsritualen kann man sehr deutlich erkennen, wie sehr sich männliche und weibliche Fortpflanzungsstrategien voneinander unterscheiden. Männlicher Erfolg hängt davon ab, wie oft eine Paarung gelingt und ob es zur Befruchtung der Eier kommt; weiblicher Erfolg wird an den Ressourcen gemessen, die vom Männchen eingebracht werden.

Zehn Prozent der Mückenhaftmännchen werden von den Weibchen von der Fortpflanzung ausgeschlossen. Aus ihrer wählerischen Art erwächst den Weibchen ein deutlicher Fitneß-Vorteil. Eine größere Beute liefert mehr Protein, das der Eierproduktion zugute kommt. »Weibchen, die Männchen mit großer Beute vorziehen, legen mehr Eier in einem bestimmten Zeitraum«, sagt Thornhill.[53] Außerdem müssen Weibchen, die von den Männchen genug zu fressen bekommen, nicht selbst jagen und sich dabei dem Risiko des Gefressenwerdens aussetzen.

Der Mückenhaft erfüllt beide Kriterien für adaptives weibliches Auswahlverhalten. Erstens wählt das Weibchen, nimmt also nicht jedes Männchen. Zweitens sichert ihm seine Wahl die Ressourcen, die erforderlich sind, um viele Eier legen und zahlreiche Nachkommen großziehen zu können. Damit wird die Fitneß der Weibchen erhöht.

Dieser kleine Mückenhaft gilt als Paradebeispiel für eine Verhaltensweise, die sehr häufig vorkommt: Das Weibchen wählt den Paarungspartner je nach der Güte der Ressourcen aus, die es braucht, um Eier zu legen und den Nachwuchs großzuziehen.

In ihrer Funktion als Väter und Mütter stellen Insekten in ihrem Fortpflanzungsverhalten einen Mikrokosmos dar, der zum einen leicht zu beobachten und zum anderen überall anzutreffen ist. Wie alle anderen Formen des Lebens werden auch die Insekten vom Imperativ der Fortpflanzung vorangetrieben. Da sich alle Weibchen fortpflanzen und viel proteinreiche Nahrung benötigen, um Eier zu legen, bemühen sich die Männchen darum, ihrer Funktion als Futterlieferant gerecht zu werden. Jagderfolg sichert ihnen Paarungspartner und Vaterschaft.

Väterliches Investment

Wenn es darum geht, Nachkommen zu zeugen, rivalisieren Insekten so heftig um einen Paarungspartner, daß daraus höchst ungewöhnliche Methoden bei der Futterversorgung der begehrten Weibchen sprossen. Bei den Mückenhaften haben wir gesehen, daß sie als Hochzeitsgabe erbeutete Tiere darbieten – dies ist aber nur eine von drei möglichen Varianten.

Andere Männchen stellen nahrhafte Produkte her, die entweder von Drüsen auf ihrem Rücken oder von Speicheldrüsen stammen. Ein weiteres Drüsenprodukt ist die Spermatophore, ein Samenbehälter, der vom Männchen an das Weibchen übergeben wird. Meistens frißt das Weibchen die proteinreiche Spermatophore nach der Samenübertragung. Manche männlichen Grillen produzieren während der Paarungszeit sogar zwei Spermatophoren; die erste frißt das Weibchen, und die zweite dient zur Befruchtung seiner Eier. Bei der amerikanischen

Laubheuschreckenart Ephippiger hat sich die Funktion eines Teils der Spermatophore des Männchens, die bis zu dreißig Prozent seines Körpergewichts ausmachen kann, geändert; sie dient nur mehr als Nahrungsquelle.[54]

Bei einer dritten Art von väterlichem Investment geht es dem Männchen selbst an den Kragen! Als letztes Opfer für den Fortpflanzungserfolg vollziehen manche männliche Insekten Paarung in extremis und bieten sich selbst während des Geschlechtsaktes zum Fraß an. Die nordamerikanische Steppengrille gehört zu dieser selbstmörderischen Gruppe von Tieren, eine Laufkäferart, zwei Arten von kleinen Mücken und verschiedene Arten von Gottesanbeterinnen.

Besonders die gewöhnliche Gottesanbeterin ist ein gutes Beispiel dafür, in welch hohem Maß Leben im Dienst der Fortpflanzung stehen kann: Für manches Männchen dieser Art ist der Paarungsakt tödlich. Da das Männchen kleiner als das Weibchen ist, muß es eine günstige Gelegenheit abpassen und das Weibchen genau im richtigen Moment bespringen. Wenn es den Zeitpunkt verfehlt, wird das Männchen nicht selten vom Weibchen angegriffen und am Kopf gepackt, bevor es sich überhaupt verpaaren konnte. Bei dieser Paarungsvariante von Insekten ist der Ausdruck »wegen einer Frau seinen Kopf verlieren« wörtlich zu verstehen. Fortpflanzungstechnisch gesehen, ist jedoch noch nicht alles verloren, denn dieses Männchen kann sich sogar im Todeskampf erfolgreich verpaaren! Aber das ist immer noch nicht alles: Kopflos kann es das Männchen sogar noch besser! Das Zentrum, von dem die Begattungsvorgänge aus kontrolliert werden, liegt beim männlichen Insekt nämlich in den Ganglien des Körpers, und das Gehirn hat hauptsächlich hemmende Funktion. Enthauptung bedeutet also zugleich Enthemmung. Ungezügelt gibt sich der kopflose Körper den Kopulationsbewegungen hin. Währenddessen frißt das Weibchen das Männchen und nutzt das Protein für den Aufbau seiner Eier. Kurze Zeit nach der Eiablage stirbt auch das Weibchen.

Das Eierlegen wird bei den Insektenweibchen von Ganglien aus, die im Hinterleib liegen, kontrolliert. Wissenschaftler haben beobachtet, daß die abgetrennten Körper von eiertragenden Libellen und Nachtfaltern ganz normal Eier legen können.[55] Derartig extreme Phänomene wie Kopulation trotz Enthauptung kommen ausschließlich bei Insekten vor. Daß es postmortale Befruchtung und Eierablage aber überhaupt gibt, führt uns deutlich vor Augen, wie wichtig Fortpflanzung für manche Lebensformen ist: Primär müssen die Gene weiterleben, das Überleben des Individuums ist zweitrangig.

Auch einige Säugetiere opfern ihr Leben dem Fortpflanzungserfolg. Der Antechinus (Breitfußbeutelmaus) ist ein kleines, der Spitzmaus ähnelndes Beuteltier, das in den feuchten und heißen Wäldern Australiens lebt. Die Männchen – wenn es ihnen überhaupt gelingt, erwachsen zu werden – sterben im Alter von elfeinhalb Monaten, zu einem Zeitpunkt also, in dem ihre erste und einzige Brunst zu Ende geht. Forscher, die sich mit diesen oft auch Beutelmäuse genannten winzigen Lebewesen befaßt haben, berichten, daß die Männchen nach der ersten Woche einer kurzen Brunst tot und auf dem Waldboden verstreut zu finden sind. Während der Brunstzeit rennen die Männchen wie verrückt umher und versuchen, sich mit Weibchen zu treffen und zu paaren. Sie fressen kaum und verlieren innerhalb von wenigen Tagen meist ihr gesamtes Haarkleid, ihre Zähne und ein Drittel ihres Gewichts. Nicht allen Männchen gelingt es, sich zu paaren, und der Druck, ein Weibchen zu finden, bevor die Zeit abgelaufen ist, lastet schwer auf den Tieren.

Untersuchungen der toten Tiere förderten Magen-Darmgeschwüre zu Tage; außerdem fanden sich Anzeichen für unterdrückte Immunreaktionen. Beide Phänomene werden gemeinhin mit Streß in Verbindung gebracht. Wissenschaftler stellten die Theorie auf, daß der wilde Konkurrenzkampf unter den Männchen eine so hohe Ausschüttung von Streßhormonen zur Folge hat, daß pathologische Werte erreicht werden. Da allein diese Hormone die Männchen mit der nötigen Energie versorgen, um Weibchen zu erobern, bezahlen die Männchen den höchsten Preis für ihre Fortpflanzung. Die Weibchen hingegen leben weiter und pflanzen sich ein zweites oder sogar ein drittes Mal fort.[56]

Wir Menschen messen größte Bedeutung den letzten *Worten* eines Sterbenden bei. Bei den Tieren hingegen stehen die letzten *Taten* – insbesondere die letzten Betätigungen auf sexuellem Gebiet – im Vordergrund. Leben strebt danach, sich zu reproduzieren, und zwar um jeden Preis. Bis zur letzten Sekunde der ihnen zugemessenen Lebenszeit trachten Lebewesen danach, auch nur den letzten Hauch einer Chance, Nachkommen zu zeugen, wahrzunehmen. Sich erfolgreich fortgepflanzt zu haben ist ihr höchster und oft letzter Triumph.

Auswahl nach Genen

Ob Weibchen ihre Männchen nach Genen auswählen können, gehört zu den immer wieder heiß und kontrovers diskutierten Streitfragen unter den Wissenschaftlern. Oft wird argumentiert, daß Weibchen nur dann Einfluß auf die Evolution nehmen können, wenn sie in der Lage sind, Männchen mit hochwertigen Genen zu erkennen.

Bereits Darwin wies nach, daß Weibchen durch ihr Auswahlverhalten die Vererbung bestimmter sekundärer männlicher Geschlechtsmerkmale beeinflussen, wie beispielsweise das Geweih beim Hirsch und das auffallende Federkleid beim Pfau. Aktuelle Forschungsergebnisse belegen, daß einige dieser Merkmale die Weibchen nicht nur wegen ihrer Ästhetik ansprechen. Die alte Redewendung »Außen hui, innen pfui« ist somit im soziobiologischen Sinn umzuwandeln in »Außen hui, innen ebenfalls hui«: Attraktive äußere Merkmale können durchaus ein Zeichen für gute genetische Anlagen eines Tieres sein, die an Männchen *und* Weibchen weitervererbt werden.

»Bei den Insekten verfügen Weibchen über eine große Bandbreite von Entscheidungskriterien für oder gegen ein bestimmtes Männchen, und ihr Urteil ist von solch weitreichender Bedeutung, daß rein ästhetische Gesichtspunkte wohl kaum die Hauptrolle bei der Auswahl spielen dürften«,[57] schreiben Thornhill und Alcock. Und auch den Weibchen anderer Arten stehen eine ganze Reihe von Auswahlkriterien zur Verfügung.

Ob manche Weibchen wirklich gute Gene erkennen können, ist für die Biologen auch heute noch ein schwieriges Rätsel. Die größten Fortschritte auf dem Weg zu einer Lösung wurden in den achtziger Jahren bei der Erforschung von Parasitenbefall erzielt. Hier lautete die Hypothese, daß die Weibchen, die gesunde, starke Männchen auswählen, nachfolgenden Generationen parasitenresistente Gene weitervererben können. Ende der achtziger Jahre machte eine andere Gruppe von Wissenschaftlern Furore; sie hatte sich fast zwei Jahrzehnte lang mit dem genetischen Gewinn speziell für den weiblichen Teil der Nachkommen eines Weibchens beschäftigt. Nach dem Soziobiologen Robert Trivers werden »diejenigen Weibchen von der natürlichen Auslese bevorzugt, denen auf der Suche nach guten Genen für ihre Nachkommenschaft ihre Töchter etwas wichtiger sind als ihre Söhne«.[58]

Dieser auf den ersten Blick verwirrende Gedankengang verdient eine Erläuterung: Ein Weibchen verfügt über ein Gen, das es veranlaßt, ein Männchen zu wählen, dessen Gene die Überlebenschancen seiner Töchter um zehn Prozent erhöhen und die seiner Söhne um einen ähnlichen Prozentsatz verringern. Im Laufe der Zeit würden mehrere Generationen von Weibchen dieses Gen besitzen, und die von ihnen bevorzugten Männchen würden begünstigt, weil sich immer mehr solcher Weibchen mit ihnen verpaarten. »Gene von Männchen, die die Überlebenschancen von Söhnen erhöhen, machen das Leben für sie und ihre Söhne etwas schwieriger, da auf ein Männchen weniger Weibchen entfallen. Gene von Männchen hingegen, die die Überlebenschancen von Töchtern erhöhen, erleichtern das Leben der Männchen, die über diese Gene verfügen: Ihnen stehen mehr Weibchen zur Verfügung«, schreibt Trivers. Und er fügt hinzu: »Weibliche Auswahlgene, die Söhne favorisieren, schmälern den Fortpflanzungserfolg derselben, während Gene, die Töchter bevorzugen, das Gegenteil bewirken.«[59]

Die Vorstellung, daß Weibchen ihre Männchen nach der Qualität ihrer Gene auswählen, mag nach Science-fiction klingen; zahlreiche Versuche belegen jedoch, daß Weibchen mancher Arten in der Tat zwischen guten und schlechten Genen unterscheiden können. Weibliche nichtzahme Hausmäuse zum Beispiel lehnen Männchen ab, die ein letales Gen in sich haben, das zum Tod des Fötus führen kann. Das Signal zur Vorsicht scheint ein Geruch zu sein, den die Träger dieses Gens verbreiten.

Die Wissenschaftlerinnen Sarah Lennington und Pat Kennedy fanden bei Versuchen mit Hausmäusen heraus, daß Männchen mit dem tödlichen Gen weniger Kopulationen erzielten als ihre Konkurrenten. Lennington stellte in Testreihen weiterhin fest, daß die Weibchen Röhren mit Holzstückchen, die nach den Männchen mit dem letalen Gen rochen, mieden und ausschließlich die Röhren bevorzugten, die den Geruch von normalen Männchen trugen.[60]

Parasitenresistente Gene

Viele Biologen vertreten die These, daß der komplizierte Gesang und die strahlende Farbgebung mancher Vögel – und auch anderer Tiere – Hinweise darauf sind, daß ein Männchen resistent gegen Parasiten ist. Wenn dies der Fall wäre, dann könnte man leicht erklären, warum Männchen so vieler Arten besonders während der Balzzeit bunter gefärbt sind als Weibchen.

Die von William Hamilton und Marlene Zuk 1982 erstmals formulierte Theorie[61] geht davon aus, daß der Gesundheitszustand eines Tieres oft schon an seinem Federkleid beziehungsweise an seinem Fell erkennbar sei: Glänzendes Fell und strahlend farbige Federn lassen auf ein gesundes Tier schließen, während stumpfe Töne eher auf schwache und kranke Tiere hinweisen. Wenn ein Tier seine Wahl trifft, diagnostiziert es also die Gesundheit seines potentiellen Paarungspartners auf ganz ähnliche Weise wie ein Arzt, der die Zunge eines Patienten anschaut und daran erkennt, ob der Patient gesund oder krank ist.[62]

In den späten achtziger Jahren begannen die Wissenschaftler damit, diese Theorie an verschiedenen Tieren auszutesten. Experimente mit dem Vorfahren unseres Haushuhns, dem asiatischen roten Dschungelhuhn Gallus gallus,[63] lieferten den besten Beweis dafür, daß Weibchen Männchen nach ihren Genen auswählen können. Die Hähne sind mit Kämmen, Kehllappen und dekorativen Federn reich geschmückt. Ihr üppiger Schmuck zieht nicht nur die Aufmerksamkeit der Weibchen an, sondern signalisiert zugleich, daß das Männchen frei von Parasiten ist. Der Spulwurm, ein Parasit, der im Verdauungstrakt lebt, beeinträchtigt nämlich Aussehen und Zustand des männlichen Kopfputzes erheblich. »Der Kamm wird kleiner, die Farben werden stumpf, die Schmuckfedern wachsen langsamer«, beschreibt Randy Thornhill einen von Parasiten befallenen Hahn.[64]

Um herauszufinden, ob Weibchen parasitenresistente Gene erkennen können oder nicht, infizierte Thornhill eine Testgruppe von Hähnen mit Parasiten, während die Kontrollgruppe parasitenfrei blieb. Er berichtet, daß die Kämme der Hähne äußerst sensibel auf den Gesundheitszustand ihrer Träger reagierten und innerhalb weniger Stunden nach dem Parasitenbefall kleiner und farbloser wurden. »Der Kamm ist ein untrügliches Signal für den augenblicklichen Gesundheitszustand des Hahns, und das Federkleid spricht Bände über die Krankheitsgeschichte des Tieres«,[65] sagt Thornhill. Sowohl die Kammgröße als auch die Beschaffenheit der Federn werden von dem Hormon Testosteron gesteuert; der von Ungeziefer befallene Hahn taxiert offensichtlich seinen eigenen Gesundheitszustand und dosiert dementsprechend die Testosteron-Produktion. Thornhill legt weiterhin dar, daß es im ureigensten Interesse des Hahns liegt, in geschwächtem Zustand möglichst wenig aufzufallen, um seine Rivalen nicht unnötig zum Kampf zu reizen. Und den Hennen signalisiert ein schlaffer, farbloser Kamm, daß das Tier krank und für die Paarung nicht geeignet ist.

Immer wenn Thornhill dann einzelne Weibchen zusammen mit einem kranken und einem gesunden Hahn in einen Stall sperrte, konnte er beobachten, daß die Wahl der Weibchen zielsicher auf den gesunden Hahn fiel. Thornhill vermutet, daß Weibchen anderer Tierarten ebenfalls Männchen mit guten Genen herausfinden können. In dieser Richtung wurde jedoch noch wenig geforscht, und besonders bei Säugetieren liegen noch kaum gesicherte Ergebnisse vor.[66]

Ähnlich angelegte Versuche mit dem Dreistachligen Stichling ergaben, daß Weibchen dieser Fischart die rote Färbung der Männchen als Zeichen für Gesundheit nehmen. Zu Beginn der Laichzeit färben sich die Männchen mit Hilfe bestimmter körpereigener Karotinoide leuchtend rot. Die Weibchen bevorzugen die Männchen mit dem intensivsten Rot, denn diese Färbung – das fanden Manfred Milinski und Theo Bakker heraus – ist bei diesen Fischen gleichbedeutend mit Gesundheit.[67] Sobald die Wissenschaftler leuchtend rote Männchen mit einer Fischkrankheit infizierten, verblaßte deren Farbenpracht. Und je blasser die Männchen wurden, desto unattraktiver wurden sie auch als Paarungspartner. Weibchen, die bestimmte Fische bevorzugt hatten, solange sie gesund waren, verschmähten dieselben im verblaßten Zustand. Der Verlust der roten Farbe machte die Männchen zugleich zu Verlierern im Kampf um die Fortpflanzung.

Der Gesundheitszustand der Männer

Im Jahre 1990 fand zum Thema Parasiten und sexuelle Selektion[68] sogar ein Symposium statt. Den interessantesten Beitrag zu diesem Symposium steuerte Bobbi Low bei, die die These vertrat, daß Krankheit auch die menschliche Partnerwahl beeinflussen kann.

Bobbi Low untersuchte in 186 Gesellschaften den Zusammenhang zwischen Partnerwahl und Krankheiten wie zum Beispiel Leishmaniasen (Orientbeule), Trypanosomiasis (Schlafkrankheit), Malaria, Schistosomiasis (Bilharziose), Lepra, Spirochätosen (Syphilis) und Filariosen (Barbadosbein). Sie kam zu dem Ergebnis, daß die Gesellschaften, in denen diese Krankheiten häufig vorkamen, überwiegend polygyn waren. Männer heirateten außerdem selten Schwestern ihrer Ehefrauen, und die Eroberung von Frauen fremder Stämme war ebenfalls verbreitet. Low vermutet, daß »schwere Krankheiten im Lauf der menschlichen Evolutionsgeschichte eine wichtige selektive Rolle gespielt haben«.[69]

Low präzisierte, daß sich Krankheit negativ auf das Erscheinungsbild eines Mannes und seine Konkurrenzfähigkeit auswirkt und daß Frauen, ähnlich wie die roten Dschungelhennen, Männer unattraktiv finden, die krank sind. Frauen beziehungsweise deren Familien lassen kranke Männer bei der Partnerwahl außen vor. Häufig auftretende Krankheiten verringern die Anzahl der attraktiven und als Partner in Frage kommenden Männer und lassen die gesunden Männer zu heißbegehrten Objekten der Frauen werden. Auf diese Art und Weise entwikkeln sich polygyne Gesellschaften. Low drückt ihre Erkenntnis so aus: »Pathogener Streß verschärft die sexuelle Selektion und begünstigt die Polygynie.«[70]

Die Krankheiten, die Low untersuchte, kommen weltweit vor, in den Tropen treten sie jedoch häufiger auf. Low hob in diesem Zusammenhang hervor, daß achtundsiebzig Prozent der überwiegend polygynen Gesellschaften in den Tropen angesiedelt sind: »In diesen Gegenden gibt es fast keine monogamen Gesellschaften.«[71]

Auf dem Gebiet der genorientierten Auswahl von Männern gäbe es noch viel zu erforschen: Wie funktionieren die Mechanismen, die es Frauen ermöglichen, die Anzeichen für genetische Gesundheit bei Männern zu erkennen, und inwieweit lassen sich Frauen von diesen Signalen bei ihrer Partnerwahl beeinflussen? Daß Männer junge, gesunde Frauen bevorzugen und Gesundheit und Jugend nicht zu Unrecht mit Fruchtbarkeit in Zusammenhang gebracht wird, darüber gibt es bereits reichhaltiges Material. Genau zu erforschen wäre noch, welche Rolle Tast-, Gesichts-, Gehör- und Geruchssinn auf der Suche nach gesunden Sexualpartnern bei Mensch und Tier spielen.

An dieser Stelle sei noch der kurze Hinweis erlaubt, daß der Hauptzweck aller kosmetischen Bemühungen letztendlich darin liegt, den Eindruck strahlender Gesundheit zu vermitteln.

Egoistische Gene

Manche weiblichen Taufliegenarten sind in der Lage, Männchen, die ein bestimmtes Chromosom aufweisen, auszumachen. Obwohl sie nur winzig klein sind – und obwohl wir diesen Tieren keinerlei Intelligenz zugestehen –, gehen die Taufliegen äußerst umsichtig bei der Wahl ihrer

Paarungspartner vor. Sie legen beredtes Zeugnis dafür ab, wie gut Tiere ihre Partner nach deren genetischer Qualität aussuchen können.

In Laborversuchen hat der Evolutionsgenetiker Chung I. Wu nachgewiesen, daß bereits verpaarte Weibchen der Art Drosophila pseudoobscura Männchen unbeachtet lassen, die auf dem X-Chromosom ein sogenanntes »geschlechtsgebundenes Gen« tragen. »Dieses Gen«, erklärt Wu, »ist ein ganz besonders egoistisches Gen. Egoistisch deshalb, weil es das Grundprinzip der Genetik verletzt. Diese Grundregel besagt, daß väterliche und mütterliche Gene zu gleichen Teilen an die nächste Generation weitervererbt werden. Das geschlechtsgebundene Gen mißachtet jedoch diesen Grundsatz. Es übernimmt die Kontrolle über den gesamten Samen.«[72] Folglich zeugen Männchen, die dieses X-Chromosom mit dem geschlechtsgebundenen Gen besitzen, ausschließlich Töchter, und alle diese Töchter sind genetisch darauf programmiert, Partner zu wählen, die über dasselbe geschlechtsgebundene Gen verfügen. Schließlich käme es so weit, daß es keine Männchen mehr gäbe und die Population aussterben würde. Da dies jedoch noch nie der Fall war, versuchte Wu die Gründe hierfür herauszufinden.

Er ging davon aus, daß es ein »Gegengewicht gibt, eine Art Kontrollinstanz, die die Männchen mit dem geschlechtsgebundenen Gen auf dem X-Chromosom in Schach hält«. In Südkalifornien und Arizona beispielsweise verfügen nur zwanzig Prozent der Drosophila pseudoobscura-Männchen über dieses von Wu als »verderblich« bezeichnete X-Chromosom. Wu nahm an, daß dieses Gegengewicht etwas mit der Partnerwahl der Weibchen zu tun haben könnte: Ganz offensichtlich liegt es nicht im Interesse der Weibchen, Männchen auszuwählen, die ein Gen haben, das nur weibliche Nachkommenschaft hervorbringt.

Wu führte Partnerwahltests sowohl mit nichtverpaarten als auch mit verpaarten Weibchen durch. Er fand heraus, daß die unverpaarten Weibchen Männchen mit dem besagten X-Chromosom nicht mieden – im Gegensatz zu den verpaarten Weibchen. Eindeutig handelt es sich hier also um eine Frage der Erfahrung. »Unverpaarte Weibchen müssen sobald wie möglich Samen speichern, sonst verlieren sie wertvolle Zeit«, sagt Wu. Verpaarte Weibchen hatten bereits Samen in ihrem Samenspeicherorgan gesammelt und standen daher nicht unter Zeitdruck. Sie konnten es sich leisten, wählerisch zu sein.

Wu führt weiterhin aus, daß bei vielen Taufliegenarten Paarungen mit bereits verpaarten Weibchen eher die Regel als die Ausnahme sind. Der Zeugungserfolg eines Männchens, das sich mit einem nicht mehr jungfräulichen Weibchen verpaart, hängt teilweise davon ab, ob es ihm gelingt, den bereits im Fortpflanzungstrakt gespeicherten Samen durch seinen eigenen zu ersetzen. In vielen Versuchen konnte Wu nachweisen, daß bei niedrigen Temperaturen die Fähigkeit der Männchen mit dem schlechten X-Chromosom abnimmt, den Samen ihrer Vorgänger zu verdrängen, und daß somit auch ihre Chancen kleiner werden, die Eier eines Weibchens zu befruchten.[73]

Bis heute weiß jedoch niemand, anhand welcher Signale verpaarte weibliche Taufliegen Männchen mit dem verderblichen X-Chromosom entlarven. Wu nimmt an, daß diese Männchen von Natur aus schwach sind. Möglicherweise, so spekuliert er, verströmen sie einen speziellen Geruch, den die Weibchen wahrnehmen können. Vielleicht ist ihr Flügelschlag nicht so ausdauernd wie der ihrer Konkurrenten, oder sie umklammern die Weibchen weniger fest beziehungsweise sind langsamer als andere Männchen.

Auch wenn noch nicht bekannt ist, *wie* Weibchen Männchen mit dem geschlechtsgebundenen Gen erkennen, so besteht jedoch kein Zweifel daran, *daß* sie sie erkennen. Durch ihre individuelle Entscheidung haben Weibchen in der Tat verhindert, daß ihre Art sich zu Tode »feminisiert« hat.

Daß das weibliche Wahlverhalten maßgeblich daran beteiligt ist, daß sich die Arten nicht miteinander vermischen, steht für Wu außer Zweifel. Solange kein Austausch von Genen stattfindet, bleibt die Artisolierung erhalten. Wu führt aus: »Weibliches Wahlverhalten ist tatsächlich das ausschlaggebende Moment. Weibchen einer Art mit geringer Population und eng begrenztem Lebensraum sind extrem wählerisch, während Weibchen einer weitverbreiteten, volkreichen Art es nicht so genau nehmen. Letztere können es sich leisten, weniger penibel bei ihrer Wahl zu sein; sie verpaaren sich sowohl mit Männchen ihrer eigenen als auch mit Vertretern einer eng verwandten Art. Weibchen jedoch, die einer kleinen Population angehören, verpaaren sich auf gar keinen Fall mit Männchen der falschen Art.«[74]

Schlechte Gene

Eine weitere Strategie, mit der Weibchen die Vererbung minderwertiger Gene verhindern, besteht darin, sich nicht mit Vätern und Brüdern zu verpaaren; die Gefahr, daß durch Inzucht Krankheiten in der nächsten Generation auftreten, ist viel zu groß. In menschlichen Gesellschaften ist Inzest überall auf der Welt ein Tabu. Zwischen Eltern und Kindern ist Geschlechtsverkehr genauso untersagt wie zwischen Geschwistern und Kusinen und Vettern ersten Grades. Auch bei Menschen, die als Kinder zusammen aufwuchsen, scheint es eine gewisse Hemmschwelle zu geben, sexuell miteinander zu verkehren. Den besten Beweis für dieses Phänomen liefert eine Untersuchung von Joseph Shepher. In dieser Arbeit geht es um die Partnerwahl von Nichtverwandten, die in einem israelischen Kibbuz gemeinsam großgeworden sind. Obwohl die heiratsfähigen Kibbuz-Bewohner immer wieder dazu aufgefordert wurden, Ehen untereinander zu schließen, zogen sie es vor, sich ihre Partner in anderen Kibbuzim zu suchen.[75] Menschen handeln also genau so, wie es die Gesetze der Evolution vorgeben: Um Risiken, die der Inzest mit sich bringt, von vornherein auszuschließen, wird Geschlechtsverkehr mit Vertretern aus dem Familienverband vermieden.

Da Inzest auf der ganzen Welt unerwünscht ist, vermuten Soziobiologen, daß entsprechende Verhaltensweisen bei Mensch und Tier genetisch programmiert sind. Bei der nordamerikanischen Weißfußmaus Peromyscus beispielsweise verzögern die Weibchen, die mit Vätern und Brüdern zusammenleben, ihre Geschlechtsreife und vermeiden es, von einem nahen Verwandten befruchtet zu werden. Oder Meisenweibchen suchen sich Männchen aus, die einen ähnlichen, aber nicht denselben Balzgesang wie ihre Väter haben. Weibliche Anubis-Paviane vermeiden den Inzest, indem sie Männchen wählen, die von außerhalb zu ihrer Gruppe gestoßen sind. Weibliche Taufliegen verpaaren sich mit Männchen, die sich genetisch deutlich von ihnen selbst unterscheiden; Biologen nennen dies den »Seltenheitsbonus der Männchen«. Mehrere balzende Männchen werden von den weiblichen Taufliegen begutachtet und gewissermaßen »beschnuppert«, und in der Regel werden dann die Männchen mit einem besonders seltenen Geruch als Kopulationspartner bevorzugt. Möglicherweise handelt es sich hier um einen genetisch programmierten Mechanismus zur Vermeidung von Inzucht.

Bei manchen Insektenarten spielt die individuelle Entscheidungsfindung eine viel wichtigere Rolle, als man bisher geglaubt hat. Der Entomologe James Lloyd berichtet, daß ein weiblicher Leuchtkäfer männliches Verhalten aufmerksam beobachtet, das heißt über längere Zeit hinweg mehrere potentielle Partner im Auge behält. »Ein Weibchen, das einem männlichen Insekt tagelang nachspürt, kann sich persönlich davon überzeugen, ob letale oder andere schlechte Gene im Spiel sind. Und ein Männchen, das tage- oder sogar wochenlang unterwegs ist, stellt unter Beweis, daß es geschickt bei der Nahrungssuche ist und auflauernden Feinden erfolgreich entkommt.«[76] Wenn sich die Weibchen der amerikanischen Wiesenheuschrecke und der karibischen Taufliege so viel Zeit lassen, um »die richtige Entscheidung zu treffen«, wie Lloyd es nennt, dann muß es sich hierbei um einen Vorgang von äußerster Wichtigkeit handeln.

Balz-Arenen: Promenadeplätze der Gene

Wenn Männchen Weibchen nicht mit Hilfe von Ressourcen anlocken, richtet sich die Wahl der Weibchen bei manchen Arten ausschließlich nach der Qualität der Gene. Die männlichen Vertreter bei den Leuchtkäfern, Damhirschen, Uganda-Kobs und mehreren afrikanischen Antilopen, Hammerkopf-Flughunden, Paradiesvögeln, nordamerikanischen Beifußhühnern, Kampfläufern, Guppys, Fröschen und bei manchen Krebsen bieten den Weibchen weder Futter noch Schutz an, noch helfen sie ihnen beim Nestbau oder bei der Aufzucht der Jungen. Das einzige, was Männchen dieser Tierarten tatsächlich zur Fortpflanzung beisteuern, sind ihre Gene.

Zu Beginn der Brunstzeit versammeln sich diese Männchen in sogenannten »Balz-Arenen«. (Das englische Wort für Balz-Arena heißt »lek« und leitet sich aus dem schwedischen »leka« ab, was »spielen« bedeutet. Ursprünglich wurde »lek« von schwedischen Biologen benutzt, um die kindlichen Verhaltensweisen von beispielsweise dem Birkhahn und dem großen Auerhahn, die zur europäischen Familie der Rauhfußhühner gehören, zu beschreiben.) Auf diesen Balzplätzen stellen die männlichen Vögel ihr Imponiergehabe in Form von Tänzen, Flügen und Gesängen zur Schau. Hier kämpfen sie miteinander um ein kleines bißchen Platz, um die Vorherrschaft unter den Rivalen. Ziel ihrer intensiven Bemühungen ist es, die Aufmerksamkeit der Weibchen zu erringen.

Die Männchen der Kampfläufer lassen ihre Schwanzfedern erzittern, schwirren mit den Flügeln und spreizen die Federn jener besonders schön gefärbten Partien, um sich gegenseitig einzuschüchtern und die Aufmerksamkeit der Weibchen auf sich zu ziehen. Während der gesamten Paarungszeit versammeln sich die Vögel vor Sonnenaufgang immer auf demselben, bereits von ihren Vorfahren besuchten Areal. Auf der gesamten Balz-Arena finden sich zahllose Fleckchen Erde, die von Männchen kahlgetrampelt sind, die ihr kleines Revier verteidigen. Mit gebeugten Beinen, gesenkten Köpfen und angespannten Körpern kämpft jeder gegen jeden in diesem frenetischen Wettstreit um Paarungspartnerinnen.

Diese gefiederten Freier spreizen ihre Halskrausen und stolzieren einher wie die Höflinge Elisabeths I. von England in ihren gestärkten Krägen. Ihr Balzgehabe gehört mit zu den farbenprächtigsten und spektakulärsten Schauspielen in der Welt der Tiere. Sie ducken sich, springen in die Luft, tanzen umeinander herum und hacken mit dem Schnabel nach den Halskrausen der Rivalen. Körper prallen aufeinander, zu ernsthaften Verletzungen kommt es jedoch selten. Ein unsichtbarer Choreograph scheint die Abläufe zu dirigieren, diesen stilisierten, rituellen Tanz erdacht zu haben. Und eine männliche Kampfläufergeneration nach der anderen vollzieht dieses Balzritual um die Gunst der Weibchen.

Die Balz-Arena ist nichts anderes als ein Laufsteg für eine »Modenschau«, die Männchen inszenieren, um das einzige, was sie einem Weibchen zu bieten haben, anzupreisen: sich selbst. Wie bei einem Stadtbummel, bei dem man nach günstigen Angeboten Ausschau hält, kommen die weiblichen Tiere und suchen sich ihre Männchen aus. Ganz wie im richtigen Leben! Meistens wählen die Weibchen aus der Fülle des Angebots nur einige wenige Männchen aus: In der Regel sind das diejenigen mit dem auffälligsten Federkleid, den verlockendsten Stimmen beziehungsweise dem exzentrischsten Imponiergehabe im Zentrum der Arena.[77]

Bei manchen Arten führte die über Generationen hinweg konstante Auswahl der Weibchen dazu, daß sich höchst übertriebene sekundäre Geschlechtsmerkmale bei den Männchen herausbildeten; man denke nur an das extravagante Federkleid mancher Paradiesvögel oder an die schweren Geweihe der Hirsche. Warum sich Weibchen so wählerisch gebärden, auch wenn kein spürbarer Vorteil mit ihrer Entscheidung verbunden ist, gehört zu den Paradoxa der Balz-Arenen. Eine in letzter Zeit häufig diskutierte These besagt, daß die von den weiblichen Tieren bevorzugten sekundären Geschlechtsmerkmale als Anzeiger für qualitativ hochwertige Gene gelten: Ihre Träger zeichnen sich häufig durch ihr Alter und ihre Dominanz aus. Und wenn hohes Alter als Indikator für Überlebensfähigkeit gilt, signalisiert es auch gute Gen-Qualität.

Rätselhaft ist bis heute geblieben, warum manche Männchen überhaupt Balz-Arenen aufsuchen: Da die meisten Männchen, die sich dort produzieren, nicht erhört werden, ist es höchst erstaunlich, daß sie sich trotz der geringen Erfolgsaussichten in einer Gruppe von Rivalen um die Aufmerksamkeit der Weibchen bemühen. Möglicherweise muß das Männchen die Anwesenheit von Konkurrenten in Kauf nehmen, weil es ihm nur in der Gruppe gelingt, überhaupt Weibchen zu treffen. Ein Männchen, das das Interesse von Weibchen wecken möchte, hätte allein nicht die geringste Aussicht auf Erfolg. Seine besten – und in der Regel auch einzigen – Chancen liegen darin, Verstärkung bei Geschlechtsgenossen zu suchen. »Die weibliche Fortpflanzungsstrategie zwingt Männchen (der balzenden Art) dazu, sich zu versammeln und miteinander in Wettstreit zu treten«, erklärt Bert Hölldobler,[78] der die Balzgewohnheiten von Ameisen untersucht hat.

Meist sind einige wenige Männchen weit erfolgreicher in ihrem Bemühen um Paarungspartnerinnen als der Rest der Gruppe. Bei Damhirschen beispielsweise, so der Biologe Tim Clutton-Brock, gehen an einem beliebigen Tag drei Viertel aller stattfindenden Paarungsakte auf das Konto eines einzigen männlichen Tieres. Ein Bock allein kann für zwölf bis achtzehn Prozent der Kopulationen eines Jahres verantwortlich sein.[79]

Männchen versammeln sich an solchen Orten zur Balz, wo viele Weibchen vorbeikommen. Beliebt sind größere Verbindungswege zwischen ergiebigen Futterstellen oder sogenannte »hot spots«, wo sich Männchen in der Vergangenheit schon einmal erfolgreich verpaart haben. Falls der Platz begrenzt ist, drängen sich die Männchen eng zusammen; anscheinend möchten sie ihre Chancen dadurch vergrößern, daß sie alles daran setzen, sich zum richtigen Zeitpunkt an der richtigen Stelle zu befinden und zu einer Gruppe von Männchen zu gehören, die ständig Erfolg bei den Weibchen hat.

Früher ging man davon aus, daß sich die Männchen versammeln, ihre Hackordnung ausfechten und die Weibchen daraufhin die Sieger – das heißt die dominanten Männchen – auswählen. Diese Erklärung ist jedoch allzu einfach und hat sich nur für einige Arten als zutreffend erwiesen. Untersuchungen jüngeren Datums weisen nach, daß Weibchen nicht unbedingt dominante Männchen vorziehen, es sei denn, sie haben nicht genügend Zeit, um ein Männchen nach ihrem Geschmack auszusuchen, oder sie bringen nicht genügend Energie auf, um ungestüme Annäherungsversuche eines dominanten Männchens abzuwehren.

In weitläufigen, stabilen Balz-Arenen haben die Weibchen offenbar mehr Gelegenheit, sich frei zu entscheiden, als in kleinen, instabilen Arealen. Auf großen Balzplätzen, wo sich beispielsweise die nordamerikanischen Beifußhühner zu Hunderten versammeln, ist es einem einzigen Männchen gar nicht möglich, seine Dominanz gegenüber allen Tieren auszuspielen. Hier können die Weibchen wie bei einem Einkaufsbummel herumflanieren und in aller Ruhe auswählen. In größeren Balz-Arenen kann man beobachten, wie »Weibchen hingehen, wo sie wollen, sich mit dem paaren, der ihnen am besten gefällt, und diejenigen ignorieren, deren Gehabe sie stört«, beschreibt der Biologe Jack Bradbury die Arenabalz, die er bei Vertretern unterschiedlicher Arten erforscht hat.[80]

Bei nordamerikanischen Präriehühnern spielen die Lautäußerungen der Männchen eine wichtige Rolle in der Partnerwahl. Robert Gibson, der zusammen mit seinem Kollegen Bradbury das Verhalten dieser Vögel untersucht, berichtet, daß die Männchen einen eindrucksvollen Balzgesang anstimmen, um Weibchen anzulocken. Mit aufgeblasenen Kehlsäcken beginnen sie ihren Gesang, »der aus einer Art Triller besteht, der vorne und hinten von einem ›Plop‹ – wie beim Entkorken einer Weinflasche – umrahmt wird«. Allein diese drei Töne scheinen Weibchen zu interessieren, wobei nach Gibson »die Männchen mit den längsten Abständen zwischen den ›Plops‹ und dem Triller die meisten Kopulationen erzielen«.[81]

Die nordamerikanischen Beifußhennen ziehen meistens Männchen vor, mit denen sich bereits andere Hennen verpaart haben. Gibson konnte beobachten, daß die Chancen eines unverpaarten Hahns immer weiter sinken, je mehr Hennen auf dem Platz anzutreffen sind. »Sobald sich eine Henne im Revier eines Hahns befindet, versuchen auch andere Hennen, sich Zugang zu diesem Areal zu verschaffen.«[82] Dieser Nachahmungstrieb ist besonders zu Beginn der Brunstzeit zu beobachten, wenn sich alle Tiere sozusagen in den Startlöchern beim Wettkampf um die Fortpflanzung befinden.

Bei den Tierarten mit nur kleinen Balzplätzen und einer geringen Zahl von balzenden Männchen haben die Weibchen nicht so viel Muße, sich ihre Paarungspartner auszusuchen. Wenn sich nur wenige Männchen in einer Arena befinden, müssen die Individuen heftiger um ihre Rangordnung kämpfen, gibt es mehr Auseinandersetzung und weniger Stabilität. Für die Weibchen stehen nicht nur weniger potentielle Partner zur Auswahl, sondern sie müssen sich auch ständig gegen Männchen wehren, die sie mit Paarungsversuchen belästigen.

Die zahllosen Paradiesvogelarten, die in den Regenwäldern von Papua-Neuguinea leben, liefern aufsehenerregende Beispiele dafür, wie eng bei Tieren mit Arenabalz weibliches Auswahlverhalten und Wettbewerb unter den Männchen verknüpft sind. Ein Männchen des Blaunacken-Strahlenparadiesvogels kann über maximal fünf Balzplätze verfügen, die es peinlich sauber hält. Diese Arenen liegen unter passenden Sitzstangen, auf denen sich die vom Gesang angelockten Vogelweibchen aufreihen und der Balz zuschauen können.

Das gesamte Balzritual dieser Paradiesvogelmännchen erinnert lebhaft an Straßentheater. Sobald sich ein weiblicher Zuschauer einfindet, beginnt das Männchen seinen langandauernden und komplizierten Tanz. Und die Weibchen besuchen eine Vorstellung nach der anderen und wählen in aller Ruhe aus. Bei ihrer Forschungsarbeit in Mount Missim, Papua-Neuguinea, konnten S. G. und M. A. Pruett-Jones beobachten, daß die meisten Vogelweibchen die Balzplätze von zirka siebzehn Männchen mehrmals besuchten. Manche verbrachten bis zu sechs Wochen damit, die in ihrem Umfeld lebenden Männchen zu beobachten, erst dann entschieden sie sich für ein bestimmtes Tier. Wenn ein Strahlenparadiesvogel-Weibchen seinen Partner gefunden hat, fordert es ihn zum Begattungsakt auf, und das Paar bleibt die Brutsaison über zusammen. Das Ehepaar Pruett-Jones ist der Ansicht, daß bei dieser speziellen Art von Paradiesvögeln »das weibliche Wahlverhalten ausschlaggebend für die sexuelle Selektion« ist.[83]

Das Sozialleben der Paradiesvögel spielt bei der Partnerwahl sicherlich auch eine wichtige Rolle. Manche Arten haben eine Lebenserwartung von fünfzehn bis zwanzig Jahren, und manche Tiere kennen sich gegenseitig sehr gut. Der Biologe Bruce Beehler, der diese Vögel lange Jahre beobachtet hat, berichtet, daß »Weibchen die einzelnen Männchen wirklich kennen und in der Lage sind, sich für den besten – den Traummann – zu entscheiden«. Die Paradiesvogelweibchen wählen Männchen nicht nur nach ihrem prächtigen Gefieder aus, berichtet Beehler, denn durchaus nicht alle Männchen fänden eine Paarungspartnerin, obwohl sie alle gleich betörend aussähen. »Neben der Pracht und Schönheit der Männchen bewerten die Weibchen auch ihren Rang und ihre Dominanz innerhalb des männlichen Ordnungsgefüges«, führt Beehler aus, und er fügt hinzu, »daß männliche Dominanz einem Weibchen signalisiert, daß der Bewerber gesund ist und über genug Reserven verfügt, um solch aufsehenerregendes Federkleid hervorzubringen«.[84]

Wahrscheinlich haben wir es hier mit einem Beispiel zu tun, bei dem Dominanz in der Tat bessere Gene anzeigt. Gesicherte Forschungsergebnisse hierzu liegen aber noch nicht vor.

Erwiesen ist jedoch, daß balzende Männchen keinerlei Einfluß auf weibliche Entscheidungen nehmen können. Wissenschaftler mutmaßen, daß den Männchen eine derartige Einflußmöglichkeit im Lauf einer Reihe von Entwicklungsschritten in der Evolution abhanden gekommen ist. Zu Beginn dieser Entwicklung ist möglicherweise die Paarbindung zwischen Männchen und Weibchen auseinandergebrochen, während sie bei den Vorfahren der balzenden Tierarten noch bestanden hat. Nachdem sich die Partnerbindung aufgelöst hatte, änderte sich auch die soziale Organisation. Männchen konnten, nachdem sie der Brutpflege enthoben waren, polygyn werden, während es allein den Weibchen überlassen blieb, Brutpflege zu betreiben und die Nachkommen zu schützen und großzuziehen.

Bei der Entwicklung der Balz-Arenen spielt auch ein wirtschaftlicher Faktor eine wichtige Rolle. Immer dann, wenn es sich Männchen nicht leisten können, ein Revier zu verteidigen, oder wenn sie ein Weibchen beziehungsweise eine Gruppe von Weibchen nicht beschützen können, greifen sie auf die Arenabalz zurück. »Wo man auch hinsieht, überall stellt die Arenabalz einen Ersatzmechanismus dar, der dann in Kraft tritt, wenn andere Strategien nicht funktionieren«, beschreibt Jack Bradbury dieses Phänomen.[85]

Beispielsweise ist bei den Hammerkopf-Flughunden Westafrikas mit ihren grotesken Schnauzen das Territorium, das sie als Futterquelle brauchen, viel zu groß, als daß es ein Männchen allein kontrollieren könnte. Diese Großfledermausart holt sich ihre Nahrung an Fruchtbäumen, die so weit in der Landschaft verstreut und so schwierig zu finden sind, daß die Kraft eines Männchens nicht ausreicht, diese Nahrungsressourcen zu verteidigen. Ein Flughundmännchen dieser Art kann es sich einfach nicht leisten, ein Weibchen zu beschützen oder seine Ernährung sicherzustellen.

Während der zweimal im Jahr stattfindenden Brutzeiten wetteifern Hunderte von männlichen Hammerkopf-Flughunden darum, einen geeigneten Ast in den Bäumen entlang eines Flusses zu ergattern. Bis die Männchen den richtigen Platz gefunden haben, wird unermüdlich gerangelt, gekämpft und mit den Flügeln geschlagen. Nach dieser Phase tritt jedoch Ruhe ein, das Verhalten wird sozusagen »gentlemanlike«. Die Männchen hängen an den Füßen, flattern mit den Flügeln und geben einen monotonen, metallischen Ruf von sich. Sobald ein Weibchen sich nähert und Interesse bekundet, intensiviert das Männchen seinen Lockgesang, und wenn das Weibchen längere Zeit um das Männchen herumfliegt, werden Synkopen eingeflochten. Ein Flughundweibchen besucht vier bis fünf Männchen, hört ihnen zu, sucht einzelne Tiere ein zweites Mal auf und veranlaßt sie, ihren Gesang mehrmals zu wiederholen. Erst dann entscheidet sich das Weibchen für ein bestimmtes Männchen und paart sich mit ihm.

Vom Nachteil, schön zu sein

Im Wettstreit um die Weibchen legen balzende Männchen ausgeklügelte Verhaltensstrategien an den Tag und setzen exakt jene sekundären Geschlechtsmerkmale ein, die Weibchen ihrer Art besonders schätzen. Der heisere Ruf der Hammerkopf-Flughunde, der Gesang des amerikanischen Beifußhuhns, das aufwendige Gefieder des Paradiesvogelmännchens – all diese Merkmale haben zwei Funktionen zu erfüllen: Zum einen belegen sie den Mut der Männchen im Wettstreit mit Rivalen, und zum anderen locken sie Weibchen an. Für ein Männchen in der Arenabalz kommt es darauf an, sich im allerbesten Licht zu zeigen.

Extrem auffälliger Schmuck birgt natürlich auch Risiken. Männchen, die Rivalen und Weibchen auffallen, stechen natürlich auch Feinden ins Auge; außerdem kann ein üppiges Federkleid bei der Flucht extrem hinderlich sein. Der israelische Biologe Amotz Zahavi hat die These entwickelt, daß derartige Risikofaktoren eine Art Testfunktion bei den Männchen haben.[86] Ein Männchen, das trotz seines schweren »Gepäcks« den Überlebenskampf meistert, muß besonders stark und kräftig sein. Nach Zahavis Theorie bedeutet dies: Je umfangreicher und farbenprächtiger das Gefieder, desto besser die Qualität der Gene. Wenn sich ein Tier sein Aussehen so viel kosten läßt, muß an der Botschaft, die es damit übermitteln möchte – daß es qualitativ hochwertige Gene besitzt –, etwas Wahres dran sein. In diesem Fall könnten Weibchen eine prächtige Aufmachung als Indikator für solche Individuen betrachten, die ausgezeichnete Gene für den Überlebenskampf besitzen.

Diese Handicap-Theorie ist bestechend, doch der schlüssige Beweis steht noch aus. Ein anderer Ansatz wurde von Astrid Kodric-Brown und James H. Brown entwickelt. Sie argumentieren, daß auffallende sekundäre Geschlechtsmerkmale eine Art natürlichen Beweis für die genetische Qualität eines Männchens, das auf Freiersfüßen wandelt, darstellen. Und deshalb sind »die Kosten ehrlicher Reklame nicht unbedingt ein Handicap für das Überleben«.[87] Manche Merkmale können durchaus unter Beweis stellen, daß die betreffenden Männchen besonders gut Futter finden, Feinden geschickt entkommen, sich gegen Rivalen erfolgreich durchsetzen und sprichwörtlich steinalt werden können.

Bei manchen Tierarten, die die Arenabalz betreiben, scheinen die Männchen keine weitere Aufgabe zu haben als um Weibchen zu konkurrieren. In den Tropen, wo Balzzeiten oft bis zu acht Monate dauern können, verbringen balzende Männchen die meiste Zeit ihres Lebens in sexueller Spannung. Andererseits gibt es aber auch bei Arten, die keine Arenabalz betreiben, Männchen, die in anhaltender sexueller Bereitschaft leben.

Die Männchen von ungefähr zwanzig Insektenarten, wie beispielsweise Küchenschaben und Flöhe, sind so darauf fixiert, sich zu paaren, daß sie auch Geschlechtsgenossen umwerben und mit ihnen kopulieren wollen! Manche schrecken sogar nicht einmal vor leblosen Dingen zurück: Insektenmännchen wurden beobachtet, wie sie verzweifelt versuchten, sich mit Blüten, Bananen, Zweigen, Aluminiumdosen und Bierflaschen zu paaren. Das beste Beispiel für promiskes Verhalten im Tierreich scheint jedoch eine Grabwespe zu sein, die sich manchmal sogar mit toten Männchen und Weibchen paart.[88] Man kann sich nur schwer vorstellen, daß ein Geschlechtsakt mit leblosen Körpern den Sexualtrieb der Biene befriedigt; zu ihrem Fortpflanzungserfolg jedenfalls trägt er in keiner Weise bei.

Auswahl durch Ablehnung

Nicht jedes Männchen, das freit, wird auch erhört. Weibchen aller Arten, von den Hausfliegen bis zu den Primaten, weisen die Paarungsversuche mancher Männchen ganz energisch zurück. Das riesige Grönlandwalweibchen beispielsweise taucht einfach ab, wenn ihm die angelockten Männchen nicht gefallen. Daraufhin löst sich die manchmal bis zu dreißig Mann starke Freiergruppe sofort auf.[89] Ein Insektenweibchen kann die Strategie der geschlossenen Tür verfolgen und ihren Geschlechtstrakt verschließen; es kann sich ständig in Bewegung halten, so daß nicht genug Zeit für die Kopulation bleibt, oder es kann – wie Frauen, die ihre Beine übereinanderschlagen – die Flügel geschlossen halten, so daß das Männchen es nicht besteigen kann. Weibliche Taufliegen der Spezies Drosophila primaeva bekunden ihre Abneigung klipp und klar: Sie strecken ihr Hinterteil in die Luft und machen die Fliegenversion eines Kopfstandes. Affenweibchen zeigen ihre ablehnende Haltung dadurch, daß sie dem Männchen weglaufen beziehungsweise sich einfach auf den Boden setzen und so den Paarungsakt verhindern.[90] Die Männchen respektieren in der Regel dieses Signal und wandern zu einem anderen Weibchen; manchmal jedoch geben sie nicht auf und belästigen ein paarungsunwilliges Weibchen weiterhin. Die Primatologin Barbara Smuts berichtet beispielsweise, daß sie ein junges Pavianweibchen beobachtet habe, das innerhalb von drei Stunden zweiundvierzig Annäherungsversuche desselben Männchens abwehren mußte.[91]

Manchmal kommt es auch vor, daß eine Ablehnung ignoriert und eine Paarung erzwungen wird – was zum Beispiel bei Vögeln, Tintenfischen, Insekten sowie beim Menschen der Fall sein kann. Bei freilebenden Affen wurde Vergewaltigung nur bei Orang-Utans beobachtet. Im allgemeinen ist Vergewaltigung jedoch eher die Ausnahme als die Regel. Die relative Seltenheit von erzwungener Kopulation legt den Schluß nahe, daß weibliches Einverständnis für einen erfolgreichen Paarungsakt vonnöten ist und daß die meisten Männchen normalerweise annehmbares Paarungsverhalten an den Tag legen.

Wenn ein unerwünschter Freier ein Weibchen immer wieder mit seinen Annäherungsversuchen belästigt, greift das Weibchen auf wirkungsvolle Taktiken zurück. Manche weiblichen Ameisen und Grashüpfer weisen unliebsame Freier mit Schlägen und Bissen ab. Hausfliegenweibchen tragen an ihren mittleren Beinen einen Stachel, den sie in die Flügel ungebetener männlicher Gäste bohren. Wenn das Männchen die Botschaft nicht versteht und nicht von dem Weibchen abläßt, steht es am Ende mit zerrissenen Flügeln da. Andere Insekten produzieren ihre eigene »chemische Keule«. Die Weibchen des Schattenkäfers Pterostichus lucublandus setzen ihre chemischen Verteidigungswaffen nicht nur gegen Räuber, sondern auch gegen unerwünschte Männchen ein. Eine derartige chemische Dusche entkräftet ein Männchen so sehr, daß es, auch wenn es sich gesäubert hat, für mehrere Stunden in eine Art Koma verfällt; bis es davon erwacht, ist das Weibchen längst über alle Berge. Natürlich hat auch das Weibchen seinen Preis für diese Abwehrmaßnahme zu bezahlen: Bis es seinen Vorrat an Kampfspray wieder aufgebaut hat, ist es Feinden schutzlos ausgeliefert.[92]

Doch die Einflußmöglichkeiten der Insektenweibchen beschränken sich nicht nur darauf, koitusbereite Männchen abzuweisen. Auch noch nach der Besamung können sich manche Weibchen *gegen* das Sperma eines bestimmten Männchens entscheiden und darüber bestimmen, welcher Samen letztendlich die Eier befruchtet. Es ist zwar äußerst schwierig, derartige Vorgänge im Innern eines Insektenweibchens zu erforschen, doch selbst dies ist einigen Wissenschaftlern gelungen.[93]

In seinem bemerkenswerten Samenspeicherorgan, der sogenannten »Spermathek«, kann das Insektenweibchen den Samen mehrerer Männchen aufbewahren. Manche Weibchen sammeln auf ihrem Hochzeitsflug, auf dem sie sich mit verschiedenen Männchen paaren, den Vorrat für ihr ganzes Leben. Dieser Samenvorrat funktioniert wie eine Art Medizin, die im Lauf der Zeit freigesetzt wird, wobei das Weibchen den Takt bestimmt: Immer dann, wenn es nötig ist, kann es eine entsprechende Menge Samen zur Befruchtung seiner Eier aktivieren. Auf diese Art und Weise erspart sich das Tier weitere zeit- und energieraubende, risikobehaftete Kopulationen.

Im Körper einer Frau besteht offensichtlich eine Art chemischer Verbindung zwischen dem Ei und dem Samen in Wartestellung. Jüngsten Forschungsergebnissen zufolge veranlaßt ein Stoff in der das menschliche Ei umgebenden Flüssigkeit den Samen, die Eileiter hinaufzuschwimmen, sobald das Ei befruchtet werden kann. Dieser chemische Lockstoff bewirkt offensichtlich eine Art Wettkampf unter den Spermien, einen Wettlauf, bei dem der Sieger das Ei befruchtet. Von annähernd vierhundert Millionen Bewerbern, die über viele Stunden hinweg regungslos im Geschlechtstrakt des weiblichen Körpers verharren, erreichen nur ungefähr zweihundert den Ort der Befruchtung in den Eileitern. Und von diesen zweihundert gelingt es nur einem einzigen – wenn überhaupt –, ein Ei zu befruchten.[94]

Auswahl nach Schönheit

Manchmal entscheidet sich ein Weibchen für ein Männchen ausschließlich deshalb, weil es seine Sinnlichkeit anspricht. Vorzüge rein ästhetischer Art, die das Auge oder Ohr eines Weibchens erfreuen beziehungsweise seine erogene Zone stimulieren, waren ursprünglich eine Laune der Natur, eine durch Zufallsmutation entstandene Erscheinung, die eine Saite im weiblichen Nervensystem zum Schwingen brachte.

Wieso wird ein Weibchen durch Neues mehr erregt als durch Altbewährtes? Neuesten Forschungsergebnissen zufolge sind Weibchen mancher Arten genetisch darauf festgelegt, ein neues Merkmal, ein unerwartetes Verhalten Altbekanntem vorzuziehen. Weibchen entscheiden sich einfach für Männchen mit ungewöhnlichen Eigenschaften, verpaaren sich mit diesen und vererben ihre Vorliebe an die weiblichen Nachkommen. Das heißt, Weibchen nehmen Einfluß darauf, wie die nachfolgenden männlichen Generationen aussehen und welche Eigenschaften sie besitzen.

Die einfallsreiche Forschungsarbeit der Biologin Nancy Burley hat viel dazu beigetragen, diese Variante im weiblichen Auswahlverhalten besser auszuleuchten. Ihr ist es gelungen, den Vorgang der sexuellen Selektion in ihrem Labor nachzuvollziehen. Bei ihrer Arbeit über einen monogam lebenden kleinen australischen Vogel, den Zebrafinken Taeniopygia guttata, entdeckte Burley, daß bunte Plastikringe, die sie zu Identifikationszwecken an den Vogelbeinen befestigt hatte, überraschenderweise für die Vögel bedeutungsvoll geworden waren: Je leuchtender die Farben der Ringe, um so interessanter wurde der Träger für das andere Geschlecht. Im Verlauf von fünf Monaten konnte Burley beobachten, daß die meisten Vögel, die rot oder pink beringt waren, brüteten, während sich die Tiere mit hellgrünen Ringen noch nicht verpaart hatten. Allem Anschein nach wirkten sich die Plastikringe genauso auf die Partnerwahl aus wie buntes Gefieder bei Kampfläufern und anderen Vögeln. Männchen wie Weibchen zeigten Vorlieben für

Ringe mit bestimmten Farben – Dinge, die mit der natürlichen Physiologie der Vögel nichts zu tun hatten.

Burley war so fasziniert von ihren Beobachtungen, daß sie eine Reihe von Versuchen ersann, um herauszufinden, welche Farben die größte Anziehungskraft ausübten. Sie entdeckte, daß rot beringte Männchen und schwarz beringte Weibchen anziehender auf das andere Geschlecht wirkten als unmarkierte Tiere. Grün beringte Männchen und blau beringte Weibchen hingegen schienen weniger attraktiv zu sein. Aufgrund dieser Ergebnisse begann Burley, Merkmale von rein ästhetischem Wert zu untersuchen, die keinesfalls mit der genetischen Fitneß der Tiere in Zusammenhang standen. Sie ging einer der verzwicktesten Fragen der Evolutionsbiologie nach: Wie kommt es dazu, daß ein Tier eine Vorliebe für ein Merkmal zeigt, das es nie zuvor gesehen hat?

Burley ging davon aus, daß Tiere genetisch darauf programmiert sind, ihre, wie sie es nannte, »latenten ästhetischen Vorlieben« bei der Partnerwahl zu berücksichtigen. Diese versteckten Vorlieben kommen dann zum Vorschein, wenn bei einzelnen Individuen durch Mutation Veränderungen auftreten, die diese ansprechender und attraktiver als ihre Artgenossen erscheinen lassen. In solch einem Fall wird die im Verborgenen schlummernde Vorliebe für Schönheit sozusagen aus dem Dornröschenschlaf erweckt.[95] Die farbigen Plastikringe, die Burley in ihrem Labor benutzt hatte, um die Zebrafinken auseinanderhalten zu können, hatten genau diesen Effekt. Sie wirkten wie eine Pseudomutation und stimulierten die Bereitschaft der Vögel, auf neu auftretende Merkmale positiv zu reagieren. Dieser Mechanismus, mutmaßte Burley, funktioniert ähnlich wie das Immunsystem, das darauf ausgelegt ist, auf Neues, Unerwartetes zu reagieren.

Im weiteren Verlauf ihrer Versuche mit Zebrafinken erlebte Burley noch mehr Überraschungen: Merkmale, die auf das andere Geschlecht anziehend wirkten, schreckten gleichgeschlechtliche Tiere ab. So entdeckte sie zum Beispiel, daß Zebrafinkenweibchen am liebsten neben blau beringten Geschlechtsgenossinnen saßen und die von den Männchen bevorzugten schwarz beringten Tiere nach Möglichkeit mieden. Umgekehrt bevorzugten Männchen die Gesellschaft von grün beringten Geschlechtsgenossen und umgingen die rot beringten Favoriten der weiblichen Vögel.

Aber das war noch nicht alles. Staunend stellte sie fest, daß innerhalb der Paarbeziehungen ein interessanter Handel ablief. Als Burley die Zeit berechnete, die jeder Partner in Brüten, Brutpflege, Füttern und Verteidigen der Jungen investierte, mußte sie feststellen, daß der – gemäß seinem Ring – attraktivere Partner weniger Zeit für diese elterlichen Pflichten aufwandte als sein weniger attraktives Gegenüber. Und dies galt für Männchen wie für Weibchen gleichermaßen.

Weitere Einsichten gewann Burley bezüglich des Fortpflanzungserfolges der Tiere. Sie konnte nachweisen, daß die weniger attraktiven Partner nicht nur mehr Arbeit in die Beziehung einbrachten, sondern auch kürzer lebten und somit weniger erfolgreich in ihrem Fortpflanzungsbemühen blieben als die attraktiveren Vögel gleichen Geschlechts. Burley folgerte aus diesen Erkenntnissen, daß »das Streben nach Nachwuchs seinen Preis hat – ein Phänomen im evolutionären Geschehen, das nur selten Beachtung findet«.[96]

Untersuchungen zum Fortpflanzungserfolg der attraktiven Männchen und Weibchen ergaben, daß rot beringte (attraktive) Männchen zweimal so erfolgreich waren wie orange beringte (neutrale) oder grün beringte (unattraktive) Männchen. Eine nicht unwesentliche Rolle spielte hierbei die Tatsache, daß attraktive Männchen häufig zu polygynem Verhalten neigen: Ein attraktives Tier ist nicht so sehr in die elterliche Pflicht genommen und hat daher mehr Zeit, sich um einen weiteren Partner zu bemühen. Ebenso verhält es sich bei den schwarz beringten (attraktiven) Weibchen: Sie haben mehr Nachkommen als die orange beringten (neutralen) beziehungsweise blau beringten (unattraktiven) Weibchen.

In einem weiteren Schritt untersuchte Burley das Geschlechterverhältnis der Nachkommen jener Vögel, die die bevorzugten Fußringe trugen. Wenn jeweils nur einer der beiden Partner beringt war, hatten Vögel mit dem attraktivsten Ring signifikant mehr Nachkommen des eigenen Geschlechts: Rot beringte Männchen hatten die meisten Söhne und schwarz beringte Weibchen die meisten Töchter. Die unattraktiven Vögel (blau beringte Weibchen und grün beringte Männchen) wiesen die höchsten Sterblichkeitsraten, die attraktivsten Vögel die niedrigsten auf.

Nach den Gesetzen der Evolutionsbiologie manipulieren Tiereltern das Geschlechterverhältnis ihrer Jungen dadurch, daß sie mehr von den Nachkommen großziehen, die die attraktiven, verlockenderen Merkmale aufweisen – im Falle der Zebrafinken waren das also jene Nachkommen, die das Geschlecht des attraktiveren Partners besaßen.[97] Zebrafinken regulieren das Geschlechterverhältnis, indem sie die Jungen meist innerhalb von sechs Tagen nach dem Schlüpfen selektieren.[98]

Das Erstaunliche an Burleys Forschungsergebnissen war, daß die Zebrafinken auf plastikberingte Beine reagierten, als handelte es sich dabei um angeborene Merkmale. Burley wurde durch ihre Zufallsentdeckung in die Lage versetzt, sexuelle Selektion und Manipulationen am Geschlechterverhältnis unbelastet von den vielfältigen Einflüssen der Natur zu untersuchen.

Einen Partner aufgrund eines bunten Ringes auszuwählen ist eindeutig als Auswahl nach ästhetischen Gesichtspunkten zu bezeichnen. Ein ästhetisch ansprechendes Merkmal kann also seinem Träger Vorteile bringen; es erhöht seine Attraktivität als Partner und verbessert somit seinen Fortpflanzungserfolg.

Nicht anders beim Menschen: Aufschluß über unser Partnerwahlverhalten geben zwei abgedroschene, aber durchaus zutreffende Redensarten: »Gleich und gleich gesellt sich gern«, und: »Gegensätze ziehen sich an«. Auch wenn man zwischen menschlichem und tierischem Verhalten nicht unbedingt eine direkte Beziehung herstellen kann, legen Burleys Untersuchungen über Zebrafinken doch einen äußerst plausiblen Schluß nahe: Attraktive Individuen haben die besseren Chancen.

»Hoch im Kurs stehende Individuen verhalten sich bei ihrer Partnerwahl extrem selektiv, denn sie können es sich leisten. Weniger umschwärmte Kandidaten hingegen müssen sich mit bescheidener ausgestatteten Partnern zufriedengeben, beziehungsweise ihnen bleibt Fortpflanzungserfolg gänzlich versagt«, schreibt Burley über die Zebrafinken.[99] Auf menschliche Verhältnisse übertragen würde dies eine Erklärung dafür liefern, warum sich reich zu reich und arm zu arm gesellt. Fast allen Menschen gefallen attraktive Partner, das heißt Partner mit hohem sozioökonomischem Status, gleichgültig, ob sie nun attraktiv sind oder nicht. Individuen mit hohem sozioökonomischem Rang, die in den meisten Gesellschaften als ideale Ehepartner gelten, stehen meist viel mehr Möglichkeiten bei ihrer Partnerwahl offen als mittellosen Kandidaten. Arme *bevorzugen* nicht unbedingt Partner, die ebenfalls arm sind; ihnen bleibt jedoch in der Regel keine andere Wahl. Vertreter mit weniger attraktiven Qualitäten haben einfach keine so reiche Auswahl wie attraktive Individuen.

Eine Vorliebe für Schwertträger

Burleys Arbeit hat andere Wissenschaftler dazu inspiriert, sich genauer mit den Vorlieben von Individuen für neu auftauchende Merkmale zu beschäftigen. So untersuchte die Biologin Alexandra Basolo, ob weibliche Platys eine versteckte Vorliebe für Schwertträger haben. Die Männchen einer engverwandten Art, des tropischen grünen Schwertträgers, haben einen langen, schwertartigen Anhang an ihrer Schwanzflosse. Dieses Extra hat offensichtlich keine weitere Funktion, als einzig und allein Weibchen anzulocken. Basolos Untersuchungen wiesen darauf hin, daß Plattfisch-Weibchen genetisch vorgeprägt sind und sich zu Schwertträgern hingezogen fühlen: Möglicherweise sieht der hin und her wedelnde Anhang wie Futter aus, oder die Weibchen werden einfach durch die Form sinnlich stimuliert.

Basolo versah also durch einen operativen Eingriff die hintere Schwanzflosse schwertloser Platys mit winzigen Plastikschwertern. Ein jedes Schwert trug die Farben schwarz und leuchtend gelb, war also ähnlich gemustert wie das des Schwertträgermännchens. Zum Vergleich wurde eine weitere Gruppe von männlichen Plattfischen mit einem transparenten Schwert bestückt. Diese transparenten Attrappen hatten sich als für Weibchen unsichtbar erwiesen und dienten lediglich dazu, den Beobachtern anzuzeigen, ob sich das Verhalten der mit einem unechten Schwert versehenen männlichen Fische irgendwie veränderte.

Bei dem folgenden Experiment wurden drei Fische – ein Weibchen und zwei »präparierte« Männchen – eins mit einem farbigen und eins mit einem transparenten Schwert – in ein dreigeteiltes Aquarium gesetzt. Die Trennwände aus Plexiglas boten allerdings Durchlaß zu den jeweils benachbarten Segmenten. Das Weibchen schwamm in der Mitte, die beiden Männchen in den Außenabteilen. Immer wieder setzte Basolo solche Dreiergruppen in ihr Versuchsaquarium und beobachtete, was passierte. Die Fischweibchen wählten durchweg die Männchen mit den farbigen Schwertern und verbrachten die meiste Zeit in deren Aquariumteil.

Basolo nimmt an, daß bei den grünen Schwertträgern eines Tages ein kleiner schwertartiger Anhang als Zufallsmutation auftauchte. Die Weibchen fanden Gefallen daran und bevorzugten immer wieder Männchen mit Schwertern. Im Laufe der Zeit bildete sich schließlich die auffallende Flosse heraus, die heute die männlichen Tiere ziert.[100]

Die Vorteile einer tiefen Stimme

In der Dunkelheit der tropischen Nacht lauschen weibliche Tungara-Frösche der Art Physalaemus pustulosus dem Lockgesang der Männchen. Bereits zu Beginn der Dämmerung suchen die Froschmännchen die Laichplätze auf und beginnen zu quaken. Einige Frösche bringen es auf mehr als siebentausend Rufe in einer einzigen Nacht. Weibchen kommen zu diesen Plätzen nur in der Nacht, in der sie sich verpaaren wollen.

Bei diesem allgemeinen Getöse und Gequake ein bestimmtes Männchen herauszuhören und auszuwählen braucht seine Zeit. Manchmal verbringt ein Froschweibchen Stunden damit, zwischen den quakenden Fröschen umherzuschwimmen und ab und zu vor einem bestimmten Frosch sitzenzubleiben. Ein Weibchen wurde dabei beobachtet, wie es zwanzig Minuten lang vor einem quakenden Männchen saß; dann schwamm es fort, setzte sich vor ein anderes Männchen, um danach zum ersten zurückzukehren und sich mit ihm zu verpaaren.

Die Weibchen dieser Froschart bevorzugen Männchen, die ihre Rufreihen mit einem speziellen tiefen Ton, dem sogenannten »Abschlag«, beenden. Die Männchen, die diese besonders tiefen Töne hervorbringen können, sind zugleich die größten. Als die Biologen Michael Ryan und Stanley Rand zu ergründen suchten, warum den Weibchen gerade die Frösche besonders gut gefallen, die diese tiefen Töne erzeugen können, entdeckten sie, daß die sexuelle Selektion dieser Froschart eine neurologische Ursache hat: Die tiefen Töne der Tungara-Männchen stimulieren die Hörorgane im Innenohr der Weibchen.

Ryan und Rand stellten Experimente an, um herauszufinden, ob das Gehör der Weibchen dieser Froschart besonders beschaffen ist, so daß es die tiefen Frequenzen der die Rufreihen beendenden Abschläge als angenehm empfindet. Ausgangsbasis bildete der außerordentlich gut ausgebildete Gehörsinn der Frösche. Im Gegensatz zu allen anderen auf dem Land lebenden Wirbeltieren haben Amphibien zwei innere Gehörorgane – die Papilla amphibiorum und die Papilla basiliaris –, und beide Organe können sogar Luftschwingungen wahrnehmen. »Der Gehörsinn der Frösche ist genau auf den Ruf ihrer Art eingestimmt – so wie man ein Radio auf einen bestimmten Sender einstellen kann. Bei den Physalaemus-Weibchen liegt diese »Frequenz« geringfügig unter der der durchschnittlichen männlichen Rufreihen.« Und hierin, sagt Ryan, liegt exakt der Grund für die weibliche Vorliebe für die tiefe Stimmlage: Sobald der männliche Frosch tiefe Töne anschlägt, fühlt sich das Froschweibchen »im Einklang« mit ihm.[101]

Nur große, ältere Männchen haben ausreichend dicke Stimmbänder, um tiefe Töne hervorzubringen. Somit gründet sich die weibliche Vorliebe für die großen männlichen Frösche, die Ryan schon 1980 beobachtet hatte, auf die Fähigkeit dieser Männchen, auf die weibliche Vorliebe für Töne tiefer Frequenzen zu reagieren.[102] Die Forscher entdeckten, daß diese Tonfrequenzen in den Rufreihen der Frösche, für die sehr viel Energie aufgewendet wird, »am besten mit der Sensibilität der Gehörpapillen der Weibchen in Einklang stehen«.[103]

Die Rufreihen der Männchen bestehen aus einem langgezogenen Ruf, dem zwischen einem und sechs Abschläge folgen. Der langgezogene Ruf ist nötig, um Weibchen anzulocken; aber es liegt letztendlich am Abschlag, ob ein Männchen ausgewählt wird oder nicht. Der Abschlag ist jedoch nicht adaptiv, er erhöht nicht die Fitneß der Weibchen, sondern stimuliert lediglich ihren Gehörsinn.

In einem weiteren Schritt suchten die Forscher herauszufinden, ob allein der Abschlag der Froschmännchen das weibliche Gehör stimuliert oder ob anderweitig erzeugte Töne im tiefen Frequenzbereich dieselbe Funktion erfüllen. »Wir konnten nachweisen, daß es mit diesem markanten Ton nichts Besonderes auf sich hat«, berichtet Ryan.[104] Auch ein Schwall von Tönen, der statt diesem Abschlag verwendet wurde, konnte eine Rufreihe beenden und wurde von den Froschweibchen für attraktiver gehalten als ein Ruf ohne Abschlag.

Die nächste Frage, die die Wissenschaftler zu beantworten suchten, lautete: Was war früher da, der Abschlag des Froschs oder die Vorliebe des Froschweibchens für tiefe Töne? Hatte sich die »Frequenz« des weiblichen Gehörs nach dem Abschlag des Froschmännchens gerichtet, oder war zuerst die genetisch bedingte Vorliebe des Weibchens für

Töne tiefer Lagen vorhanden? Ryan und Rand untersuchten zu diesem Zweck den Hörgeschmack von Weibchen einer den Tungara-Fröschen verwandten Froschart, die ihre Rufe ohne Abschlag beendet.

Die Rufe der Froschmännchen wurden aufgezeichnet, mit Abschlägen versehen und den Weibchen vorgespielt. Diese Froschweibchen hatten so etwas niemals zuvor erlebt. Und doch zeigten sie deutlich ihre Vorliebe für die neue Version. »Nun lag auf der Hand, daß es sich hier um eine latent vorhandene Disposition der Weibchen handelt und daß die Froschmännchen auf diese Veranlagung reagieren und sie sich zunutze machen«, führt Ryan aus.

Weibchen aller Arten müssen, wenn sie ein Männchen auswählen, ihre Sinne benutzen: Sie müssen das Männchen anschauen, es hören und riechen. Die Sinnesorgane entwickelten sich jedoch ursprünglich nicht nur zum Zweck der Partnersuche. »Wir gehen davon aus, daß die Sinnesorgane durch natürliche Selektion für Aufgaben entstanden sind, die mit der Partnerwahl anfänglich nichts zu tun hatten, doch daß gerade deren Einbeziehung zur Ausbildung spezieller sinnlicher Vorlieben führte«, sagt Ryan. »Daraufhin entwickelten die Männchen Verhaltensweisen, die auf diese Vorlieben abgestimmt und für die Weibchen attraktiv waren, weil ihre Sinnesorgane auf ganz bestimmte Weise reagierten.«[105]

Die in den Genen verankerte Fähigkeit, auf Neues positiv zu reagieren – sei es eine ungewöhnliche Anordnung der Federn, ein hinderliches Anhängsel, ein ungewöhnlicher Farbfleck et cetera –, führt uns vor Augen, wie erstaunlich flexibel die meisten Lebewesen auf der Welt sind. Leben heißt Veränderung, Leben heißt, daß das, was gestern noch eine Zufallsmutation war, »morgen« schon allgemeine Verbreitung erfahren kann.

Wir machen es uns zu leicht, wenn wir einfach mit den Schultern zucken und sagen: »Das sind ja nur Tiere. All diese Vorgänge haben nichts mit *mir* zu tun.« Eine solche Selbstgefälligkeit hilft uns nicht weiter und eröffnet auch keine Perspektiven, wie wir uns vom Imperativ der Fortpflanzung befreien können. Wir Menschen gehören nun einmal zum Tierreich; auch wir sind durch natürliche Selektion zu dem geworden, was wir sind; auch wir leben, um uns fortzupflanzen. Die Grundprinzipien, nach denen elterliches Investment, weibliches Wahlverhalten und männliche Rivalität im Tierreich ablaufen, gelten nach wie vor – wenngleich in viel komplizierteren und nicht selten bizarren gesellschaftlichen Ausformungen – auch für den Menschen und seine sozialen Strukturen.

Die Damenwahl in menschlichen Gesellschaften

> O über das Wort »wählen«! Ich kann weder wählen, wen ich will, noch ausschlagen, wen ich nicht mag; so wird der Wille einer lebenden Tochter durch den letzten Willen eines toten Vaters gefesselt.
>
> Porzia in William Shakespeare: Der Kaufmann von Venedig

Wenngleich die Kriterien für die Partnerwahl der Weibchen im Tierreich auch auf menschliche Verhältnisse übertragbar sind, so haben Frauen in verschiedenen Gesellschaften aufgrund bestimmter Heiratsbräuche doch meist weniger persönliche Freiheiten bei der Wahl ihrer Partner als die Weibchen in der Tierwelt. Man könnte sogar so weit gehen zu sagen, daß es in den meisten menschlichen Gesellschaften keine individuelle Partnerwahl gibt. Vielfach entscheiden Verwandte – Väter, Onkel, Brüder, Mütter, Großmütter, Schwestern und Tanten –, wer wen heiratet. Mancher Bund fürs Leben wird sogar schon vor der Geburt der Partner arrangiert. In unseren westlichen Kulturgesellschaften sieht man die Beziehung zwischen Mann und Frau gerne in romantischem Licht, aber die meisten Eheschließungen auf der Welt sind reine »Fortpflanzungsverträge«: sein Reichtum gegen ihre Gebärmutter. Die Auswahl eines Partners gehört zu den ältesten und am stärksten profitorientierten Handelsgeschäften, die es gibt auf der Welt. »Für fast alle Menschen in der heutigen Zeit und für so gut wie alle aus vergangenen Zeiten ist Heirat weniger eine Verbindung von zwei Menschen, sondern die Verknüpfung von zwei Sippen«, sagt der Anthropologe Donald Symons.[106]

Aber trotz aller Gesetze, Bräuche, Religionen und Tabus, die die Wahlmöglichkeiten des einzelnen einschränken, verläuft die Partnerwahl des Menschen auch heute noch nach den Regeln der Evolution. So wie bei den Tieren viele Weibchen Männchen nach ihren Ressourcen auswählen, so wählen bei den Menschen entweder die Familien oder die Frauen den zukünftigen Bräutigam hauptsächlich nach seinem Reichtum und seinem sozialen Status aus. Und wie bei vielen Tieren wünscht sich auch die Familie des Bräutigams eine fruchtbare und jungfräuliche Braut für ihren Sohn. Ihre Fruchtbarkeit verspricht der Familie, daß ihr viele Enkel – vorzugsweise männlichen Geschlechts – geboren werden, ihre Jungfräulichkeit garantiert, daß alle Nachkommen nur von ihrem Sohn gezeugt werden.

In vielen Gesellschaften werden Jungfrauen wie »Fortpflanzungsartikel« gehandelt, und die Sitte, daß die Familie des Mannes der Familie der Frau ein Brautgeld bezahlt, ist auf der ganzen Welt verbreitet. »In den meisten Gesellschaften kaufen Männer ihre Frauen, und sie verlangen oft eine Rückzahlung des Brautgeldes, wenn sie von dem Handel enttäuscht sind«, schreiben Martin Daly und Margo Wilson.[107] Beim Stamm der Haya in Nordwest-Tansania zum Beispiel kann der Ehemann eine unfruchtbare Frau ihren Eltern zurückgeben und sein Brautgeld zurückverlangen.

Wenn die Geschäfte auf dem Fortpflanzungsmarkt schlecht gehen, nehmen Frauen und ihre Familien oft beträchtliche wirtschaftliche Opfer auf sich, um mit Hilfe der Mitgift in reiche, hochangesehene Familien einzuheiraten, deren Söhne voraussichtlich das Vermögen erben. Es kann eine junge Frau das Leben kosten, wenn ihre Familie nicht dazu in der Lage ist, die versprochene Mitgift zu bezahlen. Die Vereinten Nationen berichten, daß 1987 in Indien 1786 Bräute wegen Nichtzahlung der Mitgift ermordet wurden.[108] Diese Morde hielt man für gerechtfertigt, und nur wenige Täter wurden gerichtlich verfolgt.

Da die Familie des Bräutigams soviel Wert auf eine jungfräuliche Braut legt, wird die Familie des Mädchens keine Mittel und Wege – und seien sie auch noch so brutal und restriktiv – scheuen, um ihre Keuschheit zu bewahren. Die Reinheit der Tochter ist wichtig für die Familienehre und eine Voraussetzung für einen Schwiegersohn mit hohem Ansehen.

Die junge Frau trägt also nicht nur die körperliche Last der Schwangerschaft, auf ihr lastet auch die Verantwortung für die Familienehre. Ersteres liegt in der Natur der Sache, letzteres wird den Mädchen und Frauen durch die in ihrer Familie und in ihrem Land herrschenden Sitten und Gebräuche aufgezwungen. Daß die Keuschheit eines jungen Mädchens mit der Ehre ihrer Familie gleichgesetzt wird, ist ein Beweis für den starken Einfluß, den die Fortpflanzung im Leben der Menschen ausübt. Um die Ehre der Tochter zu beschützen und zu verteidigen, hilft die ganze Familie zusammen. In der Tat fühlen sich alle Familienmitglieder für das Fortpflanzungspotential der Tochter verantwortlich, da dieses eine Art »genetisches Handelsgut« von hohem Wert für die Familie darstellt.

Auch wenn in manchen Kulturen eine Frau bei der Auswahl ihres eigenen Ehemannes nicht viel zu sagen hat, kann sie doch bei der Wahl des Partners ihrer Tochter oder ihres Sohnes eine wichtige Rolle spielen. Hier ist der weibliche Einfluß auf die Wahl des Partners lediglich um eine Generation verschoben.

Ebenso wie weibliche Amseln, Mormonenheuschrecken und Blaukopf-Lippfische wählen Frauen und ihre Familien mit Vorliebe Partner aus, die Ressourcen besitzen. Genauso wie Männchen um nahrungsreiche Reviere kämpfen, wetteifern Männer um materielle Werte. Was ökologische Ressourcen – eine üppige Weide oder ein geschütztes Nest – für das Tier sind, sind Reichtum und gesellschaftliches Ansehen für den Menschen. All jene Männer, die es durch Erbschaft oder eigene Anstrengung zu der Form von Wohlstand und Prestige gebracht haben, die in ihrer jeweiligen Gesellschaft am meisten geschätzt wird, gelten auch gesellschaftlich als erfolgreich. In den USA und Europa ist das Anhäufen von Vermögen gleichbedeutend mit gesellschaftlichem Erfolg, bei den Yanomamö-Indianern ist hoch angesehen, wer ein tapferer Krieger und geschickter Jäger ist. Und im allgemeinen ist gesellschaftlicher Erfolg mit Fortpflanzungserfolg gleichzusetzen.

Bei den Sharanahua-Indianern in Peru zum Beispiel bevorzugen die Frauen Männer, die Fleisch nach Hause bringen. In dieser Gesellschaft von Jägern und Sammlern steht Fleisch ebenso hoch im Kurs wie Geld in der heutigen europäischen und amerikanischen Gesellschaft. Für einen Sharanahua-Indianer ist eine erfolgreiche Jagd ein Beweis für seine Männlichkeit: Fleisch ist das Symbol für Mannhaftigkeit und Sex. Die Anthropologin Janet Siskind berichtet, wie eine Sharanahua-Frau die männlichen Familienmitglieder, die mit leeren Händen von der Jagd zurückkamen, verspottete: »›Es gibt kein Fleisch. Darum essen wir jetzt Penisse.‹«[109]

In der Sharanahua-Gesellschaft bedeutet Fleisch nach Hause zu bringen dasselbe wie der amerikanische Ausspruch »Speck nach Hause bringen«, also den gesellschaftlichen Aufstieg geschafft zu haben. Studien von Anthropologen zeigen, daß das, was eine Gesellschaft als Reichtum ansieht – sei es nun Fleisch, Land, Vieh oder Geld –, das Ansehen seines Besitzers erhöht; dieser Reichtum macht ihn zu einem begehrenswerten Partner und trägt zu seinem Fortpflanzungserfolg bei.

Untersuchungen der verschiedensten Gesellschaften, vom Eingeborenenstamm bis zur Industriegesellschaft, haben gezeigt, daß reiche und mächtige Männer gewöhnlich viele Frauen und Kinder haben,[110] während arme Männer oft unverheiratet und kinderlos bleiben. Im allgemeinen halten Frauen und ihre Familien mittellose Männer nicht für attraktiv. Bedeutet dies etwa, daß das Klischee, die Frauen seien nur hinter dem Geld der Männer her, richtig ist?

Wie alle Klischees enthält auch dieses ein Körnchen Wahrheit – die Frage läßt sich jedoch nicht befriedigend mit einem einfachen Ja oder

Nein beantworten. Um dieses Problem in seiner Komplexität zu begreifen, muß man verstehen, wie sich weibliches Wahlverhalten im Laufe der Evolution entwickelt hat.

»Untersuchungen belegen, daß ein wesentliches Entscheidungskriterium für die Frauen das Geld der Männer ist, mit dem sie ihren Beitrag zur Aufzucht des Nachwuchses leisten«, sagt der Anthropologe John Hartung,[111] der achthundertfünfzig Gesellschaften analysierte. Er fand heraus, daß in Gesellschaften, in denen Polygynie üblich ist, das Familienvermögen den männlichen Nachkommen vererbt wird. Dies ist leicht verständlich: Je mehr Frauen ein Mann hat, um so mehr Nachkommen kann er zeugen. Wenn er sein Vermögen an seine Söhne weitervererbt, gibt er ihnen die Mittel, selber viele Frauen zu erwerben, Enkel zu zeugen und so zu seinem eigenen Fortpflanzungserfolg beizutragen. Natürlich vermachen auch Familien in nicht-polygynen Gesellschaften ihren Reichtum traditionsgemäß den Söhnen.

In einer Studie über dreihundert Frauen aus der amerikanischen Mittelschicht fanden die Psychologin Susan Essock-Vitale und der Biologe Michael McGuire heraus, daß es von der sozialen Stellung einer Frau abhängt, welche Rolle die Fortpflanzung in ihrem Leben spielt. Da in der amerikanischen Gesellschaft »eine strikte Arbeitsteilung zwischen den Geschlechtern herrscht, bei der Arbeit gegen Sex getauscht wird, sind die Frauen besonders darauf angewiesen, sich einen Mann als Beschaffer von Ressourcen und als Versorger der gemeinsamen Nachkommen zu sichern«.[112] Das hohe soziale Ansehen, das der Reichtum mit sich bringt, bedeutet für die Frauen die Absicherung, die notwendig ist, um sorgenfrei Kinder zu empfangen und zu gebären. Somit ist Heiraten in den Vereinigten Staaten mit großem Fortpflanzungserfolg und gesicherter Vaterschaft verbunden.

Reiche Männer spielen in der Gesellschaft für gewöhnlich eine dominante Rolle, und Frauen werden, ebenso wie die Weibchen im Tierreich, von männlicher Dominanz magisch angezogen. In einer interkulturellen Studie untersuchte der Psychologe Bruce Ellis jene Merkmale, die Frauen bei dominanten Männern attraktiv finden: erstens physische Merkmale wie Größe und Körperhaltung; zweitens soziale Merkmale, wobei auch die Familie eine Rolle spielt; und drittens Verhaltensmerkmale wie Aggressivität und Durchsetzungsvermögen. Ellis fand heraus, daß Männer, die diese dominanten Verhaltensweisen aufwiesen, für Frauen sexuell attraktiver waren. »Für Frauen auf der ganzen Welt ist männliche Attraktivität an sozialen Status und an bestimmte Eigenschaften wie Stärke, Tapferkeit, Verwegenheit und ähnliches gebunden«, sagt Ellis.[113]

Neben seinem materiellen Reichtum und seiner Stellung unter den Männern können die Ressourcen eines Mannes auch in seinen Verwandtschaftsbeziehungen, seiner Funktion in der Gesellschaft, seiner

Bildung, seinem Ruf als harter Arbeiter und in seiner Zeugungsfähigkeit bestehen; denn alle diese Werte und Fähigkeiten werden an seine Nachkommen weitervererbt und tragen dazu bei, daß diese zu erfolgreichen Mitgliedern ihrer jeweiligen Gesellschaft werden.

In Gesellschaften, in denen Frauen ihre Partner selbst auswählen können, sind auch immaterielle Dinge wichtig: die persönlichen Eigenschaften eines Mannes wie seine Einstellung gegenüber Frauen und Kindern, seine Fähigkeit, rücksichtsvoll, zärtlich, liebevoll, freundlich, fair und menschlich zu sein, und seine Bereitschaft, eine enge Beziehung aufzubauen. Neben diesen ideellen Ressourcen spielen materielle Güter und die soziale Stellung des Mannes nach wie vor eine wichtige Rolle.

Es ist vorstellbar, daß genau diejenigen Eigenschaften, die Männern dazu verholfen haben, Frauen zu finden und Nachkommen zu zeugen, in der Gesellschaft sehr hoch angesehen sind. In der Tat gibt es eine Theorie, die besagt, daß sich die gesellschaftlichen Unterschiede aus den diversen Fortpflanzungsstrategien des jeweiligen Umfeldes entwickelten. Wenn man diese Theorie für richtig hält – und jüngste Forschungsergebnisse untermauern diesen Standpunkt immer mehr –, dann beeinflußte das weibliche Verhalten bei der Partnerwahl – ob nun von der Frau selbst ausgeübt oder durch die Familie – nicht nur männliches Aussehen und Handeln, sondern hatte auch einen bedeutenden Einfluß auf kulturelle Wertvorstellungen, soziale Strukturen und die Gebräuche und Sitten, die diese Strukturen regeln und erhalten.

»In den meisten menschlichen Gesellschaften hat derjenige sozialen Erfolg, der alles tut, um seinen Fortpflanzungserfolg zu sichern. Während die meisten Menschen sich ihres gesellschaftlichen Erfolgs bewußt sind, sind sie sich über die biologischen Konsequenzen ihres Verhaltens oft nicht im klaren«, schrieb der Anthropologe William Irons 1979,[114] zu einer Zeit also, als nur wenige Anthropologen menschliches Sozialverhalten aus den Prinzipien der Evolution heraus zu erklären versuchten. Seine Hypothese lautet, daß Menschen alles in ihrer Macht Stehende tun, um die größtmögliche Gesamtfitneß, das heißt, den besten Fortpflanzungserfolg für sich und ihre Nachkommen, zu erlangen.

Wenn Frauen oder ihre Familien Männer immer wieder wegen ihrer Ressourcen und ihrer Macht auswählen, begünstigt die natürliche Selektion Verhaltensweisen bei den Männern, die sie in die Lage versetzen, diese Ressourcen zu erlangen. Weltweite Untersuchungen belegen, daß gesellschaftlich erfolgreiche Männer die begehrtesten Partner sind. In den Vereinigten Staaten zum Beispiel erhöht ein gut bezahlter Beruf wie Arzt, Rechtsanwalt oder Wirtschaftsmanager die Attraktivität eines Mannes. Vergleicht man in einem bestimmten Jahr die Einkünfte von verheirateten und unverheirateten amerikanischen Männern, so stellt sich heraus, daß die verheirateten fast fünfzig Prozent mehr verdienen als ihre unverheirateten Altersgenossen. »Diese Korrelation ergibt sich wahrscheinlich zum einen aus dem Wahlverhalten der Frauen«, sagt Robert Trivers,[115] zum anderen wohl aus der Konkurrenz unter den Männern. Je mehr Geld ein Mann verdient, desto höher ist sein Ansehen und desto mehr Respekt wird ihm von seinesgleichen und von seinem gesamten sozialen Umfeld gezollt: Er nimmt eine dominierende Stellung ein. Das macht ihn für Frauen besonders attraktiv.

In der Geschichte der Evolution des Menschen führte gesellschaftliches Ansehen und Reichtum fast immer zu Fortpflanzungserfolg. Daly und Wilson stellten fest, daß »Männer mit hohem Ansehen mehr Frauen, mehr Konkubinen und mehr Kinder besitzen und daß ihre Kinder bessere Überlebenschancen haben. Dies war bei allen Gesellschaften so: bei den Jägern und Sammlern, bei den Hirten und Bauern und in der vorindustriellen Gesellschaft.«[116]

Bis zu welchem Grad sich gesellschaftlicher Erfolg auf Fortpflanzungserfolg auswirkt, zeigt das Beispiel eines Yanomamö-Indianers, der als »Vater von Matakuwä«, das bedeutet »Vater von Schienbein«, bekannt wurde. Über die Person »Vater von Schienbein« weiß man lediglich, daß er ein Stammeshäuptling war, der großes Ansehen genoß. Der Anthropologe Napoleon Chagnon erfuhr über den Urwaldstamm, den er viele Jahre lang erforscht hatte, von diesem Mann. »Schienbeins Vater« hatte 14 Kinder, 143 Enkel, 335 Urenkel und im Jahr 1975, bei Chagnons letzter Zählung, 401 Ururenkel. Über drei Viertel aller Bewohner von sieben Dörfern – bei insgesamt 756 Einwohnern – waren in irgendeiner Form Abkömmlinge von »Schienbeins Vater«. In einigen Dörfern stammten neunzig Prozent aller Bewohner von ihm ab. Aufgrund von Entführungen, Abwanderungen und Eheschließungen außerhalb der Stammesgemeinschaften hatte »Schienbeins Vater« auch in Dörfern, die nicht zu seinem Stamm gehörten, Nachkommen. 48 Prozent aller Yanomamö in einem bestimmten Gebiet stammten also von einem einzigen Mann ab.[117]

»Schienbein« selbst jedoch, der wegen seiner weitverzweigten Verwandtschaft ebenfalls Häuptling wurde, wird einen noch größeren Fortpflanzungserfolg haben als sein Vater. Bei Chagnons letzter Zählung war »Schienbein« bereits Vater von 43 Kindern, und zwei seiner Söhne hatten schon 54 Kinder gezeugt. Die Auswertung der von Chagnon 1992 durchgeführten Zählung wird wahrscheinlich zeigen, daß die Zahl von »Schienbeins« Nachkommen in der Zwischenzeit noch ganz beachtlich gewachsen ist.[118]

Der außerordentlich große Fortpflanzungserfolg von »Schienbein« und »Schienbeins Vater« wird von dem des Mullahs Ismail der Blutrünstige noch weit übertroffen. Er war von 1672 bis 1727 Kaiser von Marokko, und sein Name, so sagt man, rührt von seiner mörderischen Angewohnheit her, zur Unterhaltung seiner Gäste Sklaven zu enthaupten. Ismail wird im Guiness-Buch der Weltrekorde mit 888 anerkannten Nachkommen geführt. Als gläubigem Moslem waren ihm nur vier Frauen erlaubt – bezüglich der Anzahl seiner Konkubinen machte seine Religion jedoch keinerlei Vorschriften. Wie viele andere reiche Despoten in Asien, im Nahen Osten, im südlichen Afrika und in der Neuen Welt hatte auch Ismail einen Harem. Man sagt, daß er aus 500 Frauen bestand und von der rangältesten Frau geleitet wurde. Wenn eine Konkubine dreißig Jahre alt war, wurde sie in den Harem eines Untertanen in der Provinz geschickt und durch eine jüngere Frau ersetzt.

An den Fürstenhöfen Chinas und des Nahen Ostens gab es Harems, die noch viel größer waren als der von Ismail. Mildred Dickemann berichtet von Harems mit mehr als 1000 Frauen, die wie Fortpflanzungsfabriken funktionierten. Der arabische Kalif al-Mutawakkil, der von 847 bis 851 herrschte, hatte Berichten zufolge 4000 Konkubinen, mit denen er sexuell verkehrte; der Ägypter Abdur Rahman III. hatte 6300 Konkubinen; und die Harems der ottomanischen Sultane bestanden aus 200 bis 1200 Frauen.[119] Im Harem des chinesischen Kaiserhofes wurde, laut Dickemann, »der Beischlaf nach einem rotierenden System vollzogen und richtete sich nach den günstigsten Zeiten im Menstruationszyklus der Frauen. Dieses System wurde von Aufseherinnen sorgfältig überwacht, um Enttäuschungen und Irrtümer auszuschließen.«[120]

Wenn die Fortpflanzungsbürokratie gut organisiert war, konnte ein potenter Herrscher – unter Berücksichtigung der neunmonatigen Schwangerschaften und der zwei- bis dreijährigen Stillzeiten – in einem Zeitraum von mehreren Jahren mit etwa tausend Frauen Geschlechtsverkehr haben. Der Diplomat und Anthropologe Robert van Gulik fand allerdings Aufzeichnungen, die belegen, daß diese polygynen Männer oft sehr über ihre »Überlastung« klagten.[121]

In der Geschichte gibt es viele Beispiele dafür, daß Herrscher eines Staates ihren Fortpflanzungserfolg dadurch vergrößerten, daß sie ihre Untergebenen ausbeuteten. Indem diese Herrscher von ihren Untertanen Tribut und Arbeitsleistung forderten, waren sie in der Lage, Kinder von mehreren Frauen zu unterhalten. Viele Frauen zogen es vor, eine von vielen Frauen oder Konkubinen eines reichen Mannes zu sein als die einzige Frau eines armen Mannes.

Verschiebungen im alten Fortpflanzungsschema

Bis zur Industriellen Revolution hatten reiche Menschen überall auf der Welt einen größeren Fortpflanzungserfolg als arme, das heißt, daß sich Reichtum und Ansehen in der Anzahl der Kinder niederschlugen. Im

18. Jahrhundert begann sich jedoch in Frankreich eine Veränderung dieses uralten Fortpflanzungsschemas abzuzeichnen. Die Reichen bekamen weniger Kinder als die Armen, und die Geburtenzahlen gingen langsam zurück. Am Ende des 19. Jahrhunderts gab es auch bei den Bürgern der Oberschicht in den Vereinigten Staaten und in Großbritannien rückläufige Geburtenzahlen. 1920 erfaßte dieser Rückgang auch Japan und hat sich mittlerweile über ganz Asien ausgebreitet. Dieser demographische Übergang von hohen Fruchtbarkeits- und hohen Sterblichkeitsraten zu niedrigen Fruchtbarkeits- und niedrigen Sterblichkeitsraten hatte seine Ursache im Fortschritt in der Gesundheitsvorsorge und der ärztlichen Versorgung. Von wenigen Ausnahmen abgesehen – hauptsächlich bei afrikanischen Stämmen und den amerikanischen Mormonen –, haben heutzutage die Reichen weniger Kinder als die Armen.

Diese Verlagerung des Kinderreichtums ist Gegenstand zahlreicher Diskussionen und Interpretationsversuche, wobei die soziobiologische Betrachtungsweise manch heftige Kritik auf sich zog: Ihre zentrale Aussage, Reichtum und Status seien eng mit Fortpflanzungserfolg verbunden, wird durch die gesellschaftliche Entwicklung in den Industrienationen widerlegt. Wenngleich die Soziobiologen zugeben, daß die geringe Fruchtbarkeit der modernen Gesellschaft eine theoretische Herausforderung für sie darstellt, weisen sie nachdrücklich darauf hin, daß es noch zu früh ist, um beurteilen zu können, ob dieses neue Verhaltensmuster von Dauer ist. Niedrigere Geburtenraten könnten auch lediglich eine Folge unserer industrialisierten Gesellschaft sein, eine Reaktion auf die neue verstädterte Umwelt, in der wir Menschen heute leben, oder die Konsequenz monogamer Beziehungen, die weltweit durchgesetzt wurden. Der Biologe Richard Dawkins führt aus: »Wenn eine Religion Männer einer im Grunde polygynen Art dazu zwingt, nur eine Partnerin zu haben, ist es nicht verwunderlich, daß materieller Erfolg sich nicht länger in Fortpflanzungserfolg widerspiegelt.«[122]

Die Verstädterung stellte den Menschen vor neuartige Belastungen und Anforderungen. In der Agrargesellschaft waren Kinder wirtschaftliche Aktivposten, indem sie nämlich ihren Familien bei der Feldarbeit halfen. In der Industriegesellschaft bietet sich ein völlig anderes Bild: Kindererziehung ist so kostspielig geworden, daß sie die Eltern vor enorme finanzielle Belastungen stellt. Der moderne Mensch ist teilweise sogar dazu übergegangen, sich nicht fortzupflanzen oder die Anzahl der Kinder zu begrenzen, wenn die Anforderungen zu groß werden.[123] Die Anhäufung von Vermögen ist in der Industriegesellschaft zum Selbstzweck geworden.[124]

Eine weitere bedenkenswerte Theorie besagt, daß der moderne Mensch deshalb nach Reichtum strebt, weil er entsprechend der Tradition seiner Vorfahren aus dem vorindustriellen Zeitalter handelt – und diese Vorfahren waren auf Ressourcen angewiesen, wenn sie erfolgreich eine Familie gründen und Kinder haben wollten.

Für die Städter der Industriegesellschaft ist Fortpflanzungserfolg keine Frage der Quantität mehr. Viel wichtiger ist die Qualität, das heißt die Fähigkeit der Nachkommen, sich erfolgreich in ihrer Umwelt durchzusetzen, einen Partner zu finden und ihre Gene weiterzuvererben. Die reiche Familie mit ein oder zwei Kindern, die optimal betreut werden und eine exzellente Ausbildung erhalten, hat einen größeren Fortpflanzungserfolg als die arme Familie mit fünf Kindern, die nicht so gut ernährt und erzogen werden können, daß sie sich zu erfolgreichen Mitgliedern der Gesellschaft entwickeln.[125]

An dieser Stelle sei auf eine interessante Beobachtung hingewiesen: Trotz allgemein sinkender Geburtenraten gab es bei den zwischen 1935 und 1960 geborenen Amerikanern einen Fruchtbarkeitsschub. Als die Frauen dieser Generation das gebärfähige Alter erreichten, bekamen *reiche* Ehepaare auf einmal *mehr* Kinder. Susan Essock-Vitale untersuchte anhand einer in der Zeitschrift ›Forbes‹ veröffentlichten Liste die 400 reichsten Amerikaner und stellte fest, daß diese Vergleichsgruppe mehr Kinder hatte als der Durchschnitt der Bevölkerung. Nach der Volkszählung von 1982 hatten reiche Frauen 3,1 Kinder, während gleichaltrige Frauen im Durchschnitt nur 2,7 Kinder hatten. Die Kinder der Reichsten waren jedoch nicht nur zahlenmäßig, sondern auch bezüglich ihrer Überlebenschancen im Vorteil: Bei ihnen betrug die Überlebensrate fast neunundneunzig Prozent, eine Größenordnung, die selbst im Vergleich zur weniger wohlhabenden weißen Mittelschicht noch überrascht.[126]

Auswahl der Männer nach ihren Ressourcen

Frauen wählen ihre Partner zwar nicht so direkt wie die Weibchen im Tierreich danach aus, was sie zu bieten haben, aber die Frage nach den Ressourcen ist auch bei ihnen immer noch ein wichtiges Kriterium. Da bei den Menschen das Investment der Väter beziehungsweise ihrer Familien eine große Rolle spielt, sind reiche Männer äußerst begehrte Partner; ihr Wohlstand gibt ihnen im Spiel um eine Partnerin wichtige Trümpfe in die Hand. Männer kümmern sich mehr um ihren Nachwuchs als männliche Säugetiere und haben aufgrund ihres stärkeren Investments bei der Partnerwahl auch meist mehr zu sagen als die Männchen im Tierreich. Folglich kämpfen Frauen um Männer oft genauso heftig wie Männer um Frauen.

Auf Ifaluk, einem winzigen Atoll der Westlichen Karolinen, erhöht ein bezahlter Beruf die Attraktivität eines Mannes beträchtlich. Eine kleine Anzahl von Männern konnte dort durch ihre Anstellung als Lehrer oder in der Gesundheitsfürsorge bei der amerikanischen Trust Territory Administration ihr Vermögen und ihr Ansehen vergrößern. Im Verhältnis zu den restlichen Ifaluk-Männern, die wie bisher vom Fischfang leben, sind diese fest angestellten Männer reich. Die Anthropologen Paul Turke und Laura Betzig fanden heraus, daß sich die Familien dieser Männer mehr nach westlicher Art ernähren und Kerosin-Lampen, Herde, Laufställe, Transistorradios und andere Konsumgüter besitzen. Ihre Frauen und Kinder sind besser genährt. Bessere Ernährung der Mütter und frühere Entwöhnung der Kinder erhöhen die Fruchtbarkeit einer Frau, verringern die Abstände zwischen ihren Geburten und schlagen sich in einem größeren Fortpflanzungserfolg nieder.[127]

Bei den Jomud-Turkmenen im Iran war es für einen Mann, der eine Frau erwerben wollte, wichtig, daß er ein guter Hirte war und Schafe kaufen konnte. William Irons, der das Leben der Turkmenen Ende der sechziger Jahre untersuchte, berichtete, daß eine Durchschnittsfamilie zwei bis vier Jahre benötigte, um genügend Kapital für die hundert Schafe aufzubringen, die eine Braut für ihren Sohn kostete. Der Brautpreis für die zweite oder dritte Frau war sogar dreimal so hoch wie der für die erste. Wie bei anderen polygynen Gesellschaften konnten sich nur sehr reiche Turkmenen mehr als eine Frau leisten.[128]

Bei den Krummhörn-Leuten, die zwischen 1720 und 1874 in Deutschland lebten, war es der Grundbesitz, der zum Erfolg bei der Fortpflanzung beitrug. Die Anthropologen Eckart Voland und Claudia Engel studierten Familienstammbücher von zweiunddreißig Gemeinden und stellten fest, daß reiche Männer jüngere Bräute hatten als weniger begüterte Männer. Sie sahen dies als Folge einer »weiblichen Auswahlstrategie, die dem bei zunehmendem Alter sinkenden Standard Rechnung trägt«. Das Motto der Krummhörn-Frauen für die Auswahl eines Partners hätte etwa so lauten können: »Wenn du jung bist, sollst du wählerisch sein und dir einen Partner mit hervorragenden Qualitäten aussuchen. Je älter du wirst, desto mehr mußt du deine Ansprüche an deinen zukünftigen Ehemann zurückschrauben!«[129] Bei den in Kapitel 2 beschriebenen Zebrafinken hatten wir gesehen, daß die attraktivsten Tiere die meisten Paarungsmöglichkeiten haben. Auch attraktive Krummhörn-Frauen (in diesem Fall die jüngsten) konnten es sich leisten, selektiv zu sein und den attraktivsten, das heißt den reichsten, Mann auszuwählen.

Das Heiratsalter der Krummhörn-Männer differierte selten um mehr als ein Jahr, wohingegen das Alter ihrer Bräute um bis zu 4,3 Jahre schwankte. Je jünger eine Frau bei ihrer Heirat war, stellten die Forscher fest, desto größer war die Wahrscheinlichkeit, daß ihr zukünftiger Mann Land besaß und ein hohes Ansehen genoß. Ungefähr ein

Drittel der Frauen unter Zwanzig, aber nicht einmal zehn Prozent der Frauen über Dreißig heirateten einen Mann aus der sozialen Oberschicht. Bei den Männern heiratete einer von fünf Landbesitzern aus der Oberschicht eine Frau unter Zwanzig, während nur einer von fünfundzwanzig ohne Landbesitz eine Frau unter Zwanzig heiratete.

Aufgrund dieser Daten stellen Voland und Engel die Hypothese auf, daß Frauen, die die soziale Leiter »hinaufheiraten«, jünger heiraten als Frauen, die sich unterhalb ihrer sozialen Schicht verheiraten. Je älter, das heißt je weniger attraktiv, eine Frau ist, desto geringere Auswahlmöglichkeiten hat sie.

»Ich glaube, daß das Verhalten der Frauen bei der Partnerwahl für die biologische und kulturelle Entwicklung des Menschen ebenso wichtig ist wie der Konkurrenzkampf unter den Männern«, sagt Voland. »Beide Aspekte der sexuellen Auslese mußten im Laufe der Zeit in Einklang gebracht werden, denn die natürliche Auslese ist wahrscheinlich ein Kompromiß zwischen den verschiedenen Fortpflanzungsinteressen beider Geschlechter.«[130]

Dies bedeutet, daß sich die Fortpflanzungsstrategien von Frauen und Männern parallel entwickelt haben müssen: Was sich Frauen bei einem Partner wünschen, beeinflußt das Handeln der Männer; gleichzeitig beeinflußt das, was Männer bei einer Partnerin bevorzugen, das Verhalten der Frauen. Keines der beiden Geschlechter bekommt immer den idealen Partner, und jede Wahl stellt einen Kompromiß zwischen den Wünschen und den verfügbaren Möglichkeiten dar. Die Frauen und Männer, die nach den Kriterien der Fortpflanzung am attraktivsten sind, tragen den Sieg davon.

Gesellschaftlicher Erfolg und Fortpflanzungserfolg

Die Anthropologin Monique Borgerhoff Mulder, die den Stamm der Kipsigi im südwestlichen Kenia erforschte, fand klare Beweise dafür, daß Reichtum den Fortpflanzungserfolg erhöht.[131] Bis vor kurzem waren die Kipsigi ein Volk von Hirten gewesen, das seine Kühe, Ziegen und Schafe auf Gemeinschaftsland weidete. Die Tiere waren jedoch Eigentum der einzelnen Stammesmitglieder und dienten dazu, den Bedarf an Milchprodukten zu decken, wurden aber auch als Zahlungsmittel für den Brautpreis verwendet. In den dreißiger Jahren kamen die Briten nach Kenia und begannen mit dem Anbau von Tee und Cashcrops. Dies führte zu einem grundlegenden Wandel im Lebensstil des Hirtenvolkes. Die Kipsigi, die Mais ursprünglich nur für ihren eigenen Bedarf angebaut hatten, vergrößerten die Anbauflächen und verkauften den Überschuß. Den Erlös investierten sie in die Aufstockung ihres Viehbestands.

Land- und Viehbesitz war bald nur noch den Männern vorbehalten und wurde vom Vater an den Sohn weitervererbt. Die durch den vermehrten Anbau von Feldfrüchten entstandene Knappheit an Land führte zu harten Konkurrenzkämpfen unter den Männern, wobei sich einige Männer erfolgreicher erwiesen als andere. »Land wurde zu einer wichtigen Ressource, die nur begrenzt verfügbar war«, sagt Borgerhoff Mulder,[132] und Männer, die Land besaßen, wurden zu äußerst begehrten Partnern. Landeigentümer in dieser polygynen Gesellschaft konnten mehr Frauen versorgen, und diese Frauen wurden häufiger schwanger als die Frauen ärmerer Männer. Bei den Kipsigi wurde die Fähigkeit eines Mannes, aus dem Konkurrenzkampf um Land erfolgreich hervorzugehen, zu einer Voraussetzung für seinen Fortpflanzungserfolg.

Für eine Kipsigi-Familie kann die Entrichtung von Brautgeld eine große finanzielle Belastung mit sich bringen. Seit den sechziger Jahren sind bei der Heirat eines Sohnes normalerweise sechs Kühe, sechs Ziegen und achthundert kenianische Schilling an die Familie der zukünftigen Braut zu übergeben. Allein die Anzahl der Tiere entspricht einem Drittel des durchschnittlichen Viehbestandes eines Mannes – ein wahrlich stolzer Preis. Die erste Heirat wird vom Vater des jungen Mannes finanziert, für jede weitere Frau muß der Sohn jedoch selbst bezahlen. Da es eine gewisse Zeit dauert, bis das dafür notwendige Vermögen beisammen ist, heiraten die Kipsigi-Männer gewöhnlich erst nach zehn Jahren eine zweite Frau. Ein reicher Landbesitzer kann bis zu zwölf Frauen ehelichen, die alle auf seinem Besitz leben und völlig vom Ertrag seines Landes und seines Viehbestandes abhängig sind.[133] Wie bei den polygynen Gesellschaften im Tierreich ist der Fortpflanzungserfolg einzelner Kipsigi-Männer höchst unterschiedlich.

Als Gegenleistung für die Zahlung des Brautgeldes erwirbt der Kipsigi-Mann das lebenslange Exklusivrecht darauf, daß seine Frau ihm sexuell zu Diensten steht und ihre ganze Arbeitskraft in die Ehe einbringt. Für die Kipsigi-Frauen gibt es weder Scheidung noch Wiederverheiratung. Borgerhoff Mulder weist darauf hin, daß die Polygynie in dieser Gesellschaft wahrscheinlich »eine Folge der Vorliebe der Frauen (oder ihrer Familien) für reiche Männer ist«.[134] Ebenso wie Amselweibchen lieber ein Männchen mit nahrungsreichem Revier mit anderen Weibchen teilen, sind Kipsigi-Familien der Ansicht, daß es besser für ihre Tochter ist, eine von vielen Frauen eines reichen Mannes zu sein als die einzige Frau eines armen. Die Frauen eines begüterten Mannes haben einen größeren Fortpflanzungserfolg: Sie haben mehr zu essen, und sie und ihre Nachkommen sind weniger anfällig für Krankheiten.

Wenn ein Kipsigi-Mädchen seine erste Menstruation bekommt, lebt es einige Monate völlig zurückgezogen, während seine Eltern die Väter eines jeden in Frage kommenden Freiers aufsuchen, um den Brautpreis auszuhandeln. Das Vermögen des potentiellen Schwiegersohns ist besonders wichtig. Auch wenn die Wünsche der jungen Frau formell nicht berücksichtigt werden, kann sie doch ihre Eltern bei der Wahl des Partners beeinflussen. Kipsigi-Töchter werden selten gegen ihren Willen zur Heirat gezwungen. Denn eine unglückliche Ehefrau wird ihren Mann verlassen und in ihr Elternhaus zurückkehren und dort mit ihren Liebhabern Nachkommen zeugen, die dann vom Ertrag des Landes ihres Vaters ernährt werden müssen. Dies kann den Rest der Familie in den finanziellen Ruin stürzen, vor allem wenn die abtrünnige Braut Brüder hat, die bereits verheiratet sind. Es ist also für alle Beteiligten von Vorteil, wenn die Familie darauf achtet, daß ein Mädchen mit dem gewählten Ehemann zufrieden ist.

Reichtum erhöht nicht nur die Heiratschancen eines Bräutigams, sondern macht es auch möglich, daß eine reiche Familie einen »Rabatt« auf den Brautpreis erhält. Söhne von reicheren Vätern können es sich schon einmal erlauben, ein unverheiratetes Mädchen zu schwängern und es erst danach zur Frau zu nehmen. Schwangerschaft vor der Heirat ist ein Beweis dafür, daß die Braut fruchtbar ist. Reichen Bewerbern, die ein Mädchen bereits geschwängert haben, wird ein geringerer Brautpreis abverlangt als ärmeren Freiern.

Die Studien über den Kipsigi-Stamm machen deutlich, daß Reichtum, zumindest in dieser Gesellschaft, den Männern seit vielen Generationen einen Vorteil bei der Fortpflanzung bringt. Mit Darwin gesprochen, ist das Streben nach Reichtum ein adaptives Verhalten, das die Fitneß erhöht. »Damit ein Verhalten durch natürliche Auslese begünstigt wird, muß es erstens die Fitneß seines Trägers erhöhen (das heißt, adaptiv sein) und zweitens zuverlässig von den Eltern auf die Nachkommen vererbt werden, sei es durch gesellschaftliche oder durch genetische Anpassung«, sagt Borgerhoff Mulder.[135]

Die vielfach vertretene Meinung, daß Frauen in vielen Gesellschaften, in denen die Eltern den Bräutigam auswählen, keine oder nur eingeschränkte Wahlmöglichkeiten haben, ist nach Ansicht der Wissenschaftlerin »ethnographisch gesehen, teilweise falsch«. Dies begründet sie folgendermaßen:

1. Eltern können ihre Tochter bei der Partnerwahl viel eher unterstützen, ohne ihr dabei vorzuschreiben, was sie zu tun habe. So hat die Tochter trotz allem eine gewisse Entscheidungsfreiheit.
2. Beide Partner richten sich häufig nicht nach den Heiratsbräuchen.
3. In der Regel sind die Eltern nur bei der ersten Heirat als Vermittler tätig; alle späteren Ehen nehmen die Frauen weitgehend selbst in die Hand.
4. Nach einer renommierten ethnographischen Untersuchung, die als

Whytes-Vergleich (1978) bekannt ist, hat in einundsechzig Prozent der Gesellschaften die Frau »die gleichen oder sogar größere Chancen als ihr Ehemann, einen Partner entweder zu akzeptieren oder abzulehnen (nicht jedoch bei der ersten Heirat); die Frau ist also ebenso oder noch eher in der Lage, die Scheidung einzuleiten, als der Mann (in zweiundachtzig Prozent der Gesellschaften), und sie hat die gleichen Chancen, sich erneut zu verheiraten, wie ihr Mann (fünfundsiebzig Prozent)«.[136]

Der Einfluß von Papas Reichtum

Papas Reichtum kann ein weiteres Kriterium bei der Partnerwahl sein. Bei den Herero, einem Hirtenvolk der nördlichen Kalahari-Wüste in Nordwest-Botswana und Nord-Namibia, entdeckte der Anthropologe Henry Harpending eine Variante der weiblichen Partnerwahl: Frauen, die reiche Väter haben, neigen dazu, nicht zu heiraten. Zwar bringen diese Frauen deshalb nicht weniger Kinder auf die Welt als verheiratete Frauen, doch sie ziehen es vor, ihre Kinder innerhalb ihres eigenen Familienverbandes großzuziehen. In solchen Fällen übernehmen die Kinder den Nachnamen ihres Großvaters und gehören zu seiner Sippe. Der Vater der Kinder darf sie besuchen, aber da das Paar nicht verheiratet ist, lebt es offiziell nicht zusammen.

Um dieses eheabstinente Verhalten zu verstehen, muß man wissen, daß Heiraten für die jungen Herero-Frauen bedeutet, von ihrer Familie weg in das Dorf ihres Ehemannes zu ziehen. Töchter reicher Väter bleiben jedoch lieber im Haus ihrer Eltern. Manchmal erwirbt der Vater der Kinder das Sorgerecht von der Familie der Frau. Das bedeutet aber nicht, daß die Kinder nun bei ihm leben, sondern nur, daß sie seinen Namen tragen und alles, was er an Vermögen ansammelt, erben können. Herero-Frauen aus weniger begüterten Verhältnissen, deren Kinder wenig oder gar keine Aussichten haben, etwas von ihrer eigenen Familie zu erben, sind eher geneigt zu heiraten. Ganz allgemein gesehen, scheinen die Herero-Frauen viele Freiheiten und Möglichkeiten zu haben, ihr Leben selbst zu gestalten, berichtet Harpending. Auch wenn die Heirat von den Eltern arrangiert wird, »müssen die jungen Leute nicht nur passive Figuren im Schachspiel ihrer Eltern sein, wie es gerne behauptet wird«, sagt er.[137]

Eine unverheiratete Herero-Frau, die bei ihren Eltern lebt, kann mehrere Geliebte haben, die sie in ihrem Einzimmer-Haus, das sie selbst gebaut hat, empfängt. Der Bau eines Hauses stellt eine Art »rite de passage« für die Herero-Frau dar und gilt – wie der Nestbau bei vielen Tieren – als Zeichen ihrer sexuellen Reife und ihrer weiblichen Geschicklichkeit. Ein schönes Haus zieht die Herero-Männer ebenso an, wie ein schicker neuer Wagen junge Frauen anzieht.

Ein Herero-Mädchen baut sein erstes Haus gewöhnlich im Alter von fünfzehn bis zwanzig Jahren. Zuerst stellt es eine Art Geflecht her, das aus zusammengebundenen Hölzern besteht. Dieses bedeckt es dann mit Mörtel aus Kuhdung und der Erde von Termitenhügeln. Die Herero-Frauen sind sehr stolz auf ihre Häuser, die Harpending als bequem und kühl beschreibt.

Selbst wenn eine Frau heiratet und ihre Familie verläßt, ist sie es, die für sich und ihren Ehemann in dessen Dorf das Haus baut. Da das Baumaterial der Häuser nicht sehr witterungsbeständig ist, sind diese häufig reparatur- oder erneuerungsbedürftig. Folglich, so Harpending, sind die Herero-Frauen ständig mit ihren Häusern beschäftigt, und wenn sie schöne, haltbare Häuser bauen, schinden sie viel Eindruck bei den Herero-Männern.

Als Harpending die Frauen fragte, welche Eigenschaften sie sich bei ihren zukünftigen Ehemännern wünschen, erfuhr er, daß sie für Liebhaber und Ehemänner zwei verschiedene Maßstäbe anlegen. Herero-Frauen möchten Liebhaber, die reich, gutaussehend und höflich sind; von den Ehemännern hingegen erwarten sie, daß sie »wie gute Geschäftspartner sind«.

Männer zahlen hohe Brautpreise oft in Raten ab – beispielsweise in Form von zwei Kühen oder einer Kuh und mehreren Schafen; oft kommt es jedoch vor, daß nicht einmal die erste Anzahlung vor der Heirat vollständig entrichtet werden kann. Harpending berichtet, daß es Familien gibt, die sich fünfzehn Jahre und länger wegen eines nicht vollständig bezahlten Brautpreises befehden. Gegenwärtig, sagt er, sei der Brautpreis in vielen Teilen Afrikas inflationär. Die Herero-Männer, und auch die Männer anderer Stämme, klagten darüber, daß sie für gebildete Mädchen immer mehr bezahlen müßten. Außerdem sei die Ehe bei den Herero oft ziemlich kurzlebig. Wenn eine Frau unzufrieden ist, zieht sie einfach zu ihren Eltern zurück und baut sich ein neues Haus. In dieser Gesellschaft bestimmen die Frauen ihr Leben zu einem großen Teil selbst. Herero-Männer kämen nie wie Männer anderer Gesellschaften auf die Idee, daß Frauen niedrigere Geschöpfe seien als Männer, sagt Harpending.

Frauen wählen ihre Partner manchmal auf ganz ungewöhnliche Art und Weise aus: Bei den Yanomamö-Indianern, wo junge Mädchen von ihren älteren männlichen Verwandten verheiratet werden, finden die Frauen Mittel und Wege, um wenigstens bei der nächsten Eheschließung ihren eigenen Willen durchzusetzen. Napoleon Chagnon berichtet, daß sich eine unzufriedene Yanomamö-Frau Liebhaber sucht und so Kämpfe zwischen Ehemann und Liebhabern heraufbeschwört. Da in der Yanomamö-Gesellschaft vom Ehemann einer untreuen Frau erwartet wird, daß er ihren Liebhaber zum Kampf mit der Keule herausfordert, muß der gehörnte Ehemann oft auch noch starke Schläge auf den Kopf einstecken. Falls er es vorzieht, nicht um seine Ehre zu kämpfen, sinkt sein Ansehen. Möglicherweise wird der Ehemann dieser Situation irgendwann einmal überdrüssig, und er verstößt seine Frau oder läßt sich von ihr scheiden und ermöglicht ihr so eine neue Heirat. Natürlich geht die Frau mit dieser Taktik das Risiko ein, von ihrem Ehemann wegen ihrer Untreue heftig geschlagen zu werden – ein Preis, den sie aber meist billigend in Kauf nimmt, um ihn loszuwerden und mit dem Mann ihrer Wahl zusammenleben zu können.[138]

Junge Tonga-Frauen benutzen einen anderen Trick, um von der Familie arrangierte Heiraten zu umgehen und sich ihren Partner selbst auszusuchen: Sie brennen mit ihrem Liebhaber einfach durch. Im Königreich von Tonga, einem Archipel in West-Polynesien, haben Ethnographen über einen langen Zeitraum hinweg aufgezeichnet, wie häufig Frauen mit ihrem Liebhaber fliehen. So waren in einem Dorf mehr als die Hälfte aller ehelichen Bindungen dadurch entstanden, daß die Partner miteinander durchgebrannt waren. Der Anthropologe George Marcus stellte fest, daß diese eigenwillige Art der Partnerwahl häufiger in der Ober- und Mittelschicht vorkommt, da die Familien hier besonders auf die Erhaltung und Vergrößerung des Vermögens und Ansehens bedacht sind und die Meinung der Frauen daher oft übergangen wird. Wenn Tonga-Frauen mit ihren Liebhabern durchbrennen, ist das jedoch etwas anderes, als wenn in unserer westlichen Welt ein attraktiver Mann eine Frau umwirbt und sie dazu überredet, mit ihm davonzulaufen und ihn zu heiraten. Marcus bezeichnet das Verhalten der Tonga-Frauen als echte weibliche Partnerwahl. »Nicht der werbende Mann entscheidet, ob das Paar gemeinsam durchbrennt, sondern die Frau, die die Gepflogenheiten des herrschenden Heiratssystems genau kennt und sich hierüber ihre eigene Meinung gebildet hat«, sagt er und fügt hinzu: »Das Arrangement von Ehen liegt allein in der Hand der Männer und dient dazu, die Frauen unter Kontrolle zu halten und das Ansehen der Männer zu verbessern. Die Tonga-Frauen, die sich in letzter Zeit immer häufiger dazu entschließen, mit ihren Liebhabern auf und davon zu gehen, haben die Entscheidung über die Partnerwahl wieder selbst in die Hand genommen.«[139]

In der stark hierarchisch strukturierten Tonga-Gesellschaft wird die Stellung jedes einzelnen Mitglieds über die Mutter vererbt. Frauen genießen ein höheres Ansehen als Männer, und Schwestern haben eine höhere Stellung als ihre Brüder. Wenn ein Mann ans Heiraten denkt, macht er sich auch Gedanken darüber, welchen gesellschaftlichen Status seine Kinder durch seine zukünftige Ehefrau erhalten werden. Frauen hingegen sind nicht in dem Maß wie Männer an ihrer Stellung in der Gesellschaft interessiert. Will beispielsweise ein Vater, daß seine Tochter in eine politisch und wirtschaftlich einflußreiche Familie einheiratet, geht er mit dem Vater des Bräutigams aufgrund des gemeinsamen genetischen Interesses an Enkeln ein Bündnis ein – auf diese Weise wurden in der Geschichte der Menschheit schon immer politisch und wirtschaftlich opportune Verbindungen geknüpft. Doch es ist durchaus möglich, daß Vater und Tochter in der Frage der Partnerwahl unterschiedliche Positionen vertreten, daß also nur der Vater eine Beziehung mit der Familie des zukünftigen Bräutigams herstellen möchte und die Tochter viel mehr daran interessiert ist, ihre Stellung im eigenen Familienverband zu verbessern; denn mit zunehmendem Alter steigen Macht und Autorität der Tonga-Frauen innerhalb ihrer Familie.

Oder ein Vater aus der Oberschicht wählt für seine Tochter einen Mann mit hohem Ansehen, aber mit wenig oder gar keinen finanziellen Mitteln. Für eine Tonga-Frau ist jedoch Geld wichtiger als Ansehen. Die Oberschicht der Tonga lebt von den Erträgen ihres Grundbesitzes, die aufstrebende Mittelschicht hingegen hat sich dem Handel zugewandt und vermehrt ihren Reichtum durch Geschäfte in Übersee. So beschließt die Tonga-Frau aus der Oberschicht, mit einem Mann aus der Mittelschicht durchzubrennen, der für sie und den Unterhalt ihrer Kinder mehr Geld zur Verfügung hat als der vom Vater gewählte Kandidat.

Daß eine Frau mit ihrem Liebhaber auf und davon geht, geschieht bei den Tonga so häufig, daß sich ein Versöhnungsritual entwickelt hat: Zuerst ist der Vater der jungen Frau wütend und beleidigt und droht, sie und ihren Ehemann zu enterben. Nachdem sich jedoch die Gemüter beruhigt haben – was von einem Tag bis zu mehreren Wochen oder Monaten dauern kann –, bereitet das Paar mit Hilfe der nächsten Verwandten des jungen Mannes ein Essensgeschenk vor. Dieses bringen sie dem Vater der jungen Frau und bitten ihn, ihnen zu vergeben. Wenn der Vater das Geschenk und die Entschuldigung öffentlich annimmt, ist die Versöhnung vollzogen.[140]

In vielen Gesprächen, die Marcus mit jungen Tonga-Frauen führte, die mit einem Liebhaber durchgebrannt waren, kam immer wieder zum

Ausdruck, wieviel Wert diese Frauen bei der Wahl eines Mannes auf seine Fähigkeit legten, ihre Kinder gut zu versorgen und sich um sie zu kümmern.

Fortpflanzung und soziale Veränderungen

Nach Meinung des Anthropologen Lee Cronk kann eine Änderung der Fortpflanzungsstrategie auch soziale Veränderungen nach sich ziehen. Er beschreibt eine derartige Entwicklung bei dem kenianischen Stamm der Mukogodo, die ursprünglich ein Volk von Jägern und Sammlern gewesen waren und sich dann zu einem Hirtenvolk entwickelten. Seit Jahrhunderten hatten die Mukogodo-Männer für ihre Ehefrauen mit Bienenkörben bezahlt; als um 1900 jedoch britische Siedler in das nördliche Zentralkenia eindrangen und zahlreiche Stämme aus ihren angestammten Territorien vertrieben und zur Umsiedelung zwangen, begannen sich die gesellschaftlichen Gepflogenheiten zu wandeln.

Das Gebiet der Mukogodo wurde damals zum Reservat erklärt und von der Besiedlung ausgenommen – ein echtes Stammesreservat also, das den Briten nicht zur Verfügung stand. Angrenzende Gebiete wurden jedoch von den neuen weißen Siedlern vereinnahmt, was die darin lebenden Stämme dazu zwang, in das Reservat der Mukogodo und somit in größere Nähe zu dem bisher isoliert lebenden Stamm zu ziehen.

Als die Mukogodo immer häufiger mit ihren neuen Nachbarn, den Hirtenvölkern der Massai, Samburu, Ilng'wesi und Digirri, in Kontakt kamen, wurden auch Eheschließungen zwischen den Stämmen immer häufiger. »Die Drohung der Briten, andere Gruppen in entferntere Gebiete Kenias umzusiedeln, verstärkte bei diesen den Wunsch, Vertreter des Mukogodo-Stammes zu heiraten«, sagt Cronk.[141] Denn eine Einheirat in den Stamm der Mukogodo gab den Mitgliedern anderer Stämme das Recht, im Reservat zu bleiben. Durch diese Eheschließungen mit Angehörigen anderer Stämme veränderte sich dann mit der Zeit auch das System der Brautgeldzahlung bei den Mukogodo.

Wenn eine Mukogodo-Frau in einen anderen Stamm einheiratete, bekam ihre Familie Vieh als Brautgabe. Viele Mukogodo-Männer erhielten auf diese Weise ihr erstes Vieh. Desgleichen begannen Mukogodo-Männer Frauen anderer Stämme zu heiraten, und Bienenkörbe wurden als Brautgabe langsam unattraktiv.

Da mehr Mukogodo-Frauen Männer außerhalb ihres Stammes heirateten, als Frauen aus anderen Stämmen einheirateten, herrschte bei den

Mukogodo bald Frauenmangel. Die Mukogodo-Männer sahen sich daher bei anderen Stämmen nach Frauen um und stellten fest, daß diese teurer waren als die Frauen ihres eigenen Stammes. Der Preisunterschied war beträchtlich – es wurden viermal so viele Kleintiere und eineinhalbmal so viele Rinder verlangt. Durch die Eheschließungen mit Vertretern aus Nachbarstämmen war der Brautpreis inflationär gestiegen, so daß die Mukogodo-Männer sich gezwungen sahen, Vieh zu kaufen, wenn sie heiraten wollten.[142]

Cronk gibt zwei mögliche Erklärungen dafür, daß das Brautgeld, das Mukogodo-Männer für Frauen anderer Stämme zahlen mußten, höher war als der Preis, den Männer dieser Stämme für Mukogodo-Frauen bezahlten: Da die Mukogodo-Männer die ärmsten in dieser Gegend waren und folglich die am wenigsten begehrten Heiratspartner, hatten sie beim Brauthandel nicht so gute Karten. Außerdem waren die Mukogodo-Frauen wahrscheinlich magerer und wurden später geschlechtsreif, da ihre Ernährung schlechter war als die ihrer Nachbarn.[143] Ein anderer Grund könnte sein, daß der Wunsch der Mukogodo, verwandtschaftliche Beziehungen zu den reichen Nachbarn anzuknüpfen, sie die höheren Preise für fremde Bräute akzeptieren ließ.

Die Entwicklung der Mukogodo von Jägern und Sammlern zu Hirten geschah auch noch aus einem weiteren Grund: Hirtenvölker erwarteten von einem Mann, daß er auch nach der Zahlung des formellen Brautgeldes seinen angeheirateten Verwandten weiterhin Vieh überließ. Auf ihrer ursprünglichen Wirtschaftsstufe als Jäger und Sammler waren die Mukogodo deshalb durch soziale Abwertung bedroht. Sie wurden von den Hirtenstämmen abfällig »Dorobo«, was so viel wie mittellos, arm, feige, weibisch, degeneriert und verdorben bedeutet, genannt. Dies wäre ebenfalls eine Erklärung dafür, warum die Mukogodo weniger Brautgeld für ihre eigenen Töchter akzeptieren und mehr Geld für Frauen anderer Stämme bezahlen mußten.

Cronk folgert aus all diesen Beobachtungen, daß der Erwerb von Vieh bei den Mukogodo-Männern eine durch die Inflation des Brautgeldes bedingte neue Fortpflanzungsstrategie darstellt. Die Mukogodo-Männer waren von Bienenkörben auf Vieh umgestiegen, da eine Kuh mehrere Ziegen und Schafe wert war, ein Bienenkorb hingegen nur dem Wert einer Ziege oder eines Schafs entsprach.

Diese Umstellung auf Viehwirtschaft zog auch noch andere soziale Veränderungen nach sich. Am auffälligsten war, daß die Mukogodo-Männer immer weniger arbeiteten. Während der vielen Jahre, die sie in Höhlen gelebt hatten, waren die Männer für die Beschaffung der Nahrung verantwortlich gewesen, bei Hirtenvölkern hingegen ist das Hüten, Melken und Hausbauen Aufgabe der Frauen und Kinder.

Die Entwicklung der Mukogodo von Jägern und Sammlern zu Hirten vollzog sich in dem kurzen Zeitraum zwischen 1900 und 1936; in dieser Zeitspanne ließen die meisten Familien ihr Leben am Rande des Existenzminimums hinter sich, begannen Vieh, Schafe und Ziegen zu kaufen und zu halten und zogen aus ihren Höhlen in selbstgebaute Häuser um. Cronk stellt fest, daß »ihre Entwicklung von Jägern zu Hirten innerhalb von wenigen Jahren zu Beginn dieses Jahrhunderts eine Reaktion auf die Notwendigkeit darstellte, daß zur Heirat Vieh nötig war«.[144]

Ressourcen gegen Fruchtbarkeit: Weibliche und männliche Interessen bei der Partnerwahl

Nicht nur bei Eingeborenenstämmen ist es üblich, daß bei der Wahl des Partners Männer nach ihren Ressourcen und Frauen nach ihrer Fruchtbarkeit ausgewählt werden. Auch in den modernen Industriegesellschaften sowie in der Zeit vor der Industriellen Revolution zeigt sich dieses unterschiedliche Verhalten bei der Partnerwahl deutlich. Wir scheinen es hier mit einem Phänomen zu tun zu haben, das bei Mensch und Tier weltweit und zu allen Zeiten zu beobachten ist.

In einer der umfangreichsten Untersuchungen, die je über das Verhalten von Männern und Frauen bei der Partnerwahl durchgeführt wurde, kam der Psychologe David Buss zu dem Ergebnis, daß die Thesen der Evolutionsbiologie für alle Kulturen Gültigkeit besitzen.[145] Buss hatte mehr als 10 000 Antworten von 37 Vergleichsgruppen aus 33 Ländern auf Fragen zu fünf Thesen zum Wahlverhalten von Mann und Frau ausgewertet. Sein Ziel war es herauszufinden, ob sexuelle Selektion und elterliches Investment auch beim Menschen nach den Regeln der Evolutionstheorie abläuft.

In seinen ersten zwei Thesen setzte Buss das Geldverdienen mit dem Vorhandensein von Ressourcen bei Tieren gleich. Wenn es also tatsächlich so wäre, daß Frauen Männer mit Vermögen bevorzugen, dann würden sie Männer mit Eigenschaften wie zum Beispiel Ehrgeiz und Fleiß vorziehen – Charakterzüge also, die mit der Fähigkeit, viel Geld zu verdienen, assoziiert werden.

Seine dritte und vierte These bezog sich auf die Vorliebe der Männer für fruchtbare Frauen. Buss ging davon aus, daß in allen Kulturen weibliche Fruchtbarkeit eine Frage des Alters ist. Männer, nahm er an, würden junge Frauen bevorzugen. Gutes Aussehen, ein Indikator für das Alter der Frauen, wäre also den Männern wichtiger als den Frauen.

Die fünfte These betraf die Vaterschaft. Die alte Weisheit, daß eine Frau immer weiß, wer ihre Kinder sind, ein Mann hingegen dessen nie ganz sicher sein kann, beruht auf einer biologischen Tatsache. Natürliche Selektion müßte also diejenigen Männer bevorzugen, die alles in ihrer Macht Stehende tun, um sicherzugehen, daß die Kinder, die sie versorgen, auch ihre eigenen und nicht die irgendeines anderen Mannes sind. Da Männer sehr daran interessiert sind, sich ihrer Vaterschaft zu versichern, könnte man erwarten, daß ihnen die sexuelle Treue ihrer Partnerin besonders wichtig ist.

Nach Auswertung der Daten fand Buss alle seine Thesen bestätigt: Frauen und Männer zeigten je unterschiedliche Vorlieben bei ihrer Partnerwahl. Bei 36 von 37 Vergleichsgruppen schätzten Frauen finanzielle Sicherheit bei einem potentiellen Partner mehr als Männer. In allen 37 Gruppen bevorzugten Frauen Partner, die mindestens 3,42 Jahre älter waren. Buss wertete die Vorliebe der Frauen für ältere Männer als indirekten Beweis dafür, daß Frauen Männer vorziehen, die in der Lage sind, viel Geld zu verdienen. Genau wie in der Tierwelt das hohe Alter eines Männchens seine Erfahrung, seine Gesundheit, seine Tapferkeit und seine Überlebensfähigkeit unter Beweis stellt, so kann eine Frau bei einem älteren Mann davon ausgehen, daß er in der Lage ist, für den Lebensunterhalt einer Familie zu sorgen.

Bei allen Vergleichsgruppen bevorzugten Männer Frauen, die im Durchschnitt 2,66 Jahre jünger waren. So wie Buss angenommen hatte, war Männern, im Gegensatz zu Frauen, körperliche Anziehungskraft wichtiger.

Bei der Bewertung der sexuellen Treue der Frauen gab es allerdings erhebliche Unterschiede zwischen den einzelnen Kulturen. Die Antworten aus China, Indien, Indonesien, dem Iran, Taiwan und Israel (nur Palästinenser) dokumentierten, daß in diesen Ländern großer Wert auf sexuelle Treue gelegt wird. Die befragten Gruppen aus Schweden, Norwegen, Finnland, den Niederlanden, Westdeutschland und Frankreich hielten dagegen die sexuelle Treue einer Partnerin für irrelevant oder unwichtig. Die Befragten aus Afrika, Japan, Polen und Estland legten nur geringen Wert auf sexuelle Treue. »Bei der Frage nach der sexuellen Treue zeigten sich in dieser Untersuchung größere Unterschiede zwischen den einzelnen Kulturen als bei allen anderen Kriterien, die bewertet wurden«, sagt Buss.[146]

Die Studie von Buss hat die Thesen der Evolutionsbiologie und die unterschiedlichen Interessen der Geschlechter bei der Partnerwahl weltweit bestätigt. Allerdings sind der finanzielle Aspekt und die äußeren körperlichen Merkmale bei weitem nicht die wichtigsten Kriterien für beide Geschlechter. Männer und Frauen stuften Freundlichkeit, Verständnis und Intelligenz höher ein als finanzielle Sicherheit oder Attraktivität. Buss schließt daraus, daß bei den Menschen »Männer und Frauen Vorlieben zum Ausdruck bringen und sie dadurch bedeutende selektive Vorteile erringen können«.[147]

Buss ist ebenso wie der Anthropologe Donald Symons der Auffassung, daß seine Ergebnisse die These stützen, daß Männer und Frauen in ihrer Entwicklungsgeschichte unterschiedlichen Zwängen hinsichtlich ihres Fortpflanzungserfolgs unterworfen waren. Frauen scheinen beim Zugang zu Ressourcen für sich und ihre Nachkommen, Männer beim Zugang zu fruchtbaren Frauen Einschränkungen erfahren zu haben. Diese Unterschiede im Selektionsdruck, denen unsere Vorfahren ausgesetzt waren, sind wahrscheinlich die Ursache für die Entwicklung der unterschiedlichen männlichen und weiblichen Fortpflanzungsstrategien, die heute immer noch gültig sind.[148]

Weiblicher Status und weibliche Entscheidung

In den meisten Kulturen der Welt leitet sich der soziale Status der Frau von der Mutterschaft ab. Die Heirat selbst war hingegen für viele Frauen eine wirtschaftliche Notwendigkeit, manchmal sogar ihre einzige Existenzmöglichkeit – doch dies wurde durch die Betonung der sozialen Komponente der Ehe oft in den Hintergrund gedrängt.

Die Soziologin Diana Leonard untersuchte die Ehe als eine Art Geschäftsbeziehung zwischen Mann und Frau und stellte fest, daß »eine Frau, wenn sie heiratet, ihre Arbeitskraft, ihre Sexualität und ihre Fortpflanzungsfähigkeit für die Dauer ihres gesamten Lebens an ihren Mann verpfändet (und nur wenig Chancen hat, ihre Pfänder je wieder einzulösen). Im Gegenzug erhält sie von ihm Schutz, Unterhalt und das Recht auf Kinder.«[149] Bis vor kurzem hatten die wenigsten Frauen auf der Welt die Möglichkeit, sich ihren Lebensunterhalt selbst zu verdienen. In der Regel kamen nur die Ehe, das Konkubinat oder die Prostitution in Frage – alles Lebensformen, die sich entweder auf ihre Gebärfähigkeit oder auf die Befriedigung sexueller Wünsche gründeten. »Wir sind immer noch Menschen zweiter, nein, dritter Klasse, da unsere Söhne noch vor uns kommen. Selbst Esel und Traktoren werden manchmal besser behandelt als wir Frauen«, sagte eine Frauenführerin in Uganda.[150]

Auch in unserer modernen Industriegesellschaft werden Frauen oft als Menschen zweiter Klasse behandelt. Frauen haben heutzutage zwar noch andere Entfaltungsmöglichkeiten als Mutterschaft und Haushalt, doch ist ihre Entlohnung bei gleicher Arbeit immer noch wesentlich niedriger als die der Männer. Heute tragen Frauen nicht nur die Bürde der Schwangerschaft, sondern auch die Verantwortung für das wirtschaftliche Wohlergehen der Familie. Frauen gebären 100 Prozent der Kinder auf der Welt, stellen 50 Prozent der Weltbevölkerung, bauen

50 Prozent der Nahrungsmittel auf der Welt an, leisten 66 Prozent der Arbeit auf der Welt, verdienen 10 Prozent des Gesamteinkommens auf der Welt und besitzen 1 Prozent des Bodens auf der Welt.[151]

Mangelnde wirtschaftliche Chancengleichheit beeinträchtigt zweifelsohne die Lebensqualität der Frauen. Die Frage ist nun, ob sie auch die deutlich ausgeprägten Verhaltensunterschiede der Geschlechter bei der Partnerwahl beeinflußt. Befürworter der sogenannten »Theorie der strukturellen Machtlosigkeit« behaupten, daß sich Frauen, die zu Macht und Vermögen gekommen sind, ähnlich wie Männer verhalten, sexuell weniger selektiv werden und weniger an den wirtschaftlichen Ressourcen ihrer Partner interessiert sind. Evolutionspsychologen hingegen glauben, daß Frauen, unabhängig davon, ob sie reich oder arm sind, attraktive, hochangesehene Männer bevorzugen, genau wie die im zweiten Kapitel beschriebenen Zebrafinken attraktive Partner wählten.

Auch hier wird die Evolutionstheorie durch die Untersuchungsergebnisse der Forscher bestätigt: Frauen, ob reich oder arm, bevorzugen angesehene Männer. Es ist tatsächlich so, daß Frauen den finanziellen und beruflichen Status eines Partners um so höher schätzen, je mehr Geld sie selbst verdienen. Je größer die Macht und das Ansehen der Frauen, »desto wählerischer werden sie in bezug auf ihre Sexualpartner«.[152]

Diese Behauptungen stützen sich auf die Auswertung von Befragungen, die mit Medizinstudentinnen und Frauenrechtlerinnen durchgeführt wurden. Bei der Frage nach den Eigenschaften, die sie bei einem Mann bevorzugten, nannten die Frauenrechtlerinnen wiederholt Begriffe, die für Männer aus der Oberschicht charakteristisch sind: »sehr reich«, »brillant« oder »genial«.[153] Die Anthropologin Heather Fowler, die diese Befragungen durchführte, berichtet, daß die Frauen viel von üppigen Menüs, hohen Trinkgeldern, atemberaubenden Anzügen und flotten Jaguars sprachen. Offensichtlich suchten diese Karrierefrauen herausragende Supermänner.

Ebenso fanden Forscher bei einer Befragung von Medizinstudenten heraus, daß die Studentinnen »Beziehungen, die nicht zum Ziel der Ehe geführt hatten, im nachhinein oft als Zeitverschwendung betrachteten und in bezug auf die Auswahl ihrer Sexualpartner immer selektiver und kritischer wurden«.[154] Dies bedeutet, daß bei steigendem sozioökonomischen Status einer Frau der Kreis der für sie akzeptablen Männer deutlich kleiner wird.

Japan ist hierfür ein einschlägiges Beispiel. Bessere Ausbildung und wirtschaftliche Unabhängigkeit verleihen den Japanerinnen mehr Durchsetzungskraft und erhöhen ihre Ansprüche bei der Partnerwahl. Junge Karrierefrauen suchen Ehemänner mit hohem Einkommen, Universitätsabschluß und einer grundsätzlich anderen als der traditionellen Einstellung, die von einer Frau umfassende Fürsorge und respektvollen

Abstand erwartete. Die heutigen Japanerinnen wünschen sich Partner, die sie als Gleichberechtigte behandeln und ihre Karriere unterstützen. Doch obwohl es in Japan zwei Millionen mehr ledige Japaner als Japanerinnen gibt, ist es für Frauen mit solch einer Einstellung schwierig, einen für sie akzeptablen Mann zu finden.

Eine Tokioter Zeitung bezeichnete diese Situation als die »Ära des Männerüberschusses«.[155] Die Lage ist so verzweifelt, daß vor zwei Jahren in Tokio eine Schule für zukünftige Ehemänner eröffnet wurde. Einige Firmen, wie die Elektronikfirma Meidansha, haben eigene Eheanbahnungsinstitute eingerichtet. Bei einer Partnervermittlungsparty in Tokio, bei der doppelt so viele Männer wie Frauen anwesend waren, konkurrierten die Möchtegern-Ehemänner miteinander, indem sie sich den versammelten Frauen einzeln und in aller Ausführlichkeit vorstellten und ihre Vorzüge anpriesen. Ein Mann sang sogar ein selbstkomponiertes Lied. Von den ungefähr achtzig ehewilligen Männern fanden jedoch nur acht eine Partnerin.

Japanerinnen sind heute aber nicht nur wählerischer als früher, sie heiraten auch später (in Tokio im Durchschnitt erst mit über siebenundzwanzig Jahren) und haben weniger Kinder. Die gegenwärtige Geburtenrate von 1,57 ist die niedrigste in Japans bisheriger Geschichte. Dies veranlaßte sogar die Politiker, Prämien anzubieten, um Eltern bei der Erziehung ihrer Kinder zu unterstützen, und Steuererleichterungen für Familien mit mehreren Kindern zu versprechen.

Das Leben der Frauen heute unterscheidet sich aufgrund der verbesserten sozioökonomischen Bedingungen zwar in vielerlei Hinsicht von dem unserer weiblichen Vorfahren. Eine alte Vorliebe bei der Partnerwahl ist jedoch über Jahrhunderte hinweg unverändert geblieben: Frauen suchen immer noch nach Männern mit guten Ressourcen. Die Ergebnisse vieler Untersuchungen lassen den Schluß zu, daß diese Vorliebe der Frauen für angesehene Männer nach einem eingeprägten und unbewußten psychologischen Mechanismus und unabhängig von der eigenen wirtschaftlichen Stellung abläuft.[156] Vielleicht waren die Ressourcen bei unseren Vorfahren so knapp oder die Frauen so lange wirtschaftlich abhängig, daß sich die Bevorzugung eines guten Familienernährers tief in die weibliche Psyche eingegraben hat. Dieser psychologische Mechanismus beeinflußt nach wie vor unser Verhalten, wenngleich sich die Bedingungen, unter denen wir Menschen heute leben, radikal von denen unserer Vorfahren unterscheiden.

> Evolutionsgeschichtlich gesehen, liegt die Funktion des menschlichen Gehirns darin, Informationen aufzunehmen und so zu verarbeiten, daß sich der Mensch adaptiv verhält... Verhalten entsteht aus einer Korrelation zwischen Organismus und Umwelt.
>
> Leda Cosmides und John Tooby
> From evolution to behavior: evolutionary psychology as the missing link[157]

Dank der modernen Möglichkeiten zur Schwangerschaftsverhütung genießen die Frauen – zumindest in unseren westlichen Wohlstandsgesellschaften – größere sexuelle Freiheiten als je zuvor in der Geschichte der Menschheit. An den Kriterien für die Partnerwahl hat diese Befreiung von der Angst vor ungewollter Schwangerschaft allerdings bei den wenigsten Frauen etwas geändert. Es gibt natürlich Ausnahmen – Frauen, die lesbische Beziehungen eingehen, Frauen, die beschließen, ihre Kinder allein aufzuziehen –, doch für die meisten Frauen auf der Welt sind die Ressourcen eines Mannes nach wie vor das wichtigste Kriterium bei der Partnerwahl, gleichgültig, ob die Frau selbst den Partner auswählt oder ob die Wahl von ihrer Familie getroffen wird.

Moderne Frauen eifern zwar inzwischen den Männern darin nach, mehrere Sexualpartner zu haben; ihre Vorlieben bei der Partnerwahl unterscheiden sich jedoch nach wie vor deutlich von denen der Männer.

Uralte Verdrahtung in modernen Gehirnen

Von Anbeginn hat das menschliche Gehirn als Informationsverarbeitungssystem funktioniert, das Daten aus der Umwelt speichert und in menschliches Verhalten umwandelt. Ein derartiger Vorgang wird als »psychologischer Mechanismus« bezeichnet, und die Gesamtheit aller Mechanismen macht die Psyche eines Organismus aus. Evolutionspsychologen gehen nun davon aus, daß es genau diese psychologischen Mechanismen eines Individuums sind, und nicht das Verhalten des Menschen an sich, die der natürlichen Auslese unterworfen sind:[158] Individuen, deren psychologische Mechanismen erfolgreiche Verhaltensweisen hervorbrachten, hinterließen mehr Nachkommen, die ihre Gene weitervererben konnten.

Im Laufe von Tausenden von Jahren verdichteten sich die zum Erfolg führenden psychologischen Mechanismen und wurden zu Bestandteilen der Verdrahtung des menschlichen Gehirns. Sie machen so einen Großteil dessen aus, was wir als »menschliche Natur« bezeichnen. Und genau mit solchen uralten Mechanismen haben wir es zu tun, wenn wir das Verhalten des Menschen bei der Partnerwahl untersuchen.

Um die Psyche des Menschen besser erklären zu können, das heißt um besser zu verstehen, warum wir so und nicht anders handeln, gehen einige Anthropologen und Psychologen heute von den Prinzipien der Evolutionsbiologie aus. Ziel einer derartigen Evolutionspsychologie ist es, »grundlegende psychologische Mechanismen aufzudecken, die die natürliche Auslese im Laufe von Tausenden von Generationen herausgebildet hat und die sich deshalb durchgesetzt haben, weil sie die adaptiven Probleme des Menschen beim Kampf ums Überleben und bei der Fortpflanzung erfolgreich gelöst haben«.[159]

Unsere Welt von heute ist ein großes Dorf mit 5,4 Milliarden Einwohnern, die durch elektronische Medien miteinander in Verbindung stehen; jedoch die meiste Zeit unserer mehrere Millionen Jahre langen Evolutionsgeschichte verbrachten wir in kleinen, isolierten Gruppen als Jäger und Sammler. Unsere Vorfahren waren wohl eher damit beschäftigt, in der Einsamkeit Beeren und Wurzeln zu sammeln und Wild zu jagen als einen Einkaufswagen durch einen überfüllten Supermarkt zu schieben. Früher bewegten sich die Menschen auf ihren eigenen zwei Beinen von einem Ort zum anderen, und nicht wie wir heute auf Stahlgürtelreifen. Ihre tödlichste Waffe war ein Speer oder eine Axt. Eigentum blieb beschränkt auf das, was sie tragen konnten. In evolutionsgeschichtlichen Zeiträumen gemessen, dauert das Leben auf unserer übervölkerten, verstädterten und industrialisierten Welt erst einen kurzen Augenblick lang.

Die Rahmenbedingungen, unter denen unsere Vorfahren ihren Überlebenskampf führen und ihre Probleme lösen mußten – Nahrungs- und Wasserbeschaffung, Verteidigung gegen Raubtiere und Feinde sowie Partnersuche –, existieren heute nicht mehr. »Unsere Spezies verbrachte über neunundneunzig Prozent ihrer Evolutionsgeschichte als Jäger und Sammler unter den Bedingungen des Pleistozäns«, stellen die Psychologen Leda Cosmides und John Tooby fest. »Die psychologischen Mechanismen des Menschen sind also an die damaligen Bedingungen angepaßt und nicht unbedingt für das Leben in der industrialisierten Welt des 20. Jahrhunderts geeignet.«[160]

Dies bedeutet, daß wohl unser Gefühlsleben und so manche unserer Reaktionen psychologische Überbleibsel aus unserer Vergangenheit als

Jäger und Sammler und ganz und gar nicht an das Leben in den übervölkerten und verschmutzten Riesenmetropolen angepaßt sind, in denen fast die Hälfte der Menschheit heute ihren Kampf ums Dasein führt. Unsere heutige Umwelt ist gewissermaßen eine Erfindung des Menschen des Industriezeitalters. Folglich bleibt uns gar nichts anderes übrig als auch uns selbst sozusagen neu zu erfinden, damit wir auf diese neue Umwelt angemessener reagieren können.

Angesichts der Bevölkerungsexplosion, die heute die Fortexistenz der Spezies Mensch auf unserem Planeten bedroht, sehen wir uns gezwungen, unseren Fortpflanzungserfolg *nicht* zu maximieren, sondern zu optimieren – eine noch nie dagewesene Notwendigkeit, die dem jahrmillionenalten genetischen Programm des Menschen gänzlich zuwiderläuft. Hierbei geht es aber nicht um einen Konflikt zwischen Biologie und Technologie, wie einige behaupten, sondern um einen Konflikt zwischen unserer Fähigkeit, neue Technologien zu erfinden, und unseren Möglichkeiten, damit auch verantwortungsbewußt umzugehen. Ein Großteil des Stresses, unter dem der moderne Mensch heute stöhnt, rührt wahrscheinlich daher, daß er psychisch nicht in der Lage ist, mit seinem technologischen Wissen Schritt zu halten.

Auf der einen Seite haben wir es technisch so weit gebracht, daß wir auf dem Mond landen können, andererseits legen wir – besonders was unsere Partnerwahl anbelangt – vorsintflutliche Verhaltensweisen an den Tag. Unsere Vorfahren lassen grüßen, wenn wir uns einmal die psychischen Voraussetzungen des Sexualverhaltens von Mann und Frau gründlicher anschauen.

Nach Meinung des Anthropologen Donald Symons und vieler anderer Wissenschaftler werden Männer viel eher als Frauen allein durch den Anblick eines Vertreters des anderen Geschlechts in Erregung versetzt. Symons erklärt dies damit, daß ein Mann eine Frau schwängern kann, ohne daß es weitreichende Folgen für ihn hat: »Solange die Risiken gering waren, begünstigte die Selektion die Veranlagung der Männer, beim Anblick von Frauen sexuell erregt zu werden.«[161] Für eine Frau wäre es jedoch ein enormer Aufwand an Energie und Zeit, wenn sie durch visuelle Reize leicht erregbar wäre und ihre Erregbarkeit immer gleich in einer Schwangerschaft enden würde. »Die Selektion begünstigte also Frauen, die wählerisch und nicht so schnell sexuell erregbar waren; eine reflexartige sexuelle Erregung durch visuelle Reize hätte die Entscheidungsfreiheit der Frauen bei der Partnerwahl unterlaufen«, schreiben Symons und der Psychologe Bruce Ellis.[162] Frauen werden normalerweise nicht durch den *Anblick* von Männern, sondern durch die *Berührung* eines geliebten Mannes erregt.

Kleidung, Schmuck und Make-up können das natürliche Aussehen eines Menschen unterstreichen und Aufschluß geben über Status, Körperkraft, Jugend, Gesundheit, sexuelle Verfügbarkeit sowie die Bereitschaft zu elterlicher Fürsorge. Jedes Geschlecht tut sein Bestes, um diejenigen Merkmale, die das andere Geschlecht attraktiv finden soll, herauszustellen. Männer messen jedoch bei der Beurteilung von Frauen mit zweierlei Maß.

In einer Studie über physische Anziehungskraft untersuchten die Psychologinnen Elizabeth Hill, Elaine Nocks und Lucinda Gardner,[163] was am äußeren Erscheinungsbild von Männern und Frauen auf das jeweils andere Geschlecht attraktiv wirkt. Sie machten Fotos von männlichen und weiblichen Models, die durch bestimmte Kleidung, Schmuck und Make-up je einen anderen Erscheinungstypus verkörperten.

Bei den Männern wurden Unterschiede im Status dadurch deutlich gemacht, daß die einen dreiteilige Anzüge, Sport-Sakkos, Designer-Jeans und Goldschmuck trugen, die anderen dagegen markenlose Jeans, grelle Oberteile oder T-Shirts und keinen Goldschmuck. Unterschiede im Status der Frauen wurden zum einen durch auffällig bunte Oberteile, T-Shirts, Jeans und keinen Schmuck hervorgehoben und zum anderen durch konventionelle Kleider, Blazer oder Pullover mit Monogramm, Blusen, Tweedröcke sowie Goldschmuck. Unterschiede bei der körperlichen Attraktivität der Männer wurden dadurch gekennzeichnet, daß ein Teil von ihnen Krawatten und zugeknöpfte Hemden trug, während die anderen offene Hemden oder Oberteile anhatten, die die Brusthaare freiließen. Bei den Frauen wurden die Unterschiede durch kurzgeschnittene, enganliegende Cocktail-Kleider, hautenge und buntgemusterte Oberteile einerseits sowie zugeknöpfte Blusen, weite Sweater oder Blousons andererseits kenntlich gemacht.

Die Wissenschaftlerinnen baten sodann amerikanische Studenten, die Fotos von den Models des jeweils anderen Geschlechts nach vier verschiedenen Kriterien zu beurteilen: nach dem äußeren Erscheinungsbild, nach der Attraktivität als Liebhaber beziehungsweise Geliebte, nach der sexuellen Anziehungskraft und nach der Eignung als Ehemann beziehungsweise Ehefrau. Die Auswertung ergab folgendes Bild: Hautenge, körperbetonte Kleidung erhöhte die Anziehungskraft von Frauen als Sexualpartnerin, aber nicht als mögliche Ehepartnerin. Die Forscherinnen erklären diese Tatsache mit der Vermutung, daß ein Mann zwar eine Geliebte sucht, die sexy ist, daß es ihm aber als Ehemann ganz und gar nicht recht ist, wenn seine Frau ihre Sexualität zur Schau stellt – sie könnte dadurch anderen das Gefühl vermitteln, sexuell verfügbar zu sein. Eine Frau zu heiraten, die sexuell unauffällig ist, und nur sexuelle Beziehungen mit ihr zu unterhalten ist für einen Mann die beste Methode, seine Vaterschaft zu sichern.

Frauen ihrerseits hielten Männer in korrekter Kleidung – Anzug, zugeknöpftes Hemd und Krawatte – für geeignetere Sexual- oder Ehepartner als Männer in engen Jeans oder bunt gemusterten Oberteilen.

Denn ein solches Erscheinungsbild könnte auf den niedrigeren Status eines Mannes hinweisen, dem als einziger Trumpf lediglich sein gutes Aussehen bleibt. Die Ergebnisse dieser Studie stützen die These der Evolutionsforscher, daß Frauen sich zu einem Mann mit hohem Status hingezogen fühlen, wobei das gute Aussehen weniger wichtig ist.

Die Wissenschaftlerinnen sind sich allerdings klar darüber, daß durch die verbreitete Verwendung von Verhütungsmitteln das Risiko wechselnder sexueller Beziehungen auch für die Frauen geringer geworden ist und daß man in Zukunft untersuchen müßte, inwiefern sich die Kriterien für die Beurteilung eines Liebhabers oder Ehepartners auch bei den Frauen gewandelt haben.

Männliche Eifersucht und doppelte Moral beim Ehebruch

Die Psyche von Mann und Frau offenbart noch weitere Unterschiede: Männer sind anfälliger für Eifersucht als Frauen. Evolutionsgeschichtlich erklärt sich das daraus, daß der Fortpflanzungserfolg eines Mannes jederzeit durch die außerehelichen Affären seiner Partnerin beeinträchtigt werden kann. »Ein Mann kann seiner Vaterschaft nie ganz sicher sein, und es besteht immer die Gefahr, daß das begrenzte Fortpflanzungspotential seiner Frau von anderen Männern in Anspruch genommen wird und daß es die Nachkommen eines anderen Mannes sind, um die er sich kümmert«, schreibt Symons.[164]

Männer versuchen im allgemeinen zu vermeiden, daß man sie zum Hahnrei macht oder ihnen ein Kuckucksei ins Nest legt. Ein gehörnter Ehemann war schon immer Zielscheibe des Spotts. Bei den Yanomamö-Indianern kann ein Mann, der eine Frau mit einem Baby aus ihrer vorherigen Ehe heiratet, dieses Kind töten oder die Frau zur Tötung zwingen. Die Beweggründe dieses Mannes sind klar: Das Baby stammt von einem anderen, und nun ist der Ehemann der Ansicht, daß die Zeit und die Milch, die seine Frau in dieses Kind investiert, eigentlich seinem eigenen Kind zustehen. In vielen Gesellschaften hat ein Mann, der vermutet, daß seine Frau ein Kind von einem anderen Mann erwartet, das Recht, dieses Kind nach der Geburt zu töten oder zu verlangen, daß die Frau selbst es tötet, oder sich von ihr scheiden zu lassen.

Es ist deshalb nicht erstaunlich, daß bei den meisten Gewalttaten männliche Eifersucht im Spiel ist. Nach Martin Daly und Margo Wilson ist Eifersucht »in Nordamerika und wahrscheinlich auf der ganzen Welt das mit Abstand häufigste Motiv für Gattenmord. Wenn wir noch die Streitigkeiten zwischen Männern um Frauen hinzurechnen, ist männliche Eifersucht wahrscheinlich die Ursache Nummer eins für Mord.«[165]

Auch Frauen sind eifersüchtig, aber sie haben andere psychologische Gründe dafür. Die Untreue eines Ehemannes bedroht den Fortpflanzungserfolg einer Frau nicht unmittelbar. Doch der sexuelle Verkehr des Mannes mit einer fremden Frau stellt eine andere Bedrohung dar: das Risiko, daß er die Ehefrau verlassen und/oder seine Ressourcen nicht mehr ihr und ihren Kindern zur Verfügung stellen wird. In Sachen Ehebruch haben Männer und Frauen also verschiedene Ängste: Die Urangst des Mannes ist es, daß er zum Hahnrei gemacht und seine Vaterschaft in Zweifel gezogen wird, die Frau jedoch fürchtet, daß ihr die Ressourcen ihres Mannes entzogen werden könnten.

»In allen menschlichen Gesellschaften wurde Ehebruch am härtesten von allen Verbrechen bestraft«, schreibt die Anthropologin Laura Betzig. Dies und die Tatsache, »daß Untreue der häufigste Grund für Scheidungen ist, decken sich mit der Theorie von Darwin, die besagt, daß die Ehe zum Fortpflanzungserfolg von Frauen und Männern beitragen sollte«.[166]

Die doppelte Moral, aus der heraus die gesetzliche Ahndung von Ehebruch geschieht, liegt in der Sorge der Männer um ihre Vaterschaft begründet. Weltweit spricht man nur dann von Ehebruch, wenn die Frau, die sich dieses Vergehens schuldig gemacht hat, verheiratet ist; der Familienstand des Mannes hingegen spielt bei dem gleichen Tatbestand überhaupt keine Rolle. Der Liebhaber einer Frau wird zwar oft ebenfalls streng bestraft, wenn er in flagranti ertappt wird, doch ob er selbst verheiratet ist oder nicht, ist für den Tatbestand des Ehebruchs nicht von Bedeutung.

Nach dem Gesetz wird immer nur dem Ehemann der schuldigen Frau Unrecht getan, und die Art der Strafe spiegelt dies wider. Alle Gerichte der Welt bringen einem Mann, der seine Frau oder ihren Liebhaber aus Eifersucht getötet hat, Verständnis entgegen, behandeln ihn mit Milde und verurteilen ihn nicht wegen Mordes. Juristen halten, einem ungeschriebenen Gesetz zufolge, die Entdeckung einer Frau in flagranti für eine Provokation, die durchaus einen Mord rechtfertigt.

Weibliche Ehebrecher werden auf der ganzen Welt wesentlich strenger bestraft als männliche Ehebrecher. Für eine Frau kann Strafe in Form von Scheidung, sozialer Ächtung, körperlicher Mißhandlung und sogar Tötung ausgeübt werden. Von vielen Potentaten wissen wir, daß sie oft sorgfältige Vorkehrungen trafen, damit sich kein anderer Mann Zutritt zu ihren Harems verschaffen konnte; Berichten zufolge wurden bisweilen sogar alle Frauen eines Harems getötet, wenn das Sicherheitssystem versagt hatte.[167]

»Männer haben schon immer und überall auf der Welt Gesetze zur Bestrafung des Ehebruchs geschaffen, die auf bemerkenswerte Weise mit der These von Lévi-Strauss übereinstimmen, daß die Frau Eigentum des Mannes sei«, schreiben Daly und Wilson.[168] Vom Standpunkt des Mannes aus ist *er* das Opfer des Ehebruchs seiner Frau. Sie hat ihn beleidigt und *sein* Eigentum verletzt. Zwar verurteilen einige Länder den Ehebruch des Mannes und akzeptieren ihn als Scheidungsgrund, es gibt jedoch kein Land, das den Ehebruch eines verheirateten Mannes als Verletzung des Eigentums der *Frau* ansieht. Nur wenige Länder betrachten verheiratete Frauen als Opfer der außerehelichen Affären ihres Ehemannes. Ganz im Gegenteil: Von verheirateten Frauen wird oft erwartet, daß sie die sexuellen Eskapaden ihres Mannes tolerieren, solange die Ehe gesetzlich gültig ist.

Die unterschiedliche Einstellung der Geschlechter zu Eifersucht und Ehebruch entspricht genau den Aussagen der Evolutionsbiologie: Frauen und Männer tun – ebenso wie die Tiere – alles Erdenkliche, damit ihre Gene weitervererbt werden. Die Erkenntnisse der Evolutionsbiologie zeigen, in welch hohem Maß menschliches Verhalten im Dienst der Fortpflanzung steht.

Die Sicherung der Vaterschaft

Anthropologische Untersuchungen haben deutlich gezeigt, daß Männer, ebenso wie die Männchen im Tierreich, ihr möglichstes tun, um ihre Vaterschaft zu sichern. Manche Tiere behelfen sich mit Begattungspfropfen und Partnerüberwachung, um ihr väterliches Investment zu schützen. Auch Männer überwachen ihre Frauen, und manchmal auf ziemlich brutale Art und Weise.

Die Anthropologin Mildred Dickemann nennt einige Strategien von Männern, ihre Vaterschaft sicherzustellen: so etwa das Verbergen der Frauen hinter Schleiern oder ihre Unterbringung in Frauengemächern, die an Gefängnisse erinnern.[169] Eingesperrte Frauen dürfen mit niemandem außerhalb der Familie sprechen, manchmal dürfen sie nicht einmal das Haus verlassen. Bei manchen Frauen führt der Mangel an Sonnenlicht zu Rachitis, was zu Komplikationen bei der Geburt und sogar zum Tod im Kindbett führen kann. Doch den Männern garantiert diese extreme Isolierung die Jungfräulichkeit ihrer Töchter und die Treue ihrer Frauen und somit auch die Vaterschaft des zukünftigen Bräutigams und Ehemannes.

In Gesellschaften, die ihre Frauen einsperren, gründet die Ehre der Familie auf der Keuschheit ihrer unverheirateten weiblichen Familienmitglieder und auf der Bescheidenheit und Treue aller Frauen der Familie. Das arabische Wort für Ehre, »'ard«, bedeutet auch »Frau«. Die

Strafe für den Verlust der Jungfräulichkeit vor der Ehe kann für ein Mädchen außerordentlich hart ausfallen: Möglicherweise bekommt sie keinen Ehemann, wird von einem Bewerber verstoßen oder wird sogar gemeinsam mit ihrem Schänder von der Verwandtschaft ermordet. Deren Verbrechen wird dann als Ehrensache angesehen und oft nicht geahndet.[170]

Andere extreme Praktiken, um die Vaterschaft eines Mannes sicherzustellen, sind Operationen, die die Genitalien der Mädchen und Frauen verstümmeln – derartigen Eingriffen müssen sich Mädchen und Frauen in einigen afrikanischen Ländern auch heute noch unterziehen. In diese Kategorie gehört auch das mittlerweile illegale Einbinden der Füße bei den Chinesen. Diese Bräuche mögen noch andere Gründe haben – etwa die Reinheit und Sauberkeit der Frauen zu fördern, ihre Weiblichkeit zu unterstreichen oder eine hohe gesellschaftliche Stellung anzuzeigen –, aber im Grunde genommen dienen sie dazu, die Mobilität der Frauen einzuschränken und dem Mann die Vaterschaft zu garantieren.

Es gibt auch gesetzliche Möglichkeiten, Vaterschaft zu sichern – Gesetze, die Frauen zum Eigentum ihrer Ehemänner machen, Gesetze, die den Frauen Geburtenkontrolle oder Abtreibung ohne die Zustimmung ihres Mannes untersagen. Und dann gibt es noch andere, unterschwellig wirkende Formen zur Sicherstellung der Vaterschaft: Männer propagieren Schwangerschaft und Familienleben als die alleinseligmachende Lebensform und lassen Frauen am wirtschaftlichen Leben nur als Verbraucher teilnehmen. Dieses Phänomen bezeichnete die Autorin Betty Friedan sehr treffend als »weibliche Mystik«.

Manches, was Mythen und Märchen einer Gesellschaft erzählen, kann ebenfalls als Ausdruck der allumfassenden Strategie der Männer gedeutet werden, die Sexualität der Frauen unter Kontrolle zu halten und ihre Mobilität einzuschränken: der Mythos vom überlegenen Mann; der Mythos von der schwachen, hilflosen, passiven Frau; der Mythos von der geistigen Unterlegenheit der Frau und der intellektuellen Überlegenheit des Mannes. Dies alles sind die menschlichen Varianten der Begattungspfropfen bei den Insekten. Da man die Geschlechtsorgane der Frauen nicht so einfach verschließen kann, müssen die Männer auf eine Art psychologisches Partnerüberwachungssystem zurückgreifen, das ihnen ihre Vaterschaft garantieren soll.

Auch im Hinblick auf seelische Gesundheit unterscheidet sich die Psyche von Männern und Frauen: Frauen sind anfälliger für Ängste als Männer und leiden öfter unter Depressionen. Und auch diese Differenzen in der psychischen Stabilität scheinen auf die verschiedenen Anforderungen, die männliche und weibliche Fortpflanzungsstrategien stellen, zurückzuführen sein.

Die Psychologinnen Ada Lampert und Ariela Friedman untersuchten 129 zufällig ausgewählte Paare aus 30 verschiedenen israelischen Kibbuzim.[171] Sie stellten die These auf, daß das unterschiedlich große Engagement von Männern und Frauen bei der Sorge für die Nachkommen Frauen stärker verwundbar macht als Männer. Nach Auswertung der Daten wurde deutlich, daß Frauen dann am verletzlichsten sind, wenn sie drei kleine Kinder haben. In der Zeit, in der die Anforderungen an die elterliche Fürsorge am größten sind, fühlen sich die Frauen am meisten auf die Hilfe ihres Mannes angewiesen und haben große Angst davor, verlassen zu werden.

Im Jahre 1990 berichtete die Arbeitsgruppe »Frauen und Depression« der American Psychological Association, daß amerikanische Frauen doppelt so häufig unter Depressionen leiden wie Männer. Zu den Faktoren, die die Frauen anfälliger für Depressionen machten, zählten körperliche Mißhandlungen, sexueller Mißbrauch, Armut, schlechter bezahlte Arbeit, unglückliche Ehen und hormonale Veränderungen während des Menstruationszyklus und nach der Geburt. Aus dem Bericht ging auch hervor, daß diese Frauen eher Gefahr liefen, mittellos zu werden oder allein für ihre Kinder sorgen zu müssen, als Männer. Bei berufstätigen Frauen kamen Depressionen dreimal so häufig vor wie bei anderen Frauen: Also schützen weder Einkommen noch Status eine Frau vor der Überlastung durch Arbeit, Mutterschaft und Ehe.

Die Ängste und Depressionen vieler amerikanischer Frauen rühren sicher daher, daß sie versuchen, alles unter einen Hut zu bringen, daß sie Superfrauen sein wollen. Aber bestimmte Fortpflanzungsstrategien, die sich vor Millionen von Jahren entwickelt haben, tragen nicht minder zu den depressiven Verstimmungen der Frauen bei. Die natürliche Auslese begünstigte die volle Hingabe und Aufopferung einer Mutter für ihre Kinder. Doch immer mehr Frauen müssen Geld verdienen, werden geschieden oder alleingelassen beziehungsweise haben Ehemänner, die auswärts arbeiten. Solche weiblichen Familienvorstände müssen mit der Angst fertigwerden, ihre Kinder nicht ordnungsgemäß ernähren und versorgen zu können. Manch arbeitende Mutter hat große Schuldgefühle, daß sie ihre Kinder bei einer Ersatzmutter zurücklassen muß. Daß Frauen stärker zu Ängsten und Depressionen neigen als Männer, ist vielleicht Ausdruck dessen, daß die Frau uralte psychologische Mechanismen mit den Herausforderungen der modernen Zeit vergeblich in Einklang zu bringen versucht.

Männer sind möglicherweise deshalb weniger anfällig für Angstgefühle und Depressionen, weil ihre Aufgabe bei der Fortpflanzung sich weniger um die Fürsorge für die Nachkommen dreht. Sie sind von ihrer biologischen Anlage her nicht wie die Frauen auf die Versorgung des Nachwuchses fixiert. Als unsere fernen Vorfahren den Schutz des tropischen Urwaldes verließen und ihr gefährlicheres und unsicheres Leben in der Savanne begannen, wurde, so eine evolutionsbiologische These, die Zusammenarbeit von Mutter und Vater zur erfolgreichen Aufzucht von Kindern notwendig. Die Wahl der Frauen fiel darum auf die fürsorglicheren Männer. Aber die Neigung des Mannes, mit möglichst vielen Frauen sexuell zu verkehren, kollidierte nun mit seinem Wunsch, für seine Kinder zu sorgen. Folglich entwickelte der Mann eine gemischte Strategie: Er wurde zum fürsorglichsten männlichen Partner unter den Säugetieren, der sich jedoch nur allzugern von dem vielfältigen sexuellen Angebot in Versuchung führen läßt.

Sexuelle Phantasien

Die gleichen psychologischen Mechanismen, die das unterschiedliche Verhalten der Geschlechter bei der Partnerwahl und der Fürsorge für den Nachwuchs bewirken, sind auch für die Unterschiede in einem der intimsten Bereiche des Lebens – den sexuellen Phantasien – verantwortlich. Männer und Frauen werden durch unterschiedliche Gedanken und Bilder erregt. Phantasien, die das sexuelle Verlangen eines Mannes steigern, haben auf Frauen häufig genau die entgegengesetzte Wirkung, und umgekehrt.

Ellis und Symons legten bei ihrer Untersuchung über sexuelle Phantasien 307 Studenten (182 weiblichen und 125 männlichen) Fragebögen vor.[172] Ihr Ausgangspunkt war die Vermutung, daß Phantasien »die verbreitetste Form sexueller Erfahrungen sind«. Da Phantasien etwas ganz Persönliches sind, drücken sie wahrscheinlich diejenigen Gefühle aus, die sonst durch die Ansprüche und Erwartungen der realen Welt in den Hintergrund gedrängt und unterdrückt werden. Phantasien ermöglichen also einen besseren Einblick in die psychologischen Mechanismen des Menschen als seine tatsächlichen sexuellen Aktivitäten. Ellis und Symons waren der Meinung, daß sich auch die Phantasien von Männern und Frauen, deren Seelenleben bereits von Geburt an ganz verschieden ausgeprägt ist, deutlich voneinander abheben müßten.

Sie stellten auf der Grundlage der Evolutionsbiologie folgende Thesen auf:

1. Männer träumen mehr als Frauen von vielfältigeren sexuellen Begegnungen mit unterschiedlichen Partnerinnen.
2. Männer können in ein und derselben Phantasie eher von einer Sexualpartnerin zu einer anderen wechseln.
3. Männer haben öfter sexuelle Phantasien als Frauen.
4. Männer träumen eher von jemandem, mit dem sie nur Sex haben möchten.
5. Die sexuellen Phantasien der Männer beziehen sich hauptsächlich auf visuelle Eindrücke.
6. Die sexuellen Phantasien der Frauen beziehen sich mehr auf Berührungen, Gefühle und die Reaktion des Partners, und sie konzentrieren sich dabei mehr auf ihre eigenen körperlichen und gefühlsmäßigen Reaktionen.
7. Frauen träumen eher als Männer von jemandem, in den sie sich verlieben möchten.
8. Die sexuellen Phantasien der Männer resultieren schneller in tatsächlichen sexuellen Aktivitäten.
9. In den Phantasien der Frauen wird der sexuelle Höhepunkt langsamer erreicht.
10. Frauen haben eine klarere Vorstellung von den Gesichtszügen ihrer imaginären Partner als Männer.
11. Männer haben eine klarere Vorstellung vom Aussehen der Geschlechtsorgane ihrer imaginären Partnerinnen als Frauen.

Die Auswertung der anonym ausgefüllten Fragebögen ergab, daß alle vorgegebenen Geschlechtsunterschiede zutrafen; als unzutreffend stellte sich lediglich heraus, daß Frauen eine klarere Vorstellung von den Gesichtszügen ihrer Partner haben als Männer.

Es ist anzunehmen, daß die geschlechtsspezifischen Unterschiede bei den psychologischen Mechanismen durch natürliche Selektion entstanden sind. Alle unsere sexuellen Gefühle und Handlungen basieren auf diesen Mechanismen. Das weibliche Investment in die Nachkommen ist so groß, daß es für Frauen lebenswichtig ist, ihre Sexualpartner sorgfältig auszuwählen. »Wenn Frauen allein aufgrund der rein äußerlichen Qualitäten der Männer oder aufgrund ihres egoistischen Verlangens nach sexueller Abwechslung erregt würden, würde dies zu wahllosem Geschlechtsverkehr führen, der die Entscheidungsfreiheit der Frauen bei der Partnerwahl und bei der Empfängnis unterminieren würde. Auch wäre die Wahrscheinlichkeit, männliche Hilfe bei der Aufzucht des Nachwuchses zu erhalten, geringer, ganz zu schweigen von der Gefahr, von einem eifersüchtigen Ehemann (oder von wütenden Brüdern) geschlagen, verlassen oder getötet zu werden. Somit wäre die weibliche Fitneß stark beeinträchtigt«, folgern Ellis und Symons.[173]

Die unterschiedlichen sexuellen Phantasien der Geschlechter spiegeln sich deutlich in den unterschiedlichen Formen erotischer Literatur wider, die Männer und Frauen ansprechen – Pornographie bei Männern und Liebesromane bei Frauen. Der enorme Erfolg dieser beiden Literaturgattungen ist der beste Beweis dafür, daß sie die jeweiligen Wünsche, die in den männlichen und weiblichen Phantasien zum Ausdruck kommen, befriedigen. »Das auffallendste Merkmal der Pornographie ist, daß Sex nur zur Befriedigung der Wollust und der körperlichen Begierde da ist; der Mann muß sich nicht mit lästigen Beziehungen, emotionalem Engagement, komplizierten Intrigen, Flirts, Werbung und ausgedehntem Vorspiel belasten; in Pornotopia, dem utopischen Land der Pornographie, sind Frauen wie Männer leicht erregbar und immer willig«, schreiben Ellis und Symons.[174]

Im Gegensatz dazu gibt es in den Liebesromanen nur selten ausgesprochene Sexszenen, wenn überhaupt welche vorkommen. Im Liebesroman geht es meistens um die romantische Beziehung zwischen einer jungen Frau und einem älteren, reichen, sexuell erfahrenen Mann aus der Oberschicht, dessen Leidenschaft durch die Liebe gezähmt wird und der am Ende die Heldin heiratet. Wenn man weiß, welche Rolle die Frau bei Partnerwahl und Fortpflanzung spielt, dann kann man die Rollen der anderen Personen in dieser Story leicht erraten.

Die Unterminierung weiblicher Entscheidungsfreiheit

> Bei der Kommunikation unter den Tieren geht es nicht um Wahrheit, sondern um die Vorspiegelung falscher Tatsachen.
>
> Robert Trivers
> Social Evolution[175]

Da Frauen die Entscheidungsträger bei der Partnerwahl sind, unterliegt auch alles, was damit zusammenhängt, ihrer Kontrolle – es sei denn, ihre Position wird durch Betrug oder Gewaltanwendung untergraben. Und das ist häufig der Fall. Mit dem Ausdruck »Kampf« beziehungsweise »Krieg der Geschlechter« wird der Nagel auf den Kopf getroffen, um das spannungsgeladene Verhältnis zwischen Mann und Frau mit einem präzisen Bild zu beschreiben: Während eine Frau alle Hebel in Bewegung setzt, um die Macht auszuspielen, die ihr die Evolution in der Partnerwahl zugedacht hat, setzt ein Mann alles daran, ihre Wahl zu beeinflussen beziehungsweise zu untergraben. Beiden Geschlechtern liegt primär daran, die eigene Fitneß zu erhöhen, und die natürliche Selektion begünstigt am Ende den Sieger.

Aufgrund dieses immanenten Konflikts sind Lug und Trug an der Tagesordnung: Männer betrügen Männer, Männer betrügen Frauen, Frauen betrügen Männer, und auch die Selbsttäuschung spielt eine große Rolle – man denke nur an Liebesfreud und Liebesleid jung verliebter Paare. List und Tücke kommen in vielfältiger Verkleidung daher; die Skala reicht von falschen Schwüren ewiger Treue bis zu künstlichen Haarteilen, Schönheitsoperationen und Silikonbrüsten. Frauen und Männer bemühen sich, stärker, reicher, jünger und sexuell attraktiver zu erscheinen, als sie es in Wirklichkeit sind.

Die großen Betrüger

Unsere Kinder lehren wir: Ehrlich währt am längsten, und Lügen haben kurze Beine. Die natürliche Selektion hingegen begünstigt die ausgeklügelte Lüge: Ein Freier, der es versteht, geschickt zu betrügen, hat meist auch Erfolg bei der Fortpflanzung. Doch nicht nur im Liebesleben des Menschen kommen Täuschungsmanöver vor. Überall im Tierreich und sogar bei den Pflanzen sind Betrügereien gang und gäbe. Ein jedes Tier – und ein jeder Mensch – zieht einen Vorteil daraus, wenn es ihm gelingt, andere übers Ohr zu hauen.

Am besten lassen sich betrügerische Machenschaften im Liebesleben der Mückenhaften beobachten: Um ein Weibchen anlocken zu können, muß ein männlicher Mückenhaft hohe Risiken eingehen. Zuerst verbraucht es beträchtliche Mengen an Energie, um ein Beutetier zu fangen, das groß genug ist, um die Aufmerksamkeit eines Weibchens zu erregen. Sobald das Männchen einer Beute habhaft geworden ist, fliegt es damit in den belaubten Baumkronen umher. Ab und zu legt es kurze Zwischenstops ein; es hängt sich an ein Blatt oder an einen Zweig, um eine Pheromonmarkierung anzubringen, die Weibchen anlocken soll. Wenn schließlich ein Weibchen aufmerksam geworden ist und die Beute untersucht und für gut befunden hat, hängt es sich vor das Männchen und senkt seine Flügel. Das ist für das Männchen das Zeichen, daß Paarung nun erlaubt ist. Doch manchmal fällt es auf einen Schwindler herein, und das paarungsbereite Weibchen erweist sich als Transvestit, der die Beute stiehlt und damit davonfliegt, um selbst ein Weibchen anzulocken.[176]

Diese List ist nur dadurch möglich, daß männliche und weibliche Mückenhafte gleich aussehen. Wenn sich ein Männchen in betrügerischer Absicht vor ein anderes Männchen, das sich gerade auf Freiersfüßen befindet, hängt und seine Flügel genau wie ein paarungsbereites Weibchen senkt, dann bietet ihm der Freier unweigerlich seine Hochzeitsgabe an. Und bis das betrogene Männchen bemerkt, daß es einem Lügner aufgesessen ist, ist dieser längst mit der Beute auf und davon. Der Biologe Randy Thornhill, der diese Schurkerei entdeckte, berichtet, daß Mückenhafte, die als Transvestiten auftreten, sich öfter verpaaren als ihre ehrlichen Geschlechtsgenossen. Der listige Transvestit, der ein anderes Männchen austrickst und ihm seine Beute abspenstig macht, geht erst gar nicht das Risiko ein, sich auf der Jagd in Spinnweben zu verfangen und selbst zur Beute zu werden. Hier haben wir es mit einem typischen »Trittbrettfahrer« zu tun, der seinen Fortpflanzungserfolg auf Kosten eines Rivalen erzielt.

Die mit den Piranhas verwandten männlichen Karaibenfische südamerikanischer Gewässer praktizieren eine weitere Variante männlicher Täuschungsmanöver. Wenn diese Männchen Fischweibchen anlocken wollen, öffnen sie ihre Kiemendeckel und zum Vorschein kommt ein langer, fast unsichtbarer knöcherner Anhang. Am Ende dieses eingebauten Angelgeräts baumelt die Imitation einer Krabbe. Sobald also das Männchen seinen Kiemendeckel aufstößt, scheint diese Krabbenattrappe neben ihm herzuschwimmen. Vorüberziehende Weibchen halten den Köder für echt, schnappen danach und – hängen am Haken. Und während das Fischweibchen sich abmüht, den trügerischen Köder herunterzuschlucken, paart sich das Männchen mit ihm.

Bei den Menschen kommen Betrügereien meist dann ins Spiel, wenn es gilt, bestimmte Qualitäten in besonders vorteilhaftem Licht erscheinen zu lassen. Da Frauen Männer suchen, die Ressourcen aufzuweisen haben, liegt es auf der Hand, daß Männer übertreiben, wenn es darum geht, ihren Wohlstand zur Schau zu stellen; sie fahren teure Sportwagen, kaufen luxuriöse Geschenke oder geben bei Einladungen mehr aus, als sie sich eigentlich leisten können. Und da Männer junge, fruchtbare Frauen bevorzugen, neigen Frauen ihrerseits dazu, alles nur mögliche zu versuchen, um ihre Jugendlichkeit und ihr gutes Aussehen zu unterstreichen. Kleidung spielt bei beiden Geschlechtern in der Phase des Kennenlernens eine ganz wichtige Rolle! Frauen kleiden sich so, daß die Vorzüge ihres Körpers optimal zur Geltung kommen, während an der Kleidung der Männer erkannt werden soll, welch wichtige und einflußreiche Persönlichkeit darin steckt.

Spermakonkurrenz

Bei männlichen Rivalitäten um eine Partnerin geht es so gut wie immer auch um den Wettstreit des Spermas – das ist bei Mäusen und Menschen gleich. Sobald sich ein Männchen verpaart hat, ist ihm die Kontrolle über sein Sperma entglitten, hat es keinen Einfluß mehr darauf, ob das Weibchen sein Sperma auch tatsächlich nutzt. Dieser Unsicherheitsfaktor hat Männchen dazu veranlaßt, eine ganze Reihe von Taktiken zu entwikkeln, die sicherstellen, daß nach der Kopulation die Eier des Weibchens auch wirklich mit ihrem Sperma befruchtet werden. Als Hahnrei zu gelten, davor fürchten sich alle männlichen Partner ungemein. Und zu allem Übel haben sie auch noch wenig Möglichkeiten, etwas dagegen zu tun. Als einzig wirksame Maßnahme bleibt eigentlich nur die Kontrolle darüber, daß kein weiterer Anwärter mit dem Weibchen verkehrt.

Vorkehrungen zur Überwachung der Gefährtinnen sind keine Erfindung jüngeren Datums, sondern blicken auf eine lange Geschichte zurück: Die wohlhabenden Männer Athens brachten Eunuchen in ihre Haushalte, die auf ihre Frauen und Töchter aufzupassen hatten. In ›The Country Wife‹ beschreibt der britische Dramatiker William Wycherley 1675, wie einer Kurtisane ein Eunuch zum Geschenk gemacht wurde. Die Lebedame hatte sich einen solchen gewünscht, »da nur Damen von Rang und Namen über Eunuchen verfügen«. In Wycherleys Drama kommt ganz deutlich zum Ausdruck, wie ein vom Mann eingesetztes Instrument zur Überwachung einer Frau im Laufe der Zeit zum Statussymbol wohlhabender Damen geworden ist. Ein treffliches Beispiel für Funktionsverlagerung!

Die Anti-Abtreibungsbewegung unserer Zeit könnte man ebenfalls als krasses Beispiel dafür interpretieren, daß diverse – meist von Männern angeführte – Gruppen vehement für den kollektiven Schutz von Sperma eintreten und dafür plädieren, daß der Samen eines *jeden* Mannes, der ein Ei befruchtet hat, erhaltenswert ist. Verfechter dieser Einstellung sind sich jedoch nicht darüber im klaren, daß sie nach einem uralten, gengesteuerten Programm handeln, das sie im Grunde nur zu Figuren im Schachspiel der männlichen Gene macht. Die sogenannte »Recht auf Leben«-Bewegung kann als gut organisierte Kampagne verstanden werden, die den Frauen das Recht absprechen will, sich frei zu entscheiden, ob sie ein Kind zur Welt bringen möchten oder nicht.

Gerade jetzt, im letzten Jahrzehnt unseres ausgehenden 20. Jahrhunderts, lassen politische Gruppierungen in den Vereinigten Staaten – Gruppen, die von den höchsten Regierungskreisen unterstützt werden – nichts unversucht, um den Frauen ihre Entscheidungsfreiheit auf dem Gebiet der Fortpflanzung abzusprechen beziehungsweise ihren Körper zum staatlichen Eigentum zu erklären.

Besonders aufschlußreich ist auch folgendes Beispiel aus Irland: Dort wurde im Jahre 1992 ein vierzehnjähriges schwangeres Mädchen, das vergewaltigt worden war, wie Staatseigentum behandelt und wie eine Gefangene ihres Landes gehalten: Sie hatte den Antrag gestellt, Irland verlassen zu dürfen, um die ungewollte Schwangerschaft zu beenden, und die Öffentlichkeit war darüber in hellste Aufregung geraten. Schließlich gab der Oberste Gerichtshof von Irland die Erlaubnis zum Schwangerschaftsabbruch. Die Tatsache jedoch, daß die Schwangerschaft einer Frau zum Thema Nummer eins in der Öffentlichkeit werden konnte, zeigt mehr als deutlich, daß sexuelle Diskriminierung heutzutage in erschreckend hohem Maße institutionalisiert ist.

Die Anti-Abtreibungsbewegung scheint auf den ersten Blick eine soziale Verirrung darzustellen – erst wenn man sie im Kontext der Evolutionsbiologie betrachtet, ändert sich das Bild, und man erkennt ihren Stellenwert als jüngstes Glied in einer langen Kette von Bemühungen sowohl in vorgeschichtlicher Zeit als auch in jüngster Vergangenheit und in der Gegenwart: Alle diese Anstrengungen zielen darauf ab, das Sperma als männliches Investment zu schützen und die Kontrolle über die biologische Funktion der Frau, das heißt über Schwangerschaft und Geburt, zu erlangen.

Bei den Römern und im gesamten Römischen Reich verfügten die Frauen der oberen Schichten über reiche Kenntnisse in Fragen der Geburtenkontrolle und des Schwangerschaftsabbruchs. Wie alle Frauen, die einen gewissen Bildungsgrad erlangt haben, wollten diese wohlhabenden römischen Matronen nicht durch dauernde Schwangerschaften und Geburten belastet sein; ihnen lag daran, über genügend Zeit zu verfügen, auch anderen Interessen nachzugehen. Zwar erregte diese Haltung das Mißfallen der römischen Kaiser und Senatoren, und die Frauen wurden öffentlich denunziert. Auch versuchte man, ihnen auf rechtlichem und wirtschaftlichem Wege entgegenzukommen, wenn sie bereit waren, mindestens drei Kinder zu gebären. Doch das half alles nichts: Die Frauen erlagen diesen Verlockungen nicht.[177]

Kenntnisse über Geburtenkontrolle zu verbreiten galt zu allen Zeiten als subversiv oder als Machwerk des Teufels. Im ausgehenden Mittelalter wurden Hebammen, die den Frauen bei Schwangerschaftsverhütung oder Abtreibung halfen, nicht selten als Hexen verfolgt. In einem mittelalterlichen Handbuch zur Hexenverfolgung – ›Malleus Mallificarum‹ genannt – wurden Hebammen beschuldigt, daß sie gemeinsam mit den Frauen ein Komplott gegen die Männer schmiedeten, um sie um ihre Nachkommen zu bringen.

Auch in den Anti-Abtreibungsbewegungen unserer Tage sind eindeutig diskriminierende Aspekte auszumachen, da letztendlich nur Frauen der unteren Gesellschaftsschichten von restriktiven Gesetzen betroffen sind. Denn der selbstgerechte Eifer mancher Prediger gegen die Abtreibung entlarvt einen Klassendünkel: Arme Frauen, die Geschlechtsverkehr haben und schwanger werden, sollen dazu gezwungen werden, für die Folgen ihres Lebenswandels zu büßen. Das Oberste Amerikanische Bundesgericht untersagte 1991, daß sich Schwangere in Abtreibungsfragen an staatlich bezuschußte Kliniken wenden können, und diese Entscheidung trifft besonders Frauen aus den armen Bevölkerungsschichten – ganz abgesehen davon, daß Ärzte durch dieses Gesetz daran gehindert werden, ihre Meinung frei zu äußern.

In der Tat stellt die Anti-Abtreibungsbewegung das letzte Glied einer langen Kette von Bemühungen einiger Männer dar, wenigstens die politische und soziale Kontrolle über die Frau zu erlangen, wenn ihnen schon die Kontrolle über ihren Körper für immer verwehrt bleibt. Leider werden derartige Anstrengungen auch noch von manchen Frauen selbst unterstützt, die verkennen, daß es sich hier um eine Art Versklavung ihrer biologischen Funktion handelt.

Warum lassen sich Frauen versklaven?

Die Frage, warum so viele Frauen den Versuchen, sie als Individuen oder als Gruppe zu versklaven, auch noch Vorschub leisten, bedarf einer eingehenden Betrachtung. Möglicherweise haben Frauen ihre Entscheidungsfreiheit auf dem Gebiet von Schwangerschaft und Geburt in einer Art Tauschhandel dem Schutz vor aggressiven Übergriffen anderer Männer geopfert? Vielleicht fühlen sie sich dadurch, daß Männer größer, stärker und politisch einflußreicher sind, eingeschüchtert? Wahrscheinlich haben die vielen Jahrtausende der Unterwürfigkeit ihre Spuren in der weiblichen Psyche hinterlassen und die Erwartungen, die Frauen an sich selbst stellen, heruntergeschraubt beziehungsweise ihr Selbstwertgefühl unterminiert. Oder vielleicht gaukeln Frauen Männern nur vor, daß sie sie für die Herren halten, und in Wirklichkeit sind sie es, die hinter den Kulissen alle Fäden in der Hand halten?

Aus soziobiologischer Sicht befinden sich Frauen in einer Lage, die nicht einer gewissen Ironie entbehrt: Auf der einen Seite liegt es in der Natur der Dinge, daß sie allein für die Fortpflanzung verantwortlich sind. Im Unterschied zu den Tieren allerdings unterliegen Frauen im Kampf der Geschlechter vielfältigen Zwängen und Beschränkungen: Sitten und Gebräuche, religiöse Vorschriften und Gesetze dienen dazu, ihre Autonomie auf diesem Gebiet zu untergraben und zu kontrollieren. Männer sind sich sehr wohl darüber im klaren, daß alles, was mit Fortpflanzung zu tun hat, letztendlich in den Händen der Frauen liegt. Und Männer können tun, was sie wollen: Gebären werden sie niemals können. Hier nämlich liegt der Grund dafür, warum sie die Macht der Frauen so sehr fürchten und alles daran setzen, diese unter ihre Kontrolle zu bekommen. Männer schrecken nicht vor Lug und Trug zurück, um Frauen so weit zu bringen, daß sie sogar selbst zu ihrer Unterjochung beitragen. Das Verhältnis der Geschlechter ist konfliktbeladen, und dies kommt deutlich in der unterschiedlichen, zum Teil widersprüchlichen Art und Weise zum Ausdruck, wie Frauen gesehen werden.

Je nach Zeit, Ort und gesellschaftlichen Verhältnissen wurde die Frau mit den verschiedensten Rollen identifiziert: Sie galt als Göttin, Madonna, Hexe, Mutter Erde, Verführerin, Amme, Hure, Wucherin, Gesundbeterin, Priesterin, Dienerin, Sklavin und als Sexobjekt. Man hielt sie für sexuell unersättlich und anarchistisch, für das gleichzeitig schwache und dominierende Geschlecht, das habsüchtig und kastrierend und voller geheimnisumwitterter Macht war. Mit Frauen wurden so widersprüchliche Gefühle assoziiert wie Ehrfurcht, Aberglauben, Lust, Furcht, Lächerlichkeit und Haß.

In der christlichen Religion wurde der Frau die Schuld für die Erbsünde aufgeladen, und sie wurde als Verkörperung des Bösen geschmäht. Gleichzeitig wurde sie mit einem Heiligenschein bedacht und dank der unbefleckten Empfängnis als Muttergottes gepriesen. Im muslimischen Glauben gilt sie als omnisexuell und unersättlich. Moslems beurteilen ihre zukünftigen Ehefrauen nach ihrer Vagina und glauben, daß sie aufgrund ihres Sexualtriebes beschnitten (durch Entfernung der Klitoris) und in Frauengemächern versteckt werden müßten. Mit einer idealen Frau verbindet man im Orient Gehorsam, Schweigsamkeit und Immobilität – genau die Eigenschaften, mit denen ein gläubiger Mensch die Hinwendung an seinen Gott bezeugt.[178]

Schwangerschaft und Geburt bringen die Frauen in eine äußerst schwache und verletzliche Lage. Gerade in dieser Zeit wären sie auf zusätzliche Unterstützung und Hinwendung angewiesen – doch in dieser Hinsicht kam nur ein schlechter Handel zwischen Mann und Frau zustande. In vielen Kulturen gilt die Ehe als Vertrag, der allein die Fortpflanzung regelt: Frauen vermieten ihren Uterus, und Männer zahlen die entsprechende Miete.[179] Diese Art von Ehe trägt beileibe nicht dazu bei, daß sich Mann und Frau gegenseitig respektieren und sich wie echte Freunde aufeinander verlassen können.

Shakespeare ironisierte diese Einstellung zur Ehe in seiner Posse ›Der Widerspenstigen Zähmung‹. Im fünften Akt beschreibt Katharina auf Veranlassung ihres Ehemannes Petruchio anderen Frauen, wie eine gute Ehefrau auszusehen habe:

> Dein Eh'mann ist dein Herr, ist dein Erhalter,
> Dein Licht, dein Haupt, dein Fürst, er sorgt für dich
> Und deinen Unterhalt, gibt seinen Leib
> Mühsel'ger Arbeit preis zu Land und Meer,
> Wacht Nächte durch in Sturm, und Tag' in Kälte,
> Wenn du im Hause warm und sicher ruhst;
> Und fordert zum Ersatz nicht andern Lohn
> Als Liebe, freundlich Blicken und Gehorsam:
> Zu kleine Zahlung für so große Schuld.
> Die Pflicht, die der Vasall dem Fürsten zollt,
> Die ist die Frau auch schuldig ihrem Gatten.
> Und ist sie trotzend, launisch, trüb' und bitter,
> Und nicht gehorsam billigem Gebot,
> Was ist sie als ein tückischer Rebell,
> Sünd'ger Verräter an dem lieben Herrn?
> Wie schäm' ich mich, daß Frau'n so albern sind!
> Sie künden Krieg und sollten knien um Frieden!
> O daß sie herrschen, lenken, trotzen wollen,
> Wo sie nur schweigen, lieben, dienen sollen![180]

Mit derselben Auffassung – wie sie Katharina hier allerdings nur scheinbar vertritt – haben viele Frauen allen Ernstes Eheformen unterstützt, die sie selbst unterjochen. Unter dem Deckmantel edler Ideale und feierlicher Zeremonien untergräbt der Ehestand fast immer die Entscheidungsfreiheit der Frau und macht aus der weiblichen Fruchtbarkeit ein Gut, mit dem Handel getrieben wird. Mitgift, Eheverträge und festliche Bräuche gaukeln den Menschen vor, daß bei der Ehe noch mehr und Wichtigeres als nur der Wille zur Fortpflanzung im Spiel ist. Alle Beteiligten sind geblendet von Reichtum und Macht, abgelenkt von der Begeisterung der ersten Liebe und durch die Ekstase des Orgasmus in euphorische Stimmung versetzt. Doch das, was das Rad zum Rollen bringt, das, was dem ganzen zugrunde liegt, ist das Bestreben des Menschen, sich fortzupflanzen. Allerdings geben die wenigsten Menschen zu, daß die Fortpflanzung letztendlich der Motor für das ist, was sie tun; man hat den Eindruck, daß es unter ihrer Würde ist, über dieses Thema zu diskutieren. Unsere Illusion zu glauben, daß der Mensch nicht zum Tierreich gehört, ist der grandioseste Selbstbetrug, dem wir je aufgesessen sind.

Uterusneid

Zu den größten Irrtümern in unserer westlichen zivilisierten Welt gehört der von Sigmund Freud entwickelte Begriff vom Penisneid. Genauso wie der Mythos von der Passivität der Frau brachte auch diese Freudsche Theorie für Generationen von Frauen Angst und Sorge mit sich. Man kann sich nur schwerlich ein frustrierteres Wesen als eine Frau vorstellen, die sich unvollständig fühlt, weil ihr ein Penis fehlt! Sobald eine Frau dieses Märchen glaubt, muß sie auch akzeptieren, daß es für ihr Dilemma keine Lösung gibt: Frauen können nicht wie manche Riff-Fische in der Karibik ihr Geschlecht wechseln! Freud wäre der Wahrheit näher gekommen, wenn er von »Uterusneid« gesprochen hätte.

Die Angst und der Neid des Mannes, daß nur Frauen Kinder gebären können und die lebenspendende Kraft größtenteils bei ihnen liegt, kommen in zahllosen Mythen und Märchen zum Ausdruck. Die Skala reicht von der Anbetung von Fruchtbarkeitsgöttinnen bis hin zu dem Aberglauben, daß menstruierende Frauen krank seien und Männer anstecken könnten.

Bei den nordamerikanischen Creek-Indianern, die heute im Nordosten von Oklahoma leben, werden Frauen während ihrer Menstruation gezwungen, den Männern fernzubleiben. Sich über diese Trennung hinwegzusetzen wird als schweres Vergehen betrachtet, und der Missetäterin kann es passieren, daß jegliche Art von Unglück, das über den Stamm hereinbricht, ihr zugeschrieben wird. Die Medizinmänner der Creek-Indianer behaupten, daß Krankheiten – unter anderem Diabetes, Herzinfarkt, Krebs und Rheumatismus – auftreten können, wenn sich menstruierende Frauen nicht von den Männern fernhalten. Zwar dürfen die Frauen während ihrer Periode den Männern ihr tägliches Essen zubereiten, am selben Tisch hingegen dürfen sie nicht Platz nehmen, nicht aus Gemeinschaftsgefäßen essen und nicht mit anderen zusammensitzen. Solange die Frauen der Creek-Indianer menstruieren, müssen sie ihr eigenes Geschirr benutzen.[181]

Auch dem jüdischen Niddah-Gesetz liegt die Angst zugrunde, daß Männer sich bei menstruierenden Frauen anstecken könnten. Dieses Gesetz, das der Reinheit in der Familie gilt, geht davon aus, daß eine Frau, solange sie menstruiert, eine Quelle ritueller Unreinheit darstellt. Nach neuesten Erkenntnissen bezieht sich der Begriff der »Unreinheit« auf den Verlust eines unbefruchteten Eis. »Es ist dieser Verlust potentiellen Lebens, dieser leise Todeshauch, der die Frau in den Zustand der Unreinheit versetzt«, schreibt Normal Lamm. Der jüdische Glaube ist eindeutig lebensbejahend.[182] Während der zwölf Niddah-Tage, die aus den fünf Menstruationstagen und den nachfolgenden sieben Tagen ohne Ausfluß bestehen, darf eine Frau nicht heiraten. Aufgrund dieses Gesetzes kann in orthodoxen jüdischen Familien der Hochzeitstermin nie genau festgelegt werden.

In der heutigen Zeit gibt es so viele Niddah-Auslegungen, wie es Paare gibt, die altüberlieferten Niddah-Gesetze jedoch umfassen ungefähr dreizehn Verhaltensregeln für Mann und Frau. Solange eine Frau menstruiert, ist es ihr und ihrem Ehemann untersagt, sich gegenseitig zu berühren, am selben Tisch zu essen, im selben Bett zu schlafen und sogar sich gegenseitig etwas zu reichen. »Er soll nicht mit ihr im selben Bett schlafen, auch wenn beide bekleidet sind und sie sich nicht berühren«, so lauten die Niddah-Gesetze in der Übersetzung von Rabbi Yosef Loebenstein. Und weiter: »Man sollte dafür Sorge tragen, daß die Betten weit genug auseinander stehen, um sicherzugehen, daß sich Mann und Frau im Schlaf nicht berühren. Er soll auch nicht auf ihrem Bett sitzen, auch wenn sie nicht darin liegt. Es ist ihm untersagt, sie zu pflegen, wenn sie krank ist, ausgenommen, kein anderer steht zur Verfügung, und sie bedarf dringend der Pflege.«[183]

In unserer Zeit gibt es nur noch wenige, die glauben, daß ein Mann durch die Berührung einer menstruierenden Frau geistigen oder körperlichen Schaden nehmen könnte. Die Niddah-Gesetze jedoch lassen keinen Zweifel daran, daß ein Mann, der mit einer menstruierenden Frau Geschlechtsverkehr hat, rituell unrein wird; dasselbe gilt auch für alle Personen, mit denen er Kontakt hat. »Solch ein Mensch bringt schlimme Krankheiten über sich und das Kind (das aus einer derartigen Verbindung hervorgegangen ist).«[184] Die Wurzeln dieses Glaubens liegen im Alten Testament, im dritten Buch Mose: »Und der Mann, der eine Frau anrührt, solange sie ihre Zeit hat, wird unrein.«

Eine jede Frau hat im Verlauf ihres vierwöchigen Zyklus detaillierte Verhaltensregeln zu befolgen, dazu gehören Selbstuntersuchungen im Zeitraum des Niddah und ein reinigendes Bad oder Mikvah am Ende desselben. Nach dem reinigenden Bad sollen sie und ihr Mann Geschlechtsverkehr miteinander haben. Normalerweise hat die Frau gerade zu diesem Zeitpunkt ihren Eisprung, so daß durch diesen Brauch eine hohe Empfängnisquote gesichert wird. Jüdische Feministinnen protestieren heute gegen die Niddah-Gesetze und argumentieren, daß sie nur dazu dienen, die Frau an Haus und Hof, an ihren »angestammten Platz« also, zu fesseln. Befürworter des Brauchs betonen seine auffrischende Wirkung für das Eheleben und weisen auf die Chance der Eheleute hin, ihre Liebe zueinander Monat für Monat neu zu entdecken, genau so, wie es einst in der Hochzeitsnacht geschah.

In manchen Stammesgesellschaften kommt die Angst der Männer vor den Frauen in Mythen zum Ausdruck, in denen von Kultinstrumenten die Rede ist, die Frauen nicht sehen oder berühren dürfen. Wenn wir die Wörter austauschen und »Kultinstrumente« durch »Machtausübung bei der Fortpflanzung« ersetzen, so wird klar, daß Flöten und Trompeten auch im biologischen Sinne interpretiert werden können.

Diesen Mythen zufolge gehörten die Kultinstrumente ursprünglich den Frauen. Durch Betrug und Hinterlist brachten die Männer diese Instrumente in ihre Gewalt, versteckten sie in einem Männerhaus – bei den meisten Stämmen ein Gebäude, zu dem ausschließlich Männer Zutritt haben – und verboten den Frauen, dieses zu betreten und die Instrumente auch nur anzusehen.

In Wirklichkeit haben Männer durch Gesetze und Bräuche, die einseitig auf ihre Bedürfnisse zugeschnitten sind, versucht, Frauen und deren Fruchtbarkeit unter ihre Kontrolle zu bringen. So wie Frauen traditionellerweise ihre Kinder in Abwesenheit der Männer zur Welt brachten, so bauten sich Männer eigene, den Frauen nicht zugängliche Häuser – Bars, Clubs und Gesellschaftshäuser – und erklärten sie Frauen gegenüber für tabu.

In bestimmten Stammesgesellschaften spürt man deutlich das Unbehagen zwischen den Geschlechtern und die Furcht der Männer, daß Frauen diese künstlich geschaffenen männlichen Tabuzonen nicht mehr respektieren könnten. Aus den Mythen der Stämme spricht die elementare Angst der Männer, daß die Frauen eines Tages das zurückerobern könnten, was ursprünglich ihnen gehörte: die Kontrolle über ihre eigene Fruchtbarkeit. Die Art und Weise, wie in modernen Industriegesellschaften die Geschlechter voneinander getrennt werden, lassen ähnliche Ängste vermuten. Wie der mittellose Peter Pumpkin Eater in einem alten englischen Kinderlied haben manche Männer alles daran gesetzt, das weibliche Geschlecht an seinem vermeintlich angestammten Platz zu halten. Sie haben jedoch ständig Angst davor, daß die Frauen ihre Fesseln zerreißen könnten – und nicht zu Unrecht, wie es sich immer öfter erweist.

Das, was beide Geschlechter unter Männlichkeit verstehen, ist eigentlich ein ziemlich wackeliges Kartenhaus. Die Frauen wissen das, haben sich aber trotzdem – wenngleich unwillig – darin eingerichtet und sich bereiterklärt, den Haushalt zu führen. Die Frauen der Mundurucu-Indios in Brasilien sind ein typisches Beispiel für weibliches Verhalten – ganz gleich, in welchem kulturellen Umfeld die Frauen leben. Die Anthropologen Yolanda und Robert Murphy berichten, daß den Mundurucu-Frauen die Männerhäuser, die sie nicht betreten dürfen, dennoch bestens vertraut sind. »Sie wußten alles über das rituelle Brimborium der Männer, wenngleich keine zugegeben hätte, heimlich gelauscht oder gespäht zu haben, und sie waren weder beeindruckt noch eingeschüchtert. Man hat das Gefühl, als ob sie die geheimen Quellen der männlichen Macht erforscht – und absolut nichts gefunden hätten.«[185]

Bei dem Stamm der Mundurucu sind die Beziehungen zwischen Männern und Frauen äußerst angespannt. Die Männer drücken ihre Feindseligkeit in Form von Ritualen aus und die Frauen in Form von Worten – was sich nicht sehr wesentlich von dem unterscheidet, was in den modernen Industriegesellschaften abläuft.

Keuschheitsgürtel und Begattungspfropfen

Spermawettbewerb ist in seiner größten Formenvielfalt bei denjenigen männlichen Tieren anzutreffen, deren väterliches Investment hauptsächlich aus Sperma besteht – die Skala reicht vom löffelartig geformten Penis, mit dessen Hilfe Insektenmännchen das von einem Vorgänger eingebrachte Ejakulat entfernen können, bis zu den neunhundert Kilogramm schweren Riesenhoden des Nordkaperwals. Da Sperma in den Hoden entsteht, können Männchen mit besonders großen Hoden mehr Sperma produzieren; und dominante Männchen haben meist auch die größten Hoden unter ihren Geschlechtsgenossen. Dominantes Verhalten kann offensichtlich Veränderungen im Gehirn hervorrufen, die wiederum Auswirkungen auf die Größe der Hoden und auf die Spermaproduktion haben und letztendlich entscheiden, ob ein Männchen viele Nachkommen hat oder nicht.

Dem Neurobiologen Russell Fernald ist es jüngst in einer bemerkenswerten Untersuchung gelungen nachzuweisen, daß Gehirnzellen im Hypothalamus aggressiver männlicher Buntbarsche sechs- bis achtmal größer sind als die entsprechenden Zellen ihrer friedlichen Gefährten. Die Hypothalamus-Zellen produzieren ein die Geschlechtsdrüsen anregendes Hormon, das die Hirnanhangdrüse wiederum anregt, Hormone freizusetzen, die die Spermaproduktion der Hoden stimulieren.

Wenn ein dominantes Männchen von einem größeren, aggressiveren Männchen eingeschüchtert wird, schrumpfen die Hypothalamus-Zellen des unterlegenen Fisches, seine Hoden werden kleiner; und am

Ende kann es sich nicht einmal mehr verpaaren. Auch das Gehirn von anderen Tieren und das Gehirn des Menschen können durch Verhalten beeinflußt werden. Auf diesem Gebiet gilt es noch viel zu erforschen; beim Buntbarsch wenigstens ist erwiesen, daß Konkurrenz zwischen den Männchen auf die Struktur des Gehirns selbst Einfluß haben kann.[186]

Arten, bei denen die Weibchen in der Regel mit mehr als einem Männchen kopulieren, haben eine besonders heftige Spermakonkurrenz entwickelt. Selbst ein Science-fiction-Autor käme schwer in Verlegenheit, wenn er sich genauso exotische Taktiken ausdenken wollte, wie sie männliche Insekten einsetzen, um qualitativ hochwertiges Sperma zu produzieren und um sicherzustellen, daß dieses auch die Eier eines Weibchens befruchtet.

Männliche Insekten haben es mit einer ganzen Reihe von besonders schwierigen Problemen zu tun. Nach Robert Trivers »kann ein männliches Insekt nur durch den über sein Sperma ausgetragenen Konkurrenzkampf Einfluß auf seinen Fortpflanzungserfolg nehmen«.[187] Bei den Insekten sind die Weibchen nicht nur diejenigen, die ihre Partner auswählen; nach der Kopulation geht das Auswahlverfahren auf einer höheren – mysteriöseren – Ebene im Körperinneren des Weibchens weiter.

Weibliche Insekten paaren sich mit mehreren Männchen; hieraus erwächst ihnen die Möglichkeit auszuwählen, wessen Samen sie zur Befruchtung ihrer Eier benutzen. Der Evolutionsdruck für die Männchen besteht also erstens darin, um Weibchen zu konkurrieren, und zweitens darin, dafür zu sorgen, daß ihr Sperma den Konkurrenzkampf im Körperinnern des Weibchens fortsetzt. Das Sperma des männlichen Insekts muß an die geeignetste Stelle im Samenspeicherorgan des Weibchens gelangen, damit es später eine Chance hat, zum Zuge zu kommen. Entomologen machten die Beobachtung, daß alles nach dem Motto »als letzter hinein und als erster wieder heraus« abläuft. Das heißt, daß das letzte Männchen, das sich mit einem Weibchen paart, die besten Chancen hat, daß sein Samen auch verwendet wird. So kann also ein Männchen, das ein Weibchen erfolgreich daran hindert, sich mit einem anderen Männchen zu paaren, seiner Vaterschaft ziemlich sicher sein.

Eine Sicherungsmöglichkeit stellt der Begattungspfropfen dar, die Insektenversion des Keuschheitsgürtels, jener Erfindung aus dem 12. Jahrhundert, derer sich die Kreuzritter bedienten, um ihre Damen »abzuschließen«, wenn sie in die sogenannten Heiligen Kriege zogen. Der Begattungspfropfen wurde jedoch schon Tausende von Jahren vor den Kreuzrittern erfunden oder, besser gesagt, durch natürliche Selektion herausgebildet.

Der Pfropfen besteht gewöhnlich aus einer klebrigen Masse, einem

Sekret, das das Männchen absondert, um die Geschlechtsöffnung des Weibchens zu blockieren und somit zu verhindern, daß das Sperma eines Rivalen eindringen kann. Einige männliche Kratzwürmer versiegeln jedoch auch ihre Konkurrenten. Nachdem sie sich mit einem Weibchen gepaart haben, vergehen sich diese Würmer an einem anderen Männchen und verschließen seine Geschlechtsöffnung mit demselben Zementdrüsensekret, mit dem sie auch das Weibchen abgedichtet haben.

Bei der winzigen Stechmückenart Johannseniella nitida kommt der Begattungspfropfen in seiner extremsten Ausprägung vor. Das Männchen dieser Mücken opfert sich selbst auf dem Altar der Fortpflanzung: Es zwängt sich in die Geschlechtsöffnung des Weibchens und übernimmt nicht nur selbst die Rolle eines Pfropfens, sondern wird auch noch vom Weibchen aufgefressen oder, besser gesagt, absorbiert, da dem Weibchen das zusätzliche Protein zur Produktion seiner Eier willkommen ist.

Zu diesem Kamikaze-Akt der Selbstaufopferung sind jedoch die wenigsten Tiere bereit. Doch auf das Hilfsmittel, die weibliche Geschlechtsöffnung zu verschließen, greifen neben den Insekten auch einige Säugetieren wie beispielsweise Beuteltiere, Fledermäuse, Igel und Ratten zurück. Auch einige Schlangenarten stellen Begattungspfropfen her.

Der Pfropfen der Schlange, der einen Rivalen daran hindern soll, sich ebenfalls mit dem Weibchen zu verpaaren, wird offensichtlich unmittelbar nach der Besamung aus Nierensekreten aufgebaut. Schlangenweibchen paaren sich häufig mehrere Wochen vor dem Eisprung, und sobald es ihnen gelungen ist, den eingebrachten Pfropfen abzustoßen, kopulieren sie mit weiteren Männchen. Der erste Kandidat kann jedoch damit rechnen, daß der Genitaltrakt des Weibchens wenigstens so lange verschlossen bleibt, bis sein Sperma eine erfolgversprechende Ausgangsposition erreicht hat und abwarten kann, daß ein Ei in die Eileiter kommt.

Eine Alternative, mit der ein Männchen seine Monopolstellung bei der Fortpflanzung absichern kann, ist die Langzeitkopulation. Wenn sich das südafrikanische Heuschreckenmännchen Zonocerus elegans paaren möchte, springt es auf den Rücken eines Weibchens, schlingt die Beine um seinen Körper und verharrt ungefähr einen Monat, das bedeutet ein Drittel seines Lebens, in dieser Stellung. Das kopulierende Männchen wird allerdings immer wieder von männlichen Rivalen gestört, die es mit seinen Hinterbeinen wegschubst. Erst wenn das Weibchen, das von seinem Reiter mit zahlreichen Leckerbissen verwöhnt wird, seine Eier gelegt hat, löst das Männchen seine Umklammerung.

Ein Insekt namens Gespenstheuschrecke, das wie ein dürrer Zweig aussieht, verbleibt sogar neunundsiebzig Tage in copula![188] Diese rekordverdächtige Begattungsstrategie nimmt Männchen und Weibchen viel zu sehr in Anspruch, als daß sie noch mit anderen Tieren verkehren könnten. Die männliche Liebeswanze Plecia nearctica kopuliert in der freien Natur drei Tage lang, unter Laborbedingungen, das heißt wenn keine Gefahr durch Räuber droht, hält sie sogar viereinhalb Tage durch. Die Männchen dieser Arten werden in der Tat zu lebenden Keuschheitsgürteln, betrachten den weiblichen Körper als ihr Revier und setzen ihren eigenen Körper als unüberwindliches Hindernis für Rivalen ein.

Wenn das Bewachen des Paarungspartners intensiv genug betrieben wird, entwickelt sich daraus ein monogames Verhältnis. Bei Termiten beispielsweise rivalisieren die Männchen so heftig miteinander, daß ein Männchen, das endlich ein Weibchen erobert hat, mit diesem sein ganzes Leben lang zusammenbleibt. Manche Tiere ziehen sich sogar in ein Nest zurück, das sie nie mehr verlassen. Aufgrund dieser Beobachtungen haben Randy Thornhill und John Alcock die Hypothese aufgestellt, daß die Wurzeln lebenslanger monogamer Beziehungen in der Kontrolle des Männchens über das Weibchen zu suchen sind.[189] Obwohl ihre Theorie einleuchtet und alles andere als weit hergeholt erscheint, bricht sie doch mit sämtlichen traditionellen Vorstellungen, daß Monogamie eine typisch weibliche Erfindung sei.

Weiterhin gibt es noch die Möglichkeit, daß das Sperma selbst den Zugang zum weiblichen Geschlechtstrakt blockiert. Manche männliche Käfer produzieren riesige Spermien, die bis zu zwei Drittel ihrer Körpergröße erreichen können. Nur einige Exemplare dieser Riesenspermien genügen, um das weibliche Samenspeicherorgan zu füllen und das Sperma eines Rivalen am Eindringen zu hindern.

Darüber hinaus läßt sich Vaterschaft sicherstellen, indem man das Sperma eines Vorgängers einfach entfernt. Der Penis einiger Insekten stellt hierbei ein praktisches Mehrzweckorgan dar: Er ist mit kleinen Hörnern versehen, die in das weibliche Samenspeicherorgan hineinpassen und den Samen des Vorgängers ausschaben können. Die männliche Prachtlibelle Calopteryx maculata beispielsweise besitzt solch einen Penis. Das Männchen dieser Libellenart säubert das Speicherorgan des Weibchens vom Sperma des Vorgängers und ersetzt es durch das eigene Ejakulat. Der Penis der männlichen Heidelibelle Sympetrum rubicundilum ist mit zwei aufblasbaren Lappen ausgestattet, die sich im weiblichen Samenspeicherorgan ausdehnen und das Sperma des Rivalen in eine für die Befruchtung der Eier ungünstige Ecke verdrängen.

Das Sperma eines Rivalen kann auch durch eine Art spermaabtötender Dusche außer Kraft gesetzt werden. Manche Männchen können direkt in den weiblichen Geschlechtstrakt einen Stoff injizieren, der bewirkt, daß die gesamte Samenflüssigkeit des Vorgängers ausgestoßen wird. Solche Stoffe ähneln jenen chemischen Stoffen, derer sich Weibchen bedienen, wenn sie gespeichertes Sperma zur Befruchtung eines Eies abrufen wollen.

All diese beschriebenen Taktiken sind Bestandteil eines schier unerschöpflichen Repertoires der Männchen, um ihre Monopolstellung bei der Begattung eines Weibchens zu sichern und Rivalen fernzuhalten.

Unterbindung des Geschlechtstriebs durch Geruch und Gesang

Bei manchen Arten schützen Männchen ihr Sperma, indem sie den weiblichen Geschlechtstrieb ausschalten. Das Ejakulat bestimmter männlicher Insekten enthält Substanzen, die das Interesse des Weibchens am Geschlechtsverkehr erlahmen lassen. Die männliche Hausfliege beispielsweise braucht eigentlich nur zehn Minuten, bis ihr Samen auf das Weibchen übertragen ist; der Paarungsakt dauert jedoch insgesamt eine ganze Stunde. Diese zusätzliche Zeit scheint nötig zu sein, um eine Flüssigkeit zu übertragen, die zwar kein Sperma enthält, dafür aber eine Substanz, die beim Weibchen dazu führt, daß es sein Interesse am Paarungsakt verliert. Manchmal kann dieses Desinteresse sein ganzes weiteres Leben anhalten.

Männliche Grabwespen bedienen sich einer anderen Taktik: Sie singen nach der Kopulation. Jedes Frühjahr ist im Sand der Sonora-Wüste von Arizona ein außerordentliches Schauspiel zu beobachten. Tausende von männlichen Grabwespen der Art Centris pallida buddeln frenetisch jungfräuliche Weibchen aus, die aus amphorenartigen Brutbehältern schlüpfen, welche von ihren Müttern vor ungefähr einem Jahr im Boden abgelegt worden waren. Weibchen dieser Art paaren sich meist nur einmal in ihrem einen Monat währenden Leben, danach werden sie sexuell unempfänglich – ein gutes Beispiel dafür, wie effizient Männchen weibliche Entscheidungsfreiheit unterbinden können.

Die Männchen schlüpfen in der Regel eher aus ihren Brutbehältern aus als die Weibchen und nehmen sofort den Konkurrenzkampf um die erfolgreiche Fortpflanzung auf. In dichte Staubwolken eingehüllt, ringen diese Tiere, die ungefähr so groß wie Hummeln sind, miteinander darum, wer zuerst ein Weibchen ausgraben und besteigen darf. Doch der erste, der auf einem Weibchen sitzt, ist nicht unbedingt auch der Sieger. Zuerst einmal muß er das Weibchen dazu bringen, mit ihm zu einem Baum zu fliegen, wo sie sich verpaaren können. Auf diesem Flug kann es passieren, daß ein anderes Männchen den beiden einen Stoß versetzt, so daß sie abstürzen. Auf dem Boden wartet eine ganze Meute von Männchen nur darauf, sich erneut ins Kampfgetümmel zu stürzen und dieses vom Himmel gefallene Weibchen für sich zu gewinnen. Meist gelingt es dem größten Männchen, das Weibchen seinem Vorbesitzer zu entreißen, mit seiner Errungenschaft zum nächstgelegenen Mesquitbaum zu fliegen und sich dort zu paaren. Doch nach Beendigung dieses Aktes läßt das Männchen das Weibchen noch lange nicht los. Der Forscher John Alcock berichtet, daß es vielmehr »einen angenehmen, tiefklingenden, rasselnden Ton, den sogenannten postkopulatorischen ›Gesang‹ anstimmt und dabei heftig mit seinen Beinen auf die Seitenteile des Weibchens klopft«. Auch auf den Unterleib wird im Takt des Gesangs getrommelt. Nach ein paar Minuten entläßt das Männchen das Weibchen und stürzt sich erneut in den rasenden Ausgrabungskampf um ein weiteres unverpaartes Weibchen.

Bevor ein Männchen das Weibchen aus der kopulatorischen Umarmung entläßt, hat es dafür Sorge getragen, daß sich das Weibchen nicht mehr mit einem weiteren Männchen paart. Erstaunlicherweise ist es der postkopulatorische Gesang, der den Geschlechtstrieb des Weibchens zum Erliegen bringt. Alcock konnte experimentell nachweisen, daß es an diesem Gesang des Männchens nach der Samenablage liegt, daß das Weibchen unempfänglich für andere Männchen wird. Wir Menschen denken bei Liebesliedern meist an die Zeit des Verliebtseins, an die »vorkopulatorische Phase« sozusagen. Bei den Grabwespen verhält es sich jedoch umgekehrt: Hier wird *nach* der Kopulation gesungen und damit sichergestellt, daß allein die Gene des siegreichen Sängers an die nächste Generation weitervererbt werden.[190]

Für Rivalen nicht mehr interessant

Bei der Grabwespe ist es der postkopulatorische Gesang, der dem Geschlechtstrieb des Weibchens ein Ende setzt. Männchen anderer Arten benutzen chemische Substanzen, die das Weibchen sexuell abstoßend wirken lassen und Rivalen von ihm abhalten. Die Männchen der Bienenart Centris adani und der Schmetterlingsart Heliconius erato deponieren nicht nur Sperma, sondern zusätzlich auch einen Stoff, der bewirkt, daß das Weibchen wie ein Männchen riecht. Da die wenigsten Männchen vom Duft eines Geschlechtsgenossen angezogen werden, wird das Weibchen durch dieses Parfüm unattraktiv: Das Männchen hat somit sein Sperma erfolgversprechend investiert.

Auch manche Weibchen verlassen sich auf Chemikalien, die sie in speziellen Hinterleibsdrüsen, den sogenannten »Stinkknoten«, produzieren und aufbewahren. In diesem Fall werden mit Hilfe des unangenehmen Geruchs aggressive Männchen ferngehalten und die im Insektenreich häufig vorkommenden Vergewaltigungen vermieden.

Den Sex-Appeal der Weibchen herabzusetzen ist jedoch nicht nur im Tierreich üblich. Auch die Menschen verstehen sich darauf, die Attraktivität eines weiblichen Familienmitglieds in der Öffentlichkeit zu kaschieren. Manche Religionen schreiben genau vor, was zu tun ist, daß Frauen für Männer außerhalb der Familie unattraktiv, unerreichbar und unempfänglich erscheinen. Manche christlichen Sekten untersagen es den Frauen, sich zu schminken, Schmuck oder auffallende Farben zu tragen. Bei einzelnen jüdisch-orthodoxen Glaubensgemeinschaften müssen sich die Frauen ihr Haar sehr kurz schneiden lassen und es in der Öffentlichkeit unter einem Hut, Kopftuch oder einer Perücke verbergen. Manche muslimische Gesellschaften schreiben vor, daß sich Frauen in schwere, schwarze Umhänge hüllen, die ihre Schönheit gänzlich verbergen. Frauen aus der Oberschicht jener Gesellschaften werden in Frauengemächer verbannt, die von der Außenwelt hermetisch abgeriegelt sind.

Genitaloperationen

Die menschlichen Spielarten, die Entscheidungsfreiheit einer Frau zu untergraben und ihren Geschlechtstrieb zu dämpfen, sind viel brutaler als alles, was aus der Tierwelt bekannt ist. In ungefähr siebenundzwanzig Staaten Afrikas und des Nahen Ostens[191] werden an den Genitalien von Mädchen gewaltsame chirurgische Eingriffe vorgenommen. In diesen traditionellen afrikanischen und muslimischen Gesellschaften gilt ein Mädchen als nicht verheiratbar, wenn seine Klitoris nicht chirurgisch verändert oder sogar gänzlich entfernt wurde. Nach Angaben der Weltgesundheitsorganisation sind achtzig Millionen Frauen allein in Afrika Opfer solcher chirurgischer Praktiken. Auch im südlichen Teil der Arabischen Halbinsel, rund um den Persischen Golf, bei muslimischen Gruppierungen in Malaysia und auf der Insel Java werden Operationen an den Genitalien der Mädchen vorgenommen. In jüngster Zeit sind auch in Europa derartige Fälle unter Immigrantengruppen bekannt geworden.

Auch wenn der irreführende medizinische Ausdruck »Beschneidung« dafür gebraucht wird, stellen diese chirurgischen Eingriffe in Wirklichkeit Verstümmelungen dar, die in den meisten zivilisierten Industriegesellschaften als kriminell gelten würden. Gegenwärtig werden auf der Welt drei unterschiedliche Praktiken angewandt. Die »leichteste« Form, die unter der Bezeichnung »Sunna« firmiert, besteht in der Entfernung der kleinen Schamlippen der Klitoris; hier wird fälschlicherweise eine Parallele zur männlichen Beschneidung gesehen. Eine radikalere Variante stellt die Exzision dar. Hierbei werden die Klitoris im ganzen und ein Teil oder die gesamten kleinen Schamlippen entfernt. Die gravierendste und brutalste Form – die Infibulation – verstümmelt ein Mädchen sogar noch schlimmer. Bei diesem Eingriff werden nicht nur ihre Klitoris und die kleinen und großen Schamlippen wegoperiert, sondern auch die Wände der Vulva mit Catgut zusammengenäht. Danach werden dem Mädchen die Beine zusammengebunden, und es wird gezwungen, bewegungslos liegenzubleiben, bis alles verheilt, das heißt die Vagina bis auf eine nadelöhrgroße Öffnung zusammengewachsen ist, durch die Urin und Menstruationsblut tröpfchenweise abgehen können.

All diese Operationen, die ohne Betäubung durchgeführt werden, haben für die Frauen schwere, ihr ganzes Leben beeinträchtigende gesundheitliche Probleme zur Folge, und nicht selten sterben Frauen an diesen gewaltsamen Eingriffen. Oft kommt es aufgrund von nicht sterilen und primitiven Instrumenten wie Rasierklingen und Glasscherben zu Komplikationen wie Blutungen, Wundstarrkrampf und Blutvergiftungen. Zu den Spätfolgen gehören Unterleibsentzündungen, die zu Unfruchtbarkeit führen können, und Blasenentzündungen, heftige Schmerzen beim Geschlechtsverkehr und vernarbtes Gewebe, das bei der Geburt von Kindern reißt beziehungsweise zu starken Blutungen führt.

Nawal el-Saadawi, eine arabische Schriftstellerin, beschreibt, was sie am eigenen Leib erlebt hat:

»In jener Nacht, als es geschah, war ich sechs Jahre alt. Warm und friedlich lag ich zwischen Wachen und Schlafen wohlig in meinem Bett und träumte die rosigen Träume eines glücklichen Kindes. All die liebenswürdigen Feen der Kindheit zogen an meinem inneren Auge vorüber. Plötzlich fühlte ich, wie etwas unter meine Bettdecke kroch, etwas, das sich wie eine riesige Hand anfühlte, kalt und rauh, und an meinem Körper herumfummelte, als ob sie etwas suchte. Und als ich schreien wollte, legte sich eine weitere Hand, die genauso kalt, rauh und groß war wie die erste, auf meinen Mund und hinderte mich daran.

Sie trugen mich zum Badezimmer. Ich kann mich nicht mehr daran erinnern, wie viele es waren, wie sie ausgesehen haben... Ich... erinnere mich an die eiskalten Fliesen unter meinem nackten Körper und daran, wie unbekannte Stimmen und summende Geräusche ab und zu von einem kratzenden, metallischen Geräusch unterbrochen wurden, das mich an den Metzger erinnerte, der sein Messer wetzt, bevor er ein Schaf für das Opferfest schlachtet...

Dann kam der Augenblick, in dem meine Oberschenkel weit auseinandergespreizt wurden. Stahlfinger umklammerten mich und ließen keine Sekunde locker... Und plötzlich schien eine scharfe metallische Schneide zwischen meine Schenkel zu fahren und ein Stück Fleisch von meinem Körper abzutrennen.

Ich schrie trotz der auf meinen Mund gepreßten Hand auf vor Schmerz. Aber das, was ich fühlte, war mehr als Schmerz, es war eine Flamme, die mich versengte, meinen ganzen Körper verschlang. Etwas später bemerkte ich, daß ich mit meinen Hüften in einer Blutlache lag... Ich wußte nicht, was sie von meinem Körper abgeschnitten hatten... Ich schluchzte und schrie nach meiner Mutter um Hilfe. Doch das Schlimmste stand mir noch bevor: Als ich wieder um mich blicken konnte, bemerkte ich, daß meine Mutter tatsächlich anwesend war. Es war eindeutig meine leibhaftige Mutter, und sie stand inmitten all dieser fremden Leute. Sie sprach mit ihnen und lächelte ihnen zu, und nichts in ihrem Verhalten wies darauf hin, daß sie ein paar Augenblicke zuvor dabei gewesen war, wie ein Schlachtermesser ihre Tochter verstümmelt hatte.«[192]

Weiter beschreibt die Autorin, wie auch ihre jüngere Schwester ins Badezimmer geschleppt wurde und dieselbe Mißhandlung über sich ergehen lassen mußte. So waren die beiden Mädchen in ihrem Entsetzen und ihrem Schmerz vereint, einem Schmerz, der ein Leben lang nicht mehr vergeht.

Die Hochzeitsnacht bringt einer Frau, deren Vagina als Kind verstümmelt und zugenäht wurde, erneute Qualen. Damit sich ein Mann sexuell mit ihr vereinigen kann, muß sie ja erst aufgeschnitten werden. Ein Flitterwochenhotel in der sudanesischen Stadt Port Sudan liegt praktischerweise direkt neben einem Krankenhaus! In traditionsverbundenen Familien wird die Vagina der Frau nach der Geburt eines jeden Kindes erneut zugenäht – ein fürchterlicher Kreislauf von Schmerz und Verstümmelung, dem die Frauen erst dann entrinnen, wenn ihrer Gebärfähigkeit durch die Menopause ein Ende gesetzt wird.

Wissenschaftler sind sich darüber einig, daß die Verstümmelung der weiblichen Geschlechtsteile auf das Bestreben der Männer zurückzuführen ist, die weibliche Sexualität unter Kontrolle zu halten. Die Keuschheitsgürtel des Mittelalters und die Ringe, mit denen die frühen Römer die großen Schamlippen ihrer Sklavinnen verschlossen, kommen uns allerdings fast harmlos vor im Vergleich zu den chirurgischen Eingriffen, die junge muslimische Mädchen auch heutzutage noch erdulden müssen.

In letzter Zeit haben sich Frauen in Afrika zu Interessengruppen zusammengeschlossen, die gegen derartige Mißhandlungen protestieren und Aufklärungsarbeit unter Frauen und – was noch wichtiger ist – unter einflußreichen Männern leisten. Sie versuchen sie davon zu überzeugen, daß jegliche chirurgischen Eingriffe an den weiblichen Geschlechtsorganen unterlassen werden sollten.

Unglücklicherweise gehen jedoch viele Muslime davon aus, daß ihre Religion solche Praktiken verlange – eine Annahme, die jeglicher Grundlage entbehrt, denn im Koran ist nirgends die Rede von Eingriffen in die weibliche Anatomie. Diese Bräuche sind allein dem männlichen Bedürfnis entsprungen, die Sexualität der Frauen vollständig unter Kontrolle zu halten. Zudem manifestiert sich in den Verstümmelungsritualen die alte Vorstellung, daß weibliche Geschlechtsorgane unrein und infolgedessen zu entfernen seien. Noch 1988 traten auf einer internationalen Konferenz in Somalia einige muslimische Religionsgelehrte dafür ein, daß eine »milde Form der Beschneidung« beibehalten werden sollte, »um die weibliche Sexualität zu dämpfen«. Es gab auch Vertreter, die sich jeglicher Lockerung der Operationspraktiken widersetzten. Sie argumentierten, daß hinter dem Angriff auf die muslimischen Riten nur Nacheiferer westlicher Ideologie stecken könnten, die eine »wichtige afrikanische Tradition zu Fall zu bringen versuchten«.[193]

Mittlerweile protestieren Frauen auf der ganzen Welt gegen Gesetze, die solchen Mißbrauch legalisieren. Doch jahrhundertealte Mauern fallen nicht über Nacht, und sogar gebildete Frauen haben nicht selten ihre Zweifel. Obwohl sie selbst Opfer solch operativer Eingriffe waren und überlebt haben, fällt es ihnen schwer zu glauben, daß ihre Töchter auch ohne Verstümmelungen einen attraktiven Ehemann finden. Und deshalb befürworten sie derartige Eingriffe bei ihren Töchtern.

Für diese extrem brutale Form menschlicher Spermakonkurrenz ist ein Gedankengebäude verantwortlich, dessen vier tragende Wände auf folgenden Fehlinterpretationen ruhen: daß die Religion den operativen Eingriff verlange, daß weibliche Geschlechtsteile unrein seien, daß »unbeschnittene« Mädchen nicht begehrenswert seien und daß weibliche Sexualität gedämpft werden müsse. Bleibt noch ein letzter Aspekt zu erörtern: Wo verläuft die Grenze, das heißt, bis zu welchem Punkt gehen Männer in der Sicherung ihrer Vaterschaft, und wie weit muß es kommen, daß Frauen nicht mehr mitmachen? Man stelle sich den weltweiten Aufschrei der Entrüstung vor, wenn von Männern verlangt würde, sie sollten sich operieren lassen, um ihren Geschlechtstrieb zu dämpfen!

Noch ist es eine Minderheit von Wissenschaftlern, die zu erforschen sucht, in welchem Maß die Sorge der Männer um die Absicherung ihrer Vaterschaft an der Entstehung der beschriebenen und noch vieler anderer sozialer Verhaltensnormen beteiligt war, die die Frauen seelisch und körperlich verstümmeln. Bei unvoreingenommener Betrachtungsweise kann man nicht umhin festzustellen, daß es bei keiner anderen Primatenart Praktiken gibt, bei der die Frauen solches Leid erdulden müssen.

Kindermord

Bei Primaten, Nagetieren und zahllosen anderen Tieren äußert sich die Spermakonkurrenz in einer weiteren Variante von Gewaltanwendung: dem Kindermord. Männchen, die Kinder ermorden, sind häufig unter Primaten wie zum Beispiel Languren, Lemuren, Brüllaffen, Blauaffen, Gorillas und Pavianen zu finden. Kritisch wird es immer dann, wenn ein starkes Männchen von außerhalb zu einer Gruppe von Affen stößt, die in der Regel aus einem dominanten Männchen und seinem Harem sowie Jungaffen und Kindern besteht. Das fremde Männchen entthront den ursprünglichen Anführer der Gruppe und übernimmt selbst die Führerschaft. Dann tötet es meist den gesamten Nachwuchs seines Vorgängers. Lange Zeit hielt man dieses Verhalten für pathologisch und interpretierte es als Reaktion auf Überbevölkerung. Feldforschungen und zahllose Untersuchungen untermauern jedoch die ursprünglich sehr umstrittene These von Sarah Blaffer Hrdy, daß Kindermord bis zu einem gewissen Grad adaptiv ist, da er den Fortpflanzungserfolg des mordenden Männchens erhöht.[194]

Diese Vorstellung mag zwar auf den ersten Blick befremdlich, ja abstoßend wirken, doch im Tierreich erhöht das Töten von fremden Nachkommen in der Tat die Chancen des Mörders auf eigene Nachkommen. Kindermord hat zur Folge, daß die Mütter schneller wieder empfängnisbereit werden und sich das neue Männchen früher mit ihnen paaren und eigene Nachkommen zeugen kann. Das Männchen muß somit nicht erst warten, bis die vom verdrängten Vorgänger gezeugten Nachkommen großgezogen sind.

Kindermord ist ein Thema, das zahlreiche sehr interessante Fragestellungen aufwirft. Warum lassen es die Weibchen zu, daß sie und ihre Nachkommen so ausgebeutet werden? Gibt es weibliche Gegenstrategien? Warum töten nur bestimmte Männchen die Kinder ihrer Vorgänger, andere nicht? Wenngleich noch nicht alle diese Fragen erschöpfend beantwortet sind, gibt es doch eine Reihe von Daten, die die »Tantalusqualen« mancher Weibchen belegen und aus denen sich bestimmte Theorien ableiten lassen.

Hrdy griff die Frage auf, warum es Weibchen zulassen, daß ihre Jungen getötet werden. Sie kam zu dem Schluß, daß sich Weibchen in solchen Fällen in einer ausweglosen Lage befinden. Weibchen können zwar Strategien entwickeln, um einen männlichen Usurpator auszutricksen. Letztendlich können sie es sich jedoch nicht leisten, ihn zu boykottieren, da sie auf sein genetisches Potential für ihre zukünftigen männlichen Nachkommen angewiesen sind.

Ohne die Gene eines Männchens, das fremde Nachkommen tötet, wären ihre männlichen Nachkommen im späteren Konkurrenzkampf die Verlierer. Und dies würde bedeuten, daß ihre Gene nicht weitervererbt würden, da Verlierer keine Paarungspartner finden und keine Nachkommen zeugen können. »Die Veranlagung der Männchen vieler Primatenarten, zuerst einmal alle Jungen zu töten, wenn sie eine fremde Gruppe übernommen haben, ist der höchste Preis, den Weibchen dafür bezahlen müssen, daß sie starke Männchen um sich haben. Es entbehrt nicht einer gewissen Ironie, wenn man sich vor Augen führt, daß der wichtigste Beitrag zur Brutpflege, den Männchen bestimmter Arten erbringen, darin besteht, die in der eigenen Gruppe geborenen Jungen vor den Übergriffen fremder Männchen zu schützen«, schreibt Hrdy.[195]

Weibchen sehen jedoch nicht einfach tatenlos zu, wenn Männchen ihre Jungen töten. Manche haben Verschleierungstaktiken entwickelt und lassen fremde Männchen im unklaren darüber, wer der Vater ihrer Kinder ist. Ein anderes Ablenkungsmanöver besteht darin, daß das Weibchen Paarungsbereitschaft signalisiert. Weibliche Primaten tun dies in der Regel durch ein rotes, geschwollenes Hinterteil kund. Bei anderen Arten täuschen Weibchen Empfängnisbereitschaft vor beziehungsweise verlängern ihre Brünstigkeit über den normalen Zeitraum hinaus. In einer Gruppe von Languren beispielsweise wurden zu dem Zeitpunkt, als ein neues Männchen die Führung übernahm, alle Weibchen empfängnisbereit oder täuschten maximale sexuelle Bereitschaft zumindest vor. Bei einem Weibchen hielt dieser Zustand sogar vier Monate an.

Weibchen, die bei einem Wechsel in der Führungsposition ihrer Gruppe bereits schwanger sind, haben dadurch einen großen Vorteil. Sie müssen das dominante neue Männchen nur glauben machen, die Jungen wären von ihm, und dann wird es sie auch verschonen. Für die Fitneß eines Weibchens ist es ausschlaggebend, daß es ihm gelingt, seine Jungen vor den Übergriffen des neuen Männchens zu schützen. Diese Erkenntnis hat dazu beigetragen, daß Biologen von heute die weibliche Partnerwahl in neuem Licht sehen.

Der viktorianischen Auffassung, daß das weibliche Geschlecht darauf bedacht ist, den einzig richtigen, das heißt den besten Mann zu finden und genau diesen zu heiraten, steht ein gänzlich entgegengesetztes Verhalten in der Tierwelt gegenüber, das besonders häufig unter wildlebenden Primaten und vielen anderen Säugetieren wie Leoparden, Löwen und Pumas vorkommt: Die Weibchen dieser Arten paaren sich mit zahlreichen Männchen, und zwar unabhängig davon, ob sie empfängnisbereit sind oder nicht. Hrdy leitete daraus folgende Hypothese ab: Wenn Männchen sich erinnern, mit welchen Weibchen sie Verkehr hatten, und wenn sie infolgedessen auch die Nachkommenschaft dieser Weibchen anders behandeln, »dann unterliegen die Weibchen einem immensen Selektionsdruck, sich nicht nur mit einem, sondern mit mehreren Männchen zu paaren. Diese Männchen wären dann dem Nachwuchs der Weibchen gegenüber toleranter (das heißt, sie würden die Jungen nicht so ohne weiteres töten), und sie wären auch eher bereit, sie bei drohender Gefahr zu beschützen.«[196]

Bei den Savannen-Pavianen läßt sich dieses Phänomen besonders gut beobachten. Hier paaren sich die Weibchen mit vielen Männchen und schaffen sich so ein soziales Auffangnetz. Die hilfsbereiten Männchen unterstützen die Weibchen beim Aufpassen auf die Jungen, erlauben ihnen, in ihrer Nähe Futter zu suchen, und bringen sie in Sicherheit, wenn Gefahr von einem fremden Männchen droht. Wenn aufgrund von schwierigen Umweltbedingungen und Futtermangel an die Muttertiere höchste Anforderungen gestellt werden, kann es für die Jungen lebenswichtig sein, daß sie von den männlichen Tieren mitversorgt werden, mit denen die Mutter sexuell verkehrte.[197]

Nach all diesen Ausführungen ist es nicht verwunderlich, daß bei den Vorfahren der menschlichen Primaten der Verlust von Östrussignalen, also der von außen erkennbaren Empfängnisbereitschaft, adaptiv wurde. Die ständige Bedrohung durch Männchen, die fremden Nachwuchs töteten, stellte einen Selektionsdruck dar, der bei den höheren Primaten eine Änderung im Verhalten der Weibchen herbeiführte: Die hormonell bedingten Östrussignale, die die Empfängnisbereitschaft eines Weibchens anzeigten, verschwanden langsam, und die Weibchen entschieden je nach sozialer Situation und je nach dem Verhalten der Männchen, ob sie Paarungsbereitschaft signalisieren wollten oder nicht.

Die Biologen Ann Pusey, Craig Packer und C. D. Scheel gehen davon aus, daß das gesamte soziale Gefüge bei den Löwen darauf beruht, daß die Muttertiere sich zu Gruppen zusammenschließen, um sich und ihre Jungen erfolgreich gegen männliche Eindringlinge, die die Jungen töten könnten, zu wehren.[198]

Eine ganz andere Art von Gegenstrategie entwickelten die Nagetiere. Bei trächtigen Weibchen führt allein der Geruch eines fremden Männchens dazu, daß die Frucht spontan abgeht. Dieses als Bruce-Effekt bekannte Phänomen (nach der Biologin Hilda Bruce) wurde früher fälschlicherweise für ein strategisches Mittel der Männchen im Kampf um Fortpflanzungserfolg gehalten. Jüngsten Forschungsergebnissen zufolge ist die Reaktion der Weibchen auf einen fremden männlichen Duft jedoch eine weibliche Gegenstrategie, die es gar nicht erst zum Kindermord kommen läßt, also eine mütterliche Strategie. Damit wird das Investment in Nachkommen, deren Tötung durch fremde Männchen bevorstünde, möglichst gering gehalten; Verluste werden schnell wieder wettgemacht.

Bei den Nagetieren hindern normalerweise die Revierbesitzer fremde Männchen daran, sich den Weibchen zu nähern. Da sich weibliche Nagetiere genau an den Geruch der Männchen erinnern, mit denen sie sich verpaart haben, signalisiert der Geruch eines fremden Männchens den Weibchen also, daß das ehemals dominante Männchen herausgefordert und wahrscheinlich verdrängt wurde.

Wie bei manchen Primaten gehört es auch bei den Nagetieren mit zu den ersten Handlungen eines neuen dominanten Männchens, alle vorhandenen Jungen zu töten. Sobald ein neues Männchen eine Gruppe übernimmt, resorbieren die Weibchen ihre Embryonen. »Weibliche Nagetiere sind darauf programmiert, ihre Leibesfrucht abzustoßen, sobald die Lage kritisch wird«, sagt der Biologe Frederick vom Saal.[199] Durch eine Unterbrechung der Schwangerschaft mittels dieses eingebauten Abtreibungsmechanismus beendet ein Weibchen jede weitere Investition in Junge, die dem Tod geweiht wären, verhindert Babymord, wird für das neue, dominante Männchen sexuell verfügbar und stellt somit sicher, daß ihre nächsten Jungen väterlichen Schutz genießen werden.

Die Taktik dieser kleinen Nagetiere ist erstaunlich ausgeklügelt, doch auch die weiblichen Vertreter vieler anderer Arten stehen ihnen in nichts nach. Darwin und seine Zeitgenossen hätten es sich bestimmt nicht träumen lassen, über welch subtile Strategien Weibchen verfügen, wenn es darum geht, Männchen zu verwirren beziehungsweise die Jungen zu beschützen. Vorgetäuschte Empfängnisbereitschaft und die Paarung mit mehreren Männchen sind nur einige harmlose Varianten, um Männchen darüber im unklaren zu lassen, wer von ihnen der Vater der Nachkommen ist.

Männliche Gewalt und Fortpflanzungserfolg

Die Welt, in der wir als Männer *und* Frauen leben, ist wie eine Medaille, die zwei Seiten hat. Und auf der häßlichen Rückseite dieser Medaille finden wir in allen Gesellschaften männliche Gewalt gegen Frauen und gegen andere Männer. Im privaten Bereich kulminiert männlicher Konkurrenzkampf in Mord, auf internationaler Ebene in Krieg. Mord und Totschlag, militärische Interventionen, zerstörerische Waffensysteme und die Bedrohung globaler Zerstörung – all das sind Manifestationen männlicher Aggression, die aus dem Konkurrenzkampf resultieren.

Auf nationaler Ebene führen derartige Konflikte nicht selten dazu, daß die gesamte Wirtschaft eines Landes auf die Rüstungsindustrie und den äußerst profitablen Waffenhandel setzt. Männer werden zu den Waffen gerufen und müssen gegen andere, ebenfalls bewaffnete Männer im Namen der nationalen Sicherheit kämpfen. Doch das, was hinter diesem Wahnsinn steckt, hängt höchstwahrscheinlich mit der Optimierung des Fortpflanzungserfolgs zusammen: Einige besonders dominante männliche Individuen streben danach, mehr Nachkommen zu zeugen als andere.

In einer aufsehenerregenden Studie, die sich mit dem Zusammenhang zwischen Machtmißbrauch und Fortpflanzung beschäftigt, untersuchte die Anthropologin Laura Betzig mehr als hundert Gesellschaften. Sie kam zu dem Ergebnis, daß Despotismus in vorindustriellen Gesellschaften »unweigerlich mit gehäuftem Auftreten von Polygynie und großen Schwankungen beim Fortpflanzungserfolg der einzelnen Männer einherging«.[200] Nach den Prinzipien der Evolutionsbiologie, so Betzig, »legen es Männer und Frauen darauf an, Machtpositionen zu erringen, um ihren Fortpflanzungserfolg zu optimieren. Macht, Prestige und die Verfügbarkeit von Ressourcen stellen keinen Selbstzweck dar, sondern sind Voraussetzung für eine erfolgreiche Fortpflanzung. Eine Machtposition, die es erlaubt, die eigenen Interessen zu verfolgen, schlägt sich unmittelbar in der Produktion von Kindern und Enkelkindern nieder. Despotismus wirkt sich folglich dahingehend aus, daß manche Männer einen sehr großen, andere hingegen einen sehr geringen Fortpflanzungserfolg aufweisen.«[201]

In der Forschungsliteratur finden sich zahlreiche Beispiele, die Betzigs Hypothese rechtfertigen. Bei zwölf despotisch regierten vorindustriellen Gesellschaften beispielsweise wurden die Methoden genauer untersucht, derer sich mächtige Männer bedienten, um eine große Kinderschar zu produzieren. In allen diesen Gesellschaften – ob nun in Dahome, Israel, Khmer, an der afrikanischen Goldküste, in den Königreichen der Inkas und Azteken – standen sämtliche Frauen dem Herrscher zur Verfügung, um ihn zu erfreuen und seine sexuellen Bedürfnisse zu befriedigen. Jede Frau konnte jederzeit aus ihrem häuslichen Umfeld gerissen und dem königlichen Harem eingegliedert werden. Viele Harems bestanden aus mehreren Tausend Frauen – einer so riesigen Anzahl von Frauen also, die auch der potenteste Herrscher niemals alle hätte schwängern können. Das Interesse der Despoten lag vielmehr darin, den anderen Männern möglichst viele Frauen zu entziehen. Das Monopol über so viele Frauen erhöhte den Fortpflanzungserfolg des mächtigsten Mannes im Staate gegenüber seinen Geschlechtsgenossen. Zur Sicherung dieses Erfolges wurden Frauen versteckt gehalten und ausgeklügelte Sicherheitsvorkehrungen ersonnen, um ihre Keuschheit zu bewahren.[202]

Für Frauen, die in Harems lebten, gab es nur die Alternative Zölibat oder Ehebruch – wobei letzterer mit dem Tode bestraft wurde. Damit ihre Keuschheit streng genug bewacht werden konnte, wurden unzählige Frauen dazu gezwungen, die meiste Zeit ihres Lebens in der Abgeschiedenheit zu verbringen. Inka-Frauen beispielsweise wurden von einer Mama-Cuna beaufsichtigt und beherrscht, deren Aufgabe darin bestand, dem Herrscher bei Bedarf eine Jungfrau zu präsentieren. Viele Frauen, die nie vom König gerufen wurden, um ihrer Funktion als Gebärerin gerecht zu werden, lebten so lange in der Abgeschiedenheit des Harems, bis sie in die Wechseljahre kamen; dann stand ihnen frei, nach Hause zurückzukehren.

Der Zusammenhang zwischen politischer Macht und Fortpflanzung wird besonders bei den Inka deutlich, einem Volk, das im heutigen Peru lebte. Je mehr Land und Leute ein Herrscher in dieser Gesellschaft unter sich hatte, um so mehr Frauen standen ihm nach dem Gesetz zu. Ein Herrscher über eine Provinz mit hunderttausend Einwohnern durfte zwanzig Frauen besitzen, ein Herrscher über tausend Menschen durfte fünfzehn Frauen, einer über hundert acht Frauen sein eigen nennen; die armen Indios hingegen mußten sich mit jenen Frauen zufriedengeben, die übrigblieben.[203]

»Das Streben nach politischer Macht läßt sich zumindest bis zu einem gewissen Grad gleichsetzen mit dem Streben nach einer Position, aus der heraus Fortpflanzungserfolg sichergestellt ist«, sagt Betzig. »Die Auffassung, daß die Evolution – abgesehen von den Fällen, in denen das Interesse der Gemeinschaft individuelles Interesse überlagert – diejenigen Individuen begünstigt hat, die von ihren Machtpositionen Gebrauch machen, ist eine schlüssige Erklärung dafür, warum Macht korrumpiert. Dieser Ansatz liefert die Gründe und erklärt zugleich, warum es vor der Entstehung der modernen Industriegesellschaften in hierarchisch strukturierten Gesellschaftsformen überall auf der Welt Despoten gab.«[204]

Der Zusammenhang zwischen Fortpflanzungserfolg und Despotismus wurde im Verlauf des Industriellen Zeitalters immer schwächer. Betzig hat noch keine definitive Erklärung für dieses Phänomen gefunden. Ein wesentlicher Faktor könnte ihrer Meinung nach jedoch gewesen sein, daß mit zunehmender Spezialisierung, dem Mangel an Arbeitskräften usw. die Interessen der Mächtigen teilweise mit denen ihrer Untertanen zusammenfielen.

Männlicher Konkurrenzkampf war maßgeblich dafür verantwortlich, daß manche Männer mächtiger als andere wurden. Dominante Männer üben Macht über andere Männer und über Frauen aus. Da die natürliche Selektion Merkmale begünstigt, die größtmöglichen Fortpflanzungserfolg garantieren, muß man sich fragen, ob überhaupt und in welcher Form sich weibliches Wahlverhalten auf die Evolution dieser Männer ausgewirkt hat. Übt der gewalttätige Held mehr Anziehungskraft auf Frauen aus? Selbst wenn die meisten Frauen von gewalttätigen Männern abgestoßen werden, gibt es doch in vielen Gesellschaften Frauen, die sich durch mächtige, kriegerische, diktatorische Männer angezogen fühlen. Hier scheint Gewalt mit Männlichkeit gleichgesetzt zu werden.

Die Soziobiologen Martin Daly und Margo Wilson weisen in ihrer Untersuchung über Mordfälle darauf hin, daß »in fast allen Gesellschaften der Ruf eines Mannes teilweise davon abhängt, welche Bedrohlichkeit von ihm ausgeht«.[205] Sie erklären, daß in manchen Stammesgesellschaften ein junger Mann erst dann in den Kreis der erwachsenen Männer aufgenommen wird, wenn er einen anderen Mann getötet hat. Wäre es denkbar, daß manche Frauen die Gesellschaft gewalttätiger Männer suchen, weil sie sich dann sicher fühlen können vor Übergriffen fremder Männer? Wenn dem so wäre, dann hätten wir es mit einer Art Kaltem Krieg um die Fortpflanzung zu tun, einem Spiegelbild des nuklearen Kalten Krieges zwischen den einstigen zwei Supermächten unseres Planeten. Die Vereinigten Staaten von Amerika und die ehemalige Sowjetunion häuften Tausende von streng gegeneinander aufgerechneten nuklearen Sprengköpfen auf und gaben vor, damit zu verhindern, daß auch nur ein einziger explodierte – eine wahrlich riskante Strategie!

Auch ohne die Opfer aus den Konkurrenzkämpfen der Männer ist die männliche Sterblichkeitsrate – vom Fötus bis zum Greis – schon immer höher gewesen als diejenige der Frauen und Mädchen; ausgenommen sind natürlich die Staaten, bei denen weibliche Säuglinge getötet oder schlechter ernährt und gepflegt werden als männliche Babys. Männer sterben früher als Frauen. Durch männliche Gewaltakte werden diese Unterschiede in der Sterblichkeit der Geschlechter noch vergrößert; dies gilt besonders für die Zeit, in der die jungen Männer eine Partnerin suchen und heiraten wollen. Manche Forscher gehen davon aus, daß die Ursache für die unterschiedlich hohe Sterblichkeit bei Männern und Frauen darin liegt, daß die Geschlechter verschiedene Fortpflanzungsstrategien verfolgen. Männer wie Männchen bedienen sich riskanterer Strategien.

Konkurrenzkampf unter Männern führt nicht selten zu Mord. Männliche Gewalt, die sich gegen Frauen richtet, tritt dagegen oft in Form von Vergewaltigung, das heißt in Form von erzwungenem Geschlechtsverkehr auf. Mit diesem Akt der Gewalt reißt der Mann die Entscheidung über die Fortpflanzung an sich und unterminiert die Entscheidungsfreiheit der Frau.

Vergewaltigung

Vergewaltigung gehört zu den brutalsten und schrecklichsten männlichen Taktiken, um die weibliche Entscheidungsfreiheit zu untergraben. Sie zielt nicht nur darauf ab, einer Frau körperlich Gewalt anzutun, sondern auch darauf, ihr die Kontrolle über ihr Fortpflanzungspotential und ihr evolutionäres Recht auf Selbstbestimmung bei der Partnerwahl zu entziehen. Viele Frauen fürchten sich mehr vor Vergewaltigung als vor Mord, und mancher Mann ist zum Mörder geworden, weil seine Tochter, Schwester oder Frau vergewaltigt wurde und dieses Verbrechen durch Totschlag gerächt werden mußte.

In den meisten Stammesgesellschaften steht auf Vergewaltigung auch heute noch Tod oder Kastration; daran hat sich im Vergleich zu früher nichts geändert. In den modernen Industriegesellschaften hingegen wird ein solches Verbrechen nicht zwangsläufig und auch nicht so streng bestraft. In den Vereinigten Staaten zum Beispiel gilt Vergewaltigung zwar als schändliches Verbrechen, »doch nur 0,04 Prozent der Täter müssen damit rechnen, je bestraft zu werden«.[206] Daß Vergewaltigungen in den Vereinigten Staaten verglichen mit anderen Gewaltverbrechen überproportional zunehmen, liegt wohl nicht zuletzt an dieser ineffektiven Abschreckungsstrategie.

Für Frauen stellt Vergewaltigung das schrecklichste aller männlichen Verbrechen schlechthin dar, vor dem sie schon als Kind von Mutter und Vater gewarnt wurden. Die Angst davor, nachts allein mit der U-Bahn zu fahren, in Parkhäuser zu gehen, wenig frequentierte Straßen zu benutzen, mit dem Auto auf einer selten befahrenen Straße liegenzubleiben, in öffentlichen Parkanlagen zu joggen oder auch nur nachts alleine zu Hause zu sein – all diese Gefühle entspringen der Furcht, vergewaltigt zu werden. In ihrem Unterbewußtsein tragen alle Frauen derartige Ängste ihr ganzes Leben lang mit sich herum. Manche Frauen suchen sich für solche Fälle zu wappnen und tragen eine Waffe bei sich oder machen Selbstverteidigungskurse mit. Die Angst vor Vergewaltigung scheint ein wesentlicher Bestandteil der weiblichen Psyche zu sein, der sich im Laufe unserer Evolutionsgeschichte herausgebildet hat und eine Art Schutzfunktion darstellt, um Frauen vor Sexualstraftätern zu warnen.

Selbst wenn Vergewaltigung selten mit Mord endet und die zugefügten Wunden wieder verheilen, ist ein Opfer doch für den Rest seines Lebens gezeichnet. Der Verbrecher, der das Recht der Frau auf ihre eigene sexuelle Entscheidung verletzt, setzt seine Körpergröße und seinen Penis als Waffen ein, um sich gewaltsam Zutritt zu ihrem Körper zu verschaffen, und lädt sein Ejakulat in ihr ab. Danach überläßt er sie ihrem Schicksal.

Im Fall einer Schwangerschaft kann es passieren, daß die Gesellschaft, in der die Frau lebt, eine Abtreibung untersagt. Auf diese Art und Weise schützen manche Gesellschaften das männliche Investment namens Sperma. Welch klareren Beweis könnte es dafür geben, daß Spermakonkurrenz unter den Männern die gesellschaftlichen Gepflogenheiten und die Rechtsprechung eines Staates grundlegend beeinflußt? Es gibt zahlreiche Stimmen, die darauf hinweisen, daß Vergewaltigung nicht aus Sorge um die Frau strafbar ist, sondern daß die entsprechenden Gesetze vielmehr dazu da sind, die Belange des Mannes – des Ehemannes oder Vaters – zu vertreten, deren Eigentumsrechte am Fortpflanzungspotential der Frau verletzt wurden.

»Es ist leichter, mit hochgeschobenem Rock als mit heruntergelassenen Hosen zu laufen«, hört man junge Männer sagen, wenn sie das Problem der Vergewaltigung herunterspielen möchten. Dieser Kommentar steht für die typisch männliche Ansicht, daß für Männer Vergewaltigung alles andere als einfach ist und daß Frauen, die von Vergewaltigung sprechen, oft lügen. Eine andere häufig von Männern vertretene Einstellung wirft Frauen vor, daß sie durch ihr Verhalten Männer zur Vergewaltigung herausfordern. Ihr Nein auf die Frage, ob sie mit ihrem Begleiter ins Bett gehen wollen, wird oft als Ja interpretiert. Ein Sexualverbrecher macht die Entscheidung, die der Frau zusteht, zu seiner eigenen.

Manche Männer leiten aus der »sexuell provokativen Art und Weise«, wie sich eine Frau kleidet, das Recht ab, sie zu vergewaltigen. Hier werden ganz einfach die Tatsachen verdreht, und die Frau wird zum Täter, der Mann zum Opfer erklärt. In Lusaka, der Hauptstadt Sambias, zum Beispiel führte die Regierung 1972 eine Kampagne gegen junge Mädchen durch. Zielgruppe dieses Feldzuges waren »junge Mädchen ohne Begleitung«. Hier die Verlautbarung eines Regierungssprechers in einer der örtlichen Tageszeitungen: »Es wird für Mädchen immer gefährlicher, ohne Begleitperson öffentlich herumzulungern – ganz abgesehen davon, daß hier ein Verhalten vorliegt, das unmoralisch ist und aufs schärfste verurteilt werden muß ... Mädchen sollten keine Situationen heraufbeschwören, die zu Mord und Vergewaltigung verführen, und sie könnten dazu beitragen, die steigende Zahl der Vergewaltigungen in Sambia zu reduzieren, indem sie nachts nicht mehr ziellos auf den Straßen herumliefen.«[207]

Häufig wird auch die Ansicht vertreten, daß Frauen zum Vergnügen der Männer da seien und selbst keine sexuellen Rechte besäßen, daß Vergewaltigung einfach zum normalen Verhalten eines Mannes gehöre, daß Jungs nun mal so seien. Diese Einstellung kommt leider allzu deutlich in folgender Geschichte zum Ausdruck: In einem Internat für Jungen und Mädchen in Kenia überfielen im Sommer 1991 Schüler nachts ihre Mitschülerinnen. Bei diesem Überfall wurden 271 junge Mädchen in einer Ecke zusammengetrieben; 19 erstickten im Gedränge, und 71 wurden vergewaltigt. Der Kommentar der stellvertretenden Direktorin lautete: »Die Jungen wollten den Mädchen nichts Böses antun. Sie wollten sie einfach nur vergewaltigen.«[208]

Manche modernen Liebesromane verklären männliche Gewalt und entschuldigen die Vergewaltigung der Heldin durch den Helden als Beweis seiner unkontrollierbaren Leidenschaft – einer Leidenschaft, die nur sie allein zähmen und in Liebe verwandeln kann. Solch romantisierende Betrachtungsweise männlicher Gewalt ist nur dann möglich, wenn der Leser »bereit ist, sich überzeugen zu lassen, daß die gewaltsame Inbesitznahme einer Frau durch einen Mann, der sie angeblich *wirklich* liebt, primär darauf zurückzuführen ist, daß sie so begehrenswert ist, und nicht darauf, daß der Mann so gewalttätig ist«.[209] Möglicherweise kommt in solchen Romanen der *Wunsch* der Frauen zum Ausdruck, daß sich männliche Gewalt in zärtliches, liebevolles Verhalten umwandeln läßt. Vielleicht helfen solche Romane den Leserinnen, mit dem Problem eines sie vergewaltigenden Ehemannes oder Freundes fertigzuwerden, indem sie ein paar Stunden der Wirklichkeit entfliehen.

Liebesromane lösen jedoch weder Probleme, noch geben sie Hinweise darauf, wie man sie lösen könnte. Sie stellen lediglich eine Art Droge dar, die den Leser zwar zeitweilig aus der Realität entführt, die jedoch nicht einmal ansatzweise dazu beiträgt, diese zu ändern. Der überwältigende Erfolg, der dieser Literaturgattung beschieden ist, ist nicht hinwegzudiskutieren. Wahrscheinlich werden durch diese Romane ganz bestimmte Saiten in der Psyche der Frauen zum Schwingen gebracht und Bedürfnisse befriedigt, die noch gänzlich unbekannt sind.

Janice Radway beschreibt in ihrer Arbeit über den Liebesroman[210] die Problematik folgendermaßen: »Indem in dieser Art von Roman Vergewaltigung entweder als Fehltritt oder als Ausdruck unkontrollierbarer Leidenschaft hingestellt wird, wird die Leserin in vermeintlicher Sicherheit gewiegt und dazu verführt, gewalttätiges Verhalten rational zu erklären und sich mit Vorkommnissen und Verhältnissen abzufinden, die sie besser ändern sollte.«

In der Wirklichkeit hat Vergewaltigung nichts mit Romantik, aber sehr wohl etwas mit Machtgelüsten, Aggression und Frauenverachtung zu tun und – so befremdlich das auch klingen mag – mit Fortpflanzung. In der Psychologie ist man traditionell davon ausgegangen, daß Vergewaltigung ein pathologischer Akt, Ausdruck eines kranken Geistes wäre. Jüngere Forschungsergebnisse weisen jedoch darauf hin, daß Sexualverbrecher meist normale Menschen sind; in Gefängnissen zum Beispiel zählen sie zu den am wenigsten auffälligen Insassen. Offenbar gehört noch etwas anderes als ein kranker Geist dazu, eine Frau zu vergewaltigen. Krankhafte Veranlagung ist also keine ausreichende Erklärung.

Zwei neuere, sich ergänzende Untersuchungen über die Vergewaltigung im Spiegel der Evolutionsgeschichte wurden kürzlich von zwei Forscherehepaaren (dem Biologen Randy Thornhill und der Anthropologin Nancy Wilmsen Thornhill beziehungsweise dem Biologen William M. Shields und der Sozialwissenschaftlerin Lea M. Shields) vorgelegt.[211] Diese Wissenschaftler mußten eine Antwort auf eine äußerst unangenehme Frage finden: Erhöht Vergewaltigung auf irgendeine Art die Fitneß des Vergewaltigers – das heißt seine Fähigkeit, Nachkommen zu zeugen, die ihrerseits überleben und Nachkommen zeugen können?

Falls Vergewaltigung etwas mit Fortpflanzung zu tun hat, dann wären den evolutionsbiologischen Regeln zufolge die Opfer hauptsächlich in den Reihen der Frauen mit der höchsten Fruchtbarkeitsrate zu suchen. Diese Annahme findet tatsächlich Bestätigung durch statistisches Datenmaterial des US-amerikanischen Justizministeriums und von Polizeibehörden zahlreicher amerikanischer Städte. Frauen im Alter zwischen Sechzehn und Vierundzwanzig sind weit häufiger Opfer von Vergewaltigungen als Frauen anderer Altersgruppen.[212] In diesem Zeitraum ist die Fruchtbarkeit der Frauen am größten und verlaufen Schwangerschaften am erfolgreichsten. Die am wenigsten von Vergewaltigung betroffenen Altersgruppen liegen diesseits und jenseits der Fruchtbarkeitsgrenzen – unter Zehn und über Fünfzig.

Welche Art von Männern vergewaltigen Frauen? Die Ehepaare Thornhill und Shields kommen zu unterschiedlichen Ergebnissen. Die Thornhills gehen davon aus, daß Vergewaltigung eine letzte verzweifelte Strategie von Verlierern darstellt, die darum kämpfen, doch noch zu Fortpflanzungserfolg zu kommen. Zwar führt nur ein kleiner Prozentsatz von Vergewaltigungen auch zur Schwangerschaft – doch für einen Sexualverbrecher ist diese geringe Aussicht auf Erfolg möglicherweise seine einzige Chance. Die Aussicht auf minimalen Fortpflanzungserfolg reicht bereits aus, damit die natürliche Selektion dem Vergewaltigungspotential eines Mannes eine Chance einräumt. Für das Ehepaar Shields hat jeder Mann eine gewisse Veranlagung zur Vergewaltigung, die immer dann zum Vorschein kommt, wenn der Nutzen für ihn größer ist als die Kosten – in Kriegszeiten beispielsweise oder wenn Frauen sich in einer schwachen und verletzbaren Position befinden.

Falls bei Vergewaltigung die Fortpflanzung tatsächlich eine wie auch immer geartete Rolle spielt, dann müßten nach den Gesetzen der Evolutionsbiologie diejenigen Männer am häufigsten Frauen vergewaltigen, die in dem Alter sind, das am stärksten durch den Konkurrenzkampf um Frauen geprägt ist. Das wäre der Zeitraum, der vor dem durchschnittlichen Heiratsalter der Männer liegt. In dieser Zeit gehen die Männer die größten Risiken im Kampf um das andere Geschlecht ein, und in diese Zeit fällt auch ihre höchste Sterblichkeitsrate.

Wieder einmal bestätigen auch in diesem Punkt die Statistiken die Thesen der Evolutionsbiologie. Fast alle größeren Untersuchungen über Sexualverbrecher fördern zutage, daß die meisten dieser Männer zwischen fünfzehn und fünfundzwanzig Jahre alt sind.[213] Das Durchschnittsalter der Vergewaltiger liegt zwischen zwanzig und dreiundzwanzig Jahren.

Eine weitere These besagt, daß Männer, die aus dem Konkurrenzkampf um sexuellen und sozialen Status als Verlierer hervorgingen, mehr zu Vergewaltigung neigen als diejenigen, die sich auf der Gewinnerseite befinden. Untersuchungen zum sozioökonomischen Status von Sexualverbrechern in den Vereinigten Staaten belegen, daß die meisten Delinquenten aus den unteren Gesellschaftsschichten kommen, oft arbeitslos oder ungelernte Arbeiter sind und höchstens über einen Hauptschulabschluß verfügen. Kulturübergreifende Untersuchungen aus Dänemark und Australien weisen außerdem nach, daß ungelernte und arbeitslose Männer mit wenig Schulbildung – diejenigen also, die beim Konkurrenzkampf um eine Frau häufig auf der Strecke bleiben – viel öfter zu Vergewaltigern werden als andere Männer.

Aus den Untersuchungsergebnissen geht hervor, daß reiche Männer seltener Frauen vergewaltigen und daß Verbrecher und Opfer meistens Nachbarn sind (82 Prozent).[214] Einer Studie zufolge muß eine Frau, die in der Großstadt lebt, zu 77 Prozent damit rechnen, daß sie einmal in ihrem Leben vergewaltigt wird. In wohlhabenderen Gegenden beträgt das Risiko, einem solchen Gewaltverbrechen zum Opfer zu fallen, eins zu zweitausend und in sehr reichen Gegenden nur eins zu zehntausend.[215]

Natürlich gibt es auch hier Ausnahmen. Verheiratete sowie einflußreiche und wohlhabende Männer begehen ebenfalls Vergewaltigungen. Diese Männer fallen eher in die Kategorie der Gewinner als der Verlierer im sexuellen Konkurrenzkampf. Sie machen zwar nur einen kleinen Prozentsatz aus, doch wird durch sie immerhin belegt, daß Vergewaltigung nicht nur bei unterprivilegierten Männern vorkommt.

Unter bestimmten Bedingungen sind alle Männer zu Vergewaltigung fähig. Einer These des Ehepaars Shields zufolge verfügen alle Männer über drei grundlegende Verhaltensmuster bei der Fortpflanzung: ehrenwerte Werbung, Verführung und Betrug sowie Vergewaltigung. Wenn nach eingehender Kosten-Nutzen-Analyse Männer zu dem Ergebnis kommen, daß für sie keine Kosten mit der Vergewaltigung verbunden sind – in Kriegszeiten beispielsweise –, dann sind sie, laut dem Ehepaar Shields, auch zu diesem Verbrechen bereit.

Männer werden im Krieg mit einem Höchstmaß an Feindschaft konfrontiert, für Frauen bedeutet Krieg Ausgeliefertsein. Von kriegerischen Auseinandersetzungen zwischen Stammesgesellschaften bis hin zu Weltkriegen sind Sexualdelikte in Kriegszeiten an der Tagesordnung. Krieg gibt den Männern Gelegenheit, ihre Aggressionen voll auszuleben, im Krieg sind Mord, Folter und Vergewaltigung legitime Handlungsweisen. Die Autorin Susan Brownmiller widmet diesem Thema ein ganzes Kapitel in ihrem Buch über Vergewaltigung. Sie schreibt, daß im ersten Besatzungsmonat nach der japanischen Invasion von Nanking 1938 zirka zwanzigtausend Frauen vergewaltigt wurden. Während der neunmonatigen Besetzung von Bangladesh durch West-Pakistan im Jahre 1971 kam es zu dreihunderttausend Vergewaltigungen, und Tausende von geschändeten Frauen wurden schwanger.[216]

Da Übergriffe auf Frauen in Kriegszeiten derartig häufig vorkommen, liegt die Vermutung nahe, daß Vergewaltigung überall als das Recht des Eroberers angesehen wird. Diese Haltung geht auf biblische, wenn nicht auf noch frühere Zeiten zurück. In einer Geschichte aus dem Alten Testament eroberten die Israeliten den Stamm der Midianiter und töteten alle Männer. Danach gab Moses seinen Kriegern folgende Anweisungen: »So tötet nun alles, was männlich ist unter den Kindern, und alle Frauen, die nicht mehr Jungfrauen sind; aber alle Mädchen, die unberührt sind, die laßt für euch leben.«[217] Dieser Abschnitt aus dem Buch Mose führt uns deutlich vor Augen, wie siegreiche männliche Eroberer – ebenso wie ihre Geschlechtsgenossen unter den Primaten – Nachkommen und sogar schwangere Frauen unterlegener Rivalen töteten, die Jungfrauen jedoch zur Erhöhung ihres eigenen Fortpflanzungserfolges leben ließen.

Vergewaltigung scheint wirklich im Sinn der Evolution zu sein: Solange ein Verhalten Nutzen bringt und mit keinen Kosten verbunden ist, wird es von der Selektion auch begünstigt. Gene sind grundsätzlich egoistisch, sagt der britische Biologe Richard Dawkins.[218] Für Gene gibt es keine Moral, kein Gut und kein Böse, keine Fairneß, keinen Gerechtigkeitssinn; der Zweck heiligt die Mittel, und für die Gene heißt der Zweck Fortpflanzung. Das Forscherehepaar Shields geht davon aus, daß »im Laufe der Evolutionsgeschichte des Menschen diejenigen Männer, zu deren Fortpflanzungsstrategie Vergewaltigung gehörte, im Vorteil waren; sie wurden von der natürlichen Selektion im Vergleich zu Männern, die nicht vergewaltigten, begünstigt«.[219]

Auch wenn das Ehepaar Shields feststellte, daß Vergewaltigung potentiell die Fitneß eines Sexualverbrechers erhöht, so sind sie doch mit den Feministinnen einer Meinung, daß Vergewaltigung »weniger ein Sexualakt, sondern vielmehr ein Akt der Gewalt ist«.[220] Sie argumentieren dahingehend, daß sich die Motivation eines Vergewaltigers grundlegend von der eines Liebhabers unterscheidet, der mit einer Frau eine Verbindung eingehen und Kinder zeugen möchte. Beide mögen wohl dasselbe Ziel – sprich: die Zeugung von Kindern – verfolgen, doch der Akt der Schändung an sich wird durch Feindseligkeit ausgelöst.

Es ist anzunehmen, daß sich das Phänomen Vergewaltigung in den polygynen Gesellschaftsstrukturen unserer Vorfahren entwickelt hat. Polygynie stellt in der Geschichte der Vergewaltigung einen wichtigen Faktor dar, weil der Konkurrenzkampf um Ressourcen bei polygynen Männern viel intensiver ist als bei monogamen. In polygynen Gesellschaften haben manche Männer mehr als eine Partnerin. Das bedeutet, daß ein Teil der anderen Männer keine Partnerin findet und dazu gezwungen ist, Junggeselle zu bleiben. Und diese Gruppe von Männern trachtet mit allen Mitteln danach, sich eine Kopulation zu erschleichen oder, wenn nötig, zu erzwingen. In polygynen Gesellschaften ist der Unterschied zwischen dem männlichen und weiblichen Fortpflanzungserfolg viel größer als in monogamen Gesellschaften, in denen der Fortpflanzungserfolg der Geschlechter meistens gleich groß ist.

Doch auch in monogamen Gesellschaften kann der Fortpflanzungserfolg der Männer aus dreierlei Gründen größer sein als der der Frauen: erstens durch Untreue, die eine Schwangerschaft nach sich zieht; zweitens durch Scheidung, der eine zweite Ehe folgt, aus der weitere Kinder hervorgehen; drittens durch diverse Möglichkeiten, die auch verheiratete Männer nutzen, um mit anderen Frauen Geschlechtsverkehr zu haben. »So betrachtet«, sagt das Ehepaar Thornhill, »sind die meisten, wenn nicht alle menschlichen Gesellschaften zu einem gewissen Grad polygyn, auch wenn die herrschende Gesellschaftsordnung die Monogamie vorschreibt.« Sie weisen darauf hin, daß es in den Vereinigten Staaten und wahrscheinlich auch anderswo mehr unverheiratete Männer als Frauen im fortpflanzungsfähigen Alter gibt und daß es mehr Männer als Frauen gibt, die niemals heiraten.[221]

Der soziobiologische Erklärungsansatz wird häufig stark angegriffen. Kritiker gehen fälschlicherweise davon aus, daß durch die soziobiologische Analyse des Phänomens Vergewaltigung dieses Verbrechen gleichzeitig gerechtfertigt oder entschuldigt wird. Doch diese Kritik ist unberechtigt. Vergewaltigung aus der Perspektive der Evolutionsbiologie zu erklären bedeutet genausowenig eine Rechtfertigung, wie die Erforschung von Aids mit seiner Rechtfertigung einhergeht.

Der Grund, warum die soziobiologischen Hintergründe von Vergewaltigung untersucht werden, liegt in dem Bestreben, besser zu verstehen, wie es zu solch einem Verbrechen kommen kann und wie aus diesem Verständnis heraus eine wirksamere Bestrafung ersonnen werden kann. Wenn man die sexuelle Komponente und den Fortpflanzungsaspekt nicht berücksichtigt, wird man das, was in einem Sexualverbrecher vorgeht, niemals begreifen können. Vergewaltigung *ist* ein Akt der Gewalt. Und gleichzeitig ein gewalttätiger *Sexual*akt, der manchmal in Fortpflanzungserfolg resultiert. Die soziobiologische Betrachtungsweise erhellt das ganze Horrorszenario, in dem ein Vergewaltiger versucht, die Kontrolle über das Fortpflanzungspotential einer Frau an sich zu reißen und ihre Fitneß zu untergraben.

Die meisten Autoren, die sich mit Vergewaltigung befassen, sind sich – unabhängig davon, welche Meinung sie im einzelnen vertreten – darüber einig, daß das gegenwärtige Strafmaß in unseren Industriegesellschaften nicht geeignet ist, Vergewaltiger von ihrem Tun abzuschrecken. Die Erkenntnisse der Soziobiologie »könnten einer Gesellschaft helfen, dieses Problem in den Griff zu bekommen. Einem Sexualverbrecher müßte klarwerden, daß für ihn die genetischen Kosten einer Vergewaltigung den genetischen Profit bei weitem übersteigen«, sagt das Forscherehepaar Shields.[222] Sie verweisen auf Gesellschaften, die Vergewaltigungen eindämmen konnten, indem sie dieses Sexualverbrechen mit dem Tod oder der Kastration bestrafen – den genetischen Erfolg des Vergewaltigers also künftig vereiteln.

In unseren Industriegesellschaften sind die Kosten für eine Vergewaltigung so stark gesunken, daß die Strafandrohung ihre abschrekkende Wirkung weitgehend verloren hat. »Wir sind der Meinung«, schreibt das Wissenschaftlerehepaar Shields, »daß Vergewaltigung von dem Augenblick an für eine Gesellschaft kein großes Problem mehr darstellen wird, in dem sie auf die Vergewaltigung einer *jeden* Frau genau so reagiert wie eine Einzelperson, die sich gegen die Schändung der Tochter, Schwester oder Ehefrau selbst zur Wehr setzt, die Verfolgung aufnimmt und den Verbrecher bestraft.«[223]

Vergewaltigung in der Tierwelt

Der evolutionsgeschichtliche Hintergrund der Vergewaltigung läßt sich am besten bei den Tieren erkennen. Unter den Primaten kommt Vergewaltigung nur bei den Menschen und den Orang-Utans vor. Von den Männchen einiger in Kolonien brütender Vögel, wie beispielsweise den Schwalben, Möwen, Reihern und Albatrossen weiß man jedoch, daß sie es darauf anlegen, ihre unbeaufsichtigten Nachbarinnen zu vergewaltigen. Nordamerikanische Enten wie zum Beispiel Stock-, Löffel- und Spießenten sind notorische Vergewaltiger. Auch bei vielen Fischarten und Insekten kommen sexuelle Übergriffe vor. Meist handelt es sich um Männchen, denen die üblichen Wege der Werbung verschlossen sind. Nach Randy Thornhill, der sich am intensivsten mit dem Phänomen der Vergewaltigung bei Tieren auseinandergesetzt hat, ist »Vergewaltigung die letzte Fortpflanzungsmöglichkeit für ein Männchen, das über keine Ressourcen verfügt und dem es nicht gelingt, ein Weibchen über seine mangelnden Qualitäten hinwegzutäuschen«.[224]

Thornhill beobachtete nun den Vorgang der Vergewaltigung bei achtzehn Arten von Skorpionsfliegen der Gattung Panorpa. Wie im zweiten Kapitel für die Mückenhafte beschrieben, muß ein Männchen ein Weibchen mit einer Hochzeitsgabe in Form eines toten Insekts anlocken. Der Kampf um Insekten ist so schwierig, daß manche Männchen ihr Leben riskieren und ein Tier aus dem Netz einer Spinne, ihrem Hauptfeind, stehlen. Männchen, denen es nicht gelingt, ein totes Insekt zu ergattern, stellen oft mit Hilfe spezieller Drüsen einen Speichelball als Hochzeitsgabe her, den Weibchen fälschlicherweise für ein totes Insekt halten. Doch nach mehreren Tagen, an denen das Männchen durch seine Jagd auf ein Beutestück zum Fasten gezwungen war, schrumpfen seine Drüsen und sondern keinen Speichel mehr ab: Das Männchen steht ohne Ressourcen da.

Thornhill beobachtete, daß ein Männchen immer dann auf Vergewaltigung als letztes Mittel zurückgreift, wenn es ihm nicht gelingt, eine Hochzeitsgabe zu erjagen beziehungsweise herzustellen. Männchen, deren Speicheldrüsen versiegt sind, gehören zu den aggressivsten Vergewaltigern: Die Aussicht, daß bestenfalls elf Prozent der Vergewaltigungsversuche zur Befruchtung der Eier des Weibchens führen und vergewaltigte Weibchen weniger Eier legen als Weibchen, die eine Hochzeitsgabe erhalten haben, ist immer noch besser als gar kein Fortpflanzungserfolg.

Bei den Skorpionsfliegenweibchen hingegen werden die Individuen von der natürlichen Selektion begünstigt, die in der Lage sind, Vergewaltigung zu verhindern. Weibchen fliehen vor Männchen ohne Hochzeitsgabe. Nach jeder Kopulation werden sie für ein oder zwei Tage unempfänglich. Während dieser Zeit kann auch ein Männchen mit einer Gabe sie nicht zur Kopulation veranlassen. Eine Vergewaltigung bedeutet eine ernsthafte Bedrohung ihrer Fitneß, da ein Weibchen wahrscheinlich weniger Eier legt als bei einer Kopulation mit einem Männchen seiner Wahl. Außerdem besteht die Gefahr, daß das Männchen schlechte Gene weitervererbt, weshalb es für das Weibchen bei freier Auswahl niemals in Frage gekommen wäre. Vergewaltigung untergräbt also zum einen die Entscheidungsfreiheit des Weibchens und mindert zum anderen seinen Fortpflanzungserfolg.[225]

Glücklicherweise kommt Vergewaltigung im Tierreich nicht allzu häufig vor, da durch die natürliche Selektion die weiblichen Taktiken zur Vermeidung von Vergewaltigung stärker begünstigt wurden als die Vergewaltigung selbst. Doch allein die Tatsache, daß es Vergewaltigungen überhaupt gibt, bedeutet für die Weibchen und insbesondere für die Frauen, daß sie ständig vor aggressiven männlichen Tätern auf der Hut sein müssen.

Für Weibchen speziell unter den Säugetieren, deren Brutfürsorge einen äußerst hohen Einsatz verlangt, bietet eine feste Partnerbindung zu einem Männchen die beste Gewähr, daß genügend Ressourcen verfügbar sind und Schutz vor anderen Männchen gewährleistet ist. Der männlichen Strategie hingegen, sich mit möglichst vielen Weibchen zu paaren, läuft Monogamie zuwider. Dennoch sind viele Tiere monogam geworden – die einen im strengen, die anderen im weitesten Sinne des Wortes.

Monogamie, Paarbindung und das weibliche Wahlverhalten

> Monogamie ... wird durch das soziale und räumliche Verhalten der Weibchen aufrechterhalten und durch Fortpflanzungsstrategien, die die Hilfe der Männchen bei der Verteidigung des Reviers oder bei der Aufzucht der Jungen zwingend notwendig machen. Erst viel später kommen Gefühle und Sexualität ins Spiel.
>
> Sarah Blaffer Hrdy
> The Woman That Never Evolved[226]

Von allen Paarbindungen ist die Monogamie am besten dazu geeignet, das Weibchen in seiner Rolle als Mutter zu unterstützen. Doch nur die wenigsten Tiere gehen Beziehungen ein, die ein ganzes Leben lang währen. Wenn sich Tiere überhaupt binden, so liegt das meist daran, daß die Jungen die Fürsorge beider Elternteile brauchen. In diesen Fällen bleiben die Eltern so lange zusammen, bis die Nachkommen erwachsen sind. Es gibt keinen zwingenden biologischen Grund für Tiere, ihr ganzes Leben mit demselben Partner zu verbringen. Monogamie ist deshalb im Tierreich eher die Ausnahme als die Regel. Knapp ein Zehntausendstel der wirbellosen Tierarten und nur ein kleiner Teil der Wirbeltiere lebt monogam. Und selbst bei vielen Vogelarten, die als typisch monogam gelten, sind Seitensprünge bei Weibchen und Männchen keine Seltenheit.

Früher gingen Biologen davon aus, daß fast vierundneunzig Prozent aller Vogelarten monogam leben; moderne Untersuchungsmethoden haben uns jedoch eines Besseren belehrt. Mit Hilfe neuer Techniken kann heute die Vaterschaft eindeutig nachgewiesen werden, und so stellte sich heraus, daß fast ein Drittel der Küken in jedem Nest nicht vom Nestbesitzer selbst gezeugt wurde. Vogelmännchen erwiesen sich als promisk, und auch die Weibchen sind oft nicht abgeneigt, mit anderen Männchen mehr als nur zu flirten.[227]

Der Unterschied zwischen beiden Geschlechtern besteht darin, daß Weibchen ihre Liebhaber nicht willkürlich auswählen. Wenn zum Beispiel das Weibchen bei den Schwarzkopfmeisen Nordamerikas seinem Partner untreu wird, verfolgt es eine Strategie, die auf den Prinzipien der weiblichen Partnerwahl beruht: Es versucht dann nämlich ein Männchen für sich zu gewinnen, das einen höheren Rang hat als der Schwarzkopfmeisenmann, den es auf dem Nest zurückgelassen hat. Genauso sucht sich eine weibliche Rauchschwalbe einen Liebhaber aus, der längere Schwanzfedern hat als ihr ursprünglicher Partner. Der längere Schwanz ist ein Zeichen dafür, daß das Männchen widerstandsfähig gegen Parasiten ist, ein Merkmal, das ihren Jungen später zum Vorteil gereicht.

Männchen lieben es, auf der Suche nach Weibchen umherzuschweifen – so auch die Vogelmännchen. Nachdem sie ein Nest gebaut, ein Weibchen gefunden und sich gepaart haben, stimmen ältere Purpurschwalbenmännchen – die größte Schwalbenart der Welt – oft Lieder an, die jüngere Männchen herbeilocken. Wenn die Sache geklappt hat und das herbeigeflogene jüngere Männchen nun seinerseits seinen Balzgesang anstimmt, um damit ein Weibchen anzulocken, nutzt das ältere Schwalbenmännchen die Gelegenheit und vergewaltigt das Weibchen des jüngeren. Ebenso versuchen ältere Stockentenerpel und andere Entenmännchen, die sich bereits gepaart haben, die Weibchen ihrer Nachbarn zu verführen oder zu vergewaltigen.

Bei vielen Tierarten ist die Paarbindung eine reine Zweckehe, bei uns Menschen ist alles viel komplizierter. Wir verfolgen eine gemischte Strategie: Unter gewissen Bedingungen praktizieren wir Monogamie, ein anderes Mal Polygynie. Zwar wird die Monogamie in den meisten Gesellschaften als das Ideal ehelicher Gemeinschaft schlechthin angesehen, doch überall ist außerehelicher Geschlechtsverkehr an der Tagesordnung. Die Anthropologen Lionel Tiger und Robin Fox stellten fest: »Nicht alle Kulturen sind monogam, aber so gut wie alle sind ehebrecherisch.«[228]

Viele Biologen und Anthropologen halten den Menschen im Grunde genommen für polygyn, auch wenn die meisten Menschen heute – zumindest im Prinzip – in monogamen Beziehungen leben. Daß unsere Vorfahren polygyn waren, beweist der Größenunterschied zwischen Männern und Frauen.

Bei monogamen Tierarten haben beide Geschlechter die gleiche Größe und sehen sich meist zum Verwechseln ähnlich – selbst für das andere Geschlecht. Bei den Tauben zum Beispiel sind Männchen und Weibchen nicht zu unterscheiden. Das gleiche gilt für die Gibbons, eine Primatenart, die offenbar monogam lebt. Bei polygynen Tierarten hingegen sind die Männchen größer als die Weibchen, und die Primatenmännchen haben große, vorstehende Eckzähne. Dieser Unterschied in Größe und Aussehen der Geschlechter wird als »sexueller Dimorphismus« bezeichnet. Darwin verwies auf dieses Phänomen erstmals in seinem zweibändigen Werk ›Die Abstammung des Menschen und die geschlechtliche Zuchtwahl‹: Je polygyner die Art, desto deutlicher der Größenunterschied zwischen den Geschlechtern.

Im allgemeinen sind männliche Gorillas und Schimpansen um mindestens ein Viertel größer als weibliche. Dieser sexuelle Dimorphismus läßt sich dadurch erklären, daß polygyne Männchen mit anderen Männchen kämpfen und die Frauen und Kinder ihrer Gruppe beschützen müssen. Kraft und Größe sind deshalb von Vorteil. Wenn sich, wie bei den Schimpansen, Weibchen mit mehreren Männchen paaren, bevorzugen sie meist die größeren, ranghöheren Männchen als Väter. Dies garantiert, daß auch ihre Söhne größer und kräftiger werden und daß diese später erfolgreich mit anderen Männchen um Ansehen und Paarungspartner wetteifern können. Sowohl die natürliche als auch die sexuelle Auslese wirken hier zusammen und halten den sexuellen Dimorphismus bei polygynen Arten aufrecht.

Heute sind Männer nur um fünf bis zwölf Prozent größer als Frauen, aber vier Millionen Jahre alte Knochenfunde zeigen, daß der Größenunterschied bei unseren Hominiden-Vorfahren viel ausgeprägter war – was den Schluß nahelegt, daß der Mensch von einst die Vielehe bevorzugte. Im Laufe der Zeit hat sich der Mensch dann vom polygynen zum monogamen Wesen entwickelt. Ungefähr achtzig Prozent der heutigen menschlichen Gesellschaften sind polygyn und zwanzig Prozent monogam, doch selbst dort, wo Polygynie erlaubt ist, haben die meisten Männer nur eine Frau. Nach Aussage des Anthropologen Joseph Shepher »lebt die überwältigende Mehrheit aller Männer in Paarbindung mit einer einzigen Frau zusammen – nicht nur weil die volkreichsten Kulturen monogam sind (Amerikaner, Russen, Chinesen, Japaner usw.), sondern … weil selbst in ausgesprochen polygynen Gesellschaften nur ein geringer Prozentsatz der Männer tatsächlich mit mehreren Frauen verheiratet ist«.[229]

Im allgemeinen, beobachtete Shepher, ist Polygynie beim Menschen nur dann anzutreffen, wenn das Geschlechterverhältnis einer Gesellschaft durch besondere Ereignisse aus dem Gleichgewicht gebracht wurde, wenn also die Anzahl der zur Verfügung stehenden Männer zum Beispiel durch die systematische Ermordung der männlichen Nachkommen, durch Sterilisation oder Krieg reduziert wurde. Weitere Ursachen für die Entstehung von Polygynie sind Zölibat, langer Militärdienst oder diverse andere Gründe, die dazu führen, daß Männer später heiraten. Die meisten Männer leben in monogamen Beziehungen, und dafür sind wirtschaftliche Faktoren maßgeblich: Nur reiche Männer können es sich leisten, mehr als eine Frau zu versorgen. Normalerweise haben auf der ganzen Welt Männer nur eine Frau und manche überhaupt keine. Monogame Beziehungen sind also die Regel, polygyne die Ausnahme.

Ungeklärt ist noch, ob Monogamie beim Menschen aus einer ökologischen Notwendigkeit heraus entstanden ist oder ob sie ihm durch gesetzliche und religiöse Vorschriften aufgezwungen wurde. Wahrscheinlich haben wir es je nach Kulturkreis mit einer Kombination vieler verschiedener Faktoren zu tun. Sicher ist jedenfalls, daß Monogamie beim Menschen, ebenso wie bei Rauchschwalben und Schwarzkopfmeisen, oft durch außereheliche Affären beider Partner durchbrochen wird.

Die Monogamie läuft der Fortpflanzungsstrategie der Männchen, sich mit möglichst vielen Weibchen zu paaren, gänzlich zuwider. Die Strategie der Weibchen hingegen, soviel männliche Hilfe wie möglich bei der Aufzucht der Jungen zu gewinnen, wird durch die Monogamie voll unterstützt. Monogamie bei den Menschen kommt daneben aber auch dem Wunsch des Mannes entgegen, sich der Vaterschaft seiner Kinder sicher zu sein.

Biologen und Anthropologen sind sich noch nicht darüber im klaren, inwieweit das weibliche Verhalten bei der Partnerwahl die Entwicklung der Monogamie beeinflußt hat. Möglicherweise ist Monogamie eine direkte Folge des weiblichen Wahlverhaltens, oder verschiedene weibliche Fortpflanzungsstrategien haben dabei eine mehr oder weniger wichtige Rolle gespielt. Unabhängig davon steht jedoch fest, daß bei allen Arten die Frauen an der Entwicklung der Monogamie in irgendeiner Form beteiligt waren.

Während die Menschen – manche zumindest – Monogamie als Vertrag auf Lebenszeit ansehen, legen sich Verhaltensforscher bezüglich der Dauer einer monogamen Bindung bei Tieren nur selten fest. Als Monogamie gilt für sie jede Beziehung, in der sich Männchen und Weibchen paaren und eine gewisse Zeit zusammenbleiben, um ihre Nachkommen aufzuziehen. Eine monogame Bindung kann sich nur auf die Brutzeit beschränken oder, wie bei den Gibbons und der Kalifornischen Maus zum Beispiel, ein ganzes Leben lang währen.

Die Entstehung der Monogamie

Bei den wenigen Arten, die sich monogam entwickelt haben, traten Faktoren oder eine Kombination von Faktoren auf, die eine Beteiligung der Männchen bei der Fürsorge für den Nachwuchs erforderlich machten. Die Biologen James Wittenberger und Ronald Tilson stellten fest, daß sich monogame Verhältnisse immer dann entwickeln, wenn folgende Bedingungen erfüllt sind: erstens wenn männliche Fürsorge für die Jungen aus Gründen der Arbeitsteilung unbedingt erforderlich und unerläßlich für den Fortpflanzungserfolg der Weibchen ist; zweitens wenn ein Weibchen einer reviergebundenen Art mehr von der Paarung mit einem noch unverpaarten Männchen als mit einem bereits verpaarten Männchen profitiert; drittens wenn die Mehrheit der Männchen einer nicht reviergebundenen Art sich am erfolgreichsten mit einem einzigen Weibchen fortpflanzen kann; viertens wenn weibliche Aggression ein Männchen davon abhält, sich eine zweite Partnerin zu suchen; fünftens wenn Männchen mit zwei Partnerinnen weniger erfolgreich sind als mit einer.[230]

Bei allen Fällen monogamen Zusammenlebens ist die Fürsorge, die die Jungen brauchen, entscheidend. »In der Tierwelt ist Treue eine Eigenschaft, die erst dann entsteht, wenn es für beide Partner vorteilhafter ist, ihre Jungen gemeinsam aufzuziehen als sich neue Partner zu suchen«, sagt der Soziobiologe Edward O. Wilson und liegt damit genau auf der Linie von Darwin.[231]

Monogamie bei Primaten

Die Primaten – die Ordnung, zu der auch wir Menschen gehören – leben von allen Säugetieren am häufigsten in monogamen Beziehungen. Dies ist nicht verwunderlich, da Primatenjunge die Fürsorge der Eltern viel länger brauchen als die Jungen anderer Tierarten. »Monogame Beziehungen kommen bei Primaten viermal so häufig vor wie bei anderen Säugetieren«, schreibt die Soziobiologin Sarah Blaffer Hrdy.[232] Sie weist darauf hin, daß von zirka zweihundert Primatenarten siebenunddreißig, also ungefähr achtzehn Prozent, monogam leben, obwohl die meisten dieser Tierarten »selten, in ihrem Bestand gefährdet und selbst Wissenschaftlern wenig bekannt sind«.[233]

Bezeichnenderweise kommt Monogamie bei allen vier großen Primatengruppen vor: bei Prosimiern, der primitivsten Gruppe, die die Spitzhörnchen und die Lemuren umfaßt; bei Neuweltaffen, wie zum Beispiel Krallenaffen und Tamarinen; bei Altweltaffen, wie bestimmten Languren; und bei Menschenaffen, die Gibbons eingeschlossen, sowie den Menschen. Von allen monogamen Primaten sind die Menschen jedoch die einzigen, die nicht auf Bäumen leben. Alle anderen, auf dem Boden lebenden Primaten sind polygyn.

Einige Biologen vermuten, daß sich bei den Primaten immer dann ein monogames System entwickelt hat, wenn die Umweltbedingungen die Tiere dazu zwangen, ihre Fortpflanzung zu beschleunigen – das heißt, mehr Jungen in der gleichen Zeit oder die gleiche Anzahl von Jungen in kürzerer Zeit zu gebären. Die winzigen Krallenaffen der Regenwälder Mittel- und Südamerikas sind ein gutes Beispiel hierfür. Die Weibchen dieser Art gebären normalerweise Zwillinge, und beide Jungen haben mindestens ein Fünftel und manchmal sogar bis zu einem Viertel des Gewichts ihrer Mutter. Ohne ein Männchen, das diese großen Jungen tragen und füttern hilft, wäre ein Krallenaffenweibchen nicht in der Lage, überhaupt Nachkommen aufzuziehen. Männliche Fürsorge ist für das Überleben der jungen Krallenaffen und somit auch für den Fortpflanzungserfolg beider Geschlechter lebenswichtig.

Nach Hrdy hat sich das Fortpflanzungssystem der Krallenaffen im

Laufe der Evolution an die natürlichen Lebensbedingungen der Tiere angepaßt. Krallenaffen ernähren sich hauptsächlich von Insekten; sie fressen auch Eidechsen, Baumfrösche und kleine Vögel, wenn sie sie erwischen. Früchte und Baumsaft stehen ebenfalls auf ihrem Speiseplan. Hrdy weist nun darauf hin, daß insektenfressende Primaten deshalb so klein sind, weil sie sich von solch winzigen Happen lebenden Proteins ernähren müssen. Sie stellt deshalb die These auf, daß aufgrund dieser biologischen Gegebenheiten die natürliche Selektion immer kleinere Weibchen hervorbrachte. Dies hatte zur Folge, daß eines Tages die Becken der Weibchen für die Geburt der Babys zu klein geworden waren. »Eine praktische Lösung für dieses Problem waren Zwillingsgeburten. Anstatt ein einziges riesiges Baby zu gebären, bekamen die Mütter nun zwei oder drei Kinder, die nicht mehr ganz so groß waren.«[234]

Da sich die Krallenaffen meist in rasch sich verändernden Lebensräumen aufhalten – Waldlichtungen zum Beispiel, die durch umgestürzte Bäume entstanden sind –, ist es für sie vorteilhafter, schnell hintereinander mehrere Junge auf einmal zu bekommen als nur ein einziges Junges pro Schwangerschaft und in größeren Abständen. In instabilen Lebensräumen müssen Tiere in der Lage sein, sich schnell anzupassen und sich rasch fortzupflanzen. Dem Krallenaffen gelingt dies durch die Geburt von zwei Babys auf einmal. Diese bemerkenswerte Fortpflanzungsfähigkeit der Weibchen ist allerdings ohne fremde Hilfe nicht aufrechtzuerhalten: Sie werden von anderen Gruppenmitgliedern in einem bestens organisierten Brutpflegesystem unterstützt. Eine Krallenaffenmutter ist sehr anspruchsvoll; sowohl ihr Partner als auch die Mitglieder der Gruppe, die gerade keinen Nachwuchs haben, fügen sich ihren Wünschen. Da die Hauptverantwortung für die Nachkommen, außer wenn sie gesäugt werden, der Vater übernimmt, ist die Hilfsbereitschaft des Partners für ein Krallenaffenweibchen ausschlaggebend.

Schwierige Zeiten, wie zum Beispiel Nahrungsknappheit, können Veränderungen im Fortpflanzungsverhalten der Krallenaffen bewirken. In solchen Zeiten überlebt nur der gesündere Zwilling. Die Weibchen vergrößern dann auch den Abstand zwischen den Geburten. Nach Hrdy »müssen Krallenaffen, wie viele andere kleine Säugetiere, wie ›ökologische Doppelagenten‹ handeln und je nach Bedarf eine entsprechende Fortpflanzungsstrategie anwenden«.[235]

Um auf wechselnde Umweltbedingungen und unvorhergesehene Veränderungen schnell reagieren zu können, wird die Strategie verfolgt, so viele Junge wie möglich in kürzester Zeit auf die Welt zu bringen – was als »R-Selektion« bezeichnet wird. Eine andere Strategie ist es, weniger und langsamer heranwachsende Junge zu bekommen – was »K-Selektion« genannt wird.

Die R-Selektion ist eine opportunistische Strategie. Das extremste

Beispiel hierfür ist die Auster, die pro Jahr fünfhundert Millionen Eier produzieren kann. Die K-Selektion ist die Strategie der stabileren Arten, die langlebige, sich selbst erneuernde Lebensräume wie alte Waldbestände oder Korallenriffe bewohnen. Das extremste Beispiel für die K-Selektion sind die großen Menschenaffen – Gorillas, Schimpansen und Orang-Utans –, die innerhalb von fünf oder sechs Jahren nur einmal Nachwuchs haben. Diese Tierarten laufen jedoch Gefahr auszusterben, wenn ihr Lebensraum zerstört wird. Aus diesem Grund stehen auch die Gorillas, Schimpansen und Orang-Utans heute auf der Liste der vom Aussterben bedrohten Arten.

Bei beiden Fortpflanzungsstrategien hängt es vom Ausmaß des weiblichen Investments ab, wieviel Fürsorge noch der Vater zur Aufzucht der Nachkommen beisteuern muß. Wenn zum Beispiel das Krallenaffenweibchen weniger Junge zur Welt brächte und wenn größere Abstände zwischen den Geburten lägen, könnte es seinen Jungen die gleiche mütterliche Zuwendung zuteil werden lassen wie etwa Schimpansenmütter. Entsprechend hätte sein Partner genügend Freiraum, sich noch mit anderen Weibchen zu paaren.

»Weibliches Verhalten bei der Partnerwahl mag ein Faktor unter vielen bei der Entstehung der Monogamie sein, letztendlich aber ist Monogamie auf bestimmte grundlegende Verhaltensweisen der Weibchen zurückzuführen«, sagt Hrdy. »Monogame Weibchen tragen immer dafür Sorge, daß es in jedem Revier oder in jeder Gruppe nur ein Weibchen gibt, das Nachwuchs hat. Jeder Ansatz von Polygynie wird im Keim erstickt durch erbitterte Feindseligkeiten unter den Weibchen im gebärfähigen Alter. Bei den meisten monogamen Arten vertreibt die ›Hausherrin‹ Rivalinnen aggressiv aus ihrem Revier. Wenn andere Weibchen geduldet werden (wie bei den wildlebenden Tamarinen), wird die Eintracht innerhalb der Gruppe dadurch bewahrt, daß die untergeordneten Weibchen ihren Eisprung unterdrücken.«[236]

Bei den Dschelada-Pavianen zum Beispiel werden dominante Weibchen schneller schwanger als ihre untergeordneten Geschlechtsgenossinnen. Der Biologe R. I. M. Dunbar ist der Meinung, daß verzögerte Empfängnis bei den nachrangigen Weibchen durch Streß verursacht wird, der dadurch entsteht, daß die dominanten Weibchen sie ständig belästigen. Außerdem haben höherstehende Weibchen eher die Möglichkeit, sich mit dominanten Männchen zu paaren, und erhalten höherwertiges Sperma.[237] Untergeordnete Meerkatzenweibchen werden später schwanger, weil sich die Männchen seltener mit nachrangigen Weibchen paaren.

Es gibt noch eine weitere Erklärung für das stärkere Engagement der männlichen Primaten für ihre Jungen: Sie sind von vornherein besonders gut für die Vaterrolle geeignet. Dieser neue Aspekt relativiert die heute vorherrschende Auffassung, daß monogame Beziehungen und der Wunsch nach Sicherheit bezüglich der Vaterschaft den Weg für die männliche Fürsorge geebnet hätten. Hrdy meint, man solle unbedingt in Betracht ziehen, »ob nicht die außerordentlichen Fähigkeiten der Primatenmänner bei der Fürsorge für die Jungen die Entwicklung jener engen, langfristigen Beziehungen zwischen Vertretern männlichen und weiblichen Geschlechts begünstigt haben, die unter gewissen ökologischen Umständen zu Monogamie führen«.[238] Niemand wird wohl jemals genau herausfinden, wie Monogamie entstanden ist, eines jedoch ist klar: Bei den Arten, bei denen sie sich herausgebildet hat, hat sie den Fortpflanzungserfolg beider Partner verbessert.

Monogamie beim Menschen

Die Spezies Mensch bietet das Bild eines äußerst komplexen und oft widersprüchlichen Wesens, das sowohl polygyn als auch monogam leben kann. In vielen Kulturen wurde die monogame Ehe zum Ideal erhoben, in der Realität allerdings benutzen die Menschen immer wieder ein Hintertürchen. Überall dort, wo Monogamie zur offiziellen Eheform erhoben wurde, ist auch der Seitensprung nicht weit. Sind wir Menschen tatsächlich monogam? Oder ist Monogamie ein Ideal, nach dem wir zwar streben, das wir aber, von wenigen Ausnahmen abgesehen, niemals erreichen? Schließen wir formell monogame Eheverträge, damit wir dann nebenbei unseren promisken Neigungen frönen können? Bedeutet die massive Verleugnung unserer Zugehörigkeit zum Tierreich in Wirklichkeit die Verleugnung unserer Sexualität? All diesen Fragen muß in Zukunft noch nachgegangen werden. Das Bild, das sich Biologen und Anthropologen heute bietet, entspricht jedenfalls nicht den Idealvorstellungen über eine Ehe, in der sich Braut und Bräutigam mit dem Satz »Bis daß der Tod uns scheidet« lebenslange Treue schwören.

Folgende Faktoren scheinen die Entstehung der Monogamie beim Menschen begünstigt zu haben: erstens ein Evolutionsdruck, der ein stärkeres männliches Engagement bei der Fürsorge für die Kinder nach sich zog; zweitens der aufrechte Gang; drittens das Verschwinden der sichtbaren Anzeichen für die Empfängnisbereitschaft bei den Frauen und viertens die Entwicklung der für den Menschen charakteristischen Paarbindung. Es gibt viele Theorien, wie sich diese Faktoren im einzelnen entwickelt haben könnten, doch im Rahmen dieses Buches werden nur die Theorien erörtert, die sich auf das weibliche Wahlverhalten beziehen.

Der aufrechte Gang – eine revolutionäre Haltung

Nach Ansicht des Arztes Owen Lovejoy gehört die Entstehung des aufrechten Gangs zu einer der revolutionärsten Veränderungen im Verhalten der Primaten überhaupt. Und an dieser Entwicklung ist weibliches Wahlverhalten maßgeblich beteiligt.

Auch wenn es uns ganz normal und sinnvoll erscheint, auf zwei Beinen zu gehen, so gehört doch der aufrechte Gang nach Meinung von Lovejoy zu den ineffizientesten Fortbewegungsarten im ganzen Tierreich: »Der aufrechte Gang macht den Menschen langsamer, häßlicher, anfälliger für Verletzungen und hindert ihn daran, sich in eines der wichtigsten Verstecke der Primaten, die Wipfel der Bäume, zurückzuziehen.« In einem der umstrittensten Artikel, die je in der Zeitschrift ›Science‹ veröffentlicht wurden,[239] legte Lovejoy seine These dar, daß der aufrechte Gang den Fortpflanzungserfolg des Menschen erhöht haben muß, andernfalls hätte er sich nicht entwickelt.

»Man denke nur an die Nachteile, die dem Menschen daraus entstanden sind, daß er seine Fähigkeit zu klettern verloren hat«, sagt er. »Mit dem aufrechten Gang wurden die meisten seiner bisherigen Nahrungsquellen für ihn unerreichbar, und er konnte die Plätze, die ihm bisher Schutz gewährten, nicht mehr aufsuchen. Die Entwicklung vom Vierbeiner zum Zweibeiner stellt bei den Primaten eine völlig überraschende Anpassung dar, die nur damit zu erklären ist, daß sie sich unmittelbar auf die Erhöhung ihres Fortpflanzungserfolgs auswirkte.«

Lovejoy ist der Meinung, daß sich unsere frühesten menschlichen Vorfahren deshalb aufgerichtet haben, weil sie etwas besonders Wertvolles tragen wollten. Er hatte vier Millionen Jahre alte Fossilien untersucht und festgestellt, daß die Hominiden schon aufrecht gingen, bevor sie Werkzeug benutzten und bevor die Savanne beziehungsweise das hohe Grasland in Afrika entstanden waren. Somit konnte die alte Theorie, daß Menschenaffen sich aufrichteten, um Werkzeuge zu transportieren oder um über das hohe Gras hinwegsehen zu können, ad acta gelegt werden. Aber *was* hatte unsere Vorfahren dazu veranlaßt, sich aufzurichten? Was haben sie wohl getragen? Was war so wertvoll, daß sie dafür Futterquellen, Schutz und sogar ihr Leben aufs Spiel setzten, nur um auf zwei Beinen zu gehen?

Lovejoys umstrittene Antwort auf diese Frage lautet: Unsere frühen menschlichen Vorfahren haben sich deshalb aufgerichtet, weil sie Futter zu ihrem Lager transportieren wollten, um es dort mit ihren Frauen und Nachkommen zu teilen.

Menschliche Babys sind die hilflosesten Nachkommen im gesamten Tierreich; sie bedürfen viele Jahre lang der Fürsorge, bevor sie sich um sich selbst kümmern können. Wie Gorillas verfolgen die Menschen die Fortpflanzungsstrategie der K-Selektion, das heißt, sie bekommen wenig Kinder, stecken aber viel Zeit und Energie in ihre Aufzucht. Zu einem bestimmten Zeitpunkt vor Millionen von Jahren standen unsere menschlichen Vorfahren vielleicht unter dem Evolutionsdruck, ihre Fortpflanzung beschleunigen und mehr Kinder auf die Welt bringen zu müssen. Folglich mußten die Männer mehr Energie in die Fürsorge für ihre Nachkommen einbringen. »Dies kann nur durch eine monogame Paarbeziehung erreicht werden. Weibliche Selektion ist die conditio sine qua non für Monogamie«, sagt Lovejoy und fügt hinzu: »Wenn die Frau einen Mann auswählt, der sie und ihre Nachkommen zuverlässig versorgt, erhöht sie dadurch ihren Fortpflanzungserfolg.«[240]

Was aber kann eine Frau tun, um sicherzustellen, daß ihr Partner langfristig für sie sorgt und nicht zu einer anderen Frau überläuft? Eine Möglichkeit wäre, ihn über den Zeitpunkt des Eisprungs im unklaren zu lassen – über den Zeitraum also, in dem eine Empfängnis sehr wahrscheinlich ist und in dem sie folglich auch für einen Mann am attraktivsten ist. Die alte weibliche List »Sex gegen Nahrung« wäre eine weitere Möglichkeit, um einen Mann an sich zu binden. Bei den Menschen ist Sex im Austausch gegen Nahrung und Schutz vielleicht das älteste Motiv für Monogamie. Damit solch ein Handel jedoch für Männer attraktiv wird, müssen Frauen ständig und nicht nur während der Zeit der Ovulation zu sexuellem Verkehr bereit sein. Es ist nicht bekannt, auf welche Art und Weise diese Anpassung stattgefunden hat; heute jedenfalls gibt es bei Frauen keine sichtbaren Zeichen für Empfängnisbereitschaft mehr, und der menschliche Sexualtrieb kann zyklusunabhängig ausgelebt werden.

Verschleierte versus sichtbare Empfängnisbereitschaft

Die Tatsache, daß bei Frauen der Eisprung unbemerkt vor sich geht und daß selbst die Frauen nichts davon bemerken, war Anlaß für zahlreiche Spekulationen darüber, wie es dazu kam.

Die Vermutung, daß den Frauen die Fähigkeit, anderen den Zeitpunkt ihres Eisprungs anzuzeigen, verlorengegangen sein muß, rührt daher, daß die meisten anderen weiblichen Primaten die Ovulation durch auffälliges Benehmen, Schwellungen im Genitalbereich und einen speziellen Geruch deutlich machen. Diese Veränderungen werden durch Geschlechtshormone, vor allem durch das Östrogen, gesteuert und verlaufen in Zyklen.

Nur in der Zeit, in der die Weibchen empfängnisbereit sind, sind sie normalerweise auch an einer Paarung interessiert. Bei einigen Tieren kann diese Zeitspanne sehr kurz sein. Die Galago zum Beispiel, eine kleine Primatenart der Familie der Loris, sind nur einige Stunden empfängnisbereit. Bei Schimpansen und Savannen-Pavianen, die einen

Zyklus von fünfunddreißig Tagen haben, sind erfolgreiche Paarungen gewöhnlich während eines Zeitraums von zwei Wochen in der Mitte eines jeden Zyklus möglich.

Wenn diese Primatenweibchen »in Hitze« sind, läßt der erhöhte Östrogenspiegel die Haut im Genitalbereich anschwellen und rot werden. Diese auffallend großen Schwellungen und der sie begleitende Geruch sind Hinweise auf die Ovulation. Das Weibchen wird zu einem wandelnden sexuellen Leuchtturm, der Paarungsbereitschaft signalisiert. Sexuell empfängnisbereite Weibchen ziehen die Aufmerksamkeit von Männchen auf sich und stacheln sie oft zu Rivalitätskämpfen an. Sie selbst sind jedoch alles andere als scheue Mauerblümchen, die einfach passiv abwarten, bis ein interessiertes Männchen vorbeischlendert und sie besteigt. Beobachtungen in freier Wildbahn belegen, daß empfängnisbereite Primatenweibchen sich den Männchen offensiv nähern, ihnen ihr geschwollenes Hinterteil präsentieren, die Genitalien der Männchen reiben und sich ihnen zur Kopulation anbieten.

Ob auch bei den Primatenvorfahren der Frauen jemals solche auffälligen Genitalschwellungen auftraten, werden wir wohl nie erfahren. Viele der äußerst spekulativen Theorien über den Verlust der sichtbaren Empfängnisbereitschaft beim Menschen gehen jedoch davon aus, daß unsere weiblichen Hominiden-Vorfahren die gleichen Genitalschwellungen wie die Schimpansen hatten. Es wird angenommen, daß das Verschwinden der äußeren Anzeichen von Empfängnisbereitschaft eine Strategie war, um die Sexualität der Frauen zu betonen und um eine Art Sex-Vertrag mit den Männern zu ermöglichen –[241] eine Strategie, die die Männer dazu motivieren sollte, langfristige Paarbindungen einzugehen und ihre Jagdbeute mit den Frauen und ihren Kindern zu teilen.

Niemand kann jedoch genau rekonstruieren, wie die Primaten vor etwa drei bis zehn Millionen Jahren lebten. Am wenigsten spekulativ ist es, sagt Hrdy, das Fortpflanzungsverhalten der heute lebenden Primaten zu untersuchen; hierbei können wir feststellen, daß es bei den Primaten vielfältige Paarungssysteme gibt und daß der Mensch mit seiner Sexualität durchaus nicht so einzigartig ist, wie er gerne glaubt.[242]

Frauen sind nämlich nicht die einzigen weiblichen Primaten, bei denen sichtbare Anzeichen für den Eisprung fehlen. Sie sind auch nicht die einzigen, die während ihres Menstruationszyklus oder sogar während der Schwangerschaft jederzeit Sex haben können: Weibliche Tamarine, Krallenaffen und andere monogame Neuweltaffen können an jedem Zyklustag kopulieren und zeigen keine auffälligen Anzeichen von Ovulation.[243] Außerdem menstruieren diese Primaten nicht. Bei den meisten Affenarten scheinen jedoch die Weibchen in der fruchtbaren Zeit in der Mitte ihres Zyklus das größte Interesse an der Kopulation zu haben. In dieser Zeit sind die Weibchen auch für die meisten Männchen am attraktivsten.

Zahlreiche Untersuchungen haben gezeigt, daß die sexuelle Bereitschaft einer Frau mindestens ebenso von der Stimmung, der Umgebung und vor allem dem richtigen Partner abhängt wie von den entsprechenden Hormonen. Kulturelle Wertvorstellungen, Religion und Erziehung sind ebenfalls Faktoren, die die sexuelle Bereitschaft des Menschen maßgeblich beeinflussen. Der Mythos von der immerwährenden Bereitschaft der Frau zu sexueller Aktivität ist daher ebenso falsch wie der von der passiven Frau. »Keine Frau ist ständig sexuell bereit..., und jeder Mann, der dieser Illusion verfällt, ist entweder ein sehr alter Mann mit kurzem Gedächtnis oder ein sehr junger Mann, der bitter enttäuscht werden wird«, soll der Biologe Frank Beach einmal bemerkt haben.[244] Vergleichende Untersuchungen von Frauen aus unterschiedlichen Kulturen belegen, daß die sexuelle Aktivität von Frauen – wie bei den meisten Primaten – in der Mitte des Zyklus ihren Höhepunkt erreicht.

Möglicherweise ist die alte Frage der Biologen, warum Frauen die sichtbaren Anzeichen für die Ovulation verloren haben, der falsche Ausgangspunkt. Vielleicht hat man den Frauen ihre Empfängnisbereitschaft noch nie angesehen? Nach Hrdy sollte man lieber folgende Fragen stellen: »Unter welchen Umständen verschiebt sich bei den Primaten die zyklusgebundene Empfängnisbereitschaft zur situationsgebundenen Empfängnisbereitschaft hin? Unter welchen Umständen treten deutlich sichtbare Anzeichen für die Ovulation auf? Wann sind diese nicht vorhanden?«[245] Anhand solcher Fragen wird die nicht sichtbare Ovulation unter dem Aspekt der Evolutionsbiologie beleuchtet. Wann also begünstigt die natürliche Selektion Genitalschwellungen, und wann begünstigt sie die nicht sichtbare Ovulation?

Vorteile einer Signalisierung sexueller Bereitschaft

Offensichtlich entwickelten sich die Schwellungen im Genitalbereich bei den Arten, die in sozialen Gruppen mit mehr als einem Männchen leben, wie zum Beispiel den Schimpansen, den Savannen-Pavianen und weiteren zweiundzwanzig Primatenarten. Für solche Weibchen ist es von Vorteil, wenn der Zeitpunkt ihrer Ovulation deutlich erkennbar ist. Sie sparen Zeit und Energie, weil sie sich nicht jedem Männchen zur Paarung anbieten müssen und statt dessen auf Futtersuche gehen können. Wenn alle Männchen der Gruppe gleichzeitig darüber informiert werden, welche Weibchen paarungsbereit sind, fällt *ihnen* die Aufgabe zu, eine günstige Gelegenheit zur Paarung zu finden.[246]

Welchen Vorteil könnte ein Weibchen daraus ziehen, daß es sich häufig und mit mehreren Männchen paart? Welche Rolle spielt in diesem Zusammenhang weibliches Wahlverhalten? Beruht die Promiskuität einiger weiblicher Primaten auf einer bestimmten Strategie? Hrdy stellt die einleuchtende These auf, daß sich Weibchen mit mehreren Männchen paaren, um zu möglichst vielen gute Beziehungen herzustellen und um ihren jeweiligen Geschlechtspartner über die Frage der Vaterschaft im unklaren zu lassen beziehungsweise ihn glauben zu machen, daß er der Vater ihrer Nachkommen sei. Auf diese Weise werden die Weibchen von vielen Männchen beschützt, die darüber hinaus ihre Nahrung mit ihnen teilen und sich um die Jungen kümmern. Bei den Savannen-Pavianen zum Beispiel helfen oft mehrere Männchen einem Weibchen beim Babysitten, beim Tragen oder beim Beschützen des Nachwuchses. Neueste Forschungen ergaben, daß männliche Fürsorge für junge Primaten unerläßlich ist. »Für die Jungen ist es lebenswichtig, daß sie auch von Männchen betreut werden – wobei es sich meist um die Männchen handelt, mit denen das Weibchen zuletzt sexuellen Kontakt hatte«, sagt Hrdy.[247]

Die Primatologin Meredith Small lieferte eine weitere Begründung dafür, warum sich Weibchen auch während ihrer unfruchtbaren Zeit häufig und mit mehreren Männchen paaren: Weibliche Primaten erhöhen ihre Chancen, schwanger zu werden, dadurch, daß sie in der Zeit um den Eisprung herum in ihrem Fortpflanzungstrakt einen ständigen Vorrat an Sperma speichern. »Unter gewissen Umständen kann Sperma zu einer Ressource werden, die nur begrenzt verfügbar ist«, sagt Small und fügt hinzu, daß »Weibchen dadurch, daß sie exzessiv sexuell aktiv sind, ihre Empfängnischancen erhöhen; dies kann als adaptive Strategie bezeichnet werden.«[248] Jede Ejakulation eines Männchens reduziert den für den Rest der Gruppe zur Verfügung stehenden Spermavorrat. Wenn sich Weibchen also auch während ihrer unfruchtbaren Zeit mehrmals paaren, verringert sich die Spermamenge, die für konkurrierende Weibchen zur Verfügung steht. Denn Männchen sind nach mehreren Ejakulationen erschöpft und können zeitweilig nicht mehr für alle Weibchen einer Gruppe Sperma zur Verfügung stellen.

Paarungen mit mehreren Männchen können den Fortpflanzungserfolg der Weibchen auf verschiedene Art verbessern: Erstens: Weibchen lassen Männchen, mit denen sie verkehren, über die wahre Vaterschaft der Nachkommen im unklaren, wodurch sie sich die Hilfe und den Schutz von mehreren Männchen sichern. Zweitens: Mehrfachpaarungen stellen eine Gegenmaßnahme dar gegen Männchen, die fremde Jungen töten. Drittens: Die Wahrscheinlichkeit einer Empfängnis wird erhöht. Viertens: Konkurrierenden Weibchen steht weniger Sperma zur Verfügung.

In allen sozialen Gruppen, in denen sich die Weibchen mit mehreren Männchen paaren, ist der »Spermawettbewerb« groß. Um in diesem Wettstreit bestehen zu können, entwickelten die Männchen größere Hoden. Wenn ein Männchen nur einer von vielen Geschlechtspartnern eines Weibchens ist, hängen seine Chancen, der Vater ihrer Nachkommen zu werden, von mehr als nur seinen Verführungskünsten ab. Um aus dem Kampf um den Fortpflanzungserfolg siegreich hervorzugehen, muß das Männchen mehr Sperma besserer Qualität produzieren können als seine Rivalen. Denn die Entscheidung, wer der Vater der Nachkommen eines Weibchens wird, fällt im Inneren des weiblichen Fortpflanzungstraktes.

Wenn man bei den Männchen das Verhältnis von Hodengröße zum Körpergewicht vergleicht, stellt man fest, daß in Gesellschaften, in denen Weibchen mit mehreren Männchen zusammenleben, die Hoden der Männchen wesentlich größer sind als in Gruppen mit monogamen Konstellationen oder in Gesellschaften, in denen ein Männchen und mehrere Weibchen zusammenleben.

Bei den Schimpansen zum Beispiel, wo sich mehrere Männchen um ein Weibchen scharen, beträgt die Hodengröße eines Männchens 0,27 Prozent seines Körpergewichtes, und die Schimpansenweibchen gehören zu den sexuell aktivsten aller Primaten. Bei den Makaken, bei denen ebenfalls mehrere Männchen in einer Gruppe leben, beträgt die Größe der Hoden 0,80 Prozent ihres Körpergewichtes, und bei den Savannen-Pavianen und den Totenkopfäffchen machen sie 0,21 beziehungsweise 0,41 Prozent ihres Körpergewichtes aus.

Männchen, die in monogamen Gesellschaften leben, weisen ein wesentlich geringeres Verhältnis von Hodengröße und Körpergewicht auf. Die Hodengröße eines Mannes beträgt nur 0,06 Prozent seines Körpergewichtes, die eines Gorillas 0,02 Prozent und die eines Orang-Utans 0,05 Prozent. In Gorillagruppen paart sich immer nur ein Männchen mit mehreren Weibchen.

Small betont, daß einer der auffälligsten Unterschiede zwischen dem Homo sapiens und anderen Primaten die schlechte Qualität des menschlichen Spermas ist. Es ist bekannt, daß das menschliche Sperma häufig abnorm ist, oft Qualitätsschwankungen unterworfen ist und schnell die Fähigkeit verliert, Eier auch tatsächlich zu befruchten.[249] Amerikanischen Untersuchungen über die Unfruchtbarkeit bei Ehepaaren zufolge liegt »bei einem von fünf unfruchtbaren Paaren die Ursache für die Kinderlosigkeit beim Mann«.[250] Durch Versuche wurde nachgewiesen, daß toxische Substanzen die Gesamtmenge des Spermas reduzieren, die Menge des abnormen Spermas erhöhen und die Beweglichkeit der Spermien vermindern können. Vor allem Bestrahlungen und Rauchen beeinträchtigen bekanntermaßen seine Qualität.[251] Angesichts der heutigen Überbevölkerung der Welt stellt die schlechte Qualität des menschlichen Spermas noch keine unmittelbare Bedrohung dar, aber langfristig gesehen könnte das Überleben unserer Art gefährdet sein.

Small geht davon aus, daß Weibchen bei einem Mangel an verfügbarem Sperma folgende Strategien verfolgen können. Erstens: Sie wählen Männchen aus, die das beste und meiste Sperma besitzen und paaren sich möglichst ausschließlich mit ihnen. Zweitens: Sie paaren sich bei jeder Gelegenheit mit möglichst vielen Männchen. Oder drittens: Sie erhöhen ihren Fortpflanzungserfolg dadurch, daß sie Sperma abschöpfen, das andernfalls ihren Rivalinnen zur Verfügung stünde.

Für Weibchen, die in Gruppen mit mehreren Männchen leben, ist die Zurschaustellung der Empfängnisbereitschaft eine energiesparende Methode, um das Paarungsgeschäft effizient zu gestalten. Aber wie sieht es bei den Weibchen aus, die in monogamer Bindung oder in Gruppen leben, in denen es nur ein Männchen und mehrere Weibchen mit ihrem Nachwuchs gibt? Diese Weibchen brauchen keine Schwellungen im Genitalbereich. Wenn Weibchen in einem Harem mit nur einem Männchen leben, ist es nicht nötig, daß sie viele Männchen über ihre Paarungsbereitschaft informieren. Für sie ist es eher von Vorteil, eine flexible Strategie anzuwenden und ihre Paarungsbereitschaft je nach Bedarf zu signalisieren.

Wenn bei einem Weibchen der Zeitpunkt der Ovulation nicht erkennbar ist, hat es zum Beispiel die Möglichkeit, sich mit einem fremden Männchen zu paaren und den Eindringling, der möglicherweise ihre Nachkommen töten will, zu täuschen. Auch wenn das Weibchen bereits trächtig ist, kann es sich mit dem Fremdling paaren, ihn über die Vaterschaft im unklaren lassen und so möglicherweise das Leben seiner Jungen retten. Denn fremde Männchen tun nur selten den Nachkommen derjenigen Weibchen etwas an, mit denen sie sich gepaart haben, auch wenn es nicht ihre eigenen sind; die Jungen anderer Weibchen hingegen töten sie häufig.

Merkmale menschlicher Sexualität

Der Verlust erkennbarer Zeichen für die Ovulation brachte also bestimmten Primatenweibchen wie auch den Frauen eine Reihe von Vorteilen. Einen Zusammenhang zwischen ständiger sexueller Bereitschaft und Paarbindung gibt es – entgegen vieler dahingehender Vermutungen – allerdings nicht.

Die weitverbreitete Meinung, daß Frauen ihre sichtbare Empfängnisbereitschaft deshalb verloren, weil sie durch ständige sexuelle Verfügbarkeit Männer zur Paarbindung zwingen und dazu motivieren konnten, ihnen und ihren Jungen Futter zu bringen, konnte nicht durch Beispiele bei anderen Primaten erhärtet werden. Außerdem liefert die Paarbindungstheorie keine Erklärung für andere Merkmale menschlicher Sexualität: den Geschlechtsverkehr von vorne, den weiblichen Orgasmus und die großen Brüste der Frauen.

Die Missionarsstellung ist nicht nur bei den Menschen üblich. Die nicht monogamen Zwergschimpansen kopulieren ebenfalls in dieser Position. Auch der weibliche Orgasmus kommt nicht nur bei den Menschen vor. Feldforscher berichten von ganz ähnlichen Reaktionen bei anderen Primaten. Das einzige Merkmal, das nur beim Menschen zu beobachten ist, sind die großen Brüste der Frauen. Bei anderen weiblichen Primaten vergrößern sie sich zwar während der Stillzeit, schrumpfen aber nach der Entwöhnung wieder beträchtlich. Auch die Brüste von Frauen vergrößern sich während der Stillzeit, werden nach dem Abstillen jedoch nicht wesentlich kleiner.

Die Paarbindungstheorie besagt, daß die Brüste der Frauen eine Folge der sexuellen Selektion seien, um die Frauen für die Männer attraktiver zu machen. Eine andere Hypothese lautet, daß die ständig vergrößerten Brüste der Frauen ein Zeichen dafür seien, daß sie genügend Fett gespeichert haben, um Schwangerschaft und Stillzeit gut zu überstehen. Vielleicht sind Brüste deshalb attraktiv geworden, weil sie etwas signalisieren, was Männer bei der Wahl ihrer Partnerin besonders interessiert: die Fruchtbarkeit.

Wenn wir uns Menschen mit anderen heute lebenden Primaten vergleichen, stellen wir fest, wie sehr unser Verhalten das Erbe unserer Vorfahren aus der Tierwelt widerspiegelt. Wir Menschen sind nicht so einmalig, wie wir gedacht haben. Auch wenn der Größenunterschied zwischen Männern und Frauen relativ gering ist, läßt allein sein Vorhandensein darauf schließen, daß die Menschen früher nicht in monogamen Beziehungen lebten, sondern in polygynen Gruppen. Der sexuelle Dimorphismus war bei unseren Vorfahren noch sehr viel ausgeprägter als beim heutigen Menschen, was beweist, daß die Polygynie im Laufe der Evolution zwar ständig an Bedeutung verloren hat, bis heute aber noch nicht ganz verschwunden ist. »Die männliche Paarungsstrategie trägt immer noch polygyne Züge, und selbst in den modernsten Gesellschaften hat ein starker, einflußreicher Mann de facto mehr Chancen bei den Frauen als ein durchschnittlicher Mann«, schreibt Shepher.[252]

Die relativ kleinen Hoden der Männer lassen es des weiteren als sehr unwahrscheinlich erscheinen, daß unsere menschlichen Vorfahren in Gruppen mit mehreren Männern lebten. »Menschen ähneln Primaten mit kleinen Hoden wie Orang-Utans, Gorillas und Gibbons, und es ist anzunehmen, daß die älteste Form des Zusammenlebens bei den Hominiden die von einem einzigen dominanten Männchen geführte Gruppe darstellt«, schreibt Hrdy.[253]

Wenn man alle diese Erkenntnisse über den Menschen berücksichtigt und mit denen über andere Primaten vergleicht, dann sieht es ganz danach aus, als ob unsere menschlichen Vorfahren in polygynen Gruppen mit nur einem Mann und mehreren Frauen gelebt haben oder in

Gruppen, in denen eine gemischte Fortpflanzungsstrategie aus Polygynie und Monogamie verfolgt wurde. Nicht sichtbare Ovulation und ständige sexuelle Bereitschaft lassen sich mit beiden Varianten vereinbaren.

Verschleierte Ovulation – ein evolutionäres Täuschungsmanöver?

Die Biologin Nancy Burley stellt die äußerst ungewöhnliche These auf, daß die verschleierte Ovulation ein Täuschungsmanöver der Evolution sein könnte, damit Frauen auch gegen ihren Willen schwanger werden. Nach ihren Vorstellungen entwickelte sich die versteckte Ovulation durch natürliche Selektion »als Reaktion auf die Versuche des Menschen beziehungsweise seiner Vorfahren, Empfängnisverhütung zu betreiben«.[254] Andere Theorien versuchen die Tatsache, daß Frauen immer sexuell bereit sind und ihr Eisprung nicht erkennbar ist, damit zu erklären, daß auf diese Weise ihre Gefährten im unklaren gelassen werden, ob die Frau gerade ihren Eisprung hat oder nicht. Burley weist jedoch darauf hin, daß die Ovulation ja auch von den Frauen selbst nicht bemerkt wird.

»Der moderne ichbezogene Mensch hat zur natürlichen Selektion oft ein zwiespältiges Verhältnis«, schreibt Burley. »Kultur muß zwar nicht unbedingt im Widerspruch zur natürlichen Selektion stehen, dennoch ist dies sehr häufig der Fall.«[255] Mit zunehmender Intelligenz wurde unseren Vorfahren klar, daß Eisprung, Geschlechtsverkehr und Empfängnisverhütung zusammenhingen. Gebären ist schmerzhaft und führte in den vorindustriellen Gesellschaften oft zum Tod der Frauen. Selbst heute noch stirbt jede Minute irgendwo auf der Welt eine Frau an den Folgen von Schwangerschaft oder Geburt – das sind mehr als 500000 Frauen im Jahr.[256]

Es ist durchaus vorstellbar, daß unsere weiblichen Vorfahren versuchten, die Risiken und Schmerzen einer Geburt zu vermeiden, indem sie um den Zeitpunkt des Eisprungs herum keinen Geschlechtsverkehr zuließen. »Aufgrund der empfängnisverhütenden Maßnahmen der Frauen setzte die Selektion ein und veränderte die physiologischen Vorgänge in ihrem Körper dergestalt, daß Frauen den Eisprung nicht mehr bewußt wahrnehmen konnten. Auf diese Art und Weise kann die Ovulation zu einem unbemerkten Vorgang geworden sein«, sagt Burley. »Die für Frauen nicht erkennbare Ovulation dient dazu, den Fortpflanzungserfolg zu sichern. Frauen, die nicht wissen, wann der Eisprung stattfindet, haben zwangsläufig mehr Nachkommen.«[257]

Frauen, die über den Zeitpunkt der Ovulation im dunkeln gelassen werden, sind somit der einfachsten Methode der Geburtenkontrolle – der Enthaltsamkeit an den kritischen Tagen – beraubt. Die nicht erkennbare Ovulation könnte also tatsächlich ein Täuschungsmanöver sein, mit dem die natürliche Selektion den Fortpflanzungserfolg der Frauen auch gegen ihren Willen durchsetzt.

Die verschleierte Ovulation macht es auch für die Männer schwieriger, sich der Vaterschaft ihrer Nachkommen sicher zu sein, sagt Burley. Bei vielen Tieren erkennt das Männchen anhand der Anzeichen für die Brunst, daß das Weibchen paarungsbereit ist; es kann sich daraufhin mehrmals mit ihm paaren und es vor anderen Männchen schützen. Bei verdeckter Ovulation ist die Kontrolle nicht so einfach. Ein Mann, der sicher sein will, daß nur sein Sperma das Ei einer Frau befruchtet, hat keine andere Wahl, als die Zeit der Werbung auszudehnen und so lange bei der Frau zu bleiben, bis sie schwanger geworden ist.

Wie bei den Tieren haben Mann und Frau in der Zeit des Werbens die Gelegenheit, eine Bindung herzustellen, zu testen, ob sie auch haltbar ist, und sich zu vergewissern, daß keiner der Partner anderweitige sexuelle Interessen verfolgt. Die Frau möchte sicher sein, daß der Mann keine Beziehungen zu anderen Frauen hat, und der Mann möchte sich Klarheit darüber verschaffen, ob die Frau nicht bereits von einem Rivalen geschwängert wurde. Werbung erfordert also ein gewisses Maß an Zeit. Überstürztes Handeln würde keinem der Partner zum Vorteil bei der Fortpflanzung gereichen.

Wie wir gesehen haben, unternehmen Familie und Gesellschaft große Anstrengungen, damit der zukünftige Bräutigam und seine Verwandten sicher sein können, daß die Nachkommen auch von ihm stammen. Der Wunsch nach gesicherter Vaterschaft rief ausgeklügelte gesellschaftliche Maßnahmen auf den Plan, um die Sexualität der Frauen unter Kontrolle zu bringen und ihre Keuschheit zu bewahren – zum Vorteil der Familien der Braut und des Bräutigams. Der Biologe Richard Alexander stellte fest, daß alle Gesetze unserer modernen Industriegesellschaften unter dem Blickwinkel des Kampfes um den Fortpflanzungserfolg gesehen werden können: »Die Aufgabe von Gesetzen ist es, in einer Gesellschaft das Streben von einzelnen und von Gruppen nach Fortpflanzung im Interesse der Allgemeinheit zu regeln und zu kontrollieren.«[258]

Die Sicherstellung der Vaterschaft ist für alle Männer wichtig, bei reichen Familien ist sie jedoch von besonderer Bedeutung, weil das Familienvermögen – Geld, Land oder Vieh – an Kinder und Enkel weitervererbt wird. Steht eine große Summe auf dem Spiel, liegt es im besonderen Interesse der Familien des Bräutigams wie auch der Braut sicherzustellen, daß die Kinder des Paares auch tatsächlich vom Ehemann gezeugt wurden.

Auch heute noch müssen sich Frauen den jeweils geltenden Regeln und Traditionen bezüglich weiblicher Keuschheit und Bescheidenheit zwangsläufig fügen. Anderenfalls ist eine Familie nicht in der Lage, ihre

Tochter an einen Mann mit hohem Ansehen zu verheiraten, der sie und ihre Nachkommen versorgt. Man hat fast den Eindruck, als habe die Gesellschaft mit der natürlichen Selektion gemeinsame Sache gemacht, damit Nachwuchs – auch gegen den Willen der Frauen – auf jeden Fall garantiert ist. Daß eine gesellschaftliche Bevormundung der Frauen nicht nur in primitiven Stammesgesellschaften, sondern auch in hochentwickelten Industrienationen praktiziert wird, zeigt folgendes Beispiel: Im Jahre 1966 verbot der damalige rumänische Staatspräsident Nicolae Ceausescu in seinem Land Abtreibung und Empfängnisverhütung. 1986 mußten verheiratete Frauen, die im Alter von vierundzwanzig Jahren noch nicht mindestens ein Kind geboren hatten, hohe Strafen zahlen. Die auf fünfundzwanzig Jahre angelegte Kampagne Ceausescus, die Zahl der rumänischen Bevölkerung bis zum Jahr 2000 auf acht Millionen zu erhöhen, brachte diesen Menschen nichts als Leid und Elend. Heute leben Tausende von verlassenen Kindern in überfüllten Waisenhäusern.[259]

Empfängnisverhütung

In der Geschichte der Fortpflanzung des Menschen hat es immer zwei unterschiedliche Tendenzen gegeben: Einerseits streben beide Geschlechter, analog zum Tierreich, danach, sich erfolgreich fortzupflanzen, andererseits versuchen Frauen, Schwangerschaften zu verhüten beziehungsweise zu unterbrechen, um ihren Fortpflanzungserfolg unter Kontrolle zu halten.

In Stammesgesellschaften praktizieren die Frauen Empfängnisverhütung mit verschiedenen Methoden: Verwendung von Kräutern und natürlichen spermaabtötenden Mitteln, Reinigung nach dem Geschlechtsverkehr, Entfernung des Spermas, Zaubertränke und geheimnisvolle Rituale. Wenn diese Methoden fehlschlagen, versuchen Frauen durch das Tragen von engen Gürteln, das Einführen von verschiedenen Gegenständen in die Vagina, durch Hungern oder plötzliche Stöße oder Sprünge einen Abgang herbeizuführen. Führt auch dies nicht zum Erfolg, dann werden die Säuglinge oft nach der Geburt getötet. Der Anthropologe Marvin Harris bezeichnete Babymord als »die am weitesten verbreitete Methode der Bevölkerungskontrolle in der Geschichte der Menschheit«.

Selbst heute noch greifen Frauen in der Dritten Welt vor allem dann auf einige dieser primitiven Formen der Empfängnisverhütung und Abtreibung zurück, wenn sie keinen Zugang zu Verhütungsmitteln haben oder wenn Abtreibung illegal ist. Entwicklungshelfer auf dem Gebiet der Familienplanung bestätigen, daß Frauen auf der ganzen Welt – außer im südlichen Afrika –[260] weniger Kinder hätten, wenn sie die Größe der Familie selbst bestimmen könnten. In den meisten Ländern der Dritten Welt entscheidet nämlich der Ehemann, wie viele Kinder die Familie hat, und selbst gebildete und berufstätige Frauen sind der Meinung, daß dies das Recht des Mannes sei und sie die Pflicht haben zu gehorchen. Nach Beobachtungen in Asien, Lateinamerika und zahlreichen afrikanischen Ländern sinkt die Geburtenrate mit steigendem Bildungsstand der Frauen: je höher der soziale und wirtschaftliche Status der Frau, desto niedriger die Geburtenrate.

Viele Ehemänner setzen jedoch dem Wunsch der Frauen nach Empfängnisverhütung heftigen Widerstand entgegen, und das nicht nur in der Dritten Welt. Hier ein Beispiel: Im Herbst 1991 stürmte in Salt Lake City ein neununddreißigjähriger Mormone, Vater von acht Kindern, die Entbindungsstation eines Krankenhauses; er war mit einem Gewehr, einer Schrotflinte und einer aus vierundvierzig Dynamitstäben bestehenden Bombe bewaffnet. Sein Ziel war es, den Arzt zu töten, der vor zwei Jahren bei seiner Frau eine Tubenligatur durchgeführt hatte. Er erklärte seine Raserei, bei der eine Krankenschwester den Tod fand, damit, daß im Himmel noch ein Baby darauf warte, als sein Kind auf die Welt zu kommen.[261]

Solche gewaltsamen Ausfälle sind zwar selten, Anthropologen und Entwicklungshelfer machen jedoch immer wieder die Erfahrung, daß sich in weiten Teilen Lateinamerikas, Afrikas und des Nahen Ostens die Ehemänner den Verhütungsbemühungen ihrer Frauen aufs heftigste widersetzen. Einmal liegt dies im Machismo begründet, bei dem zahlreiche Kinder ein Symbol für Männlichkeit sind; zum anderen haben die Männer Angst, daß ihre Frauen sich Liebhaber suchen, wenn sie sie nicht ständig schwängern. Manche Männer sind der Überzeugung, daß Frauen, die verhüten, sich leichter zu außerehelichen Affären hinreißen lassen, da sie nicht befürchten müssen, schwanger zu werden. Ein Mann, der die meiste Zeit des Jahres weit weg von seiner Familie lebt und arbeitet – wie es häufig in den Entwicklungsländern der Fall ist –, könnte seiner Frau, wenn sie verhütet, nicht mehr nachweisen, daß sie in seiner Abwesenheit ein unerlaubtes Verhältnis mit einem anderen Mann hatte.

In vielen Ländern der Dritten Welt ist die Einstellung der Männer das größte Hindernis auf dem Weg zur Reduzierung der Geburtenrate. »Der Machismo ist einer der Hauptgründe dafür, daß die Familien in diesen Ländern so enorm groß sind«, sagt Julia Henderson, ehemalige Sekretärin der International Planned Parenthood Federation und eines der Gründungsmitglieder des Fund for Population Activities der Vereinten Nationen. »Da traditionsgemäß der Mann das Familienoberhaupt ist, muß seine Meinung auch bei der Familienplanung unbedingt respektiert werden«, sagt sie. »In vielen Ländern trifft der Tod eines Sohnes einen Mann härter als der Tod seiner Frau; man muß den Mann also davon überzeugen, daß seine Kinder gesünder und seine Söhne kräftiger wären und ihm besser helfen könnten, wenn er und seine Frau weniger Kinder bekämen.«[262]

Biologisch gesehen, haben Männer wenig Veranlassung dazu, Geburtenkontrolle zu betreiben. Für einige Männer ist Schwangerschaft reine Frauensache. Ein Mann hat es schließlich einfach, sich fortzupflanzen: Er gibt sein Sperma ab und macht sich davon. Wenn ein Mann nur das biologische Minimum in Form von Sperma zur Verfügung stellt und ansonsten wenig oder überhaupt nichts zur Versorgung seiner Nachkommen beiträgt, gibt es für ihn nicht einmal wirtschaftliche Gründe, Geburtenkontrolle zu praktizieren. Im südlichen Afrika zum Beispiel unterstützen Ehemänner ihre Frauen nur geringfügig bei der Aufzucht des Nachwuchses; dort sind die Frauen selbst für sich und ihre Kinder verantwortlich. Und dennoch widersetzen sich gerade in diesen Ländern die Männer vehement der Verwendung von Verhütungsmitteln. Dasselbe gilt auch für einige amerikanische Großstädte, wo der Prozentsatz der Familien mit Frauen als Familienoberhaupt immer größer wird.

Anscheinend gibt es überall auf der Welt Männer, die es darauf anlegen, daß ihre Frauen viele Kinder bekommen. Der Gebärfähigkeit der Frau wird auf der ganzen Welt traditionsgemäß ein hoher Stellenwert eingeräumt; daß Frauen auch noch andere Qualitäten haben, spielt meist keine Rolle. Vor allem in den Entwicklungsländern haben die meisten Frauen oft keine andere Wahl als zu heiraten und Kinder großzuziehen.

Eine verheiratete Frau, die keine Kinder hat, genießt vielerorts nur sehr geringes Ansehen, manchmal wird sie sogar zur Haushaltssklavin degradiert. In vielen Ländern müssen Frauen außerdem damit rechnen, daß sie für die Verwendung von Verhütungsmitteln, für Abtreibung und Babymord bestraft werden. Kinderlosigkeit wird auch oft mit Charakterlosigkeit gleichgesetzt. In einigen Gesellschaften kann sich ein Ehemann von seiner Frau scheiden lassen, wenn sie keine Kinder bekommt, und manchmal steht es dem Mann auch gesetzlich zu, sich eine zweite Frau zu nehmen, wenn die erste unfruchtbar ist. Frauen, deren Männer keine Kinder zeugen können, haben diese Möglichkeit nicht.

Die nicht sichtbare Ovulation hat den Frauen in mancher Hinsicht größere Freiräume bei der Fortpflanzung verschafft, doch häufig genug haben gesellschaftliche Verhältnisse diese Freiheiten torpediert. In der Tat scheinen alle Gesellschaften mit dem Interesse der natürlichen Selektion konform zu gehen, Schwangerschaft nicht nur um jeden Preis abzusichern, sondern sogar zu *erzwingen*.

Bei ihren Versuchen, die Entstehung der Monogamie beim Menschen, wie wir sie heute kennen, zu rekonstruieren, entwickelten viele Anthropologen und Psychologen die These, daß Männer und Frauen als erstes eine Art Paarbindung auf Zeit eingingen. Nach Joseph Shepher entstand diese frühe Form menschlicher Bindung vermutlich während der ersten zwei Millionen Jahre der Existenz der Hominiden: »Für den Homo sapiens sapiens, den modernen Menschen, ist Monogamie fakultativ, das heißt, er kann sich unter gewissen Bedingungen dafür, unter anderen jedoch dagegen entscheiden. Ob der Mensch eine feste Bindung eingeht, hängt also von den jeweiligen ökologischen, demographischen und sozialen Gegebenheiten ab.«[263]

Je nachdem, ob die Hominiden einst am Waldrand, in der Savanne oder in der Halbwüste lebten, hatten sie entsprechende Fortpflanzungsstrategien und soziale Organisationsformen: Gruppen mit einem dominierenden Mann, mit mehreren Männern oder gemischte Gruppen. Folgende Merkmale waren jedoch all diesen Gruppierungen gemeinsam, mutmaßt Shepher:

1. Es gab keine Arbeitsteilung der Geschlechter; Männer wie Frauen sorgten jeweils selbst für ihre Ernährung, die aus Pflanzen und Aas bestand.
2. Frauen hatten einen Fruchtbarkeitszyklus sowie eine verhältnismäßig lange Stillzeit, in der kein Geschlechtsverkehr stattfand.
3. Frauen zeigten kein ausgesprochenes Wahlverhalten, und Männer zogen reife und fruchtbare Frauen jungen Frauen vor; letztere überließen sie untergeordneten oder jüngeren Männern.
4. In allen drei sozialen Organisationsformen war männliche Dominanz die Norm.

In einigen Hominiden-Gruppen begannen die Männer eines Tages damit, zur Erweiterung ihres Speisezettels Wild zu jagen; diese Gruppen, die nach Meinung der Anthropologen eine Vorstufe des modernen Menschen darstellen, entwickelten sich im Vergleich zu anderen Gruppen völlig anders weiter. Ihr Gehirnvolumen vergrößerte sich, da das Gehirn durch die Herstellung und den Gebrauch von Werkzeug und durch die Jagd ständig beansprucht wurde. Für die Frauen brachte jedoch das größere Gehirnvolumen ein physiologisches Problem mit sich: Sie mußten Babys mit riesigen Köpfen gebären. Shepher mutmaßt, daß die Lösung dieses Problems nur durch einen Kompromiß gelingen konnte: »Die natürliche Selektion begünstigte diejenigen Frauen, die ihre Babys früher zur Welt brachten, in einem Stadium also, in dem der Kopf des Babys noch nicht so groß und die Geburt für die Mutter somit weniger riskant und lebensbedrohlich war. Durch die frühe Geburt war das Baby jedoch anschließend auf eine lange Betreuungszeit angewiesen. Lange Stillzeiten und die Entwicklung von breiteren Hüften erwiesen sich für die Frauen bald als nachteilig auf der Jagd. Dies führte nach und nach zu der wohlbekannten Arbeitsteilung zwischen den Geschlechtern.«[264]

Durch die Jagd ergaben sich auch noch andere soziale Konsequenzen: Männer schlossen sich zu Gruppen zusammen und gingen gemeinsam zum Jagen. Das weniger prestigeträchtige Sammeln von Früchten, Wurzeln, Samen und anderer pflanzlicher Nahrung überließen sie immer mehr den Frauen und Kindern – eine Beschäftigung allerdings, von der nicht selten das Überleben der ganzen Gruppe abhing, da die Männer nicht immer Jagderfolg hatten. Kehrten die Männer aber mit Jagdbeute zum Lager zurück, tauschten die Frauen vermutlich die von ihnen gesammelte pflanzliche Nahrung gegen Fleischstücke ein. »Denkbar wäre«, so Shepher, »daß sich Männer deshalb an Frauen anschlossen, weil sie selten Jagderfolg hatten. Somit erlangte die weibliche Sammeltätigkeit eine wirtschaftliche Bedeutung, und sie stieg und fiel mit der Quantität und der Qualität der gesammelten pflanzlichen Nahrung.«[265]

Arbeitsteilige Nahrungssuche für den anschließenden Nahrungsaustausch hat wahrscheinlich die Entwicklung des Größenunterschiedes zwischen den Geschlechtern noch weiter beschleunigt. Und da die Frauen nicht mit den Männern auf der Jagd unterwegs waren, speicherten sie mehr Kalorien für Schwangerschaft und Stillzeit; der weibliche Körper entwickelte mehr fettes als muskulöses Gewebe. Die körperlichen Merkmale, die gute Gebärfähigkeit signalisierten – rundes Gesäß, breite Hüften und große Brüste –, wurden möglicherweise mit der Zeit für die Männer besonders attraktiv. Vielleicht trat auch Sexualität als »Handelsgut« hier erstmalig auf den Plan: »Durch Tausch und Teilen der Nahrung unter den Geschlechtern kam wahrscheinlich auch der Austausch von Sex gegen Nahrung ins Spiel. Frauen, die attraktiver und öfter zum Geschlechtsverkehr bereit waren, wurden besser ernährt und hatten mit ihren Nachkommen bessere Überlebenschancen.«[266]

Ein Mann, der sich von einer Frau angezogen fühlte, die sowohl wirtschaftlich als auch sexuell etwas zu bieten hatte, war vermutlich auch dazu bereit, sich längerfristig um sie und ihre Nachkommen zu kümmern und sie als Mutter seiner Kinder anderen Frauen vorzuziehen. Aber er wollte sicher sein, daß die Kinder, für die er sorgte, auch seine eigenen waren. Dazu war es jedoch nicht nötig, daß er den Zusammenhang zwischen Sexualität und Zeugung kannte. Auch bei den Tieren, bei denen sich die Männchen sehr intensiv um ihren Nachwuchs kümmern, »wissen« die Väter nicht, daß Geschlechtsverkehr und Schwangerschaft zusammengehören, aber sie handeln so, als ob sie es wüßten. Wenn ein Männchen sichergehen will, daß die Nachkommen eines Weibchens, dessen Ovulation nicht erkennbar ist, auch von ihm stammen, hat es nur die Möglichkeit, dafür Sorge zu tragen, daß dieses Weibchen ausschließlich mit ihm sexuell verkehrt.

Bei den Jägern und Sammlern waren die Frauen daran interessiert, erfolgreiche und starke Jäger als Väter für ihre Kinder auszuwählen, da diese gute Ernährer und erstklassige Beschützer waren. Da die Frauen jederzeit zum Geschlechtsverkehr bereit waren, konnten sie sich bei der Partnerwahl Zeit lassen. Nach Meinung Shephers entstand die Paarbindung des Menschen in der Zeit der Jäger und Sammler: »Männliches und weibliches Auswahlverhalten und die verschiedenen Fortpflanzungsstrategien wirkten zusammen, und es entstand die typisch menschliche Paarbindung.«[267]

Wie bei anderen monogamen Primaten ist Sinn und Ziel der Paarbindung beim Menschen das Engagement der Eltern für ihren Nachwuchs. Nach der Höhe dieses Einsatzes richtet sich aber auch die Abhängigkeit des jeweiligen Partners von der Paarbeziehung. Wenn Kinder geboren werden, hat das auf das Leben der Männer ganz andere Auswirkungen als auf das der Frauen. Kinder können eine Beziehung stärken oder schwächen. »Unter ›normalen‹ Bedingungen, das heißt, wenn der Mann über die Mittel verfügt, um Mutter und Baby ausreichend zu versorgen, stärken Kinder die Bindung zwischen Mann und Frau«, sagt Shepher. »Doch wenn der Mann nicht dazu in der Lage ist, seine Familie zu ernähren, wird die Beziehung geschwächt. Die weltweit alarmierend ansteigende Zahl von Mutterfamilien, das heißt von Familien, für die allein Frauen die Verantwortung tragen, legt beredtes Zeugnis davon ab. Für eine Frau bedeutet die Geburt von Kindern *immer* eine größere *Abhängigkeit* von einer Beziehung.«[268]

Gesellte sich Liebe zum gemeinsamen Engagement für die Kinder, erhielt die Beziehung zusätzlich eine solide emotionale Basis. Jetzt war sie nicht länger ein Geschäft, bei dem Sex gegen Nahrung und Schutz getauscht wurde, sondern blieb über die Zeit der Kindererziehung hinaus bestehen. Da Frauen schon immer diejenigen Männer als Partner vorzogen, die sich am meisten für den Nachwuchs engagierten, stellten die Männer im Laufe der Evolution ihr Verhalten darauf ein: Sie kümmerten sich immer mehr um die Kinder und wurden so zu den fürsorglichsten Vätern. Hohes männliches Investment an Zeit und Ressourcen begünstigte also ebenfalls die Entstehung monogamer Beziehungen. Der Fortpflanzungserfolg beider Partner war einmal wieder die treibende Kraft.

Nach Ansicht der Psychologinnen Ada Lampert und Ariela Friedman stellt Elternschaft das älteste und wichtigste Band zwischen den Geschlechtern dar, enthüllt aber auch den größten Unterschied zwischen Mann und Frau. Als unsere menschlichen Vorfahren die Sicherheit des Waldes verließen und in der gefährlichen Savanne überleben mußten, wurde es nach Meinung der Forscherinnen problematischer, Kinder aufzuziehen, so daß die Zusammenarbeit von Mutter und Vater notwendig wurde. Beim Mann entwickelte sich eine kombinierte Fortpflanzungsstrategie: Er ließ seinen Kindern die erforderliche Fürsorge angedeihen und gab gleichzeitig seiner Neigung zu wechselnden Affären nach, die ihn nur minimal in Anspruch nahmen. Die Mutter jedoch, die eng an ihre Kinder und unwiderruflich an ihre mütterlichen Pflichten gebunden war, verließ sich immer mehr auf die Hilfe des Partners und entwickelte die Angst vor dem Verlassenwerden. »Auf diese Weise entstehen aus dem ungleichen elterlichen Investment auch unterschiedliche elterliche Strategien, die den Partner, der mehr investiert, *relativ verwundbar* machen; hierunter verstehen wir die *Angst vor dem Verlassenwerden und das Gefühl der Abhängigkeit vom Partner*« (Hervorhebung M. B.).[269]

Für die Frau mochte Monogamie Schutz, Nahrung und vielleicht sogar Liebe bedeutet haben – wenigstens für eine gewisse Zeit. Der Preis, den sie hierfür zu zahlen hatte, war der allmähliche Verlust ihrer wirtschaftlichen Unabhängigkeit und die wachsende Abhängigkeit vom Mann, von der sie sich bis zum heutigen Tag noch nicht freigemacht hat.

Liebe: Romantik und Fortpflanzung

> Liebe ist ein Mittel zur Fortpflanzung. Menschen wissen wie Tiere und Pflanzen sehr genau, wie man sich dieses Mittels bedient.
>
> David Barash
> The Hare and the Tortoise[270]

Liebe ist der letzte Trumpf im Spiel der Fortpflanzung, der ausgespielt wird, damit es sicher Nachwuchs gibt. In Anlehnung an das Lied »Money makes the world go round« könnte man auch sagen »Liebe hält die Welt in Schwung«. Ohne Liebe können wir nicht leben, Liebe ist das Salz in der Suppe, auf sie kommt es in einer Beziehung zwischen Mann und Frau hauptsächlich an. Wenn die Liebe nicht wäre, wäre das Leben farblos und grau. So jedenfalls klingt es in der Sprache der Poesie. Für einen Evolutionsbiologen hingegen stellt sich die Frage, ob Liebe als psychische Disposition entstanden ist, weil sie adaptiv ist, das heißt die Fitneß erhöht.

Biologisch betrachtet, ist Schwangerschaft der Zweck einer leidenschaftlichen Liebe – das haben schon unzählige Paare unerwartet feststellen müssen. Liebe ist allerdings keine notwendige Vorbedingung für Geschlechtsverkehr und Schwangerschaft. Die meisten Kinder auf der Welt gehen aus Ehen hervor, die von Eltern oder Verwandten arrangiert wurden, und nicht aus echten Liebesbeziehungen. Daß Liebe und Ehe »zusammengehören wie Pferd und Wagen«, wird nicht überall auf der Welt so gesehen. Und ein Blick zurück in die Geschichte lehrt uns, daß Liebe eher mit Ehebruch zusammenhängt als mit Ehe.

Liebe und Partnerwahl

Die Liebesheirat ist ein relativ junges Phänomen, das hauptsächlich in unseren westlichen Gesellschaften anzutreffen ist. Die meisten Ehen auf der Welt wurden und werden nach wie vor von den Eltern nach sozialen und wirtschaftlichen Gesichtspunkten arrangiert. Auch heute noch gilt eine Frau, die aus Liebe heiratet, in vielen Ländern als unbesonnen. »Eine Ehe zu schließen, die auf Liebe und nicht auf Landbesitz oder anderweitiges Hab und Gut baut, bedeutet zwangsläufig ein Leben in Armut«, schreibt Barbara Hanawalt in ihrer Untersuchung über die Ehe bei englischen Bauersleuten im Mittelalter.[271]

Diese Aussage trifft nicht nur für Frauen aus dem Mittelalter zu. Sie gilt grundsätzlich für Frauen aller Zeiten, die weder über Ausbildung noch über eigene Mittel verfügen und somit gezwungen sind, ein von Männern abhängiges Leben zu führen. Das Leben unzähliger Frauen in den Ländern der Dritten Welt ist von dieser Abhängigkeit geprägt, und bis zum Beginn des 20. Jahrhunderts war auch für die meisten Frauen in unseren westlichen Gesellschaften die Situation nicht viel anders. Betty Friedan schreibt dazu in ihrem klassischen Buch ›The Feminine Mystique‹: »Allein die wirtschaftliche Unabhängigkeit ermöglicht es einer Frau, aus Liebe zu heiraten, und nicht aus Prestigegründen oder aus finanziellen Überlegungen heraus; allein die Unabhängigkeit gibt ihr die Freiheit, eine lieblose, unerträgliche, demütigende Ehe aufzukündigen beziehungsweise sich selbst zu ernähren, zu kleiden, ihre Freizeit zu gestalten und zu reisen, wenn sie lieber nicht heiraten möchte.«[272]

In Gesellschaften, in denen Liebesheiraten erlaubt und möglich sind, können sich Männer und Frauen sehr genau überlegen, welchen Partner sie sich aussuchen. »Mit Entscheidungsfreiheit bei der Partnerwahl assoziiert man... romantische Liebe, die das Fundament für eine Ehe bildet; Entscheidungen werden mehr von Gefühlen und weniger von praktischen Überlegungen geleitet, und es gibt große Unterschiede im Verhalten der Frauen und der Männer bei der Partnerwerbung.« Dies sind die Erkenntnisse der Anthropologen Paul Rosenblatt und Paul Cozby, die eine interkulturelle Studie über Verhaltensmuster bei der Partnerwerbung durchführten. In 43 von insgesamt 75 untersuchten Gesellschaften herrschte freie Partnerwahl. In diesen Gesellschaften hatten Frauen und Männer mehr Möglichkeiten, Kontakt miteinander aufzunehmen, gab es zum Beispiel Tanzveranstaltungen, auf denen Beziehungen geknüpft werden konnten, ohne die gesellschaftlichen Normen zu verletzen. Ehen wurden meistens zwischen Personen geschlossen, die in derselben Gegend wohnten und die sich häufig sahen. In den Vereinigten Staaten zum Beispiel heiraten sehr viele Menschen Bekannte aus der Nachbarschaft.

Den Untersuchungsergebnissen zufolge war es für die meisten Menschen bereits Liebe, wenn sie sich zu einem Vertreter des anderen Geschlechts hingezogen fühlten.[273] In den Gesellschaften mit freier Partnerwahl wurde viel Wert auf Zuneigung und ritterliches Werben gelegt; häufig erhielten jedoch Qualitäten einen übertrieben hohen Stellenwert, die einer objektiven Betrachtungsweise nicht standhielten; und Sex spielte eine große Rolle als Quelle gegenseitiger Anziehung.

Die schwärmerische Liebe hat ihre Wurzeln in der gegenseitigen sexuellen Anziehungskraft, und diese Kraft ist es, die Mensch und Tier zum Geschlechtsverkehr treibt. Das Gefühl, das wir Menschen als »Liebe« bezeichnen, hat sich wahrscheinlich bei unseren Hominiden-Vorfahren entwickelt, die freundschaftliche Kontakte zueinander aufbauten. Bei einigen Primaten kann man beobachten, daß bestimmte Tiere einander zugeneigt sind. Die Biologin Barbara Smuts schreibt dazu: »Daß sich der Mensch von Vertretern des anderen Geschlechts angezogen fühlt, und zwar unabhängig davon, ob sexuelle Kontakte daraus entstehen oder nicht, und daß es eindeutige, individuelle Vorlieben für ganz bestimmte Partner und langwährende Freundschaften zwischen Männern und Frauen gibt, all dies weist darauf hin, daß sowohl bei den Affen als auch beim Menschen die Partnerwahl sehr viel mit sozialer Bindung zu tun hat.«[274]

Bei den Makaken und den Savannen-Pavianen gibt es zum Beispiel Männchen, die mit einem bestimmten Weibchen eine dauerhafte Beziehung eingehen. »Manchmal bleiben Männchen auch bei ihrem Lieblingsweibchen, selbst wenn dieses im Gegensatz zu anderen Weibchen der Gruppe nicht empfängnisbereit ist«, schreibt Smuts[275] und fügt hinzu, daß männliche Savannen-Paviane, die mehrere Jahre in einer Gruppe lebten, oft Freundschaften mit Weibchen mittleren und hohen Alters pflegen – eine Beobachtung, die ganz und gar nicht dem Bild eines älteren Mannes entspricht, der sich von jungen Frauen angezogen fühlt.

Auch unter den heranwachsenden Savannen-Pavianen gibt es freundschaftliche Bande. »Freundschaften erhöhen den Fortpflanzungserfolg beider Geschlechter, da Männchen und Weibchen von stabilen Beziehungen profitieren«, erklärt Smuts. Die Weibchen und ihre Jungen werden von ihren männlichen Freunden vor Übergriffen fremder Männchen und vor Räubern geschützt. Und die Männchen werden dafür von ihren Freundinnen bevorzugt als Paarungspartner ausgewählt.

Es ist denkbar, daß sich bei der Entstehung der gegenseitigen geschlechtlichen Anziehung unserer Hominiden-Vorfahren eine vom Verstand nicht lenkbare emotionale Disposition entwickelte. Und dieser Seelenzustand, den wir mit »Liebe« bezeichnen, bewirkte eine derart überwältigende Zuneigung zu einem bestimmten Partner, daß über die sexuelle Befriedigung hinaus eine feste Paarbeziehung zwischen Mann und Frau entstand.

Der britische Zoologe Desmond Morris geht in seinem 1967 erschienenen Buch ›Der nackte Affe‹ davon aus, daß die Entstehung der Paarbindung für die Evolution des Menschen von grundlegender Bedeutung war. Paarbindung war seiner Meinung nach eine gefühlsbedingte Handlung: »Jagenden Affenmännern und -frauen blieb nichts anderes übrig, als sich zu verlieben und einander treu zu bleiben.«[276] Denn allein durch feste Zweierbeziehungen konnten nach Morris die folgenden drei Ziele erreicht werden. Erstens: Frauen hielten die Beziehung zu ihrem Partner aufrecht und blieben ihm treu, wenn er zum Jagen unterwegs war. Zweitens: Männer mußten weniger sexuelle Rivalitätskämpfe untereinander ausfechten und konnten sich gegenseitig besser unterstützen. Drittens: Der schwache, abhängige Nachwuchs konnte zufriedenstellend versorgt werden.

Die Ergebnisse von Untersuchungen jüngeren Datums, die sich mit dem Verhalten des Menschen und anderer Primaten beschäftigen, werfen Morris allerdings vor, daß er, genauso wie zahlreiche Biologen vor ihm, die Fakten nicht objektiv genug betrachtet habe. Es habe den Anschein, als ob er unsere westlichen Idealvorstellungen von monogamer Ehe und sexueller Treue auf die Evolutionsgeschichte des Menschen projiziert habe und dadurch zu manchen Fehlinterpretationen verleitet worden sei.

Versteinerungen von Verhaltensweisen gibt es leider nicht, deshalb können wir heute nicht mehr genau nachvollziehen, was unsere Vorfahren vor mehr als drei Millionen Jahren bewegt hat. Doch wahrscheinlich haben wir Menschen uns nicht so grundlegend verändert, wie der technologische Fortschritt uns glauben machen möchte. Das am weitesten verbreitete »Relikt«, das wir vom Menschen aus grauer Vorzeit besitzen, sei der moderne Mensch selbst, behauptet der Verhaltenswissenschaftler und Physiker David Hamburg.[277] »Es ist sehr hilfreich, wenn wir uns vorstellen, daß der Mensch eine alte Spezies ist, die in einer modernen Welt lebt. Die Industrielle Revolution fand erst vor zweihundert Jahren statt, und in dieser kurzen Zeitspanne konnte sich der Mensch einfach noch nicht den veränderten Gegebenheiten anpassen. Die Evolution hat unseren Körper und unser Gehirn über Jahrmillionen hinweg geformt, während die moderne Technologie die Menschheit wie eine Lawine überrollt und innerhalb weniger Generationen die Welt grundlegend verändert hat.«[278]

Aus diesem Grund ist es für Anthropologen von besonderem Interesse, wie das Leben in den wenigen vorindustriellen Gesellschaften aussieht, die es heute noch gibt. Wir können sehr viel darüber erfahren, was für eine Existenz der Homo sapiens vor der Verstädterung und Industrialisierung geführt hat, wenn wir das Leben in den Stammesgesellschaften der Yanomamö-Indianer, der Sharanahua, der Kipsigi und der Herero untersuchen.

Mit Hilfe der modernen Kommunikationstechnik können wir größte Entfernungen in kürzester Zeit überwinden und mühelos in Erfahrung bringen, wie Menschen andernorts leben. Wir können per Fax mit den Bewohnern entlegenster Inseln Verbindung aufnehmen und sowohl in die Hütten von Stammesdörfern als auch in die modernen Wohnzimmer der westlichen Welt Bilder unterschiedlichster Lebensstile übermitteln. Noch nie in der Evolutionsgeschichte ist es so vielen Menschen möglich gewesen, sich selbst davon zu überzeugen, daß die menschliche Natur trotz der Vielfalt der Gesellschaftsformen überall gleich ist: Männer und Frauen sind auf der Suche nach Lebenspartnern, haben Geschlechtsverkehr miteinander und ziehen Kinder groß. Allerorten fühlen sich Frauen zu wohlhabenden Männern hingezogen, die einen hohen sozialen Status aufweisen, und finden Männer sinnliche junge Frauen attraktiv. Wohin wir auch schauen, welchen Teil unserer Erde wir auch aussuchen, überall wird die Fortpflanzung von der Gesellschaft gefördert und unterstützt.

Die Liebe baut Brücken über alle kulturellen Unterschiede hinweg, sagt man. Doch bei genauerer Betrachtung wird klar, daß die grundlegende Funktion der Liebe darin besteht, die Unterschiede zwischen den Geschlechtern zu überbrücken. Der Psychologe John Money beschreibt die Liebe als »ein Verfahren, eine Partnerbeziehung herzustellen«.[279] Er geht davon aus, daß in einer Beziehung »die leidenschaftlichen Gefühle höchstens zwei bis drei Jahre anhalten«, und faßt diese Gefühle »als Hilfsmittel der Natur auf, um die Fortpflanzung zu garantieren«.[280] Falls dies tatsächlich der Fall wäre, falls die Evolution die Liebe als einen Seelenzustand hervorgebracht hätte, um den Fortpflanzungserfolg des Menschen zu erhöhen, dann wäre dies in der Tat einer der kompliziertesten Mechanismen bei der Partnerwahl.

Die Psychologen Phillip Shaver, Cindy Hazan und Donna Bradshaw gehören zu einer immer größer werdenden Gruppe von Forschern, die sich mit der biologischen Seite der Liebe befassen: »Wir gehen davon aus und suchen nach weiteren Beweisen dafür, daß schwärmerische Liebe ein biologischer Prozeß ist, der sich im Laufe der Evolution des Menschen herausgebildet hat. Die Liebe ermöglicht es erwachsenen Sexualpartnern, ihre Beziehung über einen längeren Zeitraum hinweg aufrechtzuerhalten und ferner zu verantwortungsbewußten und fürsorglichen Eltern zu werden. Liebe und eine feste Bindung zwischen Mann und Frau, die von der Sorge um die Nachkommen getragen ist, sichern den Fortpflanzungserfolg und erleichtern den Überlebenskampf.«[281]

Nach dem Psychologen David Buss verfolgt die Natur mit der Liebe folgende Ziele: erstens einen Partner anzulocken, zweitens diesen Partner zum Bleiben zu bewegen, drittens mit diesem Partner Kinder zu zeugen und viertens gemeinsam mit diesem Partner die Nachkommen zu versorgen.[282] Die Art und Weise, in der verliebte Männer und Frauen einander umwerben, spiegele genau die unterschiedlichen Fortpflanzungsstrategien der Geschlechter wider, von denen die Evolutionsbiologie spricht. Buss weist in diesem Zusammenhang darauf hin, »daß es bei Liebenden immer als erstes darum geht, die zur Verfügung stehenden Ressourcen zur Geltung zu bringen«. In allen Gesellschaften der Welt streben Männer auf Freiersfüßen danach, ihre Ressourcen – das heißt ihren Wohlstand – zur Schau zu stellen. In unserer westlichen Welt geschieht dies in Form von Geschenken, Einladungen zum Essen in eleganten Restaurants, reichlichen Trinkgeldern, kostspieliger Kleidung, Autos, kurz: durch prestigeträchtiges Verhalten. Auf diese Art und Weise wird den Frauen die Botschaft übermittelt: »Ich kann gut für dich sorgen.« Frauen wiederum legen Wert auf ihre äußere Erscheinung, unterstreichen ihre Jugend und Gesundheit und vermitteln so den Eindruck: »Ich kann gut Kinder gebären.«

Neben ihrem Bestreben, Ressourcen beziehungsweise Fruchtbarkeit zur Schau zu stellen, liegt Liebespaaren auch ungemein viel daran, sich ewige Treue zu schwören. Für einen Mann hängt es von der Bereitschaft der Frau, treu zu sein, ab, ob aus der gemeinsamen Beziehung seine Kinder hervorgehen. Für eine Frau ist die Treue eines Mannes die Garantie dafür, daß ihr und ihren Kindern die Ressourcen des Mannes zugute kommen.

Daß zwischen Liebe und Babys ein unmittelbarer Zusammenhang besteht, ist einem jeden Menschen klar. In der Literatur allerdings, im Lobgesang, den Dichter auf die Liebe anstimmen, wird jegliche Anspielung auf Kinder tunlichst vermieden. Und es ist nicht schwer zu verstehen, warum dies so ist. Bei einer leidenschaftlichen Liebesaffäre denkt niemand gern an Windeln und wunde Kinderpopos. Liebeslieder sind nicht dazu da, den Vierundzwanzigstunden-Job zu besingen, den eine Mutter hat, bis ihre Kinder selbständig geworden sind und das Haus verlassen haben. Schwärmerische Gefühle täuschen einen verliebten Menschen darüber hinweg, daß seine überschäumende Leidenschaft eventuell Konsequenzen haben könnte. Und diese Selbsttäuschung spielt in der Liebe eine ganz große Rolle – ob man das nun wahrhaben möchte oder nicht.

Liebe kann man nicht beschreiben, nicht definieren – das ist die Botschaft, die uns aus Liedern und Gedichten entgegentönt. Die Psychologin Dorothy Tennov geht sogar so weit zu behaupten, daß das Wort »Liebe« ein unzureichender Ausdruck für die intensive emotionale Gefühlslage von Liebenden ist, in der sie oft an nichts anderes mehr denken können. Sie bezeichnete diesen überwältigenden Zustand mit »Liebeswahn« und betonte, daß jeder Mensch jeden Alters von diesem Gefühl befallen werden könne, man ihm »unfreiwillig ausgeliefert ist« und sich mancher »sein Leben lang nicht mehr davon erholt«.

Tennov geht davon aus, daß dieser Liebesrausch etwas mit der Partnerwahl zu tun hat und weist darauf hin, daß in den meisten Gesellschaften, in denen Ehen arrangiert werden, »alles getan wird, daß solche Gefühle nicht aufkommen können«. Nach Tennov glauben jene, die sich im Liebesrausch befinden, ohne dieses Gefühl nicht mehr leben zu können, während sie dasselbe Gefühl »aus der Retrospektive betrachtet, als abscheulich« beschreiben. »Aus welchen Quellen dieser Gefühlsüberschwang genährt wird, das heißt unter welchen Bedingungen er auftritt und wie er biologisch zustande gekommen ist, das alles gilt es noch zu entschlüsseln in dem Rätsel, das Liebe heißt.«[283]

Ob wir nun diese Gemütsverfassung als »Liebe« oder als »Wahn« bezeichnen, ändert nichts an der Tatsache, daß sie traditionell mehr den Frauen als den Männern zugeschrieben wird. Die französische Schriftstellerin Madame de Staël äußerte im 18. Jahrhundert, daß »Liebe das gesamte Leben einer Frau prägt, während bei Männern Liebe meist nur eine kurze Episode in ihrem Leben ausmacht«.[284] Von den alten griechischen Philosophen bis zu den heutigen avantgardistischen Autoren haben Dichter und Denker immer und überall auf der Welt die Frauen als das Geschlecht beschrieben, das von der Liebe am stärksten überwältigt wird. Doch möglicherweise entspringt diese Betrachtungsweise nur einem Trugbild, einer Wunschvorstellung, die in allen Gesellschaften zu beobachten ist. Besonders in unserer westlichen Hemisphäre wurde zu allen Zeiten ein Frauenbild gezeichnet, das ein schwaches, liebestrunkenes Wesen darstellt, welches nicht dafür geeignet ist, in Politik und Wirtschaft eine Rolle zu spielen. Eine Frau, die in ihr romantisches Gefühlsleben verstrickt ist, hat keine Zeit dafür, männliche Bastionen der Macht zu erobern.

In Romanen, in Gedichten und in der Psychologie wird Liebe als Krankheit beschrieben, als eine Form von Geisteskrankheit, als ekstatischer Zustand, als hochgradige Leidenschaft, als innigste emotionale

Verbundenheit mit einem anderen Menschen – typische Beschreibungen von Zuständen, die all jene durchlebt und durchlitten hatten, die Tennov gegenüber eingestanden, den Wahn der Liebe zu kennen. Liebe oder Liebesrausch kann jedoch genausogut trügerisch sein und den Liebenden dazu verleiten, die eigenen Wunschvorstellungen für wahr zu halten. »Was sonst ist denn wahre Liebe, wenn nicht Schimäre, Lüge, Illusion?« schrieb im 18. Jahrhundert der französische Philosoph Jean-Jacques Rousseau. »Die Vorstellung, die wir uns von einem bestimmten Objekt machen, lieben wir viel mehr als das Objekt selbst. Wenn wir das, was wir lieben, genau so sähen, wie es wirklich ist, dann gäbe es keine Liebe mehr auf der Welt.«[285]

In allen Sprachen der Welt gibt es keinen Satz, der dem »Ich liebe dich« an Wirkung gleichkommt. Ganz besonders Frauen wollen diese Worte scheinbar immer wieder hören und lesen, und ihre Phantasie scheint sich daran zu berauschen. Der reißende Absatz, den Liebesromane finden, spricht für sich. Männer können natürlich ebenso der Liebe verfallen, doch sie wird ganz selten zum Dreh- und Angelpunkt ihres Lebens. Die gesellschaftlichen Verhältnisse waren nie so beschaffen, daß Männer auf die Idee hätten kommen können, ihr Leben von der Liebe abhängig zu machen. Männern wird zwar vermittelt, daß Liebe mit zu den Glanzlichtern des Lebens gehört; doch diese Erfahrung hat nichts Grundsätzliches an sich und sagt nichts über ihren Erfolg oder Mißerfolg als Menschen aus. Es ist daher nicht verwunderlich, daß Männer sehr schnell lernen, wie sie Liebe instrumentalisieren können, um sexuell entlohnt zu werden – und viele Frauen lassen sich auf diesen Handel ein.

»Es ist ganz einfach, eine amerikanische Frau so weit zu bringen, daß sie mit einem ins Bett geht«, gestand mir vor ein paar Jahren ein wohlhabender junger Inder. »Man braucht lediglich ›ich liebe dich‹ zu sagen und sie ›Darling‹ zu nennen.« Ein befreundeter Künstler russischer Abstammung bemerkte zu diesem Thema: »Wenn ein Mann gut reden kann, dann kann er auch jede Frau dazu bringen, mit ihm zu schlafen; wie er aussieht, spielt dabei keine Rolle.« Ein amerikanischer Großstadtbewohner erzählte von einer Frau, die er umworben hatte, daß sie traurig darüber gewesen sei, daß er nie »ich liebe dich« gesagt habe. Er erklärte ihr, daß es daher käme, daß er sie eigentlich nicht wirklich liebte. Zu seinem Erstaunen antwortete sie darauf: »Auch wenn du es nicht ernst meinst, sag doch einfach nur die Worte. Ich brauche das.«

Drei kleine Wörter nur. Wir Menschen sind eine mit Sprache begabte Spezies, die auf Wörter – geschriebene wie gesprochene – angewiesen ist, und Wörter sind befrachtet mit Bedeutungen, Gefühlen, Erinnerungen und Versprechen. Ein einziges Wort kann einen ganzen Film vor unserem inneren Auge ablaufen lassen. Ein Gespräch ist ein Erlebnis, wenn auch etwas anderes als Wandern oder Schwimmen. Worte und die damit verbundenen Gefühle haften noch im Gedächtnis, wenn die dazugehörigen Taten längst schon vergessen sind. Der Mensch hat es gelernt, in bestimmten Situationen bestimmte Worte zu erwarten. Und Worte der Liebe sind voller geheimer Macht und üben einen Zauber auf uns aus.

Die Macht der Liebe

Den Gefühlszustand, den wir mit »Liebe« bezeichnen, gibt es schon seit vielen Millionen Jahren, doch das Wort selbst ist im Englischen erst um 825 aufgetaucht. Es stammt von dem lateinischen Wort »lubet«, was »es gefällt« bedeutet. Die Variante »lubido« heißt »Begierde« und wurzelt in dem sanskritischen Wort »lubh«, »begehren«. Die alten Griechen kannten zwei Arten von Liebe: Agape und Eros. Unter Agape verstanden sie brüderliche oder spirituelle Liebe, die nichts mit der geschlechtlichen Form von Liebe zu tun hatte. Die Liebe Gottes zu den Menschen wurde beispielsweise mit Agape bezeichnet. In der Gestalt des Eros, dem Gott der Liebe, wurden die körperlichen Begierden personifiziert.

»Liebe« schillert je nach Kontext in einer anderen Farbe: Sexuelle Anziehung kann damit gemeint sein. Manche Anthropologen und Psychologen sprechen von »Liebe«, wenn sie eine feste Paarbeziehung beschreiben. »Liebe« kann auch das familiäre Band sein, das Eltern und Kinder beziehungsweise Mutter und Kind vereint.

Über Liebe ist wahrscheinlich in allen Sprachen der Welt mehr geschrieben worden als über jedes andere Thema. Doch Liebe ist trotz alledem ein Gefühl geblieben, von dem die Menschen nur höchst vage Vorstellungen haben, das sich jeder eindeutigen Definition entzieht und dessen Intensität äußerst unterschiedlich ausfallen kann. Jedermann gibt vor zu wissen, wann er verliebt ist, doch es gibt keinerlei Kriterien für eine objektive Zustandsbeschreibung. Liebe ist etwas, das sich im Innern des Menschen abspielt, eine subjektive Erfahrung, die laut Tennov in ihrer extremsten Form einer Krankheit ähnelt: Das Opfer fiebert, ist verwirrt und mal himmelhoch jauchzend, mal zu Tode betrübt. Verliebte sagen, daß sie ihre Gefühle oft nicht mehr unter Kontrolle haben und daß ihr ganzes Streben darauf ausgerichtet ist, die Bewunderung des oder der Liebsten zu erlangen.

Liebe macht blind: Der Verliebte neigt dazu, die eigenen Wunschvorstellungen auf den Geliebten oder die Geliebte zu projizieren, und sieht oft über unerfreuliche Charakterzüge oder Handlungsweisen des geliebten Wesens hinweg. Es gibt keinen anderen Gefühlszustand, der die Menschen so sehr in ihrer Phantasiewelt gefangenhält und sie so ausschließlich nur das sehen läßt, was sie sehen möchten. Für einen Jungverliebten ist die eigene Vorstellung dessen, was der andere für ihn fühlt, viel wichtiger als das, was die geliebte Person tatsächlich fühlt. Dagegen ist ein Liebespaar, das schon lange Zeit zusammenlebt, »wie ein in der Mitte zusammengeklappter Tintenklecks. Die eine Seite weiß ganz genau, wie die andere aussieht.«[286]

Der Psychologe Robert Sternberg spricht von einer »Dreiecks«-Theorie, da sich Liebe seiner Meinung nach aus drei Komponenten zusammensetzt: aus einer emotionalen Komponente – das sind die Gefühle der Intimität, Nähe und Geborgenheit –, aus einer motivierenden Komponente, dem Streben nach Abenteuer, sexueller Erfahrung und Erfüllung, und aus einer kognitiven Komponente, die einmal darin besteht, sich für eine bestimmte Person zu entscheiden, und zum anderen die Verpflichtung beinhaltet, diese Beziehung auch längerfristig aufrechtzuhalten. »Wie groß die Liebe ist, hängt von der Stärke dieser drei Komponenten ab; und welche Art von Liebe man erlebt, hängt davon ab, welche der drei Komponenten am stärksten hervortritt«, schreibt Sternberg.[287]

Sternberg konnte durch seine Untersuchungen belegen, daß es in einer Liebesbeziehung so gut wie ausschließlich darauf ankommt, daß die Vorstellungen und Interessen von Mann und Frau harmonieren. Weitere wichtige Aspekte sind der Wunsch, die eigene Persönlichkeit in einer Partnerschaft zu verwirklichen, sowie die Freude, die daraus erwächst, für den anderen etwas zu tun. All diese Faktoren garantieren viel eher eine lange, dauerhafte Beziehung als die anfängliche sexuelle Anziehungskraft. Sternberg stimmt mit anderen Autoren darin überein, daß die Grundlage einer jeden Liebesbeziehung in der emotionalen Hinwendung zu einer Bezugsperson besteht – sei es nun eine Beziehung zwischen Eltern und Kindern, Geschwistern, Liebespaaren oder engen Freunden.

Sternberg teilt die kognitive Komponente der Liebe noch einmal in zwei Bereiche auf: in den kurzfristigen Aspekt – das heißt die Entscheidung für eine bestimmte geliebte Person – und in den langfristigen Aspekt – das heißt die Verpflichtung, diese Liebe aufrechtzuhalten. Diese beiden Aspekte sind nicht unbedingt aneinandergekoppelt. Wie jedermann aus eigener Erfahrung weiß, ist nicht jedem Liebesverhältnis auch eine Zukunft beschieden. Die Institution der Ehe hingegen, wie wir sie in unserer westlichen Welt kennen, beruht auf einem gesetzlich abgesicherten Vertrag, der zu gegenseitiger Liebe und Treue ein Leben lang verpflichtet. Sternberg geht davon aus, daß die kognitive Komponente der Liebe dem Menschen dabei hilft, die Hochs und Tiefs einer Beziehung unbeschadet zu überstehen.

Warum aber verlieben wir uns? Wie läßt sich das Phänomen der

Liebe auf den ersten Blick erklären? Möglicherweise war dieses intensive Gefühl des Verliebtseins bei unseren frühen Vorfahren adaptiv: Liebe als ein von der Natur ersonnener Trick, der garantiert, daß Mann und Frau Geschlechtsverkehr miteinander haben, Kinder bekommen und unter schwierigen Umweltbedingungen so lange zusammenbleiben, bis die Nachkommen stark und unabhängig geworden sind. Die äußeren Umstände, unter denen Liebe entstanden ist, sind längst verschwunden, doch die Gefühle und Sehnsüchte sind immer noch in unseren Genen gespeichert. Wahrscheinlich stellt die heutige übertrieben schwärmerische Liebe die degenerierte Form eines Verhaltens dar, das einst adaptiv war und heute zu einer flüchtigen Sehnsucht nach blumigen Worten und leeren Phrasen verkommen ist. Das Gefühl, das wir heutzutage »Liebe« nennen, ist vielleicht nur eine Art emotionales Überbleibsel aus früheren Zeiten.

Die Suche nach Liebe

Trotz der Enttäuschungen und der emotionalen Wechselbäder, die die Liebe mit sich bringt, ist das Streben nach Liebe in unseren westlichen Kulturgesellschaften fast zu einer Art Sucht geworden. In allen literarischen Gattungen, im Gedicht, im Essay, in der Kurzgeschichte und im Roman, im Film, in der Seifenoper und in Schlagertexten ist von Liebe die Rede. Kaum ein Buch oder ein Film, in dem nicht eine Liebesgeschichte erzählt oder zumindest als Nebenhandlung eingeführt wird. Besonders in unserer westlichen Zivilisation wurde in den letzten acht Jahrhunderten über die Sehnsucht nach der romantischen Liebe außerordentlich viel gesagt, gesungen und geschrieben. Die Wurzeln dieses Phänomens sind im Mittelalter zu finden.

Die Liebe taucht als literarisches und soziales Thema zum ersten Mal bei den Troubadouren des Mittelalters auf. Junge französische Adelige, die als die jüngsten Sprosse ihrer wohlhabenden Familien über kein eigenes Land verfügten, bereisten im 12. und 13. Jahrhundert als fahrende Dichter das Land. Da diese jüngsten Abkömmlinge aristokratischer Familien ohne finanziellen Rückhalt waren, konnten sie es sich nicht leisten, um die Hand einer Frau aus der obersten Gesellschaftsschicht anzuhalten. An den französischen Höfen war es nämlich üblich, einzig den ältesten Sohn zu verheiraten; jüngere Söhne wurden nur dann verehelicht, wenn es genügend reiche Erbinnen gab. Den meisten jungen Männern aus feudalen Familien blieb also gar nichts anderes übrig, als ihr Leben als Junggesellen zu verbringen. Ohne die geringste Aussicht darauf, jemals eine Frau und Kinder zu haben, drohte diesen jungen französischen Adeligen ein gewaltsames Ende in kriegerischen Auseinandersetzungen.

Diese jungen Ritter also waren es, die auf einen raffinierten Trick verfielen, um ihre sozialen und sexuellen Bedürfnisse doch noch zu befriedigen: Als Troubadoure traten sie in den Dienst einer hochgestellten Dame, um sie sowie die Liebe zu ihr in Liedern zu verherrlichen, anstatt im Dienst eines Feudalherren dessen Hab und Gut zu schützen.

Die Troubadour-Dichtung unterschied sich von der Literatur früherer Zeiten durch die Verehrung der Frau und die Überzeugung, daß Liebe das Höchste sei, was einem Menschen widerfahren könne. Diese Sichtweise wich ganz deutlich von der im Mittelalter vorherrschenden christlichen Lehre ab, daß Leidenschaft auch zwischen Ehefrau und Ehemann eine Sünde sei. »Die Kirche im Mittelalter war geradezu peinlich besessen von der Vorstellung, daß sie Sexualität verhindern müsse«, schreibt der Historiker G. Rattray Taylor. »Geschlechtsverkehr mußte vermieden werden wie eine Seuche und sich nur auf das äußerste Minimum beschränken, das bedauerlicherweise nötig war, um den Fortbestand der Menschheit zu sichern. Das eigentlich Verachtenswerte war allerdings nicht der Geschlechtsakt an sich, sondern das Vergnügen, das daraus erwuchs.«[288] Nach Taylor versuchten manche Männer und Frauen im Mittelalter Wollust dadurch zu vermeiden, daß sie schwere, kuttenartige Nachthemden trugen, die an entsprechender Stelle ein Loch hatten, durch das der Mann seine Frau schwängern konnte, ohne sie weiter zu berühren.

In der frühen christlichen Lehre war jede Frau die verführerische, für den Sündenfall verantwortliche Eva. Der Heilige Hieronymus sah in Frauen das Tor zum Bösen, er bezichtigte sie der Gottlosigkeit und hielt sie für genauso gefährlich wie Schlangen. Durch das ganze Mittelalter hindurch beschrieben christliche Autoren, wie die Frau danach trachtete, den Mann von Gott wegzulocken, und nicht einmal davor zurückschreckte, ihre sexuellen Reize bei der Heiligen Kommunion einzusetzen. Und während der Menstruation sollten Männer weder mit einer Frau schlafen noch sich ihrem Bett auch nur nähern, wenn sie nicht Gefahr laufen wollten, sich bei ihr anzustecken.

Die alten Griechen und Römer waren nicht so neurotisch, doch auch bei ihnen beschränkte sich Liebe auf Geschlechtsverkehr als die einzig anerkannte Verbindung zwischen Mann und Frau. Der römische Dichter Ovid beschrieb Liebe als einen rein sinnlichen Genuß, als eine Art unmoralisches, doch sportliches Vergnügen, bei dem es nur einige Regeln zu beachten gab. Sein wohlbekanntes Lehrbuch des Liebens, die ›Ars amatoria‹, handelt von der Verführung der Frau eines anderen. Zu Ovids Zeiten hatten Liebe und Ehe nichts miteinander zu tun, ja, Liebe galt in der Ehe sogar als unangebracht.

Auch die klassische antike Literatur hielt daran fest, daß Liebe eine

Strafe sei – »eine Strafe, die die Götter den Menschen auferlegt hatten«.[289] Sämtliche klassisch-antiken Ansichten über die Liebe berücksichtigen ausschließlich die Perspektive des Mannes. Erst die mittelalterliche Troubadour-Dichtung nahm Abstand von einer solchen Auffassung von Liebe: Sie zeichnet sich durch Verehrung und Respekt zumindest gegenüber der hochgestellten, verheirateten Frau aus. Die drei Hauptmerkmale der Troubadour-Dichtung sind: Verherrlichung einer Dame, wahre Liebe als endloses Leid sowie Keuschheit als die höchste Form wahrer Liebe.

Die Tradition höfischer Minne entstand in einer Zeit, in der manche adeligen Frauen wirtschaftliche Macht erlangten. Da ihre Ehegatten durch Kreuzzüge und andere kriegerische Auseinandersetzungen von zu Hause ferngehalten wurden, bot sich den französischen Adelsfrauen die Gelegenheit, Einfluß auf die Verwaltung ihres Feudalbesitzes zu nehmen. (Ähnliches taten übrigens auch amerikanische Frauen während der Abwesenheit ihrer Männer im Zweiten Weltkrieg: Überdurchschnittlich viele von ihnen wurden berufstätig.) Zu Beginn des 10. Jahrhunderts lag also die Verantwortung für zahlreiche Lehensgüter in der südfranzösischen Provence in den Händen adeliger Frauen. Da diese aufgrund ihres Landbesitzes plötzlich höchste Autorität erhielten, geriet die Wertordnung der überkommenen feudalen Gesellschaft ins Wanken. Junge Adelige, die einem wohlhabenden Feudalherren ihre Dienste als Ritter anbieten wollten, mußten mit einem Mal ihre Angelegenheit einer mächtigen Frau unterbreiten. Und sie dachten sich eine kunstvolle Strategie dafür aus: die Troubadour-Lyrik, die mittelalterliche Version der modernen Liebeslieder und -romane.

Die Troubadoure deuteten die ursprüngliche Funktion des Rittertums um und erklärten sich zu Rittern der Liebe; sie verpfändeten ihre Treue, ihren Gehorsam und ihre Dienste einer hochgestellten und mächtigen Frau aus der Aristokratie. In dieser feudalistischen Variante der Liebe wurde der Troubadour zum Vasallen einer Dame von Stand, die er sogar mit der männlichen provenzalischen Form für »mein Herr« ansprach. Er schrieb schwärmerische Gedichte, in denen er die Tugenden der Dame lobpries und sich ihr mit Herz und Seele – wenn möglich natürlich auch mit seinem Leib – anempfahl. Zusammen mit musizierenden Gauklern reisten die Troubadoure von Burg zu Burg und unterhielten die aristokratische Gesellschaft.

Andreas Capellanus, ein Theoretiker der höfischen Minne aus dem 12. Jahrhundert, entwarf verschiedene Argumentationsmodelle, die jungen Männern je nach Situation als Vorlage dienen konnten. So machte er zum Beispiel einen Vorschlag, wie ein junger Mann einen Antrag an eine höhergestellte Dame richten könnte: »Liebe ist ein getreues Abbild der Natur. Liebende sollten daher genauso wie die Liebe selbst keinen Unterschied mehr zwischen den Menschen machen. Genauso wie die Liebe Menschen aller gesellschaftlichen Schichten entflammt, so sollten auch Liebende über Standesunterschiede hinwegsehen und einzig danach fragen, ob der Mann, der um Liebe fleht, auch wirklich vom Pfeil der Liebe getroffen wurde. Dieses unwiderlegbare Argument erlaubt es mir, eine Geliebte unabhängig von ihrem Stand auszusuchen, solange ich mir selbst nichts vorzuwerfen habe.«[290]

In einer Feudalgesellschaft kam es einem revolutionären Aufruf gleich, dafür zu plädieren, daß für einen Liebenden Reichtum keine Rolle spielen solle und mit Hilfe der Liebe Klassenschranken zu überwinden seien. Die Troubadoure traten für eine solche Liebe auch nur deswegen ein, weil diese Einstellung ihren ureigensten Interessen diente.

Der berühmte italienische Dichter Dante steht ebenfalls in der Tradition der Troubadour-Lyrik. In der ›Göttlichen Komödie‹ verherrlicht er seine Geliebte Beatrice, erklärt die Liebe zur gewaltigsten Erfahrung im Leben eines Menschen und führt damit ein neues Thema in der Literatur des Abendlands ein: das Streben nach der Liebe einer Frau. Für die große Mehrheit der Frauen änderte sich damit jedoch nicht viel; sie wurden auf ein ideologisches Podest gestellt und waren nach wie vor von sehr vielen Betätigungsfeldern des Lebens ausgeschlossen. Den wohlhabenden Frauen der feudalen Oberschicht allerdings brachte die Idee der höfischen Minne in jedem Fall mehr Unabhängigkeit.

Der Autor C. S. Lewis stellte fest, daß die Troubadoure »gesellschaftliche Veränderungen bewirkten, die kein noch so kleines Eckchen unserer Moral, unserer Phantasie und unseres täglichen Lebens unberührt gelassen haben. Diese Dichter zogen eine unwiderrufliche Grenze zwischen uns und der Antike einerseits beziehungsweise dem Orient andererseits. Im Vergleich zu den revolutionären Wogen, die die Troubadour-Lyrik hervorrief, ist die Renaissance nur ein leichtes Kräuseln auf der Oberfläche.«[291]

Heutzutage fällt es uns schwer zu glauben, daß Liebeslieder die mittelalterliche Gesellschaft derart tiefgreifend beeinflußt haben. Wir müssen uns erst ins Gedächtnis rufen, daß damals nur sehr wenige Menschen des Lesens und Schreibens kundig waren und daß die Troubadoure für die Oberschicht im Mittelalter genau dieselbe Funktion hatten wie die Medien bei uns heute. Die Balladen der Troubadoure waren die Pop-Musik des Mittelalters, die ersten literarischen Äußerungen, die in der Alltagssprache verfaßt wurden. An manchen Höfen arbeiteten Heerscharen von Schreibern und Illustratoren, die die von jugendlicher Leidenschaft zeugenden Lieder und Gedichte der Troubadoure niederzuschreiben hatten. Zu Beginn des 13. Jahrhunderts sind in Anlehnung an die provenzalischen Chansons auch in Italien, Deutschland und Spanien solche Liebeslieder entstanden.

»Liebe, du machst mich so heftig zittern, daß ich aus Freude weder sehe noch höre noch weiß, was ich sage oder tue. Hundertmal erkenne ich, wenn ich darüber nachdenke, daß ich vernünftig sein sollte und maßvoll (und das bin ich dann auch, wenngleich immer nur für kurze Zeit). Betrachte ich aber in Gedanken Vernunft und Maß, so wird meine Freude zu Schmerz. Ich weiß wohl, daß dies bei der Liebe üblich ist und daß der Mann, der liebt, nicht vernünftig sein kann.«

Dieser Text stammt von dem berühmten Troubadour Bernart de Ventadorn. Damals wie heute machte sich so mancher Mann wegen einer Frau zum Narren, und die Ritter der Liebe begegneten manchmal ihren eigenen leibhaftigen Karikaturen. Eine solche Gestalt war Ulrich von Lichtenstein, ein deutscher Ritter und Minnesänger. Von ihm wird berichtet, daß er sich die Oberlippe abgeschnitten habe, weil sie seiner Dame mißfiel; auch einen Finger soll er sich amputiert, vergoldet und seiner Dame als Spange für einen Gedichtband geschickt haben.[292]

Im Zentrum des Interesses der Troubadoure standen ehebrecherische Gedanken. »Liebe war ... der Ausdruck einer tiefen Abneigung gegen die Ehe«, bemerkt der Historiker Georges Duby in seinem Buch über die Ehe im Frankreich des 12. Jahrhunderts.[293] »Liebe hat keinen Platz zwischen Ehemann und Ehefrau«, schrieb Capellanus in seinem Buch ›De Amore‹. Meg Bogin weist darauf hin, daß die von den Troubadouren verfaßte Lyrik betrügerische Absichten gehabt habe. Der Trick der Troubadoure habe darin bestanden, eine Möglichkeit zu finden, um in die Dienste eines Herrn zu treten – und ins Bett der Herrin zu gelangen. »Höfische Minne war eine Methode, die von Männern mit Männerträumen im Kopf erfunden wurde«, unterstreicht Bogin.[294] Sowohl die Dame von hohem Rang als auch ihr Ehemann fühlten sich durch die Verse der Troubadoure geehrt. Vielfach lud der Burgherr den Troubadour dazu ein, an seinem Hof zu bleiben – zumindest so lange, wie die Bewunderung des Dichters für seine Frau sich ausschließlich in rein platonischen, da literarischen Gefilden bewegte. Es gibt kaum Belege dafür, wie oft Dichter und Damen der Macht der Verse erlagen.

Troubadour-Dichtung kann als eine Art Wettstreit unter Männern interpretiert werden, bei dem sich jüngere Männer mit betörenden Versen Zugang zu den Schlafgemächern von Frauen älterer, mächtiger Männer ersangen. »Schwärmerische Liebe trug von Anfang an ehebrecherische Züge und vertrug sich nicht mit der Ehe«, schreibt der Anthropologe Robin Fox. »Bei den Troubadouren verkörpert sie die Qualen unterprivilegierter Männer, denen die ›Damen‹ von hartherzigen alten Kriegern weggenommen worden waren.«[295]

Diese ihre Haltung hat die Jahrhunderte überdauert, die schwärmerische Liebe der Troubadoure, so der französische Autor Denis de Rougemont, blieb »für ewig unerfüllt«. Die unendliche Sehnsucht, die in der höfischen Minne besungen wird, beeinflußte maßgeblich die europäische Romantik; für Romantiker wie für Troubadoure ist »das Leiden und speziell das Liebesleid eine privilegierte Form der Verständigung«, schreibt Rougemont.[296]

Im Verlauf der Erfolgsgeschichte der Troubadour-Dichtung wurde das Podest, auf das man die Frauen hob, immer höher und höher, bis es schließlich in Dantes ›Göttlicher Komödie‹ den Himmel erreichte. Es gibt jedoch Anzeichen dafür, daß die hochangesehenen und begüterten Damen, die in dieser Lyrik verherrlicht wurden, eher irdische Beziehungen bevorzugten.

Was die Frauen über die Liebe dachten, fand Ausdruck in der Dichtung der weiblichen Troubadoure, die von den Mediävisten weitgehend unbeachtet geblieben ist. Bogin entdeckte zwanzig in ihrer Zeit bekannte weibliche Troubadoure. Einigen von ihnen galt die Verehrung männlicher Troubadoure, und alle stammten sie aus der Aristokratie – der einzigen Gesellschaftsschicht des Mittelalters, die über genügend Bildung, Wohlstand und Zeit verfügte, um ihr Leben der Kunst zu widmen. Manche weiblichen Troubadoure standen im Briefwechsel mit einem männlichen Dichterfreund und tauschten mit ihm Verse aus; doch die weibliche und die männliche Art zu schreiben unterschied sich deutlich. »Das Auffallendste an der Lyrik der Frauen ist die Enthüllung ihrer Erfahrungen und Gefühle«, sagt Bogin. »Ganz anders als die Männer, die eine komplexe poetische Vision schufen, schrieben die Frauen über ihre eigenen innersten Gefühle. In all ihren Versen streben die Frauen nach realer und nicht nach symbolischer Anerkennung.«[297]

In einer Tenzone, einem Streitgedicht, das die Form eines Dialogs zwischen zwei Personen hat, diskutieren zwei Troubadoure, Maria de Ventadorn und Gui d'Ussel, über den Rang von Liebenden.[298] Alles in allem macht diese Tenzone deutlich, daß die dichtenden Frauen des Mittelalters Spaß daran hatten, die jungen Männer zu manipulieren, die im Namen der Liebe alles taten, was die Damen wollten. Für beide Geschlechter war die Minne eine Art sportlicher Betätigung.

Die Frage, ob es sinnvoll sei zu heiraten, wird in einem Gedicht eines weiblichen Troubadours aufgegriffen, in dem drei Frauen, Alais, Iselda und Carenza, auftreten. Eine von ihnen sagt, daß sie nicht heiraten wolle, »da das Kindergebären nicht so gut und das Verheiratetsein allzu qualvoll ist«. Eine andere stimmt zu: »Carenza, ich gebe zu, daß ich gegen einen Ehemann nichts hätte, aber für das Kinderzeugen muß man allzu heftig büßen; die Brüste hängen herunter, und es ist zu qualvoll, eine Frau zu sein.« Beide Äußerungen könnten genausogut auch von heutigen Frauen stammen.

Ein soziales Nebenprodukt der Troubadour-Lyrik war die veränderte Einstellung der Männer zu den Frauen. Doch trotz aller Hochachtung und Wertschätzung hielt man sie weiterhin für das schwächere Geschlecht. Im Vergleich zu früheren Zeiten, als die Frau noch als Eigentum des Mannes galt, gab es zwar einen Fortschritt, doch die vermeintliche Schwachheit der Frau bestärkte die Männer andererseits darin, die Frauen nach wie vor aus Politik und Wirtschaft auszuschließen. Das Verhalten der Männer aus höfischen Kreisen wurde Frauen des eigenen Standes gegenüber höflicher und umgänglicher, doch ihr Gebaren gegenüber Frauen aus unteren Gesellschaftsschichten blieb davon gänzlich unberührt. Capellanus setzt in dem Kapitel ›Die Liebe der Bauern‹ die aristokratischen Herren davon in Kenntnis, daß sie durchaus das Recht hätten, Frauen aus den niederen Schichten der Gesellschaft zu vergewaltigen: »Falls ein Herr sich aus irgendeinem Grund in eine Bauersfrau verliebt, soll er sie zuerst mit Schmeicheleien überhäufen und dann bei passender Gelegenheit nicht zögern, sich das zu nehmen, was er wolle, und sie gewaltsam umarmen.«[299] Ein Lehensherr hatte das verbriefte Recht, die Braut eines Knechtes in der Hochzeitsnacht zu vergewaltigen. Diese als »ius primae noctis« bezeichnete Sitte war weit verbreitet und hielt sich bis in das 15. Jahrhundert hinein.

Trotz der neuen Begeisterung für die schwärmerische Liebe und die poetische Erhöhung der Frau blieb die Ehe im mittelalterlichen Frankreich weiterhin »eine Erfindung der Aristokratie, ein wirtschaftlicher und politischer Vertrag, der abgeschlossen wurde, um Hab und Gut der Familien zu sichern und bestehende Bündnisse zu festigen«, schreibt Bogin.[300] Der Wert einer Frau im Mittelalter richtete sich (und richtet sich in vielen Ländern heute noch) danach, ob oder wie viele Söhne sie zur Welt brachte. Falls sie bei dieser Aufgabe versagte, wurde sie zu ihren Eltern zurückgeschickt oder ins Kloster verbannt. Doch trotz solcher Vorbehalte und Einschränkungen war die Troubadour-Dichtung ein Vorbote der sexuellen und sozialen Befreiung der Frau. Sie schuf die Voraussetzungen dafür, daß in unserer westlichen Welt die Zeit des Umwerbens Mann und Frau die Gelegenheit gibt, sich häufig zu sehen und zärtliche Gefühle auszutauschen, sich kennenzulernen und bewußt für- oder gegeneinander zu entscheiden und gegebenenfalls eine dauerhafte Beziehung einzugehen.

Frauen und Liebesromane

Die zeitgenössische Version der Troubadour-Dichtung ist der Liebesroman. Diese von und für Frauen geschriebenen Romane entsprechen offensichtlich den romantischen Vorstellungen von Millionen von

Leserinnen. Und steigende Verkaufsziffern weisen darauf hin, daß der Markt noch längst nicht gesättigt ist.

Liebesromane sind normalerweise nach folgendem Muster gestrickt: Eine tugendhafte, gewöhnlich unschuldige und kindliche Frau verliebt sich in einen älteren, sexuell erfahrenen, betont maskulinen, wohlhabenden, gesellschaftlich hochstehenden Mann – einen Mann also, der alle Vorgaben, um von einer Frau erwählt zu werden, erfüllt. Im Verlauf einer sehr langen Phase des Umwerbens, in der es zahlreiche Hindernisse zu überwinden gilt, erwacht die Sexualität der Frau. Der dominante Mann führt sie schließlich in die Geheimnisse des Sexuallebens und des Erwachsenseins ein. Durch die Liebe der Heldin wird der Held gezähmt, verliert er seine Ecken und Kanten, seine Gewalttätigkeit, und seiner Angebeteten zuliebe verzichtet er schließlich auf weitere sexuelle Abenteuer. Zum Schluß gibt es immer ein Happy-End, welches in der Erkenntnis gipfelt, daß Liebeswerben, Liebe und Heiraten die Höhepunkte im Leben einer Frau darstellen. In den Worten der Literaturkritikerin Kay Mussell: »Liebesromane vermitteln den Eindruck, daß das höchste Glück für eine Frau darin liegt, den Traummann zu finden, mit dem sie ihr ganzes Leben verbringen möchte.«[301] Und in der Tat *ist* das auch für viele Frauen das höchste Glück in ihrem Leben.

Der Liebesroman ist eine ganz besondere Art von Literatur. Frauen genießen es ungemein, in seine märchenhafte Phantasiewelt einzutauchen. Dabei scheint es ihnen nichts auszumachen, daß eine doppelte Moral zum Vorschein kommt: Der Hauptdarsteller sollte sexuell erfahren sein, sein weibliches Pendant hingegen Jungfrau. Er kann ruhig viele Frauen in seinem Leben gehabt haben, aber sie hat nur auf ihn gewartet, darauf, daß er in ihrem Leben als ihr Traumprinz auftaucht. Das Klischee von der Schönen und dem Biest kommt voll zur Geltung: In der häßlichen äußeren Schale steckt ein guter Kern, ein verwunschener Prinz. Durch Liebe gelingt es der Heldin, den Mann zu zähmen; ihre Ehrlichkeit, ihre Zärtlichkeit und ihre kindliche Unschuld bezwingen seine Roheit. »In Liebesromanen unterliegen Frauen häufig einer Selbsttäuschung. Oft wissen sie nicht, was sie wollen. Erst der Held klärt sie über ihre wahren Wünsche auf und beschert ihnen Liebe und Erwachsenwerden im Doppelpack«, schreibt Mussell.[302]

Auf den ersten Blick könnte man den Autoren und Verlegern dieser zeitgenössischen »Schmalspurromane« böse Absichten unterstellen, doch es gibt keinerlei Anhaltspunkt dafür, daß Verleger Interesse an der Unterdrückung der Frau hätten. Sie haben vielmehr wirtschaftliche Interessen und achten primär darauf, ob ein Buch sich gut verkaufen läßt oder nicht. Und der Liebesroman kommt bei den meisten Frauen an. Liebesromane sind genau das, was Frauen wollen, sie befriedigen ihre Bedürfnisse. Liebesromane sind populär und verkaufen sich blendend – ob das den Feministinnen nun gefällt oder nicht.

Kritiker wie Mussell haben auf folgendes hingewiesen: Die Lektüre solcher Liebesromane kommt einer Realitätsflucht gleich, was dazu beiträgt, den patriarchalischen Status quo aufrechtzuerhalten. Die Leserin wird dazu verleitet, sich mit ihrer sprichwörtlichen Rolle als Heimchen am Herd abzufinden. Der romantische Lesestoff wirkt wie eine Droge, die vorübergehende, vermeintliche Erleichterung und Befriedigung verschafft. Doch wie man mit den tatsächlichen Problemen fertigwird, wie man einem übermächtigen Ehemann oder Freund, der sich an einem vergreift, entkommt, wie man eine erniedrigende Ehe beendet und/oder einen Job aufkündigt, der zum Sklavendienst geworden ist, wie das niedrige Selbstwertgefühl wieder aufgerichtet werden kann, all das lernen Frauen nicht aus der Lektüre von Liebesromanen. »Zusammenfassend können Liebesromane als kompensatorische Literatur bezeichnet werden; durch sie werden emotionale Urbedürfnisse der Frauen befriedigt, die zwar durch kulturelle und soziale Strukturen geweckt werden, die aber im Alltagsleben aufgrund von Beschränkungen, denen die Frauen unterliegen, unerfüllt bleiben«, schreibt die Literaturwissenschaftlerin Janice Radway.[303] Sie betrachtet den Liebesroman als »eine Art gesellschaftliches Überdruckventil, durch das die Frauen ihrem Zorn und ihrer Empörung Männern gegenüber Luft machen können; im wirklichen Leben dürfen Gefühle solcher Art jedoch keinen Platz haben«.[304]

Wenn eine Leserin am Ende eines Liebesromans ihr Buch zuschlägt, ist ihr Vertrauen in die Liebe und die Ehe gestärkt. Während ihrer Lektüre hat die Phantasie ihr Macht verliehen, sie hatte viel mehr Entscheidungsfreiheit als im wirklichen Leben. Doch dieser Höhenflug der Macht endet mit den letzten Seiten des Romans, endet genauso wie jede Euphorie, die Menschen durchleben, wenn sie Drogen genommen haben. Und wie bei einem Drogenabhängigen besteht die einzige Rettung darin, sich erneut zu berauschen – das heißt einen neuen Liebesroman zu lesen. Die Leserin ist unfähig oder nicht willens, die wirklichen Bedingungen, unter denen sie lebt, zu ändern, und zieht es vor, in die Scheinwelt des Liebesromans zu entfliehen. Die Anthropologin Janet Siskind schreibt: »Liebesromane zu lesen ist eine Art Krankheit, bei der man die Befriedigung von Bedürfnissen auf eine Romanheldin projiziert und vergißt, daß die positiven Veränderungen allein im Roman stattfinden.«[305]

Der Erfolg der Liebesromane zeigt in aller Deutlichkeit, wie anfällig Frauen für verbale Liebesbezeugungen sind. Ein Wort der Liebe kann sie soweit bringen, daß sie es zulassen, betrogen zu werden, daß sie sogar bei einem Mann bleiben, der sie mißbraucht. Auf die Frage, warum sie einen Mann, der sich an ihnen vergeht, nicht verlassen, haben mißhandelte Frauen häufig geantwortet: »Er sagte, er liebt mich; er sagte, er würde sich ändern.«

In Liebesbeziehungen wird Worten nicht selten mehr Glauben geschenkt als Taten. Die Liebe ist offensichtlich eine große Gefahr für die menschliche Seele, denn ein Mensch, der liebt, scheint bereit zu sein, im Namen der Liebe alles zu tolerieren, alles zu entschuldigen und so gut wie alles zu tun.

Die Frau als Oberhaupt der Familie – unfreiwilliges Los oder eigene Entscheidung

> Der wesentlichste Unterschied zwischen dem Leben einer Frau und dem eines Mannes liegt darin, daß allein die Frau Kinder gebären kann, was für sie sowohl mit Risiken als auch mit Vorteilen verbunden ist.
> Daisy Dwyer und Judith Bruce
> A Home Divided: Women and Income in the Third World[306]

Die Frau ist genetisch auf Mutterschaft programmiert, unabhängig davon, ob Ressourcen eines Mannes zur Verfügung stehen oder nicht. Wenn sich eine Frau einmal dazu entschlossen hat, ein Kind zu bekommen, und schwanger geworden ist, kann sie diesen Entschluß nicht mehr rückgängig machen. Und wenn die sozialen Bedingungen die Möglichkeiten der Frau bei der Partnerwahl einschränken und den Mann daran hindern, sich um seine Familie zu kümmern, dann wird die Frau – und die Gesellschaft – zum Spielball der egoistischen Gene.

Unsere heutige Welt ist durch Überbevölkerung, wachsende Armut und den Mangel an Arbeitsplätzen geprägt, und die grundlegenden evolutionären Prozesse laufen heutzutage nicht mehr so ungestört ab wie früher. Familienstrukturen – monogamer wie polygyner Art – lösen sich allmählich auf. Überall auf der Welt wird die Zahl der Familien mit Frauen als Alleinerziehenden immer größer. Für die betroffenen Frauen und Kinder hat dies schwerwiegende Konsequenzen. Familien, in denen Frauen allein die Verantwortung tragen, haben den niedrigsten Lebensstandard auf der Welt, ihre Kinder sind am schlechtesten ernährt und haben eine mangelhafte Schulbildung. Ganze Bevölkerungsgruppen sind an den Rand der Gesellschaft gedrängt worden und fristen ihr Dasein auf dem Existenzminimum.

Frauen und Männer ohne gesellschaftliche Chancen

Was geschieht, wenn Frauen nicht die Gelegenheit haben, Männer mit Ressourcen auszuwählen? Wenn Männer auf der Suche nach Arbeit ihre Familien verlassen müssen? Wenn die einzige Möglichkeit für junge Männer, zu Geld zu kommen, darin besteht, Straftaten zu begehen? Wenn junge Frauen nur durch Mutterschaft Anerkennung finden können? In all diesen Fällen entstehen sehr häufig Mutterfamilien, ein Phänomen, das weltweit große soziale Probleme mit sich gebracht hat. In den Ländern, in denen es viele Familien mit allein verantwortlichen Frauen gibt, haben die Frauen oft nur geringe Möglichkeiten, am Wirtschaftsleben teilzunehmen und Geld zu verdienen. Der Haushalt ist nach wie vor der Hauptarbeitsplatz für die meisten Frauen, und Hausarbeit wird nicht bezahlt.

Nach Angaben der Vereinten Nationen müssen arme Frauen in vielen Entwicklungsländern heute sechzig bis neunzig Stunden pro Woche arbeiten, nur um ihren mageren Lebensstandard von vor zehn Jahren aufrechterhalten zu können.[307] Das Wachstum der Städte bringt den Frauen in Afrika, Lateinamerika und der Karibik zwar neue wirtschaftliche Möglichkeiten, doch Frauen werden bei weitem nicht so gut entlohnt wie Männer, und erwerbstätige Frauen sind nach wie vor nicht allzu hoch angesehen. Fast achtzig Prozent der Frauen im südlichen Afrika und mindestens fünfzig Prozent in Asien sind in der Landwirtschaft tätig. Frauen in Kolumbien, Nepal, Kenia, Panama, Chile, Ägypten und im Irak dürfen zwar das Land bebauen, haben aber nicht das Recht, es auch zu besitzen. In Sambia, Tansania, Äthiopien und Nepal wird geschiedenen Frauen durch die sogenannten Landreformgesetze Landbesitz verwehrt.[308]

Es ist in der Tat so, daß viele Gesellschaften die wirtschaftlichen Möglichkeiten der Frau einschränken, ihr keinen eigenen Besitz zugestehen, sie auf ihre Aufgabe als Mutter reduzieren und sie dann auch noch dafür bestrafen, wenn sie diese Rolle akzeptiert.

Folgende drei Voraussetzungen scheinen das Entstehen von Mutterfamilien zu begünstigen: ein frühes Heiratsalter der Frauen; ein spätes Heiratsalter der Männer und starke Abwanderungstendenzen oder ungewöhnlich hohe Sterblichkeitsraten bei den Männern.[309] Ferner werden durch bestimmte gesellschaftliche Strukturen Familien dazu gezwungen, ohne Vater auszukommen: Die Sklaverei zum Beispiel riß viele schwarze Familien in Afrika und später in den Vereinigten Staaten auseinander. Auch die allmähliche weltweite Verbreitung der westlichen Geldwirtschaft war eine Ursache dafür, daß viele traditionelle Familienstrukturen auseinanderbrachen, da die gemeinsame, auf Heimarbeit basierende Erwerbstätigkeit von Mann und Frau an Bedeutung verlor. Die moderne Geldwirtschaft führte dazu, daß die Arbeitsteilung zwischen den Geschlechtern immer ausgeprägter wurde; viele Männer verließen ihr Heim auf der Suche nach Arbeit und mußten oft sogar von ihren Familien getrennt leben.

In den späten fünfziger Jahren tauchten in der ethnographischen Fachliteratur immer häufiger Berichte über vaterlose Familien auf, die damals hauptsächlich in der Karibik und in Guayana anzutreffen waren. Die Anthropologen hielten diesen Familientyp für ein exotisches Phänomen. In der karibischen Gesellschaft wurde ein Mädchen normalerweise bereits in sehr jungen Jahren schwanger, gebar ihr Kind im Haus ihrer Mutter und zog es auch dort auf. Junge Männer verließen ihre Familien, sobald sie alt genug waren, um zu arbeiten, und sie mußten oft weit umherziehen, um Arbeit zu finden. Wenn sie dann gelegentlich für einen kurzen Besuch zurückkamen, hatten sie gewöhnlich eine rasche Affäre mit einem jungen Mädchen aus der Nachbarschaft, schwängerten es und nahmen ihr Wanderleben wieder auf.

Seit diesen frühen Berichten mehrten sich die Hinweise auf Frauen in der Funktion als Familienoberhaupt – und das nicht nur in Ländern der Dritten Welt. Die Vereinten Nationen berichten von rapide ansteigenden Geburtenraten bei ledigen Frauen in vielen Ländern, die nicht der Dritten Welt zuzurechnen sind: in Australien, Österreich, Deutschland, Frankreich und in den Vereinigten Staaten. In Dänemark zum Beispiel entfielen im Jahre 1970 11 Prozent der Geburten auf unverheiratete Frauen, 1985 betrug die Zahl bereits 43 Prozent. In Schweden stieg die Rate von 18 Prozent im Jahr 1970 auf 46 Prozent im Jahr 1985, während in den Vereinigten Staaten ein Anstieg von 10 auf 21 Prozent zu verzeichnen war.[310]

Neben den hohen Scheidungsraten waren vor allem wirtschaftliche und soziale Veränderungen dafür verantwortlich, daß immer mehr Familien ohne Vater auskommen mußten und die Männer sich oft nicht mehr in der Lage sahen, ihre Familien ausreichend zu versorgen.

Pierre van den Berghe und Joseph Shepher beschreiben in ihrer Untersuchung vier verschiedene Formen von Mutterfamilien:[311] zunächst den amerikanisch-karibischen Typ, der vor dem historischen Hintergrund der Sklaverei zu sehen ist, die der farbigen Bevölkerung von der herrschenden Klasse aufgezwungen wurde. Sklaven, die mit Sklavinnen gemeinsame Kinder hatten, wurden oft ohne Rücksicht darauf verkauft oder anderweitig von ihren Familien getrennt und so der Möglichkeit beraubt, sich um ihre Angehörigen zu kümmern. In anderen Fällen schwängerten die Männer der herrschenden Klasse ihre Sklavinnen, hatten aber nur ihr sexuelles Vergnügen im Sinn und nicht die Absicht, sich um die Nachkommen zu kümmern. Selbst wenn sie bereit gewesen wären, für diese Frauen und ihre Kinder zu sorgen, hätten gesellschaftliche Tabus dies verhindert. Allerdings waren die Sklavenhalter meist an einer Erhöhung der Zahl ihrer Sklaven interessiert, so daß viele Sklavinnen ihren Kindern ein Mindestmaß an Fürsorge gewähren und ihr Überleben sichern konnten. Auch die Abschaffung der Sklaverei brachte für diese Menschen keine Verbesserung ihrer wirtschaftlichen Situation. Sie waren weiterhin gezwungen, in Teilfamilien zu leben.

Der zweite Typus der Mutterfamilie entstand in Indien, wo es die institutionalisierte, quasi erbliche Prostitution gibt. In diesem Fall sind die Frauen die einzigen, die sich um die Kinder kümmern; die Männer sind entweder Zuhälter oder verlassen die Familiengemeinschaft. Die Verantwortung für die Nachkommen liegt seit Generationen allein in der Hand von Frauen.

Der dritte Typus der Mutterfamilie ist in den unteren Gesellschaftsschichten innerhalb der Städte der Dritten Welt, vor allem im westlichen Afrika, zu finden. Dort obliegt der Handel mit Nahrungsmitteln und Textilien den Frauen. Doch der Preis, den sie für ihre wirtschaftliche Unabhängigkeit zahlen müssen, ist hoch: Die Männer vernachlässigen ihre Kinder, immer mehr Haushalte stehen unter der alleinigen Führung von Frauen. »Seit 1950 ist der Anteil der berufstätigen Frauen gegenüber dem Anteil der Männer um fünfzig Prozent gestiegen«, berichten die Anthropologinnen Daisy Dwyer und Judith Bruce. »Abgesehen davon wurde festgestellt, daß die Frauen in allen unterentwickelten Regionen der Welt durch ihre bezahlte Arbeit und ihre unbezahlte Tätigkeit im Haushalt einen wesentlichen und manchmal sogar den überwiegenden Teil zur Wirtschaft ihres Landes beitragen... Für die Versorgung der Kinder werden Frauen in Afrika grundsätzlich als der allein verantwortliche Elternteil angesehen.«[312]

Heute versuchen Frauen in der Dritten Welt sich mehr Freiheiten vor allem auf zwei Gebieten zu verschaffen, in denen sie traditionsgemäß bisher fast keine Entscheidungsmöglichkeiten hatten: im wirtschaftlichen Bereich und bei der Geburtenregelung.

Je mehr Geld Frauen allerdings verdienen, desto weniger scheinen sich Männer für ihre Nachkommen verantwortlich zu fühlen. Dies läßt sich in zahlreichen Gesellschaften beobachten. Die Wissenschaftlerin Joan Mencher stellte fest, daß in Südindien Frauen »einen größeren Teil ihres Einkommens zum Haushaltsgeld beisteuern und weniger für ihren persönlichen Bedarf zurückbehalten als Männer. Auch wenn beide wenig verdienen, stellen die Männer nur einen geringen Prozentsatz ihres Einkommens zur Haushaltsführung zur Verfügung.« Selbst wenn das Einkommen der Frau minimal geworden ist, verringert der Mann seinen Beitrag sogar noch, statt ihn zu erhöhen, und behält genügend für sich zurück, um sich mit Freunden im Teehaus oder in der Bar zu treffen.[313] Im allgemeinen halten diese Männer, unabhängig davon, wie gering das Familieneinkommen ist, immer etwas Geld in Reserve für persönliche Aktivitäten, mit denen sie ihr Prestige erhöhen können. Frauen hingegen verwenden weniger von ihrem Einkommen für sich selbst und geben mehr für ihre Familie aus.

Aus diesen Beobachtungen läßt sich folgendes ableiten: Immer wenn Frauen aus ihrer traditionellen abhängigen Rolle ausbrechen, reduzieren die Männer ihre Fürsorge für die Nachkommen. Nach Ansicht der Anthropologin Ilsa Glazer Schuster »erhöht eine Einkommensverbesserung (von Männern in Sambia) normalerweise nicht den Lebensstandard ihrer Frauen und Kinder – wie es die Frauen vielleicht erwarten würden –, sondern gibt den Männern die Möglichkeit, sich mit anderen Frauen einzulassen und so nebenbei noch Kinder zu zeugen«.[314] Die Botschaft dieser Männer ist eindeutig: Weibliches Streben nach wirtschaftlicher Unabhängigkeit bedeutet zugleich, daß die Frauen die ganze Last der Verantwortung für die Familie übernehmen müssen. Sie werden gewissermaßen also dafür bestraft, daß sie wirtschaftlich unabhängig sein und auf dem Gebiet der Fortpflanzung selbst bestimmen wollen. Wenn eine Frau sich nicht dem Willen des Mannes unterwirft, entzieht er ihr seine Unterstützung, geht seinen polygynen Neigungen nach und hat nicht einmal ein schlechtes Gewissen dabei. Somit haben die Frauen zwar die Möglichkeit, aus der Abhängigkeit auszubrechen, dies jedoch mit der Aussicht, zusätzlich Verantwortung für ihre Familie übernehmen zu müssen.

Den vierten Typ von Mutterfamilie findet man in den modernen Wohlstandsgesellschaften. Dort erhalten manche Bevölkerungsgruppen aufgrund von ethnischen Vorurteilen oder Rassendiskriminierung keine Chance, die nötige Ausbildung zu erwerben, um ihren Lebensunterhalt aus eigener Kraft zu bestreiten. Des weiteren zwingen Arbeitslosigkeit oder unsichere Arbeitsplätze Männer dazu, auf der Suche nach Arbeit von ihrem Wohnort wegzuziehen. Meistens bleiben die Frauen mit den Kindern zurück, kämpfen um das nackte Überleben und haben keine andere Wahl, als geringe Löhne sowie niedrige Arbeiten zu akzeptieren.

Ungefähr fünfzig Prozent der schwarzen amerikanischen Kinder wachsen in Familien mit nur einem Elternteil – nämlich der Mutter – auf. Viele dieser Kinder lernen ihre Väter niemals kennen. Ihre Zukunftsaussichten sind mehr als bedrückend. Da ihre Mütter keine Chance hatten, Partner zu finden, die für sie und ihre Kinder sorgen, begnügten sie sich mit dem Minimum an väterlichem Investment: dem Sperma. Es sieht so aus, als ob hier die weibliche Entscheidungsfreiheit versagt hätte beziehungsweise als ob es für manche Frauen überhaupt keine Wahlmöglichkeiten gäbe.

Auch Männer haben keine Chancen in einer Gesellschaft, in der sie ausschließlich als Spermalieferanten dienen und nichts zum Lebensunterhalt ihrer Familien beitragen können. Gesellschaftlicher Erfolg und Fortpflanzungserfolg gehen gewöhnlich Hand in Hand. Ist jedoch der Weg zu gesellschaftlichem Erfolg versperrt, setzen sich die Gene, die nach Fortpflanzung streben, trotz allem durch. Die Folge ist die Entstehung einer unterprivilegierten Klasse, die völlig vom Leben der anderen Gesellschaftsschichten abgeschnitten ist.

Seit Beginn der Menschheitsgeschichte waren Frauen die Sklaven der Fortpflanzung und versuchten Männer, die Fruchtbarkeit der Frauen unter ihre Kontrolle zu bringen. Zu allen Zeiten glaubte man, daß sich Frauen nichts sehnlicher wünschten als Babys, daß dieser Wunsch bei Frauen viel ausgeprägter sei als bei Männern und daß Frauen die Männer hereinlegten, nur um Babys zu bekommen. Aus aktuellen Untersuchungsergebnissen lassen sich jedoch völlig andere Erkenntnisse ableiten: In der Regel sind es die Männer, die mehr Wert auf Nachkommen legen und die sich, mehr als die Frauen, Kinder wünschen. Dieses Bild widerspricht zwar der gängigen Auffassung vom Kinderwunsch der Frauen, doch ist der Wunsch der Männer nach einer großen Kinderschar vom Standpunkt der Evolutionsbiologie aus durchaus verständlich. Er entspricht genau der Fortpflanzungsstrategie der Männer, die viele Frauen befruchten wollen, um den größtmöglichen Fortpflanzungserfolg zu erzielen. Natürlich versuchen Männer nicht *bewußt*, ihren Fortpflanzungserfolg zu erhöhen. Ihrer Ansicht nach wollen sie lediglich einen gewissen Status erwerben, im Konkurrenzkampf mit anderen Männern erfolgreich sein und ihre Männlichkeit unter Beweis stellen. In vielen Teilen der Welt sind jedoch diese Ziele identisch mit dem Wunsch, Kinder, und vor allem Söhne zu zeugen.

In einer unvergeßlichen Szene einer Fernsehdokumentation von Bill Moyers über den Zusammenbruch der Familienstrukturen von Farbigen in amerikanischen Großstädten ruft ein junger Mann namens Timothy McSeed bei der Geburt seines jüngsten unehelichen Sohnes aus: »Super, ein kleiner Junge. Ein kleiner Junge. Ich bin der Größte! Ich bin der Größte!«[315]

Uneheliche Kinder sind jedoch alles, was dieser junge Mann besitzt, um seinem vermeintlichen Anspruch auf Größe Nachdruck zu verleihen. McSeed, ein High-School-Abbrecher, ist Vater von sechs Kindern von vier verschiedenen Frauen. Er unterstützt keine von ihnen und hat auch keine feste Arbeit. Als Moyers ihn fragte, welches Gefühl er habe, wenn er an seine Kinder denke, antwortete McSeed, daß sie für ihn »wie Kunstwerke sind. Man schaut sich sein Werk an, man sagt sich: Das habe ich gemacht. Es ist so, wie wenn ein Tischler sagt: Das ist mein Werk. Man kann sehen, was man geschaffen hat.«

Die Mütter von McSeeds Kindern ziehen diese mit Unterstützung der Fürsorge auf. Aus der Sicht des arbeitslosen McSeed ist der Staat für die Versorgung seiner Nachkommen zuständig, da er selbst sie nicht ernähren kann. Schließlich hat er immerhin sein Sperma zu ihrer Zeugung beigesteuert. »Ich bin für Frauen sexuell ungemein attraktiv«, sagt er. »Manche Frauen sagen zu mir: ›Du bist ein Kindermacher.‹ Ich habe eben gutes, starkes Sperma, das ist alles.«

Für McSeed, die Mütter seiner Kinder und für andere, die in der Armut der amerikanischen Großstädte leben, liegt der einzige Erfolg, den sie in der Gesellschaft erringen können, darin, Kinder zu produzieren. »Es sieht so aus, als ob sie nur hier sind, um Kinder zu machen«, erzählt Darren, ein arbeitsloser achtzehnjähriger High-School-Abbrecher und Vater eines Kindes.

Viele arbeitslose junge Männer in Amerikas Großstädten schaffen sich auf diese Weise einen richtigen Harem aus »Wohlfahrtsmüttern« an. Aber anders als die reichen polygynen Männer, die genügend finanzielle Mittel haben, um zahlreiche Frauen und Kinder zu versorgen, werden diese arbeitslosen, ungelernten jungen Amerikaner zu sexuellen Ausbeutern, die ihr Sperma abladen, wo sie nur können, und Almosen von ihren Frauen kassieren, die selbst von der Wohlfahrt leben. »Es gibt eine ganze Menge Jungs, die ... nur von einer Wohlfahrtsmutter zur anderen ziehen. Sie haben vielleicht sechs von der Sorte und bekommen von jeder ein bißchen Geld. Das ist alles, was sie tun, das ist ihre Art zu betteln«, sagt der Detektiv Shahid Jackson, dessen Revier in Newark in New Jersey liegt, ganz in der Nähe, wo auch McSeed lebt.

Wenn Männer ihre Familie nicht versorgen können

Die jungen Männer in Moyers' Dokumentarfilm gehören zu einer wachsenden Minderheit mittelloser Männer in den Vereinigten Staaten, die keine Chancen auf dem Arbeitsmarkt und demnach auch keine Ressourcen für ihre Kinder haben. Da es ihnen oftmals verwehrt ist, auf ehrliche Weise ihren Lebensunterhalt zu verdienen, gleiten manche in die Kriminalität ab.

Im Jahre 1990 veranstaltete die National Association for the Advancement of Colored People (NAACP) auf ihrem Nationalkongreß in Los Angeles einen Workshop mit dem Titel ›Der farbige Mann in Gefahr‹. Hierbei wurden der Öffentlichkeit einige alarmierende Statistiken präsentiert:

Ein Viertel aller zirka zwanzigjährigen farbigen Männer ist entweder im Gefängnis, auf Bewährung oder bedingt aus der Haft entlassen.

Gewalt ist die Ursache Nummer eins für den Tod von farbigen Männern im Alter zwischen fünfzehn und vierundzwanzig Jahren. In Kalifornien ist die Wahrscheinlichkeit, daß ein Farbiger ermordet wird, dreimal so groß wie die Wahrscheinlichkeit, daß er an der Universität von Kalifornien zugelassen wird.

Die Farbigen sind die einzige amerikanische Bevölkerungsgruppe, deren Lebenserwartung im Jahre 1990 niedriger war als im Jahre 1980.

Diese Zahlen wurden in dem Bericht über eine Untersuchung, die von den nationalen Centers for Disease Control durchgeführt wurde, bestätigt. »Von 1978 bis 1987 war die Zahl der jährlich ermordeten farbigen Männer vier- bis fünfmal höher als die der farbigen Frauen, fünf- bis achtmal höher als die der weißen jungen Männer und sechzehn- bis zweiundzwanzigmal höher als die der weißen jungen Frauen«, heißt es in dem Bericht. Seit 1984 ist der Unterschied zwischen der Todesrate farbiger junger Männer und der anderer Bevölkerungsgrupppen noch wesentlich größer geworden. Die wesentlichen Ursachen für die große Anzahl von Morden an farbigen jungen Männern sind »ungehinderter Zugang zu Feuerwaffen, Alkohol- und Drogenmißbrauch, Drogenhandel, Armut, Rassendiskriminierung und eine weitgehende Akzeptanz von Gewalt in der Gesellschaft«.[316]

Die Tatsache, daß es keine nationalen Hilfsprogramme gibt, um diesem Trend zu begegnen, läßt den beunruhigenden Schluß zu, daß die Mehrheit der amerikanischen Gesellschaft an diesem Problem nicht interessiert ist. Dies liegt daran, daß die herrschende weiße Bevölkerungsschicht es nicht gerne sieht, wenn die unteren Schichten oder wenn Minderheiten – und vor allem farbige Männer – Erfolg bei der Fortpflanzung und in der Gesellschaft haben. Tatsächlich wird der farbigen männlichen Bevölkerung systematisch jede Lebensgrundlage entzogen. Farbigen Männern wird jede Möglichkeit genommen, auf dem freien Markt zu konkurrieren und somit die finanziellen Mittel zu erwerben, um ihre Kinder zu versorgen. Mit derlei Restriktionen unterminiert die amerikanische Gesellschaft die Entscheidungsfreiheit sowohl der Frauen als auch der Männer bei der Partnerwahl. Die Gesellschaft selbst übernimmt also die Rolle des Versorgers und des Partners und macht so die Betroffenen unfrei in ihrer Wahl.

Bei all dem enthüllt sich jedoch eine haarsträubende Doppelmoral, da der amerikanische Staat den Anteil der väterlichen Fürsorge für die Armen gar nicht wirklich übernehmen will. Zu den ersten Opfern von Haushaltskürzungen im Etat der Vereinigten Staaten gehören gewöhnlich die Gesundheitsvorsorge für Mütter und Kinder, die Vorschulerziehung, die Tagesbetreuung von Kindern sowie das Schulfrühstück und -mittagessen für die bedürftigen Kinder. Trotz aller Beteuerungen der Politiker, daß Kinder die Zukunft der Nation seien, ist die offizielle Regierungspolitik zu einem großen Teil mit dafür verantwortlich, daß viele Kinder, und auch ihre Eltern, keine lebenswerte Zukunft haben.

Der Frau allein werden die biologische Last und die Pflichten der Elternschaft aufgebürdet. Wenn ein Mädchen ein Kind bekommt, verläßt es zumeist die Schule und lebt von der Fürsorge. Dies jedoch verringert die Chancen des Mädchens, eine Ausbildung und später eine Arbeitsstelle zu bekommen und damit wirtschaftliche Unabhängigkeit zu erlangen. Und die Kinder dieser Frauen reihen sich in die Schar der verarmten, unterernährten und nicht ausgebildeten Jugendlichen ein. All dies wiederum zu Lasten der Gesellschaft. So sind alle Verlierer.

Die Doppelbelastung alleinerziehender Frauen

Nach einem Bericht des Population Fund der Vereinten Nationen geht aus einer Untersuchung von 74 Entwicklungsländern hervor, daß 22 Prozent der Haushalte in Afrika, 20 Prozent in der Karibik, 18 Prozent in Asien, 16 Prozent im Nahen Osten und 15 Prozent in Lateinamerika allein von Frauen geführt werden. Schätzungen zufolge sind weltweit ein Drittel aller Familienversorger Frauen. Die Mehrzahl dieser Familien muß ohne männliche Unterstützung auskommen, weil viele Männer auf der Suche nach Arbeit ihrer Heimat den Rücken kehrten. In Afrika zum Beispiel, wo über zwei Fünftel der ländlichen Haushalte von Frauen geführt werden, verlassen jedes Jahr sechzigtausend Männer das von Dürrekatastrophen heimgesuchte Burkina Faso, um an der benachbarten Elfenbeinküste Arbeit zu suchen. Zwei Drittel dieser Männer kehren niemals zurück. Ähnliches ist in fast allen Ländern der Dritten Welt zu beobachten. In Lesotho wurden im Jahr 1980 45,2 Prozent der ländlichen Haushalte von Frauen geführt, und nur weniger als die Hälfte erhielt finanzielle Unterstützung von den abwesenden Männern. In Indien beträgt die Zahl der von Frauen geführten Haushalte 35 Prozent innerhalb der ländlichen Bevölkerung ohne Landbesitz.[317]

In diesem Kontext wird wieder einmal deutlich, daß die beiden Geschlechter je nach ihrer biologischen Funktion bei der Fortpflanzung höchst unterschiedlich in die Pflicht genommen sind: Ein Männchen kann jederzeit sein Sperma abgeben und sich anschließend davonmachen; ist ein Weibchen jedoch einmal schwanger geworden, kann es seiner Verpflichtung zur Fürsorge für den Nachwuchs nicht mehr entrinnen und muß sich – je nach Art – mehr oder weniger lange um die Kinder kümmern. Genau besehen, unterstützt das weibliche Geschlecht den Fortpflanzungserfolg des männlichen durch hohen Einsatz an Zeit und Energie. Manchmal ist dieser Einsatz sogar lebensgefährlich.

Nach Angaben der Weltgesundheitsorganisation stirbt jedes Jahr mindestens eine Million Frauen an den Folgen von Schwangerschaft oder Geburt. Neunundneunzig Prozent dieser Frauen kommen aus der

Dritten Welt, wo Komplikationen während der Schwangerschaft und bei illegalen Abtreibungen die Hauptursachen für den Tod von Frauen im Alter zwischen zwanzig und dreißig Jahren sind.[318] Die bittere Wahrheit lautet, daß zirka ein Viertel der Todesfälle von Frauen zwischen fünfzehn und neunundvierzig Jahren in der Dritten Welt auf Müttersterblichkeit zurückzuführen sind.[319] So ist es nicht verwunderlich, daß der Wunsch der Frauen nach weniger Kindern stärker ist als der der Männer.

Nach der Weltfruchtbarkeitsstatistik von 1974 bis 1984 wünschten sich in achtzehn Entwicklungsländern fast die Hälfte der Frauen im gebärfähigen Alter keine weiteren Kinder mehr, hatten aber keinen Zugang zu empfängnisverhütenden Mitteln.[320] In den äußerst traditionsverbundenen Gesellschaften der Dritten Welt, in denen sowohl die Fruchtbarkeits- als auch die Sterblichkeitsrate der Frauen sehr hoch ist, wünschen sich Frauen aus mindestens vier Gründen weniger Kinder: erstens wegen der Gesundheitsrisiken im Zusammenhang mit Schwangerschaft, Geburt und Stillzeit, einschließlich des Risikos, im Kindbett zu sterben; zweitens wegen der sozialen und finanziellen Belastung durch die Erziehung von Kindern; drittens wegen der geringen Wahrscheinlichkeit, daß Frauen jemals in gleicher Weise aus der Geburt von Kindern Nutzen ziehen wie die von den Erbgesetzen bevorzugten Männer; und viertens wegen der durch die weibliche Fruchtbarkeit noch verstärkten Dominanz der Männer; denn kinderreiche Frauen sind so stark mit der Erziehung der Kinder belastet, daß sie für andere Dinge keine Zeit mehr haben.[321]

Natürlich ziehen Frauen auch Vorteile aus der Mutterschaft. Auch Frauen sind daran interessiert, Söhne zu bekommen, weil in vielen Gesellschaften Frauen nur über ihre männlichen Nachkommen Zugang zu finanziellen Ressourcen erhalten. Aber manchmal bedeutet nicht einmal ein Sohn Sicherheit für eine Mutter. In Uganda zum Beispiel hat eine Frau keinerlei Rechte auf das Land, das sie jahrelang bebaut hat. Traditionsgemäß erbt der Sohn beim Tod seines Vaters das Land, und die verwitwete Mutter darf nicht einmal länger im selben Haus wie ihr Sohn leben. Es ist dann die Aufgabe ihres Bruders, einen neuen Mann für sie zu finden oder irgendeinen anderen Platz, wo sie leben kann.

Töchter hingegen sind willkommene Helfer bei den vielen Haushaltspflichten der Frau. In weiten Teilen Lateinamerikas, Afrikas und anderer Schwellenländer werden kleine Mädchen nicht in die Schule geschickt, sondern müssen zu Hause jüngere Geschwister hüten, Land bestellen, Brennholz sammeln, Wasser herbeischleppen, Essen vorbereiten, putzen, waschen und Häuser bauen. In Tansania zum Beispiel verbringen kleine Mädchen täglich zwei Stunden mit der Suche nach Brennholz, das mittlerweile wegen des Kahlschlags der Wälder knapp geworden ist.

»Fast überall auf der Welt leisten Frauen mehr Arbeit (bezahlte und unbezahlte) als Männer im gleichen Alter«, sagen Dwyer und Bruce und fügen hinzu, daß dies von der frühen Kindheit bis ins hohe Alter gilt.[322] Gleichzeitig aber verwalten manche Männer, selbst wenn sie nicht an der Beschaffung des Lebensunterhalts beteiligt waren, auch noch das Geld, das ihre Frauen verdienen. »Frauen müssen jeden Morgen bei ihren Ehemännern um Geld für Streichhölzer, Paraffin, Zucker oder Seife betteln«, sagt Joyce Mpanga, Erziehungsministerin in Uganda. Sie weist darauf hin, daß Frauen neunzig Prozent der Feldfrüchte für den Eigenbedarf und sechzig Prozent der zum Verkauf bestimmten Früchte produzieren, daß es aber meistens die Männer sind, die die Waren verkaufen und das Geld behalten.[323]

Warum finden sich Frauen mit diesem Ungleichgewicht ab? Schnelle und endgültige Antworten gibt es auf diese Frage nicht. Viele Frauen haben gar keine andere Wahl: Die Sorge für die Kinder belastet sie schwer genug, und so bleibt ihnen keine Zeit, sich weiterzubilden und wirtschaftlich unabhängig zu werden. Oft haben Frauen auch Angst, von ihrem Mann getötet zu werden, wenn sie versuchen, die Familie zu verlassen. Gewalt in der Ehe gibt es überall auf der Welt, in allen Ländern, Klassen und Kulturen. Das ganze Ausmaß dieser Gewalt ist jedoch unbekannt, da es nur wenige Untersuchungen und kaum statistische Aufzeichnungen darüber gibt.

In der Mitte der achtziger Jahre sammelten die Vereinten Nationen Informationen über häusliche Gewalt in 36 Ländern. In Indien wurden zum Beispiel im Jahr 1985 999 Fälle von Mitgifttoten registriert – das sind Morde an Frauen wegen nicht bezahlter Mitgift. Im Jahr 1986 waren es 1319 und im Jahr 1987 1786. Eine Untersuchung über verheiratete Frauen in den Slums von Bangkok brachte zutage, daß 50 Prozent dieser Frauen regelmäßig von ihren Ehemännern geschlagen werden. Im Jahre 1985 wurde Gewalt in der Ehe als Hauptursache für das Scheitern von 59 Prozent der 1500 geschiedenen Ehen in Österreich genannt. In den Vereinigten Staaten führte häusliche Gewalt in einem Drittel der Fälle sogar zum Tode.[324]

Warum gibt es so wenig Vaterfamilien?

Wenn eine Mutter ihre Kinder verläßt, gilt das in den meisten Gesellschaften als abscheuliches Verbrechen, als Zeichen von Geistesgestörtheit oder als Verletzung der natürlichen Ordnung. Wenn ein Vater seine Kinder im Stich läßt, wird dies normalerweise nicht als Verfehlung angesehen. Einige Industriegesellschaften und viele unterentwikkelte Länder zwingen Männer, auch wenn dies nicht offen zugegeben wird, sogar dazu, ihre Familie zu verlassen, indem ihnen Arbeitsmöglichkeiten in ihrer Heimat vorenthalten werden. Wenn Männer weit weg von zu Hause ihrer Arbeit nachgehen und unter Umständen nur einmal im Jahr zu ihrer Familie zurückkehren, zerbrechen meist die Beziehungen zwischen den Ehepartnern. Es kommt auch vor, daß Männer die Gelegenheit nutzen, um sich für immer von ihrer Familie zu verabschieden.

In allen Kulturen ist in Familien mit nur einem Elternteil dieser Elternteil meistens die Mutter. Warum gibt es so wenig Vaterfamilien? Wieder einmal läßt sich dies durch den grundlegenden Unterschied zwischen männlichem und weiblichem Investment bei der Fortpflanzung erklären. Frauen sind bestrebt, ihre Babys sogar unter den widrigsten Umständen zu ernähren und zu versorgen. Wie fast jede Frau, die ein Kind geboren hat, bezeugen kann, ist die körperliche Bindung zwischen Mutter und Kind anfänglich sehr stark. In den ersten Tagen und Wochen nach der Geburt sind der Nahrungsbedarf des Babys und die mütterliche Milchproduktion genau synchronisiert. Eine stillende Mutter erwacht oftmals durch das Einschießen der Milch in ihre Brust schon Sekunden bevor ihr Baby anfängt, hungrig zu schreien.

Eine Mutter fühlt sich eins mit diesem winzigen Wesen, das sie bis vor kurzem noch in ihrem Leib getragen hat; sie wird von einer Welle so allumfassender Liebe überschwemmt, wie sie es noch nie erlebt hat. Auch die weiblichen Säugetiere haben eine intensive körperliche Bindung an ihre Jungen. Tiermütter sind bekannt dafür, daß sie ihren Nachwuchs erbittert verteidigen. Die natürliche Selektion hat eben Weibchen bevorzugt, die ihre Jungen aggressiv verteidigen.

Was Mutterfamilien über Männer aussagen

In den meisten der bereits erwähnten Beispiele obliegt die Verantwortung für die Familie immer dann den Frauen, wenn die Männer einen geringen sozioökonomischen Status und kaum Gelegenheit haben, Geld zu verdienen. Die Frage drängt sich auf, ob Männer überhaupt ermutigt werden, ihre Kinder zu lieben, mit ihnen zu spielen, ihnen zuzuhören und bei ihrer Erziehung mitzuwirken. Manche Männer haben diese Seiten ihrer Persönlichkeit durchaus entwickelt, denn sie sind in jedem Mann angelegt, werden aber nicht immer entsprechend gefördert. Gefühle zu zeigen gilt in vielen Gesellschaften auch heute noch als unmännlich und schwach. Allzuoft mußten Männer lernen, ihre Zärtlichkeit zu unterdrücken und ihre kämpferischen, aggressiven

Gefühle zu betonen. In unserer materialistischen westlichen Welt ist allein maßgeblich, ob ein Mann die Rechnung bezahlen, das heißt seine Familie ernähren kann. Aber Elternschaft bedeutet viel mehr, als nur die Rechnung bezahlen zu können. Mit Geld kann niemand Zärtlichkeit, Freundlichkeit, Güte, Verständnis, Mitleid, Respekt, Spaß und Kreativität kaufen. Dies sind keine materiellen Werte, sondern Charaktereigenschaften – die inneren Ressourcen des Menschen. Leider wurde in vielen westlichen Gesellschaften der Beitrag des Vaters zur Aufzucht der Kinder auf den reinen Gelderwerb reduziert. Nur aus den materiellen Möglichkeiten erwuchs das väterliche Selbstwertgefühl.

Die Wissenschaftlerinnen Elizabeth und Anne Hill sind der Meinung, daß »der wachsenden Armut der Frauen und der Ungerechtigkeit in der Entlohnung von Männer- und Frauenarbeit Einhalt geboten werden könnte, wenn die Gesellschaft das Verantwortungsgefühl der Männer für ihre Kinder stärken würde«.[325] In einigen skandinavischen Ländern und in manchen fortschrittlichen Firmen können Männer Vaterschaftsurlaub nehmen und sich so an der Erziehung ihrer Kinder aktiv beteiligen – hiervon profitieren sowohl Väter als auch Kinder.

Die bewußte Entscheidung für ein Leben als alleinerziehende Mutter

Im Gegensatz zu den Frauen, die gezwungenermaßen ihre Familie allein ernähren, gibt es in den westlichen Ländern eine wachsende Gruppe von oft älteren, berufstätigen Frauen, die bei ihrer Familienplanung einen Ehemann bewußt ausklammern. Auch sie begnügen sich mit dem Minimum an männlichem Investment, dem Sperma. Sie akzeptieren jedoch nicht das Sperma eines x-beliebigen Mannes. Diese Frauen sind auf der Suche nach dem besten Sperma, das sie finden können. Sie gehen zu Samenbanken, studieren die Eigenschaften von Samenspendern und wählen dann diejenigen väterlichen Gene aus, die sie für wert befinden, an ihr Kind weiterzuvererben. Oder sie suchen sich einen Freund mit wünschenswerten Qualitäten aus, der sie schwängern soll.

Viele dieser Frauen entschließen sich erst kurz vor dem Ende ihrer fruchtbaren Jahre zur Mutterschaft. Aus verschiedenen Gründen sind sie unverheiratet geblieben, doch da sie sich Kinder wünschen und sich bewußt sind, daß ihre biologische Uhr unbarmherzig weiterläuft, haben sie sich entschlossen, lieber allein ein Kind aufzuziehen als kinderlos zu bleiben. Diese finanziell unabhängigen Karrierefrauen befinden sich jedoch gerade nicht wie viele Teenager-Mütter in einer sozialen beziehungsweise finanziellen Zwangslage. Sie können es sich leisten, schwanger zu werden und ihr Kind allein großzuziehen. Manche Frauen sind auch zu dem Schluß gekommen, daß sie sich nicht damit belasten wollen, gleichzeitig für einen Ehemann und für ein Kind verantwortlich zu sein.

Frauen, die sich bewußt dafür entscheiden, als alleinerziehende Mutter zu leben, sind zweifellos feministisch angehaucht, verfügen über einen relativ hohen Bildungsstand und sind finanziell und sozial unabhängig. Und vor allem die Unabhängigkeit möchten sich diese Frauen unbedingt bewahren. Sie sind der Meinung, daß sie sich, nur um ein Kind zu bekommen, zusätzlich zu ihren anderen Aufgaben nicht auch noch mit einem Ehemann belasten müssen.

Wenn Frauen um Männer konkurrieren

In den westlichen Industriegesellschaften ist eine ungewöhnliche Situation eingetreten, die im Tierreich und auch in vielen anderen menschlichen Gesellschaften nur selten anzutreffen ist: Es gibt mehr Frauen über neunzehn Jahre als Männer, und das seit zirka tausend Jahren.[326] Dieses Ungleichgewicht steht jedoch nicht im Widerspruch zur Theorie des Konkurrenzkampfes unter den Männern und des Auswahlverhaltens der Frauen. Paarungsstrategien sind abhängig von dem Investment der Eltern. Dabei hat das Geschlecht, das am meisten investiert, das Vorrecht, den Partner auszuwählen.

Bei den meisten Tieren ist dies das Weibchen; es gibt jedoch auch Arten, wie zum Beispiel den Homo sapiens, bei denen der männliche Beitrag zur Aufzucht der Kinder sehr hoch ist. Bei diesen Arten haben die Männchen die Möglichkeit, auf die Partnerwahl Einfluß zu nehmen. Folglich sind es in einigen Fällen die Weibchen, die um Paarungspartner konkurrieren müssen. Genau dies ist beim Menschen unserer westlichen Welt der Fall. In bestimmten Altersgruppen sind viele Männer nicht in der Lage, die nötigen Ressourcen zu beschaffen, sind also »eheuntauglich«. Es gibt somit weniger geeignete Männer als Frauen, so daß diese um Männer konkurrieren, und nicht umgekehrt.

Bei einigen Tierarten läßt sich sehr genau beobachten, wie Männchen und Weibchen ihre Rollen bei der Partnerwahl tauschen. Manche Laubheuschrecken-Weibchen kämpfen zum Beispiel um Männchen, die ein besonders großes Samenpaket produzieren, das wichtige Proteine für ihre Eier und Eierstöcke enthält. Je mehr ein Weibchen von einem Samenpaket frißt, um so zahlreicher und größer sind seine Eier. Einige Laubheuschrecken-Männchen produzieren ein so großes Samenpaket, daß mit einer einzigen Kopulation bis zu vierzig Prozent ihres Körpergewichts verlorengeht. Dementsprechend würde ein Mann mittlerer Größe ungefähr zwanzig Kilogramm bei nur einem Geschlechtsakt verlieren! Die Größe des Samenpaketes des Laubheuschrecken-Männchens ist – wie die Höhe des Bankkontos eines Mannes – der Schlüssel zu seinem Fortpflanzungserfolg.

Männliche Singschrecken der Art Anabrus simplex, die als Mormonenheuschrecken bekannt sind, sind als Paarungspartner äußerst begehrt. Diese Männchen produzieren ein Samenpaket, dessen Gewicht fast ein Viertel ihres Körpergewichts ausmacht. Das Männchen verwendet so viel Energie darauf, es herzustellen, daß es sich nur einmal in seinem Leben paaren kann.

Wenn das Mormonenheuschrecken-Männchen zur Paarung bereit ist, klettert es auf eine Pflanze und beginnt zu singen. Angelockt von seinem Paarungsgesang hüpfen mehrere Weibchen schnell über die Wiese zu seinem Hochsitz. Wenn zwei oder mehr Weibchen gleichzeitig bei dem Männchen ankommen, packen und beißen sie sich gegenseitig genau so, wie es revierverteidigende Männchen anderer Arten tun. Manchmal dauern die Kämpfe so lange an, daß das Männchen davonhüpft und die Weibchen das Nachsehen haben.[327] Wenn das Scharmützel jedoch in absehbarer Zeit zu Ende ist, klettert die Siegerin auf den Rücken des Männchens und hüpft auf und nieder, um ihre Legeröhre in die richtige Position zu bringen und das Samenpaket aufzunehmen. Wenn das Männchen das Weibchen akzeptiert, kommt es zur Kopulation.

Kurz vor Ende der Kopulation zieht das Männchen seine Unterleibsmuskeln zusammen und führt ein Spermapaket in die Genitalöffnung des Weibchens ein. Danach preßt es eine große weiße Masse, das Spermatophylax, aus, das am Spermapaket haften bleibt. Das Spermatophylax und das Spermapaket bilden zusammen die Spermatophore. Nachdem Männchen und Weibchen sich voneinander gelöst haben, frißt das Weibchen das Samenpaket, wobei es sich manchmal mehrere Stunden lang daran gütlich tut.

Manche Weibchen halten also einen Festschmaus, andere hingegen gehen leer aus, da männliche Mormonenheuschrecken sehr wählerisch sind und nur bestimmte Weibchen akzeptieren. Nur die fruchtbarsten Weibchen kommen zum Zug, und ihre Fruchtbarkeit ist an ihrem Körpergewicht abzulesen. Im allgemeinen sind die auserwählten Weibchen schwerer als die zurückgewiesenen, denn sie besitzen größere Eierstöcke und mehr Eier. Wahrscheinlich sind sie auch genetisch besser an ihre Umwelt angepaßt und können unter Bedingungen, in denen es schwierig ist, Futter zu finden, besser überleben.

Ob die Männchen oder die Weibchen wählerischer sind, hängt bei den Laubheuschrecken vom Futterangebot ab. In Gegenden mit reichem Nahrungsangebot, einer Kleewiese zum Beispiel, wo die Weibchen nicht auf die Spermatophore der Männchen als Nahrungsquelle angewiesen sind, werden die Weibchen selektiver und die Männchen weniger wählerisch.[328] Durch Manipulation des Nahrungsangebots im Labor provozierten Forscher einen Rollentausch beim Paarungsverhalten.[329] Die Biologen D. T. Gwynne und L. W. Simmons untersuchten das Verhalten von Insekten einer nicht näher benannten Gattung der Zaprochiline-Heuschrecken, die sich nur von Pollen bestimmter im Frühling blühender Pflanzen ernähren.

In der freien Natur ist der Rollentausch in der Partnerwahl – das heißt, daß die Heuschrecken-Männchen wählerischer werden – früh im Jahr zu beobachten, wenn die Blüten noch nicht viel Pollen produzieren und Nahrungsknappheit herrscht. Später dann, wenn es mehr Pollen gibt und die Weibchen selbst genug Futter finden, werden diese wiederum wählerischer. So spielt sogar in der Tierwelt die wirtschaftliche Unabhängigkeit bei der Entscheidung für einen Partner eine wichtige Rolle.

In ihren Versuchen manipulierten Gwynne und Simmons die Menge der den Insekten zur Verfügung stehenden Pollen und stellten fest, daß sie dadurch den Rollentausch nach Belieben immer wieder hin- und herschalten konnten. Dies entsprach der Theorie von Robert Trivers über das elterliche Investment. Immer wenn die Weibchen zusätzlichen Pollen bekamen, wurden sie wählerisch. In der Kontrollgruppe hingegen, wo es nur wenig Pollen im Revier der Männchen gab, konkurrierten die Weibchen um die Männchen, um durch die Paarung zu zusätzlichen Mahlzeiten zu kommen, und die Männchen wurden immer wählerischer. Bei dieser Tierart spielen Nahrungsknappheit und die Tatsache, daß ein Geschlecht das vorhandene Nahrungsangebot kontrolliert, eine wesentliche Rolle bei der Partnerwahl.

In der menschlichen Gesellschaft sind Männer, die viel in ihre Nachkommen investieren, zu so begehrten Partnern geworden, daß Frauen sich aktiv um sie bemühen müssen. Die Wissenschaftlerin Margaret Hamilton hielt diese Tatsache für ein biologisches Phänomen: Frauen setzen sich nach wie vor mit Leib und Seele für die Nachkommenschaft ein, und jetzt verwenden sie auch noch Energie darauf, um Rivalinnen im Kampf um die Männer auszustechen. Konkurrierende Männer, daran sei noch einmal erinnert, unternehmen normalerweise keine übergroßen Anstrengungen, um ihre Kinder großzuziehen. Ihr Beitrag, das Sperma, ist rein physiologischer Art. Die Frauen jedoch, ob reich oder arm, tragen naturgemäß die Hauptlast bei der Fortpflanzung. »Die Tatsache, daß Frauen trotz ihres großen biologischen Investments auch noch untereinander konkurrieren, legt die Vermutung nahe, daß der männliche Beitrag zur Kinderbetreuung für den Fortpflanzungserfolg der Frauen ausschlaggebend ist«, sagt Hamilton.[330]

Anders als männliche Seepferdchen, die einen Brutbeutel besitzen und tatsächlich ihre Jungen austragen und gebären, haben Männer keine eingebauten anatomischen Vorrichtungen zur Erfüllung elterlicher Pflichten. Junge Männer müssen verantwortungsbewußtes elterliches Verhalten erst lernen, sagt Hamilton, »und die Voraussetzungen, um sich dieses soziale Verhalten aneignen zu können, sind in solch unsicheren Zeiten wie den unseren äußerst ungünstig. Frauen sind also, im Gegensatz zu Männern, von Natur aus auf ihre Funktion als Gebärerin festgelegt. Auf diesem biologischen Unterschied zwischen den Geschlechtern beruht ein Großteil der Spannungen, die heute in den sexuellen Beziehungen zwischen Mann und Frau herrschen.«[331] Der Drang der Frauen, sich fortzupflanzen, ist stark und offenbar unabhängig davon, ob ein Großteil des Investments von ihnen selbst übernommen werden muß oder ob sie Unterstützung bei den Männern erfahren. Man wird wohl damit rechnen müssen, daß es in Zukunft immer mehr Familien geben wird, die allein von Frauen versorgt werden.

Wenn Männer nicht dazu angespornt werden und lernen, sich verantwortlich um ihre Kinder zu kümmern, wenn Männer keine Chancen haben, die wirtschaftliche Basis für die Versorgung ihrer Kinder zu schaffen, dann sind sie in der gleichen Lage wie die ressourcenlosen Männchen in den Balz-Arenen. Solche Männer sind in der Tat frei von jeglichem Investment. Sie nehmen nicht am Familienleben teil, ziehen vielmehr von einer Frau zur anderen, nur um sie zu schwängern und wieder zu verlassen; zurück bleiben die Frauen, die die Kinder gebären, allein aufziehen und für ihren Unterhalt sorgen. Oft treten dann soziale Einrichtungen in Aktion und unterstützen sie dabei mehr oder weniger ausreichend. Diese Situation ist für niemanden von Vorteil und sicherlich auch nicht unabänderlich. Doch von offizieller Seite wird wenig dazu getan, um dieses brisante Problem zu entschärfen. Der Verdacht drängt sich auf, daß manche Politiker verantwortungslos handeln beziehungsweise gar kein Interesse daran haben, ob Menschen etwas aus ihrem Leben machen können oder nicht.

Frei vom Imperativ der Fortpflanzung

> In der Vergangenheit hing der Fortbestand unserer Art von der Bereitschaft der Frauen ab, im Durchschnitt sechs bis acht Kinder zu bekommen, damit zwei bis drei überlebten. Bis zum 19. Jahrhundert, in dem die Sterblichkeitsrate erheblich gesenkt werden konnte, hätte die Auflehnung einer kleinen Minderheit von Frauen gegen die Bürde der fortwährenden Mutterschaft bereits genügt, daß eine Gruppe mehr oder weniger schnell vom Aussterben bedroht gewesen wäre.
>
> Sheila Ryan Johansson
> »Herstory« as history:
> a new field or another fad?[332]

> Das Aufbegehren der Frauen gegen ihre sexuelle Unterdrückung ist die einschneidendste soziale Veränderung unserer modernen Zeit. Bei der Neugestaltung der Welt wird die freie Entscheidung der Frauen für oder gegen Kinder eine entscheidende Rolle spielen.
>
> Margaret Sanger
> Women and the New Race[333]

Evolutionsgeschichtlich gesehen, sind wir als zum Tierreich gehörende Lebewesen relative Spätentwickler. Doch das Erbgut und die Strategien bei der Partnerwahl, über die der moderne Mensch verfügt, sind uralt.

Die Bedingungen, an die sich das Fortpflanzungsverhalten des Menschen über Jahrmillionen hinweg angepaßt hat, haben sich in weniger als einem Jahrhundert grundlegend geändert. Der technologische Fortschritt hat in kürzester Zeit die Lebensbedingungen des Menschen verbessert und die Ressourcen einer größeren Zahl von Menschen zugänglich gemacht. Doch der Ablauf der natürlichen Selektion wurde dadurch empfindlich gestört. Der Mensch richtet sich im Konkurrenzkampf, bei der Partnerwahl und der Fortpflanzung nach wie vor nach den uralten genetischen Programmen; unsere veränderten Lebensgrundlagen sind, evolutionsgeschichtlich betrachtet, ein noch viel zu junges Phänomen, als daß sich unsere »genetische Programmierung« bereits daran hätte anpassen können.

Unter den neuen, verbesserten Verhältnissen unserer modernen Welt sind die alten Verhaltensmuster längst nicht mehr adaptiv. Doch nach ihnen handeln die Menschen weiterhin, da neue Verhaltensmuster nicht verfügbar sind. Wir modernen Menschen lassen die evolutionsbiologischen Zusammenhänge einfach außer acht und setzen unsere geschlechtsbedingt unterschiedlichen Verhaltensweisen bei der Fortpflanzung genau so ein, wie sie unseren Zwecken dienlich erscheinen. Ergebnis dieses Mißbrauchs sind die gigantischen Probleme, denen sich die Spezies Mensch heute gegenübersieht. Erstens: sexuelle Diskriminierung – aufgrund der biologischen Unterschiede der Geschlechter wird die Gleichberechtigung von Mann und Frau in der Gesellschaft verhindert und werden die Frauen unterdrückt und ausgebeutet. Zweitens: Krieg – die Legitimation für öffentlich subventionierten, gewaltsamen männlichen Konkurrenzkampf um Ressourcen. Drittens: Überbevölkerung – die natürliche Folge des Strebens nach Fortpflanzungserfolg in einer Welt, in der die Kindersterblichkeit zurückgegangen und die Lebenserwartung vieler Menschen gestiegen ist.

Es ist nicht verwunderlich, daß viele unserer aktuellen Probleme bezüglich Lebensqualität mit unserer Fortpflanzung zusammenhängen. Wir Menschen sind nicht länger vom Aussterben bedroht, wenn wir weniger Kinder bekommen. Ganz im Gegenteil: Für den Menschen von heute stellt der Fortpflanzungserfolg eine Gefahr dar. Aufgrund von Fortschritten in der Gesundheitsvorsorge sowie aufgrund der erfolgreichen Bekämpfung von Krankheiten, an denen früher viele Menschen starben, ist die Zahl der Weltbevölkerung in astronomische Höhen geklettert. Ehepaare müssen nicht mehr sechs oder acht Kinder zeugen, wenn sie sichergehen wollen, daß mindestens zwei oder drei überleben. Angesichts eines gut ausgebauten Vorsorgesystems für Schwangere und Kleinkinder hat ein Kind, das heute auf die Welt kommt, eine hohe Lebenserwartung. Lebenserhaltende Maßnahmen auf medizinischem Gebiet und öffentliche Gesundheitsvorsorge ergeben zusammen mit dem uralten Trieb des Menschen, viele Kinder zu zeugen, ein nie dagewesenes Dilemma: Die auf einen Riesenschwarm von 5,6 Milliarden Erdenbürger angewachsene Menschheit plündert die Ressourcen des Planeten aus und vermindert damit die Lebensqualität für alle.

Wenn die Kinder, die heute geboren werden, eine lebenswerte Zukunft haben sollen, dann muß sich die menschliche Art ernsthaft darum bemühen, ihre Kinderproduktion zu drosseln. Andernfalls werden alle dazu verurteilt sein, ihr Leben auf dem Existenzminimum zu fristen, genauso wie die Milliarden verarmter Menschen – ein Fünftel der Weltbevölkerung –, die heute schon dazu gezwungen sind.

Geschlechtsverkehr wird es immer geben, das ist klar. Ob die Menschen in Überfluß oder Mangel, im Krieg oder Frieden leben, ob Flutkatastrophen, Hungersnöte oder Pestepidemien über sie kommen – immer und überall gibt es sexuelle Beziehungen und kommen Kinder auf die Welt. Doch einer wachsenden Geburtenrate kann Einhalt geboten werden – und zwar ohne zerstörerische Auswirkungen auf uns selbst, unsere Kinder und unseren Planeten Erde. Die erste große Aufgabe heißt hier Bildung.

Im Vergleich zu den technologischen Errungenschaften unseres Weltraumzeitalters scheint unser Selbstverständnis noch aus den Zeiten des tiefsten Aberglaubens herzurühren. Die Erkenntnisse der Evolutionsbiologie sind für uns Menschen genauso wichtig wie die Sprache. Und solange wir die Evolutionsbiologie ignorieren, bleibt es uns verwehrt, die »Tierart« Mensch zu verstehen und Lösungen für all die Probleme zu finden, denen wir heute gegenüberstehen.

Sexuelle Diskriminierung

Der Mann hat versucht, Macht über die Frau im Bereich Sexualität und Fortpflanzung zu erringen, und hat die weibliche Entscheidungsfreiheit noch viel brutaler untergraben, als es im Tierreich jemals der Fall wäre. Zahlreiche gesellschaftliche Ungerechtigkeiten sind auf derartige Machenschaften zurückzuführen. Unter allen Lebewesen ist der Mensch ein eigenartiger und einzigartiger Fall. Die Unterschiede zwischen den Geschlechtern und das unterschiedlich hohe Investment, das Mann und Frau in die Fortpflanzung einbringen, wurden dazu mißbraucht, maßlos ungerechte Gesellschaftsordnungen zu errichten. Der Frau, die viel mehr in Schwangerschaft und Kinderversorgung investiert als der Mann, wurde eine niedrigere soziale Stellung aufgezwungen, und die Männer wurden fast überall auf Kosten der Frauen begünstigt. Und solange Frauen ihre untergeordnete Rolle akzeptieren, bleiben diese Verhältnisse auch weiter bestehen.

In den meisten Ländern der Dritten Welt sind es nach wie vor die Jungen und Männer, die leichter in den Genuß von Schulbildung gelangen als Mädchen und Frauen und somit bessere Chancen haben, sich ihren Lebensunterhalt zu verdienen. In manchen Ländern werden die männlichen Nachkommen bei der Ernährung und medizinischen Betreuung bevorzugt – was ungewöhnlich hohe Sterblichkeitsraten bei Frauen zur Folge hat. Nach dem Human Development Report von 1991 »fehlen« in Asien und Nordafrika hundert Millionen Frauen.[334] Da Frauen im Durchschnitt länger leben als Männer, kommen dort, wo Mädchen und Jungen gleich behandelt werden, auf hundert männliche ungefähr hundertsechs weibliche Einwohner. In Asien und Nordafrika hingegen entfallen auf hundert männliche nur vierundneunzig weibliche Einwohner, was eine Abweichung vom Durchschnitt um ungefähr zwölf Prozent bedeutet. Überall auf der Welt stoßen Frauen und Mädchen vor dem Gesetz und in der Gesellschaft auf Geringschätzung und Hohn. Die hauptsächlich in Indien praktizierte Ermordung weiblicher Säuglinge ist das menschenverachtendste Glied in einer langen Kette von bitteren Erfahrungen, die aus der Ungleichheit der Geschlechter resultieren, und diese Praxis zeigt uns, wie weit eine Gesellschaft gehen kann, wenn es gilt, den Fortpflanzungserfolg zu »optimieren«.

Die Anthropologin Mildred Dickemann ist bei ihrer Erforschung der Radschputen und Sikhs sowie anderer hoher Stammeskasten im Nordindien des 18. und 19. Jahrhunderts darauf gestoßen, daß in der Oberschicht dieser höchsten Kasten die Ermordung weiblicher Säuglinge sehr häufig war.[335] In manchen Familienclans entfielen auf ein Mädchen vier Jungen; oft gab es in Oberschichtfamilien über mehrere Generationen hinweg keine weiblichen Nachkommen mehr. Der Name einer Sikh-Familie lautet Kuri Mar, was »Töchtervernichter« bedeutet.

Heutzutage steht wohlhabenden Indern eine andere Methode zur Verfügung, um das Geschlechterverhältnis zugunsten des männlichen Nachwuchses zu manipulieren. Durch pränatale Untersuchungsmethoden wie Amniozentese und Ultraschall sind die Eltern über das Geschlecht der Leibesfrucht schon früh informiert und können unerwünschte weibliche Embryonen abtreiben. In Haryana, dem zweitreichsten indischen Bundesstaat, werden gegenüber 1000 männlichen nur mehr 874 weibliche Säuglinge geboren.[336] In diesem Männerüberschuß steckt ein enormes soziales Konfliktpotential, das in seiner ganzen Tragweite erst dann augenfällig werden wird, wenn die Kinder von heute ins heiratsfähige Alter kommen und viel zu viele Männer um viel zu wenig Frauen konkurrieren werden.

Frauen wurden und werden heute noch auf zum Teil abstoßende Weise diskriminiert. Doch eins darf man nie vergessen: Frauen tragen auch eine gewisse Mitschuld an ihrer eigenen Unterdrückung, da sie selbst gesellschaftliche Verhältnisse tolerieren und stützen, in denen die Frau als untergeordnetes Wesen gilt.

Die Überlegenheit des Mannes, der Krieg und die Frauen

Krieg ist die todbringende Variante des männlichen Konkurrenzkampfes und dient wohl auch dazu, auf die Bevölkerungsentwicklung und die weibliche Entscheidungsfreiheit Einfluß zu nehmen. Die Anthropologen William Divale und Marvin Harris kamen in ihrer Untersuchung von fünfhunderteinundsechzig vorindustriellen Dorfgemeinschaften zu folgendem Schluß: »Alle kriegerischen Handlungen gehörten zu einem Kontrollsystem, dessen sich die Menschen bedienten, um das Bevölkerungswachstum zu beeinflussen. Die Hauptrolle in diesem ganzen System spielte die Begrenzung der Zahl der Mädchen, die das gebärfähige Alter erreichten: Zu diesem Zweck wurden die weiblichen Neugeborenen getötet, ferner wurde den weiblichen Nachkommen eine mehr oder weniger ausgeprägte Geringschätzung und den männlichen Nachkommen eine bevorzugte Behandlung zuteil.«[337]

Krieg, so legen die Wissenschaftler dar, untermauerte die männliche Überlegenheit und schrieb die ungerechte Arbeitsteilung zwischen den Geschlechtern fest: Frauen hatten die Arbeiten zu verrichten, bei denen man sich plagen und schinden mußte, hatten Wasser zu holen und Feuerholz zu sammeln. Das Jagen mit Waffen, bemerken sie richtig, ist wirklich auf der ganzen Welt Männersache: »Fast überall besitzen die Männer das Monopol auf die Waffen, ganz gleich, ob es sich um Krieg oder um Jagd handelt. Frauen sind weder in militärischen Auseinandersetzungen noch in irgendeiner staatlichen Ordnungsmacht der Welt die Hauptakteure.«[338]

In den vorindustriellen Gesellschaften, die Divale und Harris untersuchten, mußten sich die Männer in gewalttätigem und aggressivem Verhalten üben und zeigten eine Vorliebe für männliche Nachkommen. Frauen waren der Lohn für tapfere Krieger und wurden dazu erzogen, sich den Männern gegenüber passiv und unterwürfig zu verhalten und danach zu streben, deren Bedürfnisse auf sexuellem und wirtschaftlichem Gebiet zu erfüllen und viele Kinder zu gebären. Die Gesellschaften, die die meisten tapferen Krieger hervorbrachten, konnten am besten überleben; infolgedessen waren die Frauen, die viele zukünftige Krieger gebaren, am höchsten angesehen. Das Geschlechterverhältnis wurde zugunsten der Männer dadurch manipuliert, daß überzählige weibliche Säuglinge getötet wurden. Sie wurden erhängt, man zertrümmerte ihnen den Schädel, sie wurden ausgesetzt oder anderweitig umgebracht. Überschüssige Männer starben im Kampf – was im Unterschied zum Los der weiblichen Säuglinge als ehrenwerter Tod galt. Divale und Harris weisen darauf hin, daß die Schuld dafür, daß Männer im Kampf umkamen, immer dem Feind zugeschoben werden konnte und somit diese Art der Bevölkerungsregulierung gesellschaftlich entschuldigt war. Die Ermordung weiblicher Neugeborener als Maßnahme zur Geburtenkontrolle war ebenfalls gesellschaftlich akzeptiert; der Tod von Müttern infolge einer Abtreibung hingegen galt als beklagenswert. Wenn eine erwachsene Frau starb, bedeutete dies einen wirtschaftlichen und emotionalen Verlust für die Gesellschaft. Der Tod eines Säuglings hingegen war viel weniger kostspielig.[339]

Viele Forschungsergebnisse belegen und offenbaren die ganze Brutalität, mit der vor unserem technischen Zeitalter Geburtenkontrolle betrieben wurde: Überzählige männliche Nachkommen wurden großgezogen, damit sie in kriegerischen Auseinandersetzungen sterben konnten, und weibliche Neugeborene wurden getötet, um die Fruchtbarkeit der Frauen im Zaum zu halten.

Heutzutage werden Kriege nicht mehr geführt, um das Bevölkerungswachstum unter Kontrolle zu halten, doch für eine Gesellschaft kann es äußerst gefährlich werden, wenn zu viele Investitionen in die gewalttätige Variante des männlichen Konkurrenzkampfes fließen. Der gigantische Komplex der Rüstungsindustrie hat die einstige Großmacht Sowjetunion bereits zu Fall gebracht, und in der US-amerikanischen Wirtschaft spielt genau dieser Komplex ebenfalls eine dominierende Rolle. In der modernen Kriegführung wie in den kriegerischen Auseinandersetzungen vorindustrieller Zeiten manifestiert sich das Streben der Männer nach Macht und Ressourcen, um Fortpflanzungserfolg zu erringen. Heute geschieht dieses Streben unter dem Deckmantel der nationalen Sicherheit – doch: Eine jede militärische Aktion läuft nach den uralten Regeln des männlichen Konkurrenzkampfes um Ressourcen ab. Als einschlägiges Beispiel hierfür sei nur der Golfkrieg genannt, in dem es um nichts anderes als die Ölvorräte im Nahen Osten ging.

Da sich die Schere des Bevölkerungswachstums zwischen den reichen Industrienationen und den armen unterentwickelten Ländern immer weiter öffnet, steht zu vermuten, daß konkurrierende Männer aller Nationen immer häufiger solche Kriege um Ressourcen führen werden. Es sei denn, die Menschen gelangen zu der Einsicht, daß eine grundlegend andere Politik vonnöten und die Weltwirtschaft radikal zu ändern ist. Jedes Jahr wächst die Weltbevölkerung um weitere dreiundneunzig Millionen an – das sind mehr Menschen, als in allen Kriegen im letzten Jahrhundert zusammen getötet wurden. Angesichts dieser »Zeitbombe Mensch« müssen wir uns endlich dazu entschließen, sowohl als Individuen als auch in Gruppen und Organisationen die Initiative zu ergreifen. Und das bedeutet, daß wir den Begriff »Fortpflanzungserfolg« neu definieren und die Betonung auf Qualität statt auf Quantität legen müssen.

Was wir von der Evolutionsbiologie lernen können

Sowohl die Evolutionsbiologie als auch Untersuchungen, die sich speziell mit der weiblichen Partnerwahl befassen, haben Licht in das Dunkel unseres Handelns gebracht und zeigen uns, wie wir in unser Dilemma hineingeschlittert sind, aber auch, wie wir wieder herausfinden können. Wie jedes andere Lebewesen strebt der Mensch nach Fortpflanzungserfolg. Männer wehren sich dagegen, daß Frauen empfängnisverhütende Mittel anwenden, weil sie von der Vorstellung geleitet sind, daß sie ihre Männlichkeit durch zahlreiche Kinder unter Beweis stellen müssen. Männer hindern Frauen daran, sich über ihre mütterlichen Pflichten hinaus zu engagieren, weil sie Angst davor haben, daß ihre Frauen von anderen Männern schwanger werden könnten. Und Frauen fügen sich in ihre Unterdrückung, weil sie sich die Ressourcen eines gesellschaftlich hochstehenden Mannes sichern möchten.

Manchmal hat man den Eindruck, als ob in Männern ab und zu der uralte Drang zu männlichem Konkurrenzkampf erwacht und sie zum Kampf oder zu Gewaltanwendung anstachelt. Doch Männer könnten ihre Bedürfnisse nach Fortpflanzung auch auf andere Art und Weise befriedigen: Sie könnten den männlichen Konkurrenzkampf neu definieren und Waffenstärke durch Charakterstärke ersetzen.

Frauen sollten sich fragen, ob es immer sinnvoll ist, nur gut betuchte Männer auszuwählen. Dieses Verhalten birgt das Risiko in sich, daß eine Frau zugunsten der sich in Mark und Pfennig manifestierenden Ressourcen die inneren Qualitäten eines Mannes außer acht läßt. Und genau auf diese inneren Werte kommt es in der Beziehung zwischen Mann und Frau und bei der Erziehung der Kinder an.

Auf den weiblichen Beitrag zur Fortpflanzung kann nicht verzichtet werden – daran ist nicht zu rütteln. Doch statt denjenigen, die diesen Beitrag leisten, Wertschätzung entgegenzubringen, setzen Kirche und Staat – oder ihrer Funktion entsprechende Einrichtungen – alles daran, um die Kontrolle über die Natur der Frau zu erringen. Sogar noch im Zeitalter der Raumfahrt werden Gesetze erlassen, die Frauen daran hindern, frei darüber zu entscheiden, ob sie ein Kind haben möchten oder nicht. Und abermals gelingt es den Frauen nicht, effektiv dagegen zu protestieren. Die Evolutionsbiologie klärt uns darüber auf, daß Männer alles in ihrer Macht Stehende versuchen, um ihre Vaterschaft zu sichern. In diesem Zusammenhang sind die vielen Gesetze und Gebräuche zu sehen, mit denen die Handlungsfreiheit der Frauen eingeschränkt, sie bestraft und diskriminiert werden.

Die Evolutionsbiologie kann uns eine Erklärung dafür liefern, warum die Fortpflanzung einen so mächtigen Einfluß auf unser Leben ausübt. Und mit Hilfe dieser Erklärung lassen sich konstruktive Lösungsvorschläge finden, die Mann und Frau gleichermaßen gerecht werden und das Grundbedürfnis des Lebewesens Mensch nach Fortpflanzung befriedigen.

Aus den Erkenntnissen der Evolutionsbiologie läßt sich nichts ableiten, was eine ungleiche Behandlung von Mann und Frau rechtfertigen und was die Erhebung eines Geschlechts über das andere entschuldigen könnte. Die Evolutionsbiologie wertet nicht – sie macht lediglich das Fenster, durch das wir unsere Welt betrachten können, weiter auf.

Die Möglichkeit der Geburtenkontrolle hat den Menschen vom Tierreich abgerückt. All unsere Hoffnungen gründen sich darauf, daß mit Hilfe eines höheren Bildungsniveaus und durch den gezielten Einsatz von empfängnisverhütenden Mitteln das Problem der Überbevölkerung zu lösen ist, die sexuellen Diskriminierungen ein Ende finden sowie Konflikte nicht mehr in Form von kriegerischen Auseinandersetzungen ausgetragen werden müssen. Die Empfängnisverhütung befreit beide Geschlechter aus ihrer Versklavung durch die Natur. Die größte Hürde besteht allerdings darin, die Menschen davon zu überzeugen, daß es leichter ist, auf die Anzahl der Familienmitglieder vor der Empfängnis Einfluß zu nehmen als nach der Geburt eines Kindes. Die Menschen davon zu überzeugen, daß sie von dieser für sie noch ungewohnten Entscheidungsfreiheit auch Gebrauch machen, daß sie darauf achten, nicht mehr Kinder in die Welt zu setzen, als Menschen sterben, darin liegt die größte Herausforderung unserer Zeit.

Es muß uns Menschen gelingen, genau das Gegenteil von dem zu tun, was unsere über Jahrmillionen hinweg programmierten Gene von uns verlangen. Dem Bildungsstand der Frauen kommt bei dieser Aufgabe eine Schlüsselrolle zu. Überall auf der Welt ziehen Aus- und Fortbildung von Frauen niedrigere Geburtenraten nach sich. Und wenn Männer einmal verstanden haben, daß es für alle Familienmitglieder von Vorteil ist, wenn weniger Kinder zu versorgen sind, dann ziehen auch sie kleinere Familien vor und profitieren ebenfalls davon, daß mehr Geld zur Verfügung steht, alle mehr zu essen haben und Mutter und Kinder gesünder sind. Auch Männer sind Sklaven ihres Fortpflanzungstriebes, wenn sie für zu viele Kinder aufkommen müssen.

Geburtenkontrolle ist kein brandneues Schlagwort mehr – die revolutionären Hoffnungen, die einst durch sie geweckt wurden, haben sich noch längst nicht alle erfüllt. Immer wieder sind Rückschläge zu verzeichnen, auch heute noch scheinen Kräfte am Werk zu sein, die die Frau in ihrer natürlichen Funktion als Gebärerin unter ihre Kontrolle zu bringen suchen. »Keine Frau sollte gegen ihren Willen Mutter werden«, schrieb Margaret Sanger, die sich unermüdlich für Schwangerschafts- und Gesundheitsvorsorgezentren für amerikanische Frauen eingesetzt hat.[340] Diese Worte wurden bereits 1920 zu Papier gebracht, doch bis heute ist es nicht gelungen, daß allen Frauen auf der Welt empfängnisverhütende Mittel zur Verfügung stehen. Sogar in den Vereinigten Staaten, wo die moderne Empfängnisverhütung »erfunden« wurde, sind erhebliche Mittelkürzungen für Forschung und Entwicklung auf diesem Sektor zu verzeichnen. »Dennoch sind die Vereinigten Staaten von Amerika ein sehr fortschrittliches Land, anders als der Iran, wo die

Uhr der Geburtenkontrolle in den letzten zehn Jahren rückwärts lief«, schrieb der Chemiker Carl Djerassi, einer der Erfinder der Pille.[341] Drei Jahrzehnte nach der Einführung der Pille gehört die Sterilisation in Amerika und in vielen Entwicklungsländern zu den am häufigsten praktizierten empfängnisverhütenden Maßnahmen.

Die Aufgabe, die Geburtenrate auf der Welt zu senken, scheint auf den ersten Blick eine Sisyphusarbeit zu sein. Doch überall blitzen Hoffnungsschimmer auf. Nach Angaben des United Nations Population Fund sind derzeit die Geburtenraten auf der ganzen Welt deutlich rückläufig. In den Entwicklungsländern hatte in den frühen sechziger Jahren eine Familie im Durchschnitt 6,1 Kinder, während es heute durchschnittlich 3,9 Kinder sind.[342] In manchen Ländern Europas, in denen den Frauen ein breites Angebot von empfängnisverhütenden Mitteln zur Verfügung steht, liegt die Geburtenrate sogar schon unter der Sterblichkeitsrate.

Vom Überlebenskampf nicht mehr gänzlich absorbiert zu sein bedeutet mehr Lebensqualität und gibt den Menschen die Freiheit, sich für bestimmte Ziele einzusetzen: für eine Gesellschaft, in der Bildung, Zusammenarbeit und Kreativität angestrebt werden; die den Frieden wahrt, die Umwelt intakt hält und auf die Gesundheit des einzelnen achtet; die die natürlichen Ressourcen gerecht verteilt und in der die Nachbarn in Harmonie miteinander leben; für eine im wahrsten Sinne des Wortes menschliche Gesellschaft also, in der keiner als Sklave seiner Gene zu handeln braucht.

Kritiker mögen an dieser Stelle einwenden, daß dem Lebewesen Mensch all diese Ziele nicht wichtig sind, daß der Mensch gar nicht danach strebt, menschlich zu sein. Es gibt wohl zwei unterschiedliche Lager: die einen, die frei vom Imperativ der Fortpflanzung sein möchten, und die anderen, denen es nichts ausmacht, weiterhin versklavt zu leben. Ähnlich wie der Mensch durch den Ackerbau davon befreit wurde, zu sammeln und zu jagen, und die Grundlagen für die Industrielle Revolution schuf, könnte die Einführung der empfängnisverhütenden Mittel den Menschen von seinem Zwang zur Fortpflanzung befreien.

In diesem Buch bin ich den Geschichten und Mythen nachgegangen, die den traditionellen Begriffen, die wir uns von Mann und Frau machen, zugrundeliegen. Und ich hoffe, daß es mir gelungen ist aufzudecken, wie eng begrenzt unsere Begriffe sind. Wir Menschen sind viel komplexer und vielschichtiger, als uns per Definition zugestanden wird. Auf künstlerischem, wissenschaftlichem und kulturellem Gebiet wird immer wieder deutlich, über welch enormes kreatives Potential der Mensch verfügt. Doch dieses Potential wird durch die männliche Kriegsmaschinerie immer wieder zerstört; in jüngster Zeit fühlen sich sogar Frauen dazu bemüßigt, sich an diesem mörderischen System zu beteiligen. Wenn wir konstruktive Lösungsansätze auf dem Gebiet der Geschlechterdiskriminierung, der Kriegführung und der Bevölkerungsexplosion finden wollen, dann müssen wir unsere uralten geschlechtsspezifischen Strategien überdenken und nach einem Fortpflanzungserfolg streben, der andere Prämissen setzt.

Frauen wie Männer müssen sich darüber im klaren sein, daß die Evolution unzählige Vorkehrungen getroffen hat, damit wir immer wieder in der Falle der Fortpflanzung landen. Allein unser Verstand kann uns davor bewahren, daß wir ständig von neuem in die stereotypen Vorstellungen von der Rolle des Mannes und der Rolle der Frau zurückfallen. In unserer modernen Welt ist es einfach geworden, Kinder zu bekommen und großzuziehen. Doch die Lebensqualität auf unserem Planeten zu erhalten und dafür Sorge zu tragen, daß auch unsere Kinder noch in einer gesunden Umwelt leben können, das ist ungeheuer schwer geworden.

Geburtenkontrolle und Bildung – das sind die Schlüssel zu einer Veränderung der gesellschaftlichen Bedingungen, damit anstelle des Strebens nach Fortpflanzung andere Fähigkeiten gefördert und geschätzt werden. In diesem Sinne stellt wirksame, verläßliche und kostengünstige Empfängnisverhütung den bisher größten und revolutionärsten Fortschritt in der gesamten Evolutionsgeschichte des Menschen dar. Die Herausforderung für uns moderne Menschen liegt nun darin, unser Verhalten dieser neuen Errungenschaft anzupassen, das heißt uns vom Imperativ der Fortpflanzung zu befreien und unsere Einstellungen, Sitten und Gebräuche und politischen Strukturen dahingehend zu korrigieren. Manchen Menschen ist dieser Übergang bereits gelungen, doch den Gesellschaften als Ganzes steht dieser Schritt noch bevor.

- Die Definition dessen, was Frausein bedeutet, muß über Geburt und Mutterschaft hinausgehen. Die Definition von Männlichkeit muß mehr umfassen als einen erigierten Penis, ein gezücktes Schwert und eine gezogene Pistole. Unsere Vorstellungen von den Rollen der Geschlechter sind hauptsächlich davon geprägt, welche Funktion sie bei der Fortpflanzung innehaben beziehungsweise welche Funktion ihnen in Mythen und Märchen zugedacht ist. Unseren Verstand haben wir weitgehend ausgeschaltet und das persönliche Potential, das in uns steckt, haben wir an seiner Entfaltung gehindert.
- Männer und Frauen müssen vor dem Gesetz gleich sein. Aus ihrem unterschiedlichen Aussehen darf keine Rangfolge abgeleitet werden. Für unsere Kinder ist es von allergrößter Bedeutung zu lernen, daß sich die Geschlechter zwar unterscheiden, doch daß daraus keine Überlegenheit beziehungsweise Unterlegenheit resultiert. Allein

dieses winzige Stückchen Wissen brächte die Menschheit meilenweit voran auf dem Weg zu ihrer intellektuellen Befreiung.

Das Revolutionäre an der Empfängnisverhütung ist, daß zum einen die Geburtenrate gesenkt und zum anderen Sex ohne Angst vor einer Schwangerschaft genossen werden kann. Dies heißt jedoch nicht, daß Kinder keine Bedeutung mehr haben, daß das Wunder des Entstehens von neuem Leben seinen Zauber verliert, daß Ehe und Familie eine Abwertung erfahren. Ganz im Gegenteil: All dies wird vielmehr aufgewertet, da sich der Mensch ja nunmehr aus freien Stücken für oder gegen Kinder entscheiden kann. Frauen und Männern, die weniger Kinder zu versorgen haben, bleibt mehr Zeit füreinander, sie können viel bewußter miterleben und genießen, wie ihre Kinder groß werden, und ihnen besser dabei helfen, zu erfolgreichen Mitgliedern der Gesellschaft zu werden.

Wirkliche Befreiung bedeutet mehr als das Überwinden sexueller Tabus und diskriminierender Verhaltensweisen; Frauen und Männer sind erst dann tatsächlich frei, wenn sie die ganze Vielfalt ihrer menschlichen Natur ungehindert entdecken und entfalten können und die Aufgabe der Elternschaft zu einem unter vielen anderen Aspekten in ihrem Leben geworden ist.

Mittels Empfängnisverhütung sind die Frauen im Unterschied zu den Weibchen im Tierreich der Freiheit ein großes Stück nähergekommen. »Die Befreiung der Frau ist ohne Empfängnisverhütung nicht denkbar«, schreibt Lynn Baker. »Doch im Gegensatz zu der weitverbreiteten Ansicht, daß die Frau von der Tyrannei der Männer zu befreien sei, geht es vielmehr darum, sie von der Bevormundung durch ihre eigene Natur zu erlösen. Zu dieser Erkenntnis müssen die Vertreter beider Geschlechter gelangen. Der Wissenschaft, und hier vorwiegend ihren männlichen Vertretern, ist es gelungen, die Frau aus den Fesseln ihrer rein biologischen Funktion zu befreien.«[343]

Die drohende Überbevölkerung unserer Welt zwingt uns dazu, den Imperativ der Fortpflanzung, der in unseren Genen programmiert ist, hinter uns zu lassen. Die hierfür nötigen Voraussetzungen sind alle gegeben. Zahlreiche Untersuchungen aus der Evolutionsbiologie belegen, daß das weibliche Geschlecht insgesamt die Geburtenrate schon immer auf vielfältige Weise begrenzt hat. Und wenn der Mensch nicht seit undenklichen Zeiten regulierend eingegriffen hätte, dann lebten heute sehr viel mehr Menschen auf dieser Welt als ohnehin schon.

Ohne den Zwang, unbedingt Kinder zu zeugen, können sich die Beziehungen zwischen Mann und Frau ganz anders entwickeln. Die Frage ist nur, ob Männer und Frauen das auch wirklich wollen. Aus der Evolutionsbiologie wissen wir, daß der Kampf um Fortpflanzungserfolg das Leben aller Individuen maßgeblich beeinflußt. Und er wird das so lange tun, bis sich die Menschen anders entscheiden.

Solange wir unsere Einstellung nicht grundlegend ändern, wird sich die Menschheit vermehren und die Grenzen unseres Planeten sprengen, werden Männer aus ihrer dominierenden Position heraus Frauen unterdrücken, werden wir uns selbst durch Kriege um Ressourcen zerstören, werden wir der Auslöschung der menschlichen Art immer näherkommen. Der Mensch hätte somit nur ein kurzes Gastspiel auf dem Planeten Erde gegeben. Wir Menschen sind eine junge Spezies, kaum vier Millionen Jahre alt. Doch mit unseren enorm großen Gehirnen könnten wir noch viel länger überleben als die kleinhirnigen Dinosaurier, deren Herrschaft fast zweihundertsechzig Millionen Jahre währte.

Die augenblickliche Situation auf der Welt ist alles andere als ausweglos oder unwiderruflich. Der Mensch ist unglaublich flexibel und erfinderisch, das hat er im Laufe der Evolution immer wieder bewiesen. Der nächste Schritt in unserer Entwicklung muß darin bestehen, uns von Wertvorstellungen zu trennen, die mit Quantität einhergehen. Alle Aufmerksamkeit muß vielmehr der Güte gelten, wir müssen die Qualität und die Kunst des Lebens fördern und uns selbst als Vertreter einer Art unter vielen akzeptieren, als Bestandteil der außerordentlichen Vielfalt des Lebens.

Danksagung

Als ich dieses Buch schrieb, standen mir viele mit Rat und Tat zur Seite, beantworteten meine Fragen und versorgten mich mit Literatur. Herzlich danken möchte ich Meredith Small, Mollie Gregory, Doris Gwaltney, Judith Rosenthal und Geraldine Schlein: Sie alle haben das Manuskript gelesen und wertvolle und konstruktive Kritik eingebracht. Zu besonderem Dank bin ich Mildred Dickemann verpflichtet, deren sachliche Kritik und wohlüberlegte Stellungnahme zum ersten Kapitel im Anfangsstadium meiner Arbeit und zu Auszügen aus den nachfolgenden Kapiteln sehr hilfreich waren, mir Klarheit über einige grundlegende Fragen brachten und mein Interesse in erfolgversprechende Bahnen lenkten. An dieser Stelle möchte ich auch denen danken, die all meine Fragen geduldig beantworteten und einzelne Kapitel kritisch lasen: Henry Harpending, John Hartung, Donald Symons und Frederick vom Saal. Für die Verbesserungsvorschläge zu einzelnen Kapitelauszügen sei Bruce Beehler, Robert Bland, Nancy Burley, Napoleon Chagnon, Lee Cronk, Zelda Dana, Robert Gibson, Owen Lovejoy, Monique Borgerhoff Mulder, Michael Ryan, Pamela Stacey und Randy Thornhill gedankt. Für telefonische und briefliche Auskünfte danke ich John Alcock, Alexandra Basolo, Jack Bradbury, David Buss, Bruce Ellis, Sarah Blaffer Hrdy, Sheila Ryan Johansson, Mark Kirkpatrick, Scott Kraus, James Lloyd, John Sivinski, Dorothy Tennov, Robert Trivers, Eckart Voland, Edward O. Wilson und Chung I. Wu. Natürlich gehen Fehler, die sich eventuell in den Text eingeschlichen haben, zu meinen Lasten.

Besonderer Dank gilt meiner Agentin Barbara Markowitz, die mich voller Enthusiasmus unterstützt hat, und Harvey Markowitz für seine fundierten Ratschläge, meiner Herausgeberin Mary Ellen Strote, die meine Arbeit gewissenhaft gelesen, übertriebene Polemik einfühlsam ausgemerzt und den Text an vielen Stellen gestrafft hat, und Jeremy Tarcher, der an dieses Buch von Anfang an geglaubt hat.

Ebenfalls danken möchte ich meiner Tochter Stefanie für ihre Hilfe und ihr Verständnis. Mein letzter, doch deswegen nicht minder herzlicher Dank gilt Ed Bland, der zahllose Entwürfe las, die Geduld für endlose Gespräche über weibliche Partnerwahl aufbrachte und auf dessen sachliche Kritik ich mich immer verlassen konnte. Seine Unterstützung und Ermutigung waren über viele Monate intensivster Arbeit hinweg eine ständige Quelle der Inspiration.

Anmerkungen

Das ewige Spiel der Paarung

1 Charles Darwin: The Descent of Man, and Selection in Relation to Sex. Neuauflage. Princeton, NJ: Princeton University Press (1871) 1981; deutsch: Die Abstammung des Menschen und die geschlechtliche Zuchtwahl. Aus dem Englischen von Georg Gärtner. Halle: Hendel o.J.

2 Martin Daly und Margo Wilson: Sex, Evolution, and Behavior. Boston: Willard Grant Press ^{2}1983.

3 Charles Darwin: The Origin of Species. London: Murray 1859; deutsch: Die Entstehung der Arten durch natürliche Zuchtwahl. Aus dem Englischen von Carl W. Neumann. Stuttgart: Philipp Reclam Jun. 1963, S. 106.

4 Cathleen R. Cox und Burney Le Boeuf: Female incitation of male competition: a mechanism in sexual selection. In: American Naturalist 111 (1977), S. 317.

5 Donald Symons: The Evolution of Human Sexuality. New York: Oxford University Press 1979, S. 27.

6 Napoleon A. Chagnon: Is reproductive success equal in egalitarian societies? In: Evolutionary Biology and Human Social Behavior. Herausgegeben von Napoleon A. Chagnon und William Irons. North Scituate/Ma.: Duxbury Press 1979, S. 375.

7 Napoleon A. Chagnon: Life histories, blood revenge, and warfare in a tribal population. In: Science 239 (1988), S. 986.

7a Napoleon A. Chagnon: Yânomamö: The Fierce People. New York: Holt, Rinehart und Winston ^{3}1983, S. 7.

7b Napoleon A. Chagnon: Life histories, blood revenge, and warfare in a tribal population. In: Science 239 (1988), S. 986.

7c Ibid., S. 985.

8 Martin Daly und Margo Wilson: Homicide. New York: Aldine de Gruyter 1988, S. 149.

9 Ich danke der Anthropologin Mildred Dickemann, daß sie auf diesen Ausdruck hingewiesen hat, den die Biologen heutzutage verwenden, um zu verdeutlichen, was Darwin wirklich meinte.

10 Charles Darwin: The Descent of Man, and Selection in Relation to Sex. Neuauflage. Princeton, NJ: Princeton University Press (1871) 1981; deutsch: Die Abstammung des Menschen und die geschlechtliche Zuchtwahl. Aus dem Englischen von Georg Gärtner. Halle: Hendel o.J., Zweiter Teil 2, S. 466.

11 Charles Darwin: Ibid., S. 314.

12 Charles Darwin: Ibid., S. 276.

13 Charles Darwin: Ibid.

14 Charles Darwin: Ibid., S. 277.

15 Arthur Schopenhauer: Schopenhauers sämtliche Werke. Siebenter und achter Band. Parerga und Paralipomena: kleine philosophische Schriften. Berlin: A. Weichert o. J., S. 566 und S. 562.

16 Charles Darwin: The Descent of Man, and Selection in Relation to Sex. Neuauf-

lage. Princeton, NJ: Princeton University Press (1871) 1981; deutsch: Die Abstammung des Menschen und die geschlechtliche Zuchtwahl. Aus dem Englischen von Georg Gärtner. Halle: Hendel o.J., Teil 2, S. 290.
17 Sarah Blaffer Hrdy: The Woman That Never Evolved. Cambridge/Ma.: Harvard University Press 1981, S. 128.
18 Frederick vom Saal: Persönliche Mitteilung, 1990.
19 Frederick vom Saal: Models of early hormonal effects on intrasex aggression in mice. In: Hormones and Aggressive Behavior. Herausgegeben von B. B. Svare. New York: Plenum Press 1983, S. 197-222.
20 Frederick vom Saal: Persönliche Mitteilung, 1992.
21 Frederick vom Saal: Persönliche Mitteilung, 1991.
22 Henry Harpending: Persönliche Mitteilung, 1991.
23 Sarah Blaffer Hrdy: Empathy, polyandry, and the myth of the coy female. In: Feminist Approaches to Science. Herausgegeben von R. Bleier. New York: Pergamon Press 1986, S. 140.
24 A. J. Bateman: Intra-sexual selection in Drosophila. In: Heredity 2 (1948), S. 349-68.
25 W. D. Hamilton: The genetical evolution of social behavior. In: Journal of Theoretical Biology 7 (1964), S. 1-51.
26 Richard D. Alexander: Evolution, culture, and human behavior: some general considerations. In: Natural Selection and Social Behavior. Herausgegeben von R. D. Alexander und D. W. Tinkle. New York: Chiron Press 1981, S. 511.
27 Edward O. Wilson: Sociobiology. Cambridge/Ma.: Belknap/Harvard University Press 1975, S. 3.
28 Mildred Dickemann: Female infanticide, reproductive strategies, and social stratification: a preliminary model. In: Evolutionary Biology and Human Social Behavior. Herausgegeben von Napoleon A. Chagnon und William Irons. North Scituate/Ma.: Duxbury Press 1979, S. 367.
29 R. L. Trivers: Parental investment and sexual selection. In: Sexual Selection and the Descent of Man 1871-1971. Herausgegeben von B. Campbell. Chicago: Aldine Publishing 1972, S. 141.
30 R. L. Trivers: Parental investment and sexual selection. In: Sexual Selection and the Descent of Man 1871-1971. Herausgegeben von B. Campbell. Chicago: Aldine Publishing 1972, S. 139.
31 Jane B. Lancaster: Introduction. Herausgegeben von Meredith Small. In: Female Primates: Studies by Women Primatologists. New York: Alan R. Liss 1984, S. 7.
32 Edward O. Wilson: Persönliche Mitteilung, 1983.
33 Sarah Blaffer Hrdy: The Woman That Never Evolved. Cambridge/Ma.: Harvard University Press 1981, S. 18.

Was Weibchen wollen

34 R. L. Trivers: Social Evolution. Menlo Park/Ca.: Benjamin/Cummings Publishing 1985, S. 331.
35 Bruce J. Ellis: The evolution of sexual attraction: evaluative mechanisms in

women. In: The Adapted Mind. Herausgegeben von J. H. Barkow, L. Cosmides und J. Tooby. New York: Oxford University Press 1992, S. 221-42.
36 John Hartung: Persönliche Mitteilung 1982.
John Hartung: Genome parliaments and sex with the red queen. In: Natural Selection and Social Behavior. Herausgegeben von Richard D. Alexander und Donald W. Tinkle. New York: Chiron Press 1981, S. 392.
37 Randy Thornhill und John Alcock: The Evolution of Insect Mating Systems. Cambridge/Ma.: Harvard University Press 1983, S. 426.
38 James E. Lloyd: Firefly communication. In: Anima, Juni 1979, S. 22.
39 William G. Eberhard: Sexual Selection and Animal Genitalia. Cambridge/Ma.: Harvard University Press 1985, S. 12-13.
40 Ibid., S. 110.
41 Ibid., S. 70.
42 Ibid., S. 17.
43 Ibid., S. 79.
44 Barbara B. Smuts: Special relationships between adult male and female olive baboons: selective advantages. In: Primate Social Relationships: An Integrated Approach. Herausgegeben von R. A. Hinde. Oxford: Blackwell 1983, S. 262-66.
Barbara B. Smuts: Dynamics of »special relationships« between adult male and female olive baboons. In: Primate Social Relationships: An Integrated Approach. Herausgegeben von R. A. Hinde. Oxford: Blackwell 1983, S. 112-16.
45 Barbara B. Smuts: Sexual competition and mate choice. In: Primate Societies. Herausgegeben von Barbara B. Smuts, Dorothy L. Cheney, Robert M. Seyfarth, Richard W. Wrangham und Thomas T. Struhsaker. Chicago: University of Chicago Press 1986, S. 398.
46 Lloyd Spencer Davis: Penguin weighting game. In: Natural History, Januar 1991, S. 53.
47 J. Verner: Evolution of polygamy in the long-billed marsh wren. In: Evolution 18 (1964), S. 252-61.
J. Verner und M. F. Willson: The influence of habitats on mating systems of North American passerine birds. In: Ecology 47 (1966), S. 143-47.
48 Reuven Yosef: Females seek males with ready cache. In: Natural History, Juni 1991, S. 37.
49 Sarah Lennington: Persönliche Mitteilung, 1981.
Sarah Lennington: Female choice and polygyny in redwinged blackbirds. In: Animal Behaviour 28 (1980), S. 347-61.
50 Larry L. Wolf: »Prostitution« behavior in a tropical hummingbird. In: Condor 77 (1975), S. 140-44.
51 John Alcock: Animal Behavior: An Evolutionary Approach. Sunderland/Ma.: Sinauer Associates 1984, S. 417.
52 Randy Thornhill: Sexual selection in the black-tipped hangingfly. In: Scientific American 242 (6) (1980), S. 162-71.
53 Randy Thornhill: Persönliche Mitteilung, 1983.
54 Randy Thornhill und John Alcock: The Evolution of Insect Mating Systems. Cambridge/Ma.: Harvard University Press 1983, S. 385.
55 Edward Wilson: Sociobiology. Cambridge/Ma.: Belknap/Harvard University Press 1975, S. 157.

56 Andrew Cockburn und Anthony K. Lee: Marsupial femmes fatales. In: Natural History, März 1988, S. 41-46.
57 Randy Thornhill und John Alcock: The Evolution of Insect Mating Systems. Cambridge/Ma.: Harvard University Press 1983, S. 396.
58 Robert Trivers: Persönliche Mitteilung, 1989.
59 Robert Trivers: Social Evolution. Menlo Park/Ca.: Benjamin/Cummings Publishing 1985, S. 353.
60 Sarah Lennington: Persönliche Mitteilung, 1981.
61 William D. Hamilton und Marlene Zuk: Heritable true fitness and bright birds: a role for parasites? In: Science 218 (1982), S. 384-87.
62 Ibid.
63 Marlene Zuk, Kristine Johnson, Randy Thornhill und J.David Ligon: Mechanisms of female choice in red jungle fowl. In: Evolution 44 (1990), S. 477-85.
64 Randy Thornhill: Persönliche Mitteilung, 1990.
65 Ibid.
66 Ibid.
67 Manfred Milinski und Theo C. M. Bakker: Female sticklebacks use male coloration in mate choice and hence avoid parasitized males. In: Nature 344 (1990), S. 330-33.
68 Veröffentlichungen von diesem Symposium in: American Zoologist 30, Nr. 2 (1990).
69 Bobbi S. Low: Marriage systems and pathogen stress in human societies. In: American Zoologist 30 (1990), S. 325.
70 Ibid.
71 Ibid., S. 335.
72 Chung I. Wu: Persönliche Mitteilung, 1990.
73 Chung I. Wu: Virility deficiency and the sex-ratio trait in Drosophila pseudoobscura. In: Genetics 105 (1983), S. 651-79.
74 Chung I. Wu: Persönliche Mitteilung, 1990.
75 Joseph Shepher: Self-Imposed Incest Avoidance and Exogamy in Second-Generation Kibbutz Adults. Ann Arbor/Mi.: Xerox Microfilm Publications 1971.
76 James Lloyd: Persönliche Mitteilung, 1983.
77 Mark Kirkpatrick und Michael I. Ryan: The evolution of mating preferences and the paradox of the lek. In: Nature 350 (1991), S. 33-38.
78 Bert Hölldobler: Persönliche Mitteilung, 1983.
79 T.H. Clutton-Brock: Lords of the lek. In: Natural History, Oktober 1991, S. 38.
80 Jack Bradbury: Persönliche Mitteilung, 1991.
81 Robert Gibson: Persönliche Mitteilung, 1990.
R. M. Gibson und J. W. Bradbury: Sexual selection in lekking sage grouse: phenotypic correlates of male mating success. In: Behavioral Ecology and Sociobiology 18 (1985), S. 117-23.
82 Robert Gibson: Persönliche Mitteilung, 1990.
83 S. G. Pruett-Jones und M. A. Pruett-Jones: Sexual selection through female choice in Lawes' Parotia, a lek-mating bird of paradise. In: Evolution 44 (1990), S. 499.
84 Bruce Beehler: Persönliche Mitteilung, 1990.
Bruce M. Beehler und M. S. Foster: Hotshots, hotspots, and female preference

in the organization of lek mating systems. In: American Naturalist 131 (1988), S. 203-19.
85 Jack Bradbury: Persönliche Mitteilung, 1982.
86 Amotz Zahavi: Mate selection – a selection for a handicap. In: Journal of Theoretical Biology 53 (1975), S. 205-14.
Amotz Zahavi: The cost of honesty. In: Journal of Theoretical Biology 67 (1977), S. 603-5.
87 Astrid Kodric-Brown und James H. Brown: Truth in advertising: the kinds of traits favored by sexual selection. In: American Naturalist 124 (1984), S. 310.
88 Randy Thornhill und John Alcock: The Evolution of Insect Mating Systems. Cambridge/Ma.: Harvard University Press 1983, S. 132.
89 Scott Kraus: Persönliche Mitteilung, 1990.
90 Barbara B. Smuts: Sexual Competition and mate choice. In: Primate Societies. Herausgegeben von Barbara B. Smuts, Dorothy L. Cheney, Robert M. Seyfarth, Richard W. Wrangham und Thomas T. Struhsaker. Chicago: University of Chigaco Press 1986, S. 392.
91 Elisabeth Rosenthal: The forgotten female. In: Discover, Dezember 1991, S. 22-27.
92 Randy Thornhill und John Alcock: The Evolution of Insect Mating Systems. Cambridge/Ma.: Harvard University Press 1983, S. 398-99.
93 G. A. Parker: Sperm competition and its evolutionary consequences in the insects. In: Biological Reviews 45 (1970), S. 525-67.
Randy Thornhill und John Alcock: The Evolution of Insect Mating Systems. Cambridge/Ma.: Harvard University Press 1983, S. 321.
94 »Chemische Wirkstoffe beschleunigen den Weg des Spermas zum Ei.« New York Times, Medical Science, 2. April 1991, S. B6. Der Artikel bezieht sich auf die Untersuchung von Dr. Dina Ralt und Dr. Michael Eisenbach vom Weizmann Institut in Rehovot, Israel. Das Ergebnis wurde veröffentlicht in: Proceedings of the National Academy of Science.
95 Nancy Burley: The organization of behavior and the evolution of sexually selected traits. In: Avian Monogamy. Ornithological Monographs, Nr. 37. Herausgegeben von P. A. Gowaty und D. W. Mock. Washington/DC: American Ornithologists' Union 1985, S. 43.
96 Nancy Burley: The differential-allocation hypothesis: an experimental test. In: American Naturalist 132 (1988), S. 627.
97 Nancy Burley: Sex-ratio manipulation in color-banded populations of zebra finches. In: Evolution 40 (1986), S. 1200.
98 Ibid., S. 1191.
99 The organization of behavior and the evolution of sexually selected traits. In: Avian Monogamy. Ornithological Monographs, Nr. 37. Herausgegeben von P. A. Gowaty und D. W. Mock. Washington/DC: American Ornithologists' Union 1985, S. 31.
100 Alexandra L. Basolo: Female preference predates the evolution of the sword in swordtail fish. In: Science 250 (1990), S. 808-10.
101 Michael J. Ryan: Persönliche Mitteilung, 1990. Siehe auch:
Michael J. Ryan: The Panamanian love call. In: Natural History, Juni 1986, S. 37-42.

Michael J. Ryan: Signals, species, and sexual selection. In: American Scientist 78 (1990), S. 46-52.
Michael J. Ryan und A. Stanley Rand: The sensory basis for sexual selection for complex calls in the túngara frog, Physalaemus pustulosus (sexual selection for sensory exploitation). In: Evolution 44 (2) (1990), S. 305-14.

102 Michael J. Ryan: Female mate choice in a neotropical frog. In: Science 209 (1980), S. 523-25.

103 Michael J. Ryan und A. Stanley Rand: The sensory basis of sexual selection for complex calls in the túngara frog, Physalaemus pustulosus (sexual selection for sensory exploitation). In: Evolution 44 (2) (1990), S. 306.

104 Michael J. Ryan: Persönliche Mitteilung, 1990.

105 Ibid.

Die Damenwahl in menschlichen Gesellschaften

106 Donald Symons: Darwinism and contemporary marriage. In: Contemporary Marriage: Comparative Perspectives on a Changing Institution. Herausgegeben von Kingsley Davis. New York: Russell Sage Foundation 1985, S. 143.

107 Martin Daly und Margo Wilson: Homicide. New York: Aldine de Gruyter 1988, S. 188.

108 Vereinte Nationen: The World's Women 1970-1990: Trends and Statistics. New York 1991, S. 2.

109 Janet Siskind: Tropical forest hunters and the economy of sex. In: Peoples and Cultures of Native South America. Herausgegeben von D. R. Gross. Garden City/NY: Doubleday 1973, S. 233.

110 John Hartung: Polygyny and inheritance of wealth. In: Current Anthropology 23 (1982), S. 1.

111 John Hartung: Persönliche Mitteilung, 1981. Diese Beobachtungen wurden bei Hartung 1976 veröffentlicht.
John Hartung: On natural selection and inheritance of wealth. In: Current Anthropology 17 (1976), S. 607-22.

112 Susan M. Essock-Vitale und Michael T. McGuire: What 70 million years hath wrought: sexual histories and reproductive success of a random sample of American women. In: Betzig, Mulder und Turke 1988, S. 222.

113 Bruce Ellis: Persönliche Mitteilung, 1990. Siehe Ellis 1991.

114 William Irons: Cultural and biological success. In: Evolutionary Biology and Human Social Behavior. Herausgegeben von Chagnon und Irons. North Scituate/Ma.: Duxbury Press 1979, S. 258.

115 R. L. Trivers: Social Evolution. Menlo Park/Ca.: Benjamin/Cummings Publishing 1985, S. 331.

116 Martin Daly und Margo Wilson: Homicide. New York: Aldine de Gruyter 1988, S. 132.

117 Napoleon A. Chagnon: Is reproductive success equal in egalitarian societies? In: Evolutionary Biology and Human Social Behavior. Herausgegeben von Chagnon und Irons. North Scituate/Ma.: Duxbury Press 1979, S. 379.

118 Napoleon A. Chagnon: Persönliche Mitteilung, 1992.

119 Mildred Dickemann: The ecology of mating systems in hypergynous dowry societies. In: Social Science Information 18 (1979), S. 175.

120 Ibid.

121 R. van Gulik: Sexual Life in Ancient China: A Preliminary Survey of Chinese Sex and Society from ca. 1500 B.C. till 1644 A.D. Leiden: E. J. Brill 1974. Zitiert bei Dickemann.
Mildred Dickemann: The ecology of mating systems in hypergynous dowry societies. In: Social Science Information 18 (1979), S. 175.

122 siehe Richard Dawkins Ausführungen bei Vining.
Daniel R. Vining: Social versus reproductive success: the central theoretical problem of human sociobiology. In: Behavioral and Brain Sciences 9 (1986), S. 190.

123 siehe William Irons' Ausführungen bei Vining.
Daniel R. Vining: Social versus reproductive success: the central theoretical problem of human sociobiology. In: Behavioral and Brain Sciences 9 (1986), S. 198.

124 siehe J. Hills Ausführungen bei Vining.
Daniel R. Vining: Social versus reproductive success: the central theoretical problem of human sociobiology. In: Behavioral and Brain Sciences 9 (1986), S. 196.
»Bei primitiven und armen menschlichen Gesellschaften führte soziokultureller Erfolg zu Fortpflanzungserfolg, aber in der heutigen Überflußgesellschaft ist dieser Zusammenhang verlorengegangen. Soziokultureller Erfolg ist nicht mehr die wichtigste Voraussetzung für Fortpflanzungserfolg, sondern ist zu einem Ziel an sich geworden, das es neben dem Fortpflanzungserfolg zu erreichen gilt. ... Der Unterschied ist, daß Prestige heute zum Selbstzweck geworden ist, und dies ist nur dann möglich, wenn, zumindest bei den Reichsten, mehr Reichtum vorhanden ist, als für den Fortpflanzungserfolg notwendig.«

125 Zur umfassenden Information über den Rückgang der Geburtenzahlen bei den Reichen siehe Vining.
Daniel R. Vining: Social versus reproductive success: the central theoretical problem of human sociobiology. In: Behavioral and Brain Sciences 9 (1986), S. 167-216.

126 Susan Essock-Vitale: The reproductive success of wealthy Americans. In: Ethology and Sociobiology 5 (1984), S. 45-49.

127 Paul W. Turke und Laura L. Betzig: Those who can do: wealth, status, and reproductive success of Ifaluk. In: Ethology and Sociobiology 6 (1985), S. 79-87.

128 William Irons: Cultural and biological success. In: Evolutionary Biology and Human Social Behavior. Herausgegeben von Chagnon und Irons. North Scituate/Ma.: Duxbury Press 1979, S. 260-67.

129 Eckart Voland und Claudia Engel: Female choice in humans: a conditional mate selection strategy of the Krummhörn women (Germany, 1720-1874). In: Ethology 1990, S. 144-54.

130 Eckart Voland: Persönliche Mitteilung, 1989.

131 Monique Borgerhoff Mulder: On cultural and reproductive success: Kipsigis evidence. In: American Anthropologist 89 (1987), S. 617-34.

132 Monique Borgerhoff Mulder: Persönliche Mitteilung, 1990.

133 Monique Borgerhoff Mulder: On cultural and reproductive success: Kipsigis evidence. In: American Anthropologist 89 (1987), S. 617-34.

134 Monique Borgerhoff Mulder: Kipsigis women prefer wealthy men: evidence for female choice in mammals? In: Behavioural Ecology and Sociobiology 27 (1990), S. 255-64.
135 Monique Borgerhoff Mulder: On cultural and reproductive success: Kipsigis evidence. In: American Anthropologist 89 (1987), S. 629-30.
136 Monique Borgerhoff Mulder: in Druck.
137 Henry Harpending: Persönliche Mitteilung, 1989 und 1990.
138 Napoleon A. Chagnon: Persönliche Mitteilung, 1990 und 1991. Bericht bei Chagnon 1989. Siehe auch Chagnon 1992.
Napoleon A. Chagnon: The Great Transformation. Vortrag bei einer Konferenz der Human Behavior and Evolution Society. Evanston/Il., 25.-28.Aug. 1989.
Napoleon A. Chagnon: Yânomamö: The Fierce People. San Diego/Ca.: Harcourt Brace Jovanovich 1992.
139 George E. Marcus: Persönliche Mitteilung, 1982.
140 George E. Marcus: Elopement, kinship, and elite marriage in the contemporary kingdom of Tonga. In: Journal de la Société des Océanistes 63 (1979), S. 86-87.
141 Lee Cronk: Persönliche Mitteilung, 1991.
142 Lee Cronk: From hunters to herders: subsistence change as a reproductive strategy among the Mukogodo. In: Current Anthropology 30 (1989), S. 227.
143 Diese Hypothese Cronks wird von Monique Borgerhoff Mulders Beobachtungen gestützt, daß bei den Kipsigi im westlichen Kenia für dicke und frühreife Mädchen mehr Brautgeld bezahlt wird als für dünne Mädchen, die später geschlechtsreif werden.
Siehe: Monique Borgerhoff Mulder: Kipsigis bridewealth payment. In: Human Reproductive Behavior: A Darwinian Perspective. Herausgegeben von Laura L. Betzig, Monique Borgerhoff Mulder und Paul Turke. Cambridge: Cambridge University Press 1988, S. 65-82.
144 Lee Cronk: From hunters to herders: subsistence change as a reproductive strategy among the Mukogodo. In: Current Anthropology 30 (1989), S. 224.
145 David M. Buss: Sex differences in human mate preferences: evolutionary hypotheses tested in 37 cultures. In: Behavioral and Brain Sciences 12 (1989), S. 1-14.
146 Ibid., S. 12.
147 Ibid., S. 14.
148 Ibid.
149 Diana Leonard: Sex and Generation. London: Tavistock Publications 1980, S. 5.
150 Zitiert bei: Vereinte Nationen: The World's Women 1970-1990: Trends and Statistics. New York 1991, S. 2.
151 Rebecca Stutsman: The Invisible Woman: Improving the Status of Women Key to Stabilizing Population. Washington/DC: Zero Population Growth 1990.
152 Bruce J. Ellis: The evolution of sexual attraction: evaluative mechanisms in women. In: The Adapted Mind. Herausgegeben von J. H. Barkow, L. Cosmides und J. Tooby. New York: Oxford University Press 1992, S. 227.
153 Heather Fowler: An investigation into human breeding system strategy. Vortrag bei einer Tagung der Animal Behavior Society, Pennsylvania State University, Juni 1977. Zitiert bei: D. Freedman: In: Human Sociobiology: A Holistic Approach. New York: Macmillan 1979, S. 85.

154 J. M. Townsend: Sex differences in sexuality among medical students: effects of increasing socioeconomic status. In: Archives of Sexual Behavior 16 (1987), S. 425-41;
J. M. Townsend: Mate selection criteria: a pilot study. In: Ethology and Sociobiology 10 (1989), S. 241-53.
155 Teresa Watanabe: In Japan, a »goat man« or no man. In: Los Angeles Times, 6. Januar 1992, S. A1.
156 Bruce J. Ellis: The evolution of sexual attraction: evaluative mechanisms in women. In: The Adapted Mind. Herausgegeben von J. H. Barkow, L. Cosmides und J. Tooby. New York: Oxford University Press 1992, S. 221-242.

Unterschiede in der Psyche von Mann und Frau

157 Leda Cosmides und John Tooby: From evolution to behavior: evolutionary psychology as the missing link. In: Dupré 1987, S. 300.
158 Ibid., S. 281.
159 David M. Buss: Toward an evolutionary psychology of human mating. In: Behavioral and Brain Sciences 12 (1989), S. 46.
160 Leda Cosmides und John Tooby: From evolution to behavior: evolutionary psychology as the missing link. In: Dupré 1987, S. 280.
161 Donald Symons: Darwinism and contemporary marriage. In: Contemporary Marriage: Comparative Perspectives on a Changing Institution. Herausgegeben von Kingsley Davis. New York: Russell Sage Foundation 1985, S. 145.
162 Bruce J. Ellis und Donald Symons: Sex differences in sexual fantasy: an evolutionary psychological approach. In: Journal of Sex Research 27 (1990), S. 533.
163 Elizabeth M. Hill, Elaine S. Nocks und Lucinda Gardner: Physical attractiveness: manipulation by physique and status displays. In: Ethology and Sociobiology 8 (1987), S. 143-54.
164 Donald Symons: Darwinism and contemporary marriage. In: Contemporary Marriage: Comparative Perspectives on a Changing Institution. Herausgegeben von Kingsley Davis. New York: Russell Sage Foundation 1985, S. 147.
165 Martin Daly und Margo Wilson: Sex, Evolution, and Behavior. 2. Ausgabe. Boston: Willard Grant Press 1983, S. 294.
166 Laura L. Betzig: Causes of conjugal dissolution: a cross-cultural study. In: Current Anthropology 30 (1989), S. 669.
167 Martin Daly und Margo Wilson: Sex, Evolution, and Behavior. Boston: Willard Grant Press ^{2}1983, S. 291.
168 Ibid.
169 Mildred Dickemann: Paternal confidence and dowry competition: a biocultural analysis of purdah. In: Natural Selection and Social Behavior. Herausgegeben von R. Alexander und D. W. Tinkle. New York: Chiron Press 1981, S. 417-38.
170 Ibid., S. 419.
171 Ada Lampert und Ariela Friedmann: Sex differences in vulnerability and maladjustment as a function of parental investment: an evolutionary approach. In: Social Biology 39 (1992).
172 Bruce J. Ellis und Donald Symons: Sex differences in sexual fantasy: an evol-

utionary psychological approach. In: Journal of Sex Research 27 (1990), S. 527-55.
173 Ibid., S. 546-47.
174 Ibid., S. 545.

Die Unterminierung weiblicher Entscheidungsfreiheit

175 R. L. Trivers: Social Evolution. Menlo Park/Ca.: Benjamin/Cummings Publishing 1985, S. 395.
176 Randy Thornhill: Adaptive female-mimicking behavior in a scorpionfly. In: Science 205 (1979), S. 412-14.
177 Sheila Ryan Johansson: »Herstory« as history: a new field or another fad? In: Liberating Women's History. Herausgegeben von Berenice A. Carroll. Chicago: University of Illinois Press 1976, S. 418.
178 siehe Fatna A. Sabbah, 1984.
Fatna A. Sabbah: Woman in the Muslim Unconscious. Übersetzt von Mary Jo Lakeland. New York: Pergamon Press 1984.
179 Diese Sichtweise brachte der Ökologe Daniel Janzen das erste Mal in einer Unterhaltung zum Ausdruck, die wir im Jahre 1983 führten.
180 William Shakespeare: Der Widerspenstigen Zähmung. Herausgegeben von Prof. Dr. L. L. Schüching. Berlin: Tempel-Verlag o.J., Zweiter Band, Akt 5, Szene 2.
181 Amelia Rector Bell: Separate people: speaking of Creek men and women. In: American Anthropologist 92 (1990), S. 332-45.
182 Norman Lamm: A Hedge of Roses. New York: Philipp Feldheim 1966, S. 84.
183 Rabbi Yosef Loebenstein (Übersetzer): Kitzur Dinei Taharah: A Summary of the Niddah Laws following the Rulings of the Rebbes of Chabad. Brooklyn/NY: Kehot Publication Society 1983, S. 8.
184 Kalman Kahana: Daughter of Israel: Laws of Familiy Purity. Übersetzt von Leonard Oschry. New York: Feldheim Press, 3. Ausgabe 1977, S. 15.
185 Yolanda Murphy und Robert F. Murphy: Women of the forest. New York: Columbia University Press 1974, S. 141.
186 Natalie Angier: In fish, social status goes right to the brain. In: New York Times Science Times, 12. November 1991. B5-8.
187 R. L. Trivers: Social Evolution. Menlo Park/Ca.: Benjamin/Cummings Publishing 1985, S. 219.
188 John Sivinski: Persönliche Mitteilung, 1990.
189 Randy Thornhill und John Alcock: The Evolution of Insect Mating Systems. Cambridge/Ma.: Harvard University Press 1983, S. 238.
190 John Alcock: Freedom fighters. In: Natural History, März 1989, S. 69-74.
191 Rebecca Stutsman: The Invisible Woman: Improving the Status of Women Key to Stabilizing Population. Washington/DC: Zero Population Growth 1990.
192 Nawal el-Saadawi: The Hidden Face of Eve: Women in the Arab World. London: Zed 1980, S. 7-8. Zitiert in: Lionnet 1991, S. 4.
193 Lori Heise: Crimes of gender. In: World Watch, März-April 1989, S. 19. Mehr zu diesem Thema siehe Lightfoot-Klein 1990.
194 Sarah Blaffer Hrdy: Infanticide among animals: a review, classification, and

examination of the implications for the reproductive strategies of females. In: Ethology and Sociobiology I (1979), S. 13-40.

195 Sarah Blaffer Hrdy: The Woman That Never Evolved: Cambridge/Ma.: Harvard University Press 1981, S. 76.

196 Sarah Blaffer Hrdy: The primate origins of human sexuality. In: The Evolution of Sex. Herausgegeben von R. Bellig und G. Stevens. San Francisco: Harper & Row 1988, S. 114.

197 David Milton Taub: Male caretaking behavior among wild Barbary macaques. In: Primate Paternalism. Herausgegeben von D. M. Taub. New York: Van Nostrand Reinhold 1984, S. 20-55.

198 D. C. Packer, D. Scheel und A. E. Pusey: Why lions form groups: food is not enough. In: American Naturalist 136 (1990), S. 1-19.

199 Frederick vom Saal: Persönliche Mitteilung, 1991.

200 Laura L. Betzig: Despotism and Differential Reproduction. New York: Aldine Publishing 1986, S. 88.

201 Ibid., S. 2-3.

202 Ibid., S. 79.

203 Ibid., S. 77.

204 Ibid., S. 85-87.

205 Martin Daly und Margo Wilson: Homicide. New York: Aldine de Gruyter 1988, S. 128.

206 William M. Shields und Lea M. Shields: Forcible rape: an evolutionary perspective. In: Ethology and Sociobiology 4 (1983), S. 127.

207 Zitiert in Ilsa M. Glazer Schuster 1979, S. 149.

208 »A Night of Madness«. In: Time, 12. August 1991, S. 43.

209 Janice G. Radway: Reading the Romance: Women, Patriarchy, and Popular Literature. Chapel Hill: University of North Carolina Press 1984, S. 216.

210 Ibid.

211 Die beiden Untersuchungen beziehen sich auf Thornhill und Thornhill 1983 und auf Shields und Shields 1983.

212 Randy Thornhill und Nancy Wilmsen Thornhill: Human rape: an evolutionary analysis. In: Ethology and Sociobiology 4 (1983), S. 143-44.

213 Siehe Tabelle II in Thornhill und Thornhill 1983, S. 150.

214 M. Amir: Patterns in Forcible Rape. Chicago: University of Chicago Press 1971.

215 M. S. Eisenhower: To Establish Justice, to Insure Domestic Tranquility. Final Report of the National Commission on Causes and Prevention of Violence. Washington/DC: U.S. Government Printing Office 1969.

216 Susan Brownmiller: Against Our Will: Men, Women and Rape. New York: Simon and Schuster 1975, Kapitel 3.

217 Siehe Anmerkung 205

218 Richard Dawkins: In: The Selfish Gene. New York: Oxford University Press 1976; deutsch: Das egoistische Gen. Aus dem Englischen von Karin de Sousa. Berlin 1988.

219 William M. Shields und Lea M. Shields: Forcible rape: an evolutionary perspective. In: Ethology and Sociobiology 4 (1983), S. 123.

220 Ibid., S. 115.

221 Randy Thornhill und Nancy Wilmsen Thornhill: Human rape: an evolutionary analysis. In: Ethology and Sociobiology 4 (1983), S. 139.

222 William M. Shields und Lea M. Shields: Forcible rape: an evolutionary perspective. In: Ethology and Sociobiology 4 (1983), S. 115.
223 Ibid., S. 133.
224 Randy Thornhill: Persönliche Mitteilung, 1981.
225 Randy Thornhill: Rape in Panorpa scorpionflies and a general rape hypothesis. In: Animal Behaviour 28 (1980), S. 52-59. Siehe auch Randy Thornhill 1981.

Monogamie, Paarbindung und das weibliche Wahlverhalten

226 Sarah Blaffer Hrdy: The Woman That Never Evolved. Cambridge/Ma.: Harvard University Press 1981, S. 55.
227 Natalie Angier: Mating for life? It's not for the birds or the bees. In: New York Times Science Times, 21. August 1990, S. B5-8.
228 Lionel Tiger und Robin Fox: The Imperial Animal. New York: Dell Publishing 1971, S. 117.
229 Joseph Shepher: Reflections on the origin of the human pair-bond. In: Journal of Social and Biological Structures I (1978), S. 258.
230 James F. Wittenberger und Ronald L. Tilson: The evolution of monogamy: hypotheses and evidence. In: Annual Review of Ecology and Systematics II (1980), S. 197-232.
231 Edward O. Wilson: Sociobiology. Cambridge/Ma.: Belknap/Harvard University Press 1975, S. 330.
232 Sarah Blaffer Hrdy: The Woman That Never Evolved. Cambridge/Ma.: Harvard University Press 1981, S. 36.
233 Ibid., S. 34.
234 Ibid., S. 40.
235 Ibid., S. 41.
236 Ibid., S. 55.
237 R. I. M. Dunbar: Determinants and evolutionary consequences of dominance among female gelada baboons. In: Behavioral Ecology and Sociobiology 7 (1980), S. 253-65.
238 Sarah Blaffer Hrdy: Empathy, polyandry, and the myth of the coy female. In: Feminist Approaches to Science. Herausgegeben von R. Bleier. New York: Pergamon Press 1986, S. 132.
239 Owen C. Lovejoy: The origin of man. In: Science 211 (1981), S. 341-50.
240 Owen C. Lovejoy: Persönliche Mitteilung, 1982.
241 Diese Theorie wurde von Helen E. Fisher untersucht in: Helen E. Fisher: The Sex Contract. New York: William Morrow and Company 1982.
242 Sarah Blaffer Hrdy: The primate origins of human sexuality. In: The Evolution of Sex. Herausgegeben von R. Bellig und G. Stevens. San Francisco: Harper & Row 1988, S. 101-36.
243 Ibid., S. 107.
244 Zitiert in: Sarah Blaffer Hrdy: The primate origins of human sexuality. In: The Evolution of Sex. Herausgegeben von R. Bellig und G. Stevens. San Francisco: Harper & Row 1988, S. 110.
245 Sarah Blaffer Hrdy: The primate origins of human sexuality. In: The Evolution of Sex. Herausgegeben von R. Bellig und G. Stevens. San Francisco: Harper & Row 1988, S. 111.

246 Ibid., S. 116.
247 Ibid., S. 115.
248 Meredith Small: Female primate sexual behavior and conception: are there really sperm to spare? In: Current Anthropology 29 (1988), S. 82.
249 Ibid.
250 Menning B. Eck: Infertility: A Guide for the Childless Couple. Englewood Cliffs/NJ: Prentice-Hall, Zweite Ausgabe 1978.
251 Carolyn Reuben: The Parent's Guide to Preventing Birth Defects. Los Angeles: Jeremy P. Tarcher 1992.
252 Joseph Shepher: Reflections on the origin of the human pair-bond. In: Journal of Social and Biological Structures I (1978), S. 262.
253 Sarah Blaffer Hrdy: The primate origins of human sexuality. In: The Evolution of Sex. Herausgegeben von R. Bellig und G. Stevens. San Francisco: Harper & Row 1988, S. 125.
254 Nancy Burley: The evolution of concealed ovulation. In: American Naturalist 114 (1979), S. 842.
255 Ibid.
256 Nafis Sadik: Investing in Women: The Focus of the '90s. New York: United Nations Population Fund 1990, S. 10.
257 Nancy Burley: The evolution of concealed ovulation. In: American Naturalist 114 (1979), S. 842-43.
258 Richard D. Alexander: Darwinism and Human Affairs. Seattle: University of Washington Press 1979, S. 240.
259 Rebecca Stutsman: A Child's Place in an Overpopulated World. A ZPG Backgrounder. Washington/DC: Zero Population Growth 1991, S. 3.
260 Im südlichen Afrika wird im Gegensatz zu den eurasischen Sitten der meisten anderen Länder der Welt traditionell Wert auf die Fruchtbarkeit der Frau gelegt. Zwei Faktoren spielen hierbei eine Rolle: (1) Es gibt keinen Privatbesitz an Land; dieses gehört entweder einem Clan oder einer Sippe; (2) den größten Teil der Feldarbeit im südlichen Afrika erledigen die Frauen, und die Kinder helfen ihnen. Je mehr Kinder Mann und Frau haben, um so größer ist die Macht ihrer Sippe.
Näheres zu diesem Thema siehe: John C. Caldwell und Pat Caldwell: High Fertility in sub-Saharan Africa. In: Scientific American 262 (5) (1990), S. 118-225.
261 Robin Abcarian: A web of terror. In: Los Angeles Times, 6. Oktober 1991, S. E1-12.
262 Julia Henderson: Stabilizing the human family: interview with the author. In: Calypso Log. Los Angeles: The Cousteau Society, Oktober 1988, S. 14-16.
263 Joseph Shepher: Persönliche Mitteilung, 1982.
264 Joseph Shepher: Reflections on the origin of the human pair-bond. In: Journal of Social and Biological Structures I (1978), S. 259.
265 Ibid., S. 259-60.
266 Ibid., S. 260.
267 Ibid.
268 Joseph Shepher: Persönliche Mitteilung, 1982.
269 Ada Lampert und Ariela Friedman: Sex differences in vulnerability and maladjustment as a function of parental investment: an evolutionary approach. In: Social Biology 39 (1992).

270 David Barash: The Hare and the Tortoise: Culture, Biology, and Human Nature. New York: Penguin Books 1986, S. 216.
271 Barbara A. Hanawalt: The Ties That Bound: Peasant Families in Medieval England. New York: Oxford University Press 1986, S. 198.
272 Betty Friedan: The Feminine Mystique. 20th anniv. ed. New York: W. W. Norton & Co. 1983, S. 385.
273 Paul C. Rosenblatt und Paul C. Cozby: Courtship patterns associated with freedom of choice of spouse. In: Journal of Marriage and the Family 34 (1972), S. 689-95.
274 Barbara B. Smuts: Sexual competition and mate choice. In: Primate Societies. Herausgegeben von Barbara B. Smuts, Dorothy L. Cheney, Robert M. Seyfarth, Richard W. Wrangham und Thomas T. Struhsaker. Chicago: University of Chicago Press 1986, S. 398.
275 Ibid., S. 385-99.
276 Desmond Morris: The Naked Ape. New York: Dell Publishing Co. 1967, S. 33.
277 David Hamburg: The relevance of recent evolutionary changes to human stress biology. In: Social Life of Early Man. Herausgegeben von S. Washburn. Chicago: Aldine Publishing Co. 1961, S. 278.
278 David Hamburg: Confronting a violent past to chart future peace: interview with the author. In: Calypso Log. Los Angeles: The Cousteau Society, Dezember 1989, S. 17.
279 John Money: Love and Love Sickness: The Science of Sex, Gender Difference, and Pair-bonding. Baltimore: Johns Hopkins University Press 1980, S. 64.
280 Ibid., S. 65.
281 Philip Shaver, Cindy Hazan und Donna Bradshaw: Love as attachment: the integration of three behavioral systems. In: The Psychology of Love. Herausgegeben von R. J. Sternberg und M. L. Barnes. New Haven/Ct.: Yale University Press 1988, S. 90.
282 David M. Buss: Love Acts: the evolutionary biology of love. In: The Psychology of Love. Herausgegeben von R. J. Sternberg und M. L. Barnes. New Haven/Ct.: Yale University Press 1988, S. 100.
283 Dorothy Tennov: Persönliche Mitteilung, 1990. Siehe auch: Dorothy Tennov: Love and Limerence: The Experience of Being in Love. New York: Stein and Day 1979.
284 Baronne Germaine de Staël-Holstein: De L'Influence des Passions. 1796.
285 Jean-Jacques Rousseau: Emile, or an Education, Book IV. Aus dem Französischen von Alan Bloom. New York: Basic Books 1979, S. 329.
286 John Money: Love and Love Sickness: The Science of Sex, Gender Difference, and Pair-bonding. Baltimore: Johns Hopkins University Press 1980, S. 65-67.
287 Robert J. Sternberg: A triangular theory of love. In: Psychological Review 93 (1986), S. 119-35.
288 G. Rattray Taylor: Sex in History. New York: Vanguard Press 1954, S. 51.
289 Andreas Capellanus: The Art of Courtly Love. Übersetzt von John Jay Parry. New York: Frederick Ungar Publishing 1982.
290 Ibid., S. 9.

291 C. S. Lewis: The Allegory of Love. London: Oxford University Press (1936), Neuauflage 1953, S. 4.
292 Emil Lucka: The Evolution of Love. Übersetzt von Ellie Schleusener. London: George Allen & Unwin 1922, S. 139.
293 Georges Duby: The Chivalrous Society. Übersetzt von Cynthia Poston. London: Edward Arnold 1978, S. 14.
294 Meg Bogin: The Women Troubadours. New York: Pergamon Press 1976, S. 57.
295 Robin Fox: The Red Lamp of Incest. New York: E. P. Dutton 1980, S. 206.
296 Denis de Rougemont: Love in the Western World. Übersetzt von Montgomery Belgion. New York: Pantheon Books 1956, S. 51-52, 75.
297 Meg Bogin: The Women Troubadours. New York: Pergamon Press 1976, S. 67.
298 Ibid., S. 99-101.
299 Andreas Capellanus: The Art of Courtly Love. Übersetzt von John Jay Parry. New York: Frederick Ungar Publishing 1982, S. 24.
300 Meg Bogin: The Women Troubadours. New York: Pergamon Press 1976, S. 10.
301 Kay Mussell: Fantasy and Reconciliation: Contemporary Formulas of Women's Romance Fiction. Westport/Ct.: Greenwood Press 1984, S. 6.
302 Ibid., S. 138.
303 Janice Radway: Reading the Romance: Women, Patriarchy, and Popular Literature. Chapel Hill: University of North Carolina Press 1984, S. 112-13.
304 Ibid., S. 158.
305 Janet Siskind: To Hunt in the Morning. New York: Oxford University Press 1973, S. 18.

Die Frau als Oberhaupt der Familie – unfreiwilliges Los oder eigene Entscheidung

306 A Home Divided: Women and Income in the Third World. Herausgegeben von Daisy Dwyer und Judith Bruce. Stanford/Ca.: Stanford University Press 1988, S. 7.
307 United Nations: The World's Women 1970-1990: Trends and Statistics. New York 1991, S. 82.
308 Nafis Sadik: Investing in Women: The Focus of the '90s. New York: United Nations Population Fund 1990, S. 14.
309 Peter Kunstadter: A survey of the consanguine or matrifocal family. In: American Anthropologist 65 (1963), S. 56-66.
310 United Nations: The World's Women 1970-1990: Trends and Statistics. New York 1991, S. 16.
311 Joseph Shepher: The matrifocal family: from an anthropological curiosity to a world problem. In: Absolute Values and the Search for the Peace of Mankind, Band 2. New York: International Cultural Foundation Press 1981, S. 999-1012.
312 A Home Divided: Women and Income in the Third World. Herausgegeben von Daisy Dwyer und Judith Bruce. Stanford/Ca.: Stanford University Press 1988, S. 4.
313 Joan P. Mencher: Women's work and poverty: women's contribution to household maintenance in South India. In: A Home Divided: Women and Income in the Third World. Herausgegeben von Daisy Dwyer und Judith Bruce. Stanford/Ca.: Stanford University Press 1988, S. 114.

314 Ilsa M. Glazer Schuster: New Women of Lusaka. Mountain View/Ca.: Mayfield Publishing 1979, S. 114.
315 Bill Moyers: The vanishing family: crisis in black America. In: A Second Look with Bill Moyers. A production of Public Affairs Television. New York: Journal Graphics 1989.
316 U.S. Department of Health and Human Services: Homicide among young black males – United States, 1978-1987. In: Morbidity and Mortality Weekly Report 39:48. Atlanta: Centers for Disease Control 1990, S. 872.
317 Nafis Sadik: Investing in Women: The Focus of the '90s. New York: United Nations Population Fund 1990, S. 12-14.
318 Rebecca Stutsman: The Invisible Woman: Improving the Status of Women Key to Stabilizing Population. Washington/DC: Zero Population Growth 1990.
319 Jodi L. Jacobson: Planning the Global Family. Worldwatch Paper no. 80. Washington/DC: Worldwatch Institute 1987, S. 20.
320 Ibid., S. 13.
321 A Home Divided: Women and Income in the Third World. Herausgegeben von Daisy Dwyer und Judith Bruce. Stanford/Ca.: Stanford University Press 1988, S. 6.
322 Ibid., S. 6-7.
323 Alex Marshall: Heifers. In: Populi: Journal of the United Nations Population Fund 18 (1) (1991), S. 52-56.
324 United Nations: The World's Women 1970-1990: Trends and Statistics. New York 1991, S. 19-20.
325 Elizabeth M. Hill und M. Anne Hill: Gender differences in child care and work: an interdisciplinary perspective. In: Journal of Behavioral Economics 19 (1990), S. 81-101.
326 Margaret E. Hamilton: Sociobiology and the evolutionary history of relations between males and females. In: Male-Female Differences: A Bio-Cultural Perspective. Herausgegeben von Roberta L. Hall. New York: Praeger 1985, S. 50. Was die Weltbevölkerung als Ganzes anbetrifft, gibt es jedoch mehr Männer als Frauen. Die Vereinten Nationen schreiben in ihrem Bericht von 1991 auf S. 11: »Von den insgesamt 5,3 Milliarden Menschen der Weltbevölkerung im Jahre 1990 waren weniger als die Hälfte (2,63 Milliarden) Frauen. In der Tat kommen in vielen Ländern weniger als 95 Frauen auf 100 Männer.« In den meisten Gegenden der Welt gibt es mehr Frauen als Männer, aber sie haben in denjenigen Ländern eine höhere Sterblichkeitsrate, in denen Witwenverbrennungen, Morde aufgrund von Mitgiftstreitigkeiten, Morde an weiblichen Säuglingen und das neue Phänomen der Abtreibung weiblicher Föten wegen Bevorzugung von männlichem Nachwuchs vorkommt. Außerdem werden Mädchen und Frauen in vielen Ländern schlechter ernährt und medizinisch versorgt als Männer. Folglich kommen in Asien und in den Ländern des Pazifikraumes nur 95 Frauen auf 100 Männer; das bedeutet, daß es im Durchschnitt der Weltbevölkerung mehr Männer als Frauen gibt.
327 D. T. Gwynne: Sexual difference theory: Mormon crickets show role reversal in mate choice. In: Science 213 (1981), S. 779-80.
328 Randy Thornhill und John Alcock: The Evolution of Insect Mating Systems. Cambridge/Ma.: Harvard University Press 1983, S. 443-44.

329 D. T. Gwynne und L. W. Simmons: Experimental reversal of courtship roles in an insect. In: Nature 346 (1990), S.172-74.

330 Margaret E. Hamilton: Sociobiology and the evolutionary history of relations between males and females. In: Male-Female Differences: A Bio-Cultural Perspective. Herausgegeben von Roberta L. Hall. New York: Praeger 1985, S. 50.

331 Ibid.

Frei vom Imperativ der Fortpflanzung

332 Sheila Ryan Johansson: »Herstory« as history: a new field or another fad? In: Liberating Women's History. Herausgegeben von Berenice A. Carroll. Chicago: University of Illinois Press 1976, S. 418.

333 Margaret Sanger: Woman and the New Race. New York: Maxwell Reprint Company 1920, S. 1.

334 United Nations: Human Development Report 1991. New York: United Nations Development Programme 1991, S. 27.

335 Mildred Dickemann: The ecology of mating systems in hypergynous dowry societies. In: Social Science Information 18 (1979), S. 163-95.

336 Edward A. Gargan: Ultrasonic tests skew ratio of births in India. In: New York Times, 13. Dezember 1991, S. A12.

337 William Tulio Divale und Marvis Harris: Population, warfare, and the male supremacist complex. In: American Anthropologist 78 (1976), S. 527.

338 Ibid., S. 524.

339 Ibid., S. 530.

340 Margaret Sanger: Woman and the New Race. New York: Maxwell Reprint Company 1920, S. 230.

341 Philip J. Hilts: Birth-control backlash. In: New York Times Magazine, 16. Dezember 1990, S. 55.

342 United Nations: Population Issues Briefing Kit. New York: United Nations Population Fund 1991, S. 2.

343 Lynn S. Baker: The Fertility Fallacy. Philadelphia: Saunders Press 1981, S. 16-17.

Literaturverzeichnis

Abcarian, Robin: A web of terror. In: Los Angeles Times, 6.Oktober 1991, S. E1-12.
Alcock, John: Animal Behavior: An Evolutionary Approach. Sunderland/Ma.: Sinauer Associates 1984.
Alcock, John: Conjugal chemistry. In: Natural History, April 1986, S. 75-81.
Alcock, John: Freedom Fighters. In: Natural History, März 1989, S. 69-74.
Alcock, John: Desert jaws. In: Natural History, April 1990, S. 88-92.
Alexander, Richard D.: The evolution of social behavior. In: Annual Review of Ecology and Systematics 5 (1974), S. 325-83.
Alexander, Richard D.: Darwinism and Human Affairs. Seattle: University of Washington Press 1979.
Alexander, Richard D.: Evolution, culture, and human behavior: some general considerations. In: Natural Selection and Social Behavior. R. D. Alexander und D. W. Tinkle (Hrsg.). New York: Chiron Press 1981, S. 509-19.
Amir, M.: Patterns in Forcible Rape. Chicago: University of Chicago Press 1971.
Anderson, Judith L.: Comment, breasts, hips, and buttocks revisited. In: Ethology and Sociobiology 9 (1988), S. 319-24.
Angier, Natalie: Hard-to-please females may be neglected evolutionary force. In: New York Times Science Times, 8. Mai 1990, S. B5-6.
Angier, Natalie: Mating for life? It's not for the birds or the bees. In: New York Times Science Times, 21. August 1990, S. B5-8.
Angier, Natalie: A male trait in fish has that certain something. In: New York Times, 9. November 1990, S. A12.
Angier, Natalie: In fish, social status goes right to the brain. In: New York Times Science Times, 12. November 1991, S. B5-8.
Baker, C. Scott, Anjanette Perry und Louis M. Herman: Reproductive histories of female humpback whales Megaptera novaeangliae in the North Pacific. In: Marine Ecology-Progress Series 41 (1987), S. 103-14.
Baker, Lynn: The Fertility Fallacy. Philadelphia: Saunders Press 1981.
Barash, David: Sociobiology of rape in mallards. In: Science 197 (1977), S. 788-89.
Barash, David: Sexual selection in birdland. In: Psychology Today, März 1978, S. 82-86.
Barash, David: The Whisperings Within. New York: Harper & Row 1979.
Barash, David: The Hare and the Tortoise: Culture, Biology, and Human Nature. New York: Penguin Books 1986.
Barlow, George W.: Social behavior of a South American leaf fish Polycentrus schomburgkii, with an account of recurring pseudofemale behavior. In: American Midland Naturalist 78 (1967), S. 215-34.
Basolo, Alexandra L.: Female preference predates the evolution of the sword in swordtail fish. In: Science 250 (1990), S. 808-10.
Bateman, A. J.: Intra-sexual selection in Drosophila. In: Heredity 2 (1948), S. 349-68.
Bateson, Patrick (Hrsg.): Mate Choice. Cambridge: Cambridge University Press 1983.

Beach, Frank A.: Human Sexuality in Four Perspectives. Baltimore: Johns Hopkins University Press 1976.

Beecher, Michael D. und Inger Mornestam: Promiscuity: a bitter pill for swallows. In: Science News, 6. Oktober 1979, S. 229.

Beecher, Michael D. und Inger Mornestam: Bank swallows. In: Science 205 (1979), S. 1282-85.

Beehler, Bruce M.: Lek behavior of the lesser bird of paradise. In: Auk 100 (1983), S. 992-95.

Beehler, Bruce M.: The birds of paradise. In: Scientific American 261(6) (1989), S. 116-23.

Beehler, Bruce M. und M. S. Foster: Hotshots, hotspots, and female preference in the organization of lek mating systems. In: American Naturalist 131 (1988), S. 203-19.

Bell, Amelia Rector: Separate people: speaking of Creek men and women. In: American Anthropologist 92 (1990), S. 332-45.

Benshoof, L. und R. Thornhill: The evolution of monogamy and concealed ovulation in humans. In: Journal of Social and Biological Structures 2 (1979), S. 95-106.

Betzig, Laura L.: Despotism and Differential Reproduction. New York: Aldine Publishing 1986.

Betzig, Laura L.: Causes of conjugal dissolution: a cross-cultural study. In: Current Anthropology 30 (1989), S. 654-76.

Betzig, Laura L., Monique Borgerhoff Mulder und Paul Turke (Hrsg.): Human Reproductive Behavior: A Darwinian Perspective. Cambridge: Cambridge University Press 1988.

Bleier, Ruth: Science and Gender. New York: Pergamon Press 1984.

Bogin, Meg: The Women Troubadours. New York: Paddington Press 1976.

Boone, James L., III.: Parental investment and elite family structure in pre-industrial states: a case study of late medieval-early modern Portuguese genealogies. In: American Anthropologist 88 (1986), S. 859-78.

Borgerhoff Mulder, Monique: On cultural and reproductive success: Kipsigis evidence. In: American Anthropologist 89 (1987), S. 617-34.

Borgerhoff Mulder, Monique: Kipsigis bridewealth payments. In: Betzig, Borgerhoff Mulder und Turke 1988, S. 65-82.

Borgerhoff Mulder, Monique: Kipsigis women prefer wealthy men: evidence for female choice in mammals? In: Behavioural Ecology and Sociobiology 27 (1990), S. 255-64.

Borgerhoff Mulder, Monique: Reproductive Strategies in Ecological Context. In: Evolutionary Ecology and Human Social Behavior. E. A. Smith und B. Winterhalder (Hrsg.). New York: Aldine Publishing, in Druck.

Bradbury, Jack W.: The silent symphony: tuning in on the bat. In: The Marvels of Animal Behavior. Thomas B. Allen (Hrsg.). Washington/DC: National Geographic Society 1972, S. 112-25.

Brownell, Robert L., Jr. und Katherine Ralls: Potential for sperm competition in baleen whales. In: Report of the International Whaling Commission (Sonderausgabe 8) 1986, S. 97-112.

Brownmiller, Susan: Against Our Will: Men, Women and Rape. New York: Simon and Schuster 1975.

Burley, Nancy: The evolution of concealed ovulation. In: American Naturalist 114 (1979), S. 835-58.

Burley, Nancy: Mate choice by multiple criteria in a monogamous species. In: American Naturalist 117 (1981), S. 515-28.

Burley, Nancy: The organization of behavior and the evolution of sexually selected traits. In: Avian Monogamy. P. A. Gowaty und D. W. Mock (Hrsg.). Ornithological Monographs No. 37. Washington/DC: American Ornithologists' Union 1985, S. 22-44.

Burley, Nancy: Sex-ratio manipulation in color-banded populations of zebra finches. In: Evolution 40 (1986), S. 1191-1206.

Burley, Nancy: The differential-allocation hypothesis: an experimental test. In: American Naturalist 132 (1988), S. 611-28.

Buss, David M.: Human mate selection. In: American Scientist 73 (1985), S. 47-51.

Buss, David M.: From vigilance to violence: tactics of mate retention in American undergraduates. In: Ethology and Sociobiology 9 (1988), S. 291-317.

Buss, David M.: Love acts: the evolutionary biology of love. In: The Psychology of Love. Robert J. Sternberg und Michael L. Barnes (Hrsg.). New Haven/Ct.: Yale University Press 1988, S. 100-18.

Buss, David M.: Sex differences in human mate preferences: evolutionary hypotheses tested in 37 cultures. In: Behavioral and Brain Sciences 12 (1989), S. 1-14.

Buss, David M.: Toward an evolutionary psychology of human mating. In: Behavioral and Brain Sciences 12 (1989), S. 39-49.

Caldwell, John C. und Pat Caldwell: High fertility in sub-Saharan Africa. In: Scientific American 262 (5) (1990), S. 118-25.

Capellanus, Andreas: The Art of Courtly Love. Übersetzt von John Jay Parry. New York: Frederick Ungar Publishing 1982.

Chagnon, Napoleon A.: Is reproductive success equal in egalitarian societies? In: Chagnon und Irons 1979, S. 374-401.

Chagnon, Napoleon A.: Mate competition, favoring close kin, and village fissioning among the Yânomamö Indians. In: Chagnon und Irons 1979, S. 86-132.

Chagnon, Napoleon A.: Yânomamö: The Fierce People. New York: Holt, Rinehart and Winston, 3. Ausgabe 1983.

Chagnon, Napoleon A.: Life histories, blood revenge, and warfare in a tribal population. In: Science 239 (1988), S.985-91.

Chagnon, Napoleon A.: The Great Transformation. Vortrag auf der Tagung der Human Behavior and Evolution Society. Northwestern University, Evanston/Il., 25.-28. August 1989.

Chagnon, Napoleon A.: Yânomamö: The Fierce People. San Diego/Ca.: Harcourt Brace Jovanovich 1992.

Chagnon, Napoleon A., Mark V. Flinn und Thomas F. Melancon: Sex-ratio variation among the Yânomamö Indians. In: Chagnon und Irons 1979, S. 290-320.

Chagnon, Napoleon A. und William Irons (Hrsg.): Evolutionary Biology and Human Social Behavior. North Scituate/Ma.: Duxbury Press 1979.

Christian, Sue Ellen: Murder rate soars for young black men. In: Los Angeles Times, 7. Dezember 1990, S. A3-23.

Christy, John H.: Competitive mating, mate choice and mating associations of brachyuran crabs. In: Bulletin of Marine Science 41 (1987), S. 177-91.

Christy, John H.: Female choice and the breeding behavior of the fiddler crab Uca beebei. In: Journal of Crustacean Biology 7 (1987), S. 624-35.

Clarke, Margaret R. und Kenneth E. Glander: Female reproductive success in a

group of free-ranging howling monkeys (Alouatta palliata) in Costa Rica. In: Small 1984, S. 111-26.
Clutton-Brock, T. H.: Lord of the lek. In: Natural History, Oktober 1991, S. 34-40.
Clutton-Brock, T. H., S. D. Albon und F. E. Guinness: Parental investment in male and female offspring in polygynous mammals. In: Nature 289 (1981), S. 487-89.
Clutton-Brock, T. H., S. D. Albon und F. E. Guinness: Maternal dominance, breeding success and birth sex ratios in red deer. In: Nature 308 (1984), S. 358-60.
Cockburn, Andrew und Anthony K. Lee: Marsupial femmes fatales. In: Natural History, März 1988, S. 41-47.
Cosmides, Leda und John Tooby: From evolution to behavior: evolutionary psychology as the missing link. In: Dupré 1987, S. 277-306.
Cox, Cathleen R. und Burney Le Boeuf: Female incitation of male competition: a mechanism in sexual selection. In: American Naturalist III (1977), S. 317-35.
Cronk, Lee: From hunters to herders: subsistence change as a reproductive strategy among the Mukogodo. In: Current Anthropology 30 (1989), S. 224-34.
Cronk, Lee: Low socioeconomic status and female-biased parental investment: the Mukogodo example. In: American Anthropologist 91 (1989), S. 414-29.
Cronk, Lee: Preferential parental investment in daughters over sons. In: Human Nature 2 (4) (1991), S. 387-417.
Daly, Martin und Margo Wilson: Homicide and kinship. In: American Anthropologist 84 (1982), S. 372-78.
Daly, Martin und Margo Wilson: Sex, Evolution, and Behavior. Boston: Willard Grant Press. 2. Ausgabe 1983.
Daly, Martin und Margo Wilson: Sociobiological analysis of human infanticide. In: Hausfater und Hrdy 1984, S. 487-502.
Daly, Martin und Margo Wilson: Homicide. New York: Aldine de Gruyter 1988.
Darwin, Charles: The Origin of Species. London: Murray 1859; deutsch: Die Entstehung der Arten durch natürliche Zuchtwahl. Aus dem Englischen von Carl W. Neumann. Stuttgart: Philipp Reclam Juni 1963.
Darwin, Charles: The Descent of Man, and Selection in Relation to Sex. Princeton/NJ: Princeton University Press (1871) 1981; deutsch: Die Abstammung des Menschen und die geschlechtliche Zuchtwahl. Aus dem Englischen von Georg Gärtner. Halle: Hendel o. J.
Davis, Lloyd Spencer: Penguin weighting game. In: Natural History, Januar 1991, S. 46-54.
Dawkins, Richard: The Selfish Gene. New York: Oxford University Press 1976; deutsch: Das egoistische Gen. Aus dem Englischen von Karin de Sousa Ferreira. Berlin 1988.
de Rougemont, Denis: Love in the Western World. Übersetzt von Montgommery Belgion. New York. Pantheon Books 1956.
Devine, Michael C.: Copulatory plugs in snakes: enforced chastity. In: Science 187 (1975), S. 844-45.
DeVore, Irven: Male dominance and mating behavior in baboons. In: Sex and Behavior. Frank A. Beach (Hrsg.). New York: John Wiley & Sons 1965, S. 266-86.
Diamond, Jared M.: Birds of paradise and the theory of sexual selection. In: Nature 293 (1981), S. 257-58.
Dickemann, Mildred: Demographic consequences of infanticide in man. In: Annual Review of Ecology and Systematics 6 (1975), S. 107-37.

Dickemann, Mildred: The ecology of mating systems in hypergynous dowry societies. In: Social Science Information 18 (1979), S. 163-95.
Dickemann, Mildred: Female infanticide, reproductive strategies, and social stratification: a preliminary model. In: Chagnon und Irons 1979, S. 321-67.
Dickemann, Mildred: Paternal confidence and dowry competition: a biocultural analysis of purdah. In: Natural Selection and Social Behavior. R. Alexander und D.W.Tinkle (Hrsg.). New York: Chiron Press 1981, S. 417-38.
Dickemann, Mildred: Human sociobiology: the first decade. In: New Scientist 108 (1985), S. 38-42.
Divale, William Tulio und Marvin Harris: Population, warfare, and the male supremacist complex. In: American Anthropologist 78 (1976), S. 521-38.
Downhower, Jerry F. und Luther Brown: Mate preferences of female mottled sculpins, Cottus bairdi. In: Animal Behavior 28 (1980), S. 728-34.
Draper, Patricia und Henry Harpending: A sociobiological perspective on the development of human reproductive strategies. In: Sociobiological Perspectives on Human Development. K. B. MacDonald (Hrsg.). New York: Springer Verlag 1988, S. 340-72.
Duby, Georges: The Chivalrous Society. Übersetzt von Cynthia Poston. London: Edward Arnold 1978.
Dunbar, R. I. M.: Determinants and evolutionary consequences of dominance among female gelada baboons. In: Behavioral Ecology and Sociobiology 7 (1980), S. 253-65.
Dupré, John (Hrsg.): The Latest on the Best: Essays on Evolution and Optimality. A Bradford Book. Cambridge/Ma.: MIT Press 1987.
Dwyer, Daisy und Judith Bruce (Hrsg.): A Home Divided: Women and Income in the Third World. Stanford/Ca.: Stanford University Press 1988.
Eberhard, William G.: Sexual Selection and Animal Genitalia. Cambridge/Ma.: Harvard University Press 1985.
Eberhard, William G.: Animal genitalia and female choice. In: American Scientist 78 (1990), S. 134-41.
Eck Menning, B.: Infertility: A Guide for the Childless Couple. Englewood Cliffs/NJ: Prentice-Hall, 2. Ausgabe 1978.
Eckholm, Erik: New view of female primates assails stereotypes. In: New York Times Science Times, 18. September 1984, S. B17-18.
Eckholm, Erik: Is sex necessary? Evolutionists are perplexed. In: New York Times Science Times, 25. März 1986, S. B15-16.
Eisenhower, M. S.: To Establish Justice, to Insure Domestic Tranquility. Schlußbericht der National Commission on Causes and Prevention of Violence. Washington/DC: U.S. Government Printing Office 1969.
Ellis, Bruce J.: The evolution of sexual attraction: evaluative mechanisms in women. In: The Adapted Mind. J. H. Barkow, L. Cosmides und J. Tooby (Hrsg.). New York: Oxford University Press 1992, S. 221-42.
Ellis, Bruce J. und Donald Symons: Sex differences in sexual fantasy: an evolutionary psychological approach. In: Journal of Sex Research 27 (1990), S. 527-55.
Emlen, Stephen T. und Lewis W. Oring: Ecology, sexual selection, and the evolution of mating systems. In: Science 197 (1977), S. 215-23.
Essock-Vitale, Susan M.: The reproductive success of wealthy Americans. In: Ethology and Sociobiology 5 (1984), S. 45-49.

Essock-Vitale, Susan M. und Michael T. McGuire: Women's lives viewed from an evolutionary perspective. I. Sexual histories, reproductive success, and demographic characteristics of a random sample of American women. In: Ethology and Sociobiology 6 (1985), S. 137-54.

Essock-Vitale, Susan M. und Michael T. McGuire: What 70 million years hath wrought: sexual histories and reproductive success of a random sample of American women. In: Betzig, Mulder und Turke 1988, S. 221-35.

Fisher, Helen E.: The Sex Contract. New York: William Morrow and Company 1982.

Fisher, R. A.: The Genetic Theory of Natural Selection. Oxford: Clarendon Press 1930.

Flinn, Mark V.: Mate guarding in a Caribbean village. In: Ethology and Sociobiology 9 (1988), S. 1-28.

Ford, C. S. und F. A. Beach: Patterns of Sexual Behavior. New York: Harper & Row 1951.

Fox, Robin: Encounter with Anthropology. New York: Harcourt Brace Jovanovich 1973.

Fox, Robin: The Red Lamp of Incest. New York: E. P. Dutton 1980.

Freedman, D.: Human Sociobiology: A Holistic Approach. New York: The Free Press 1979.

Friedan, Betty: The Feminine Mystique. New York: W. W. Norton & Co. 20th anniv. ed. 1983.

Gager, Nancy und Cathleen Schurr: Sexual Assault: Confronting Rape in America. New York: Grosset and Dunlap 1976.

Gargan, Edward A.: Ultrasonic tests skew ratio of births in India. In: New York Times, 13. Dezember 1991, S. A12.

Gaulin, Steven J. C. und Lee Douglas Sailer: Are females the ecological sex? In: American Anthropologist 87 (1985), S. 111-19.

Ghiselin, Michael T.: The Economy of Nature and the Evolution of Sex. Berkeley: University of California Press 1974.

Gibson, R. M. und J. W. Bradbury: Sexual selection in lekking sage grouse: phenotypic correlates of male mating success. In: Behavioral Ecology and Sociobiology 18 (1985), S. 117-23.

Gladstone, Douglas E.: Promiscuity in monogamous colonial birds. In: American Naturalist 114 (1979), S. 545-57.

Goleman, Daniel: Women's depression rate is higher. In: New York Times/Health, 6. Dezember 1990, S. B8.

Gould, Stephen Jay: Ladders, bushes, and human evolution. In: Natural History, April 1976, S. 24-31.

Gould, Stephen Jay: The oddball human male. In: Natural History, Juli 1982, S. 14-22.

Gould, Stephen Jay: Only his wings remained. In: Natural History, September 1984, S. 10-18.

Greene, John C.: The Death of Adam. Ames: Iowa State University Press 1959.

Gregor, Thomas: Privacy and extra-marital affairs in a tropical forest community. In: People and Cultures of Native South America. Daniel R. Gross (Hrsg.). Garden City/NY: Doubleday 1973, S. 242-60.

Guinness Book of World Records. New York: Bantam Books 1988.

Gwynne, D. T.: Sexual difference theory: Mormon crickets show role reversal in mate choice. In: Science 213 (1981), S. 779-80.
Gwynne, D. T.: Coy conquistadors of the sagebrush. In: Natural History, Oktober 1983, S. 70-75.
Gwynne, D. T. und L. W. Simmons: Experimental reversal of courtship roles in an insect. In: Nature 346 (1990), S. 172-74.
Hall, Roberta L. (Hrsg.): Male-Female Differences: A Bio-Cultural Perspective. New York: Praeger 1985.
Hamburg, David: The relevance of recent evolutionary changes to human stress biology. In: Social Life of Early Man. S. Washburn (Hrsg.). Chicago: Aldine Publishing Co. 1961, S. 278-88.
Hamburg, David: Confronting a violent past to chart future peace: Interview with the author. In: Calypso Log. Los Angeles: The Cousteau Society, Dezember 1989, S. 14-17.
Hamilton, Margaret E.: Revising evolutionary narrative: a consideration of alternative assumptions about sexual selection and competition for mates. In: American Anthropologist 86 (1984), S. 651-62.
Hamilton, Margaret E.: Sociobiology and the evolutionary history of relations between males and females. In: Hall 1985, S. 1-50.
Hamilton, W. D.: The genetical evolution of social behavior. In: Journal of Theoretical Biology 7 (1964), S.1-51.
Hamilton, W. D. und Marlene Zuk: Heritable true fitness and bright birds: a role for parasites? In: Science 218 (1982), S. 384-87.
Hanawalt, Barbara A.: The Ties That Bound: Peasant Families in Medieval England. New York: Oxford University Press 1986.
Hapgood, Fred: Why Males Exist. New York: William Morrow & Co. 1979.
Harris, Marvin: Cannibals and Kings: The Origins of Cultures. New York: Random House 1977.
Hartung, John: On natural selection and inheritance of wealth. In: Current Anthropology 17 (1976), S. 607-22.
Hartung, John: Genome parliaments and sex with the red queen. In: Natural Selection and Social Behavior. Richard D. Alexander und Donald W. Tinkle (Hrsg.). New York: Chiron Press 1981, S. 382-402.
Hartung, John: Paternity and inheritance of wealth. In: Nature 291 (1981), S. 652-54.
Hartung, John: Polygyny and inheritance of wealth. In: Current Anthropology 23 (1982), S. 1-12.
Hartung, John: Author's response: lineal extinction – a bridge for ecology? In: Behavioral and Brain Sciences 8 (1985), S. 683.
Hartung, John: Matrilineal inheritance: new theory and analysis. In: Behavioral and Brain Sciences 8 (1985), S. 661-88.
Hausfater, Glenn und Sarah Blaffer Hrdy (Hrsg.): Infanticide: Comparative and Evolutionary Perspectives. New York: Aldine Publishing 1984.
Heise, Lori: Crimes of gender. In: World Watch, März-April 1989, S. 19.
Henderson, Julia: Stabilizing the human family: Interview with the author. In: Calypso Log. Los Angeles: The Cousteau Society, Oktober 1988, S. 14-16.
Heyning, John E.: Leviathan amour: the mating systems of whales and dolphins. In: Terra 23 (2) (1989), S. 39-47.

Hiatt, L. R.: On cuckoldry. In: Journal of Social and Biological Structures 12 (1989), S. 53-72.
Hill, Elizabeth M. und M. Anne Hill: Gender differences in child care and work: an interdisciplinary perspective. In: Journal of Behavioral Economics 19 (1990), S. 81-101.
Hill, Elizabeth M. und Bobbi S. Low: Using life-history and parental investment theories for predicting human reproductive choices. Vortrag auf der Tagung der Human Behavior and Evolution Society, 25.-28. August 1989. Northwestern University, Evanston/Il. Manuskript der Autoren.
Hill, Elizabeth M., Elaine S. Nocks und Lucinda Gardner: Physical attractiveness: manipulation by physique and status displays. In: Ethology and Sociobiology 8 (1987), S. 143-54.
Hilts, Philip J.: Birth-control backlash. In: New York Times Magazine, 16. Dezember 1990, S. 41-74.
Hölldobler, Bert: Mating behavior of harvesting ants. In: Behavioral Ecology 1 (1976), S. 423-25.
Hölldobler, Bert: Mating behavior and sound production in harvesting ants. In: Insectasociaux 24 (1977), S. 191-212.
Hrdy, Sarah Blaffer: Care and exploitation of nonhuman primate infants by conspecifics other than the mother. In: Advances in the Study of Behavior 6. New York: Academic Press 1976, S. 101-58.
Hrdy, Sarah Blaffer: Infanticide as a primate reproductive strategy. In: American Scientist 65 (1977), S. 40-49.
Hrdy, Sarah Blaffer: Infanticide among animals: a review, classification, and examination of the implications for the reproductive strategies of females. In: Ethology and Sociobiology 1 (1979), S. 13-40.
Hrdy, Sarah Blaffer: The Woman That Never Evolved. Cambridge/Ma.: Harvard University Press 1981.
Hrdy, Sarah Blaffer: Female reproductive strategies. In: Small 1984, S. 103-9.
Hrdy, Sarah Blaffer: Empathy, polyandry, and the myth of the coy female. In: Feminist Approaches to Science. R. Bleier (Hrsg.). New York: Pergamon Press 1986, S. 119-46.
Hrdy, Sarah Blaffer: Daughters or sons. In: Natural History, April 1988, S. 63-82.
Hrdy, Sarah Blaffer: Interview. In: Omni 10 (1988), S. 91-130.
Hrdy, Sarah Blaffer: The primate origins of human sexuality. In: The Evolution of Sex. R. Bellig und G. Stevens (Hrsg.). San Francisco: Harper & Row 1988, S. 101-36.
Hrdy, Sarah Blaffer: Raising Darwin's consciousness: females and evolutionary theory. In: The Evolution of Sex. R. Bellig und G. Stevens (Hrsg.). San Francisco: Harper & Row 1988, S. 161-69.
Hrdy, Sarah Blaffer und Daniel B. Hrdy: Hierarchical relations among female hanuman langurs (primates: colobinae, Presbytis entellus). In: Science 193 (1976), S. 913-15.
Hrdy, Sarah Blaffer und Patricia L. Whitten: Patterning of sexual activity. In: Primate Societies. B. B. Smuts, D. L. Cheney, R. M. Seyfarth, R. W. Wrangham und T. T. Struhsaker (Hrsg.). Chicago: University of Chicago Press 1987, S. 370-84.
Huck, U. William: Infanticide and the evolution of pregnancy block in rodents. In: Hausfater und Hrdy 1984, S. 349-65.

Huck, U. William und E. M. Banks: Male dominance status, female choice and mating success in the brown lemming Lemmus trimucronatus. In: Animal Behavior 30 (1982), S. 665-75.

Huck, U. William und E. M. Banks: Differential attraction of females to dominant males: olfactory discrimination and mating preference in the brown lemming (Lemmus trimucronatus). In.: Behavioral Ecology and Sociobiology II (1982), S. 217-22.

Huck U. William, E. M. Banks und S. C. Wang: Olfactory discrimination of social status in the brown lemming. In: Behavioral and Neural Biology 33 (1981), S. 364-71.

Irons, William: Cultural and biological success. In: Chagnon und Irons 1979, S. 257-72.

Jacobson, Jodi L.: Planning the Global Family. Worldwatch Paper no. 80. Washington/DC: Worldwatch Institute 1987.

Jacobson, Jodi L.: The Global Politics of Abortion. Worldwatch Paper no. 97. Washington/DC: Worldwatch Institute 1990.

Jacobson, Jodi L.: Women's Reproductive Health: The Silent Emergency. Worldwatch Paper no. 102. Washington/DC: Worldwatch Institute 1991.

Jankowiak, William R., Elizabeth M. Hill und James M. Donovan: The effects of gender and sexual orientation on attractiveness judgments: an evolutionary interpretation. In: Ethology and Sociobiology 1992. In Druck.

Johansson, Sheila Ryan: »Herstory« as history: a new field or another fad? In: Liberating Women's History. Berenice A. Carroll (Hrsg.). Chicago: University of Illinois Press 1976, S. 400-30.

Johansson, Sheila Ryan: Deferred infanticide: excess female mortality during childhood. In: Hausfater und Hrdy 1984, S. 463-85.

Kahana, Kalman: Daughter of Israel: Laws of Family Purity. Übersetzt von Leonard Oschry. New York: Feldheim Publishers, 3. Ausgabe 1977.

Kevles, Bettyann: Females of the Species. Cambridge/Ma.: Harvard University Press 1986.

Kirkpatrick, Mark: Sexual selection by female choice in polygynous animals. In: Annual Review of Ecology and Systematics 18 (1987), S. 43-70.

Kirkpatrick, Mark und Michael J. Ryan: The evolution of mating preferences and the paradox of the lek. In: Nature 350 (1991), S. 33-38.

Kodric-Brown, Astrid und James H. Brown: Truth in advertising: the kinds of traits favored by sexual selection. In: American Naturalist 124 (1984), S. 309-23.

Krebs, John R. und Nicholas B. Davies (Hrsg.): Behavioural Ecology: An Evolutionary Approach. London: Blackwell Scientific Publications 1978.

Krebs, Robert A. und David A. West: Female mate preference and the evolution of female-limited Batesian mimicry. In: Evolution 42 (1988), S. 1101-4.

Kristof, Kathy M.: Women at the top – almost. In: Los Angeles Times, 28. Mai 1990, S. D1.

Kummer, Hans: Social Organization of Hamadryas Baboons. Basel, Switzerland: S. Karger 1968.

Kunstadter, Peter: A survey of the consanguine or matrifocal family. In: American Anthropologist 65 (1963), S. 56-66.

Lamm, Norman: A Hedge of Roses. New York: Philipp Feldheim 1966.

Lampert, Ada und Ariela Friedman: Sex differences in vulnerability and maladjustment as a function of parental investment: an evolutionary approach. In: Social Biology 39 (1992).

Lancaster, Jane B.: Introduction. In: Small 1984, S. 1-10.

Lennington, Sarah: Female choice and polygyny in redwinged blackbirds. In: Animal Behaviour 28 (1980), S. 347-61.

Leonard, Diana: Sex and Generation. London: Tavistock Publications 1980.

Levine, Judith: Abortion in America. Washington/DC: Zero Population Growth 1986.

Lewis, C. S.: The Allegory of Love. London: Oxford University Press (1936), Neuauflage 1953.

Lieberman, Leonard: A discipline divided: acceptance of human sociobiological concepts in anthropology. In: Current Anthropology 30 (1989), S. 676-82.

Lightfoot-Klein, Hanny: Prisoners of Ritual: An Odyssey into Female Genital Circumcision in Africa. New York: Haworth Press 1990.

Lionnet, Françoise: Feminism, universalism and the practice of excision. In: Passages (Ausgabe Nr. 1). Evanston/Il.: Northwestern University Program of African Studies 1991.

Lloyd, James E.: Firefly communication. In: Anima, Juni 1979, S. 25-34.

Lloyd, James E.: Sexual selection: individuality, identification, and recognition in a bumblebee and other insects. In: Florida Entomologist 64 (1981), S. 89-118.

Lloyd, James E.: Lights in the summer darkness. In: 1984 Yearbook of Science and the Future. Chicago: Encyclopaedia Britannica 1984, S. 188-210.

Loebenstein, Rabbi Yosef (Übersetzer): Kitzur Dinei Taharah: A Summary of the Niddah Laws following the Rulings of the Rebbes of Chabad. Brooklyn/NY: Kehot Publication Society 1983.

Lovejoy, Owen C.: The origin of man. In: Science 211 (1981), S. 341-50.

Low, Bobbi S.: Marriage systems and pathogen stress in human societies. In: American Zoologist 30 (1990), S. 325-39.

Lucka, Emil: The Evolution of Love. Übersetzt von Ellie Schleusener. London: George Allen & Unwin 1922.

McClure, P. A.: Sex-biased litter reduction in food-restricted wood rats (Neotoma floridana). In: Science 211 (1981), S. 1058.

Marcus, George E.: Elopement, kinship, and elite marriage in the contemporary kingdom of Tonga. In: Journal de la Société des Océanistes 63 (1979), S. 83-96.

Marshall, Alex: Heifers. In: Populi: Journal of the United Nations Population Fund 18 (1) 1991, S. 52-56.

Mencher, Joan P.: Women's work and poverty: women's contribution to household maintenance in South India. In: Dwyer and Bruce 1988, S. 99-119.

Milinski, Manfred und Theo C. M. Bakker: Female sticklebacks use male coloration in mate choice and hence avoid parasitized males. In: Nature 344 (1990), S. 330-33.

Money, John: Love and Love Sickness: The Science of Sex, Gender Difference, and Pair-bonding. Baltimore: Johns Hopkins University Press 1980.

Morris, Desmond: The Naked Ape. New York: Dell Publishing Co. 1967.

Moyers, Bill: The vanishing family: crisis in black America. In: A Second Look with Bill Moyers. A production of Public Affairs Television. New York: Journal Graphics 1989.

Murphy, Kim: Women drivers banned by Saudis as »portents of evil«. In: Los Angeles Times, 15. November 1990, S. A1-17.

Murphy, Yolanda und Robert F. Murphy: Women of the forest. New York: Columbia University Press 1974.
Mussell, Kay: Fantasy and Reconciliation: Contemporary Formulas of Women's Romance Fiction. Westport/Ct.: Greenwood Press 1984.
Norsgaard, E. Jaediker: Connubial cannibalism. In: Natural History, November 1975, S. 58-62.
O'Donald, Peter: Sexual selection by female choice. In: Bateson 1983, S. 53-66.
Orians, Gordon H.: On the evolution of mating systems in birds and mammals. In: American Naturalist 103 (1969), S. 589-603.
Packer, D. C. und A. E. Pusey: Adaptations of female lions to infanticide by incoming males. In: American Naturalist 121 (1983), S. 716-28.
Packer, D. C., D. Scheel und A. E. Pusey: Why lions form groups: food is not enough. In: American Naturalist 136 (1990), S. 1-19.
Parker, G. A.: Sperm competition and its evolutionary consequences in the insects. In: Biological Reviews 45 (1970), S. 525-67.
Pruett-Jones, S. G. und M. A. Pruett-Jones: Sexual selection through female choice in Lawes' Parotia, a lek-mating bird of paradise. In: Evolution 44 (1990), S. 499.
Radway, Janice: Reading the Romance: Women, Patriarchy, and Popular Literature. Chapel Hill: University of North Carolina Press 1984.
Raymond, Janice G.: Women as wombs. In: Ms I (6) (1991), S. 28-33.
Reuben, Carolyn: The Parent's Guide to Preventing Birth Defects. Los Angeles: Jeremy P. Tarcher 1992.
Robinson, Michael H.: Marvelous and much-maligned spiders. In: Smithsonian, Oktober 1978, S. 66-75.
Robinson, Michael H. und Barbara Robinson: By dawn's early light: matutinal mating and sex attractants in a neotropical mantid. In: Science 205 (1979), S. 825-27.
Rosenblatt, Paul C. und Paul C. Cozby: Courtship patterns associated with freedom of choice of spouse. In: Journal of Marriage and the Family 34 (1972), S. 689-95.
Rosenthal, Elisabeth: The forgotten female. In: Discover, Dezember 1991, S. 22-27.
Roth, Eric Abella: Population structure and sex differences. In: Hall 1985, S. 219-98.
Rousseau, Jean-Jacques: Emile, or an Education, Book IV. Aus dem Französischen von Alan Bloom. New York: Basic Books 1979.
Ryan, Michael J.: Female mate choice in a neotropical frog. In: Science 209 (1980), S. 523-25.
Ryan, Michael J.: The Panamanian love call. In: Natural History, Juni 1986, S. 37-42.
Ryan, Michael J.: Signals, species, and sexual selection. In: American Scientist 78 (1990), S. 46-52.
Ryan, Michael J. und A. Stanley Rand: The sensory basis of sexual selection for complex calls in the túngara frog, Physalaemus pustulosus (sexual selection for sensory exploitation). In: Evolution 44 (2) (1990), S. 305-14.
el-Saadawi, Nawal: The Hidden Face of Eve: Women in the Arab World. London: Zed 1980.
Sabbah, Fatna A.: Woman in the Muslim Unconscious. Übersetzt von Mary Jo Lakeland. New York: Pergamon Press 1984.
Sadik, Nafis: Investing in Women: The Focus of the '90s. New York: United Nations Population Fund 1990.

Sakaluk, Scott K.: Sex for a song (dinner included). In: Natural History, September 1991, S. 67-73.
Sanger, Margaret: Woman and the New Race. New York: Maxwell Reprint Company 1920.
Schaller, George B.: The Mountain Gorilla. Chicago: University of Chicago Press 1963.
Schlegel, Alice und Herbert Barry III.: The cultural consequences of female contribution to subsistence. In: American Anthropologist 88 (1986), S. 142-50.
Schlegel, Alice und Rohn Eloul: Marriage transactions: labor, property, status. In: American Anthropologist 90 (1988), S. 291-309.
Schopenhauer, Arthur: Schopenhauers sämtliche Werke, siebenter und achter Band. Parerga und Paralipomena: kleine philosophische Schriften. A. Weichert o. J.
Schuster, Ilsa M. Glazer: New Women of Lusaka. Mountain View/Ca.: Mayfield Publishing 1979.
Shaver, Philip, Cindy Hazan und Donna Bradshaw: Love as attachment: the integration of three behavioral systems. In: The Psychology of Love. R. J. Sternberg und M. L. Bares (Hrsg.). New Haven/Ct.: Yale University Press 1988, S. 68-99.
Shepher, Joseph: Self-Imposed Incest Avoidance and Exogamy in Second-Generation Kibbutz Adults. Ann Arbor/Mi.: Xerox Microfilm Publications 1971.
Shepher, Joseph: Reflections on the origin of the human pair-bond. In: Journal of Social and Biological Structures I (1978), S. 253-64.
Shepher, Joseph: The matrifocal family: from an anthropological curiosity to a world problem. In: Absolute Values and the Search for the Peace of Mankind, Bd. 2. New York: International Cultural Foundation Press 1981, S. 999-1012.
Shields, William M. und Lea M. Shields: Forcible rape: an evolutionary perspective. In: Ethology and Sociobiology 4 (1983), S. 115-36.
Siskind, Janet: To Hunt in the Morning. New York: Oxford University Press 1973.
Siskind, Janet: Tropical forest hunters and the economy of sex. In: Peoples and Cultures of Native South America. D.R. Gross (Hrsg.). Garden City/NY: Doubleday 1973, S. 226-40.
Small, Meredith (Hrsg.): Female Primates: Studies by Women Primatologists. New York: Alan R. Liss 1984.
Small, Meredith: Female primate sexual behavior and conception: are there really sperm to spare? In: Current Anthropology 29 (1988), S. 81-100.
Small, Meredith: Female choice in nonhuman primates. In: Yearbook of Physical Anthropology 32 (1989), S. 103-27.
Small, Meredith: Promiscuity in Barbary macaques. In: American Journal of Primatology 20 (1990), S. 267-82.
Smith, John Maynard: The ecology of sex. In: Krebs and Davies 1978, S. 159-79.
Smuts, Barbara B.: Special relationships between adult male and female olive baboons: selective advantages. In: Primate Social Relationships: An Integrated Approach. R. A. Hinde (Hrsg.). Oxford: Blackwell 1983, S. 262-66.
Smuts, Barbara B.: Dynamics of »special relationships« between adult male and female olive baboons. In: Primate Social Relationships: An Integrated Approach. R. A. Hinde (Hrsg.). Oxford: Blackwell 1983, S. 112-16.
Smuts, Barbara B.: Sexual competition and mate choice. In: Primate Societies. Barbara B. Smuts, Dorothy L. Cheney, Robert M. Seyfarth, Richard W. Wrangham

und Thomas T. Struhsaker (Hrsg.). Chicago: University of Chicago Press 1986, S. 385-99.
Sternberg, Robert J.: A triangular theory of love. In: Psychological Review 93 (1986), S. 119-35.
Sternberg, Robert J.: Triangulating love. In: The Psychology of Love. R. J. Sternberg und M. L. Barnes (Hrsg.). New Haven/Ct.: Yale University Press 1988, S. 119-38.
Strum, Shirley C.: Almost Human: A Journey into the World of Baboons. New York: Random House 1987.
Stutsman, Rebecca: The Invisible Woman: Improving the Status of Women Key to Stabilizing Population. Washington/DC: Zero Population Growth 1990.
Stutsman, Rebecca: A Child's Place in an Overpopulated World. A ZPG Backgrounder. Washington/DC: Zero Population Growth 1991.
Symons, Donald: The Evolution of Human Sexuality. New York: Oxford University Press 1979.
Symons, Donald: Darwinism and contemporary marriage. In: Contemporary Marriage: Comparative Perspectives on a Changing Institution. Kingsley Davis (Hrsg.). New York: Russell Sage Foundation 1985, S. 133-55.
Symons, Donald: An evolutionary approach: can Darwin's view of life shed light on human sexuality? In: Approaches and Paradigms in Human Sexuality. J. H. Geer und W. T. O'Donohue (Hrsg.). New York: Plenum 1987, S. 91-125.
Symons, Donald: Darwinism and contemporary marriage. In: Theories of Human Sexuality. J. H. Geer und W. T. O'Donohue (Hrsg.). New York: Plenum 1987, S. 99-125.
Symons, Donald: A critique of Darwinian anthropology. In: Ethology and Sociobiology 10 (1989), S. 131-44.
Tambiah, Stanley J.: Bridewealth and dowry revisited: the position of women in sub-Saharan Africa and North India. In: Current Anthropology 30 (1989), S. 413-35.
Taub, David Milton: Male caretaking behavior among wild Barbary macaques. In: Primate Paternalism. D. M. Taub (Hrsg.). New York: Van Nostrand Reinhold 1984, S. 20-55.
Taylor, G. Rattray: Sex in History. New York: Vanguard Press 1954.
Tennov, Dorothy: Prostitution and the enslavement of women. In: Woman Speaking 2 (1972), S. 10-12.
Tennov, Dorothy: Love and Limerence: The Experience of Being in Love. New York: Stein and Day 1979.
Thornhill, Randy: Sexual selection and paternal investment in insects. In: American Naturalist 110 (1976), S. 153-63.
Thornhill, Randy: Adaptive female-mimicking behavior in a scorpionfly. In: Science 205 (1979), S. 412-14.
Thornhill, Randy: Rape in Panorpa scorpionflies and a general rape hypothesis. In: Animal Behaviour 28 (1980), S. 52-59.
Thornhill, Randy: Sexual selection in the black-tipped hangingfly. In: Scientific American 242 (6) (1980), S. 162-71.
Thornhill, Randy: Panorpa (Mecoptera: Panorpidae) scorpionflies: systems for understanding resource defense polygyny and alternative male reproductive efforts. In: Annual Review of Ecology and Systematics 12 (1981), S. 355-86.
Thornhill, Randy und John Alcock: The Evolution of Insect Mating Systems. Cambridge/Ma.: Harvard University Press 1983.

Thornhill, Randy und Nancy Wilmsen Thornhill: Human rape: an evolutionary analysis. In: Ethology and Sociobiology 4 (1983), S. 137-73.

Tiger, Lionel: Male dominance? Yes, alas. A sexist plot? No. In: New York Times Magazine, 25. Oktober 1970, S. 35-136.

Tiger, Lionel und Heather T. Fowler (Hrsg.): Female Hierarchies. Chicago: Beresford Book Service 1978.

Tiger, Lionel und Robin Fox: The Imperial Animal. New York: Dell Publishing 1971.

Tobach, Ethel und Betty Rosoff (Hrsg.): Genes and Gender: I. New York: Gordian Press 1978.

Townsend, J. M.: Sex differences in sexuality among medical students: effects of increasing socioeconomic status. In: Archives of Sexual Behavior 16 (1987), S. 425-41.

Townsend, J. M.: Mate selection criteria: a pilot study. In: Ethology and Sociobiology 10 (1989), S. 241-53.

Trivers, R. L.: The evolution of reciprocal altruism. In: Quarterly Review of Biology 46 (1971), S. 35-57.

Trivers, R. L.: Parental investment and sexual selection. In: Sexual Selection and the Descent of Man 1871-1971. B. Campbell (Hrsg.). Chicago: Aldine Publishing 1972, S. 136-79.

Trivers, R. L.: Parent-offspring conflict. In: American Zoologist 14 (1974), S. 249-64.

Trivers, R. L.: Sexual selection and resource-accruing abilities in Anolis garmani. In: Evolution 30 (1976), S. 253-69.

Trivers, R. L.: Social Evolution. Menlo Park/Ca.: Benjamin/Cummings Publishing 1985.

Trivers, R. L. und H. Hare: Haplodiploidy and the evolution of the social insects. In: Science 191 (1976), S. 249-63.

Trivers, R. L. und D. E. Willard: Natural selection of parental ability to vary the sex ratio of offspring. In: Science 179 (1973), S. 90-92.

Turke, Paul W.: Effects of ovulatory concealment and synchrony on protohominid mating systems and parental roles. In: Ethology and Sociobiology 5 (1984), S. 33-44.

Turke, Paul W. und Laura L. Betzig: Those who can do: wealth, status, and reproductive success on Ifaluk. In: Ethology and Sociobiology 6 (1985), S. 79-87.

United Nations: The World's Women 1970-1990: Trends and Statistics. New York 1991.

United Nations: Human Development Report 1991. New York: United Nations Development Programme 1991.

United Nations Population Fund: Population Issues Briefing Kit. New York: United Nations Population Fund 1991.

U.S. Department of Health and Human Services: Homicide among young black males – United States 1978-1987. In: Morbidity and Mortality Weekly Report 39. Atlanta: Centers for Disease Control 1990, S. 48.

van Gulik, R.: Sexual Life in Ancient China: A Preliminary Survey of Chinese Sex and Society from ca. 1500 B.C. till 1644 A. D. Leiden: E. J. Brill 1974.

Verner, J.: Evolution of polygamy in the long-billed marsh wren. In: Evolution 18 (1964), S. 252-61.

Verner, J. und M. F. Willson: The influence of habitats on mating systems of North American passerine birds. In: Ecology 47 (1966), S. 143-47.
Vining, Daniel R., Jr.: Comment on J. Hartung. Matrilineal inheritance: new theory and analysis. In: Behavioral and Brain Sciences 8 (1985), S. 680-81.
Vining, Daniel R., Jr.: Social versus reproductive success: the central theoretical problem of human sociobiology. In: Behavioral and Brain Sciences 9 (1986), S. 167-216.
Voland, Eckart und Claudia Engel: Female choice in humans: a conditional mate selection strategy of the Krummhörn women (Germany, 1720-1874). In: Ethology 1990, S. 144-54.
vom Saal, Frederick S.: Models of early hormonal effects on intrasex aggression in mice. In: Hormones and Aggressive Behavior. B. B. Svare (Hrsg.). New York: Plenum Press 1983, S. 197-222.
vom Saal, Frederick S.: The intrauterine position phenomenon: effects on physiology, aggressive behavior and population dynamics in house mice. In: Biological Perspectives on Aggression. K. Flannelly, R. Blanchard und D. Blanchard (Hrsg.). New York: Alan R. Liss 1984, S. 35-179.
Waage, Jonathan K.: Dual function of damselfly penis: sperm removal and transfer. In: Science 203 (1979), S. 916-17.
Walker, William F.: Sperm utilization strategies in non-social insects. In: American Naturalist 115 (1980), S. 780-94.
Warner, Robert R.: Mating Behavior and hermaphroditism in coral reef fishes. In: American Scientist 72 (1984), S. 128-36.
Warner, Robert R.: Female choice of sites versus mates in a coral fish, Thalassoma bifasciatum. In: Animal Behavior 35 (1987), S. 1470-78.
Warner, Robert R.: Traditionality of mating-site preferences in a coral reef fish. In: Nature 335 (1988), S. 719-21.
Warner, Robert R.: Resource assessment versus traditionality in mating site determination. In: American Naturalist 135 (1989), S. 205-17.
Watanabe, Teresa: In Japan, a »goat man« or no man. In: Los Angeles Times, 6. Januar 1992, S. A1-8.
Weinrich, James D.: Human sociobiology: pair-bonding and resource predictability (effects of social class and race). In: Behavioral Ecology and Sociobiology 2 (1977), S. 91-118.
West-Eberhard, Mary Jane: Sexual selection, social competition, and evolution. In: Proceedings of the American Philosophical Society 123 (1979), S. 222-34.
West-Eberhard, Mary Jane: Sexual selection, social competition, and speciation. In: Quarterly Review of Biology 58 (1983), S. 155-83.
Wilson, Edward O.: The Insect Societies. Cambridge/Ma.: Belknap/Harvard University Press 1971.
Wilson, Edward O.: Sociobiology. Cambridge/Ma.: Belknap/Harvard University Press 1975.
Wittenberger, James F.: Male quality and polygyny: the »sexy son« hypothesis revisited. In: American Naturalist 177 (1981), S. 329-42.
Wittenberger, James F. und Ronald L. Tilson: The evolution of monogamy: hypotheses and evidence. In: Annual Review of Ecology and Systematics 11 (1980), S. 197-232.

Wolf, Larry L.: »Prostitution« behavior in a tropical hummingbird. In: Condor 77 (1975), S. 140-44.

Wu, Chung I: Virility deficiency and the sex-ratio trait in Drosophila pseudoobscura. In: Genetics 105 (1983), S. 651-79.

Yosef, Reuven: Females seek males with ready cache. In: Natural History, Juni 1991, S. 37.

Zahavi, Amotz: Mate selection – a selection for a handicap. In: Journal of Theoretical Biology 53 (1975), S. 205-14.

Zahavi, Amotz: The cost of honesty. In: Journal of Theoretical Biology 67 (1977), S. 603-5.

Zahavi, Amotz: Reliability in communication systems and the evolution of altruism. In: Evolutionary Ecology. B. Stonehouse und C. Perrins (Hrsg.). London: Macmillan Press 1977, S. 253-59.

Zahavi, Amotz: The lateral display of fishes: Bluff or honesty in signaling? In: Behaviour Analysis Letters 1 (1981), S. 233-35.

Zuk, Marlene, Kristine Johnson, Randy Thornhill und J. David Ligon: Mechanisms of female choice in red jungle fowl. In: Evolution 44 (1990), S. 477-85.

Register